AF557934

Johannes Willms

Mirabeau

Johannes Willms

MIRABEAU

oder

Die Morgenröte der Revolution

Eine Biographie

C.H.Beck

Mit 18 Abbildungen

Gesetzt aus der Goudy Oldstyle und der TheSans
bei Fotosatz Amann, Memmingen
Druck und Bindung: Druckerei C.H.Beck, Nördlingen
Umschlaggestaltung: Geviert, Grafik & Typografie, Andrea Janas
Umschlagabbildung: Joseph-Désiré Court, *Mirabeau vor Dreux-Brézé, 23. Juni 1789* (Ronan, Museé des Beaux-Arts) © Bridgeman Images
Gedruckt auf säurefreiem, alterungsbeständigem Papier
(hergestellt aus chlorfrei gebleichtem Zellstoff)
Printed in Germany
ISBN 978 3 406 70498 7

www.chbeck.de

Gabriele Henkel
in Freundschaft

INHALT

Prolog

Unter den Revolutionären ist Mirabeau eine Ausnahme. 1789 war er 43 Jahre alt und damit älter als die meisten, die das damalige Geschehen unmittelbar beeinflussten wie etwa Danton, Robespierre oder Saint-Just. Von diesen unterschied er sich auch durch sein politisches Denken und Wollen. Das zeigt das Corpus seiner programmatischen Schriften, die ausnahmslos vor 1789 publiziert wurden. Diese Veröffentlichungen belegen, dass Mirabeau die Revolution nicht nur ersehnte, sondern auch vom Untergang des *Ancien Régime* überzeugt war. Als die Revolution eintrat, war er deshalb der Einzige unter den Akteuren, der wusste, was er politisch wollte. Mirabeau verfügte über eine Vision, die seinen Ehrgeiz, eine bedeutende Rolle zu spielen, mit einem Konzept verband, das Frankreich eine neue, zukunftsorientierte Ordnung verhieß. Dessen tragende Pfeiler waren die konstitutionelle Monarchie, die Geltung der bürgerlichen Grund- und Freiheitsrechte und die repräsentative Versammlung der Generalstände, die sich als Nationalversammlung qualifizierte. Diesem Konzept, das in mancher Hinsicht wie eine Vorwegnahme der V. Republik anmutet, die Charles de Gaulle 1958 durchsetzte, hielt er allen Anfeindungen, Widerständen und Enttäuschungen zum Trotz bis zuletzt die Treue.

Auch wer zu früh kommt, den bestraft das Leben. Seit Eröffnung der Generalstände, denen er als Abgeordneter des Dritten Stands von Aix-en-Provence angehörte, trat er beharrlich für einen Schulterschluss von Monarchie und Volk ein. Dieses Bündnis von König und Revolution sollte einerseits auf die rückhaltlose Anerkennung der neuen revolutionären Gesellschaftsordnung seitens der Monarchie wie andererseits auf die ebenso unbedingte Zustimmung der Revolution zur Krone als Organ der Exekutive basiert sein. Das Konzept jedoch hatte zu Lebzeiten Mirabeaus keine realistische Chance. Verantwortlich dafür war insbesondere die Unfähigkeit Louis XVI zu begreifen, dass allein ein neues, von der Revolution akzeptiertes Verständnis seiner Rolle den weiteren Bestand der Monarchie gewährleisten konnte. Die hartnäckige Borniertheit der

Krone trug entscheidend dazu bei, der revolutionären Dynamik jene Wucht zu verleihen, die sich erst im Paroxysmus der Schreckensherrschaft erschöpfte.

Schillers Einsicht, gegen die Dummheit kämpfen selbst die Götter vergebens, bezeichnet die Tragik Mirabeaus. Um ihr zu entrinnen, ging er das Risiko ein, sich als geheimer Berater des Hofes zu verdingen. Das, so hoffte er, verschaffe seinen Ratschlägen endlich Gehör beim König. Die üppig honorierte Tätigkeit, die stets geargwöhnt, aber erst nach seinem Tod und dem Sturz Louis XVI 1792 aufgedeckt wurde, lieferte seinen politischen Gegnern die willkommene Gelegenheit, sein Ansehen gründlich zu ruinieren. Das über fast zwei Jahre sich hinziehende Gezerre um den Verbleib von Mirabeaus sterblicher Hülle, mit deren feierlicher Beisetzung unmittelbar nach seinem Tod Anfang April 1791 im Pantheon dieses Bauwerk seine bis heute gültige Bestimmung erhielt, liefert dafür die makabre Illustration.

Für die damals über Mirabeau verhängte *Damnatio memoriae* bewirkte auch 1851 die Publikation der von ihm verfassten geheimen Noten an den Hof keine Revision, weil die Deutungshoheit der Revolution rund 200 Jahre lang von der Sicht seiner Widersacher, den Parteigängern der Jakobiner um Robespierre, beherrscht wurde. Ausnahmslos alle diese Noten sind Bruchstücke der politischen Konfession Mirabeaus, die seine unabhängige Gesinnung belegt und damit das über ihn gefällte Urteil, er habe sich an den Hof verkauft, als propagandistische Nachrede erweist. Ein schönes Beispiel dafür liefert die Denkschrift vom 28. September 1790: «Ich habe immer gesagt, dass die Revolution vollendet ist, aber noch nicht die Verfassung; dass die verschiedenen Errungenschaften, die unmöglich rückgängig zu machen sind, die königliche Gewalt eher gestärkt als geschwächt haben; dass im Laufe eines einzigen Jahres die Freiheit über mehr Vorurteile triumphiert hat, die der Staatsgewalt nachteilig waren, mehr Feinde des Thrones vernichtet, mehr Opfer zum Besten der nationalen Prosperität erbracht hat, als die Autorität des Königs im Laufe der Jahrhunderte bewirkt hätte. Ich habe stets darauf hingewiesen, dass die Entmachtung des Klerus, der *Parlements*, der *Pays d'états*, des Lehnwesens, der Kapitulationen der Provinzen, der Privilegien aller Art, eine große, der Nation wie dem Monarchen gleichermaßen zugutekommende Errungenschaft ist.»[1]

Mirabeaus Überlegungen und Ratschläge waren keineswegs gegenrevolutionär, sondern der verzweifelte Versuch, einen denkfaulen und geistesschlichten Monarchen davon zu überzeugen, dass der Verlauf, den die Revolution bislang genommen hatte, sich durchaus mit dessen wohlverstandenen Interessen vereinbaren ließ.

Februar 2016

Erstes Buch

Unordnung und frühes Leid

Erstes Kapitel

Familienbande

Ich bin Franzose, jung und unglücklich. Das sollte genügen, um Ihre Majestät für mein Los zu interessieren. Ich trage einen bekannten Namen. Ihre Vorfahren nahmen vor fast fünf Jahrhunderten meine Familie auf, die vor dem Wüten der Parteikämpfe aus Italien geflohen war.»[1] Mit diesen Worten begann Honoré-Gabriel Riquetti Comte de Mirabeau ein an Louis XVI gerichtetes Schreiben, mit dem er um den königlichen Gnadenerweis bat, aus dem Staatsgefängnis von Vincennes bei Paris entlassen zu werden.

Die italienische Herkunft war eine familiäre Überlieferung. Die Vorfahren der Mirabeau stammten demnach aus Florenz, von wo sie im 13. Jahrhundert, um den Streitereien zwischen Guelfen und Ghibellinen zu entrinnen, in das Städtchen Seyne in Südostfrankreich geflohen seien.[2] Von adeligem Geblüt, hätten sie ursprünglich den Namen Arrighetti getragen, der dann im Laufe der Zeit zu Riquetti verschliffen wurde.[3] Das ist ebenso blühender Unsinn wie der damit verknüpfte Anspruch, die Familie gehöre seit dem Mittelalter dem französischen Hochadel an.[4] Urkundlich dokumentiert ist überhaupt erst ein Jean Riquetti, der als einer der reichsten Kaufleute Marseilles 1564 eine Angehörige des alten provençalischen Adels, Marguerite de Glandèves, heiratete. Damit verknüpft war eine Steigerung des sozialen Status, den Jean Riquetti sechs Jahre später mit dem Kauf von Schloss Mirabeau nebst zugehörigen Ländereien an der Durance demonstrierte, als er dem Namen Riquetti den Titel eines écuyer de Mirabeau hinzufügen konnte.[5]

Jean Riquetti hatte die erste Sprosse sozialen Aufstiegs erklommen, den dessen Nachfahren fortsetzten, indem sie wichtige Ämter in Marseille oder der Provence bekleideten, vorteilhafte Ehen schlossen und schließlich auch damit erfolgreich waren, ihren Söhnen die Aufnahme in den Malteserorden zu verschaffen. Dabei zeigte es sich jedoch, dass der Adelstitel, den die Riquetti als écuyers de Mirabeau geltend machten, noch sehr wackelig war. So wurden die Söhne nur nach der *preuve secrète*, d. h. der Erklärung von vier Angehörigen altadeliger Geschlechter, die sich für ihren gesellschaftlichen Rang verbürgten, in den Ritterorden aufgenommen.[6] Diese Unsicherheiten wurden erst 1685 beseitigt, als Louis XIV geruhte, die Ländereien von Mirabeau in den Rang einer Markgrafschaft zu erheben. Fortan konnten sich die Riquetti mit dem Titel eines Marquis de Mirabeau schmücken.[7]

Die gesellschaftliche Aufwertung des Geschlechts symbolisierte der Großvater Mirabeaus, der am 28. November 1666 geborene Jean-Antoine Riquetti, der im Alter von 21 Jahren bereits zum Chef der Familie wurde.[8] Dieser Jean-Antoine war ein Haudegen, der zwanzig Jahre lang in allen Kriegen Louis' XIV focht, ehe er im spanischen Erbfolgekrieg in der Schlacht von Cassano am 16. August 1705 so schwer verwundet wurde, dass man ihn für tot hielt und auf der Walstatt liegen ließ. Auf wundersame Weise gerettet und geheilt, trug er seither den rechten Arm in einer Schlinge, und den Kopf stabilisierte eine silberne Nackenstütze. Als Invalide errang Jean-Antoine die Bewunderung der ebenso schönen wie reichen Françoise de Castellane, die er 1706 heiratete. Seine zwanzig Jahre jüngere Frau gebar ihm sieben Kinder, sechs Jungen und ein Mädchen, von denen aber nur drei Söhne den Tod des Vaters am 27. Mai 1737 überlebten: Victor, genannt der Marquis de Mirabeau, Charles-Elzéar, der spätere Bailli, und Louis-Alexandre, der Chevalier. Mit dem Tod des Vaters wurde dessen ältester Sohn Victor entsprechend dem altrömischen Brauch, der in weiten Teilen Südfrankreichs noch gültig war, zum Familienoberhaupt, kümmerte sich um seine zwei jüngeren Brüder und seine verwitwete Mutter, mit der er bis zu ihrem Tod 1769 unter einem Dach lebte.

Louis-Alexandre, der am 6. Oktober 1724 geborene Jüngste der Brüder, wurde im Alter von 13 Jahren im Rang eines Seconde-Lieutenant in einem Infanterieregiment untergebracht, in dem ein Vetter der Mirabeaus, der Moralist Luc de Clapiers Marquis de Vauvenargues, Offizier war. «Ihr Bruder», so ließ Vauvenargues den Marquis am 13. Juni 1738 wissen, «war für acht oder zehn Tage in der Festung eingesperrt wegen einer Insubordination gegenüber M. de Misère [i. e. einen seiner Vorgesetzten im Regiment]; gestern Morgen ist er wieder entlassen worden. In seinen Absichten lässt er sich nicht beirren, und er ist ebenso willensstark wie Sie; das ist auch im Übrigen der einzige Fehler, den man ihm vorwerfen kann, denn ansonsten ist er sehr liebenswürdig und einsichtig.»[9]

Zwar wurde Louis-Alexandre wiederholt bei Beförderungen übergangen, aber das minderte keineswegs seine Begeisterung für das Kriegshandwerk, die er als Teilnehmer an zahlreichen Schlachten und Treffen des bis zum Frieden von Aachen im Oktober 1748 andauernden Österreichischen Erbfolgekriegs beweisen konnte. Dieses Engagement, das dem väterlichen Vorbild alle Ehre machte, verschaffte ihm schließlich mit 24 Jahren eine Hauptmannsstelle.

Das Avancement war das eine Erlebnis, das Louis-Alexandre entzückte; ein anderes, das ihm zur gleichen Zeit widerfuhr, war die Begegnung mit Marie Gabrielle Hévin de Navarre, einer Schauspielerin, die dem Harem angehörte, den der französische Oberbefehlshaber Marschall Moritz Graf von Sachsen um sich geschart hatte. Die Bekanntschaft mit der schönen Mlle. Navarre muss dem Hauptmann Riquetti umso mehr den Kopf verdreht haben, als diese es darauf abgesehen hatte, sich den in Lebens- und Liebesdingen unerfahrenen jungen Krieger als Ehemann zu kapern. Einen entsprechenden Versuch hatte sie zuvor schon beim Dichter und Bühnenautor Jean-François Marmontel unternommen, der sich jedoch nicht zu dem Schritt bereitfand, den ihm die Geliebte mit großem Nachdruck nahelegte. So jedenfalls schildert es Marmontel in seinen Memoiren, der auch ausführlich davon berichtet, dass sich die Navarre nun dem Chevalier de Mirabeau zugewandt und diesen derart erfolgreich becirct habe, dass er sie heiratete.[10]

Diese für die damaligen Moralvorstellungen unverzeihliche Mesalliance, von der sich Lustspiel- und Romanautoren verschiedentlich anregen ließen, vernichtete den Ruf des Comte de Mirabeau, wie er sich jetzt nannte. Daran änderte auch nichts, dass kurz nach der Hochzeit seine Frau 1749 in Avignon starb. In diese dem Papst gehörende Stadt hatte sich das Paar vermutlich geflüchtet, um sich vor dem Zorn der Mutter und der beiden älteren Brüder Mirabeau zu schützen, die Himmel und Hölle in Bewegung setzten, die Ehe zu verhindern. Avignon blieb auch in den kommenden Jahren das Exil des Witwers. Die Acht, die von der Familie über das «schwarze Schaf» verhängt wurde, währte bis 1755. Damals passierte der Markgraf von Bayreuth auf dem Weg nach Italien Avignon, wo er den Comte de Mirabeau kennenlernte und ihn in seine Dienste nahm. Bald darauf figurierte der Comte als Erster Kammerherr im Conseil des Markgrafen. In dieser Eigenschaft wurde er zweimal, 1757 und 1759, in diplomatischer Mission nach Paris entsandt, eine Verwendung, mit der er sich wieder die Achtung seiner Brüder erwarb.[11]

Damit aber auch die Mutter ihrem jüngsten Sohn den Fehltritt vergaß, musste der sein Witwerdasein gegen eine neue und diesmal standesgemäße Ehe eintauschen. Diese Bedingung der alten Frau wurde erfüllt, als der Comte de Mirabeau im Oktober 1760 bei seinem ältesten Bruder in Begleitung seiner ihm frisch angetrauten Gemahlin, einer Gräfin Kunsberg, in Paris erschien. Als der Comte schon im Jahr darauf ohne Nachkommen starb, kehrte seine junge Witwe nach Paris zurück, wo sie bis zu ihrem Tod im 1772 im Haus des ältesten Bruders zusammen mit dessen Mutter lebte.[12]

Im Unterschied zum jüngsten Bruder, dessen Bedeutung für Mirabeau von lediglich anekdotischer Natur war, übte der andere Bruder, der Bailli, wegen der engen Beziehungen, die ihn mit dem Marquis verbanden, einen größeren Einfluss auf den Werdegang des Neffen aus. Das vergalt ihm dieser damit, dass er dem Onkel als Einzigem aus der Familie stets ungeteilten Respekt zollte. Der Bailli, ein Ritter des Malteserordens, tat seit 1730, zuletzt als Kapitän, Dienst in der königlichen Kriegsmarine und wurde 1752 zum Gouverneur der Karibikinsel Guadeloupe ernannt. Als er diesen Posten drei Jahre später aus Gesundheitsgründen quittierte, kehrte er nach Frankreich zurück, wo er 1761 als Generalinspekteur der nordfranzösischen Küstengarde Verwendung fand. Nachdem sich seine Hoffnungen zerschlugen, zum Marineminister Louis' XV berufen zu werden, ging er nach Malta, dem Hauptsitz des Malteserordens. Dort übernahm er für zwei Jahre das Generalat der Galeeren, mit dem er seine 31jährige Karriere in der Marine beendete.[13]

Das Generalat, das dem Bailli eine glänzende Position verschaffte, war mit einem hohen Preis verknüpft. Nicht nur musste er rund 140 000 *livres* für seine Investitur und den Unterhalt dieser Charge aufwenden, sondern er sah sich auch genötigt, ein Gelübde abzulegen, das ihn zu Armut und Ehelosigkeit verpflichtete. Das war eine Entscheidung, die ihm umso weniger leichtgefallen sein dürfte, als er just zu dieser Zeit eine Frau kennenlernte, die, wie er den Bruder wissen ließ, das Ebenbild der eigenen Mutter in jüngeren Jahren sei. Wäre er seinen Herzensregungen gefolgt, hätte er diese «Dame aus Calais» sicherlich geheiratet. Allein der ältere Bruder, der Marquis de Mirabeau, redete ihm das erfolgreich aus und veranlasste den Bailli, das Gelübde der Ehelosigkeit abzulegen.

Den Jüngeren in diese Bahn zu lenken, veranlassten zwei Überlegungen, denn dessen Zölibat würde dem Ältesten, nachdem der jüngste Bruder kinderlos gestorben war, die Gewähr bieten, das Geschlecht der Riquetti de Mirabeau im Mannesstamm fortzusetzen. Garant dafür war der am 9. März 1749 geborene Honoré Gabriel Comte de Mirabeau. Zum anderen spekulierte der Marquis darauf, dass dem Bailli nach dem Generalat eine lukrative Kommende des Malteserordens zufallen würde, die ihn nicht nur für seine Aufwendungen entschädigte, sondern von der auch ein gehöriger Batzen übrig bliebe, von dem der Kinderlose den älteren Bruder und dessen Familie unterstützen könnte. Diese Spekulation erfüllte sich auch glänzend, denn der Bailli erhielt nach dem Ende seines Generalats eine Kommende, die 39 000 *Livres* jährlich abwarf, ein Ertrag, den er auf 45 000 *Livres* zu steigern hoffte. Das versprach eine schöne Zugabe zum Familieneinkommen des Marquis, der stets in Geldnot war. Auch gelang es ihm, den sparsam lebenden Bailli zu überzeugen, auf Schloss Mirabeau seinen Wohnsitz zu nehmen, das dieser erst während der Revolution wieder verließ, um nach Malta zu gehen, wo er 1794 starb.[14] Damit überlebte der Bailli nicht nur den Marquis, der am 13. Juli 1789 in Argenteuil starb, sondern auch den Neffen, dessen windungsreicher Lebensweg den beiden Brüdern unerschöpflichen Stoff für den regen Briefwechsel lieferte, in dem sie zeitlebens standen.[15]

Victor de Riquetti, der Vater von Mirabeau, wurde am 4. Oktober 1715 in Pertuis geboren. Seine Kindheit verbrachte er auf Schloss Mirabeau unter dem Regiment eines Vaters, dessen erzieherische Maxime auf unnachsichtige Strenge gegenüber den eigenen Kindern lautete. Als Vauvenargues in einem Schreiben vom 13. März 1740 die einschlägigen Vorstellungen des Marquis zurückwies, versetzte er diesem: «Was die Art der Überredung anbelangt, mit der Sie den Chevalier zu überzeugen suchen, werden Sie keinerlei Erfolg haben, wenn er von demselben Schlag ist wie wir. Ihr System ist es, mit Nachgiebigkeit ans Ziel zu gelangen; ich dagegen möchte das ohne Umschweife oder mit Gewalt erreichen.»[16]

Nach dem Besuch einer Jesuitenschule in Marseille wurde Victor mit dreizehn Jahren in das Regiment Duras gesteckt, das der Vater lange Zeit kommandiert hatte. Das war nicht ungewöhnlich, denn Kinder und Jugendliche wurden im 18. Jahrhundert als Erwachsene angesehen und mussten sich deren Pflichten und Anforderungen unterwerfen. Nach dreijährigem Militärdienst bezog der Marquis in Paris eine «Akademie», ein Internat, in dem die Zöglinge in Reiten, Fechten und anderen Fertigkeiten unterwiesen wurden, die für eine militärische Karriere erforderlich waren. Für den Sechzehnjährigen bedeutete der Umgang mit Gleichaltrigen das Erlebnis einer bislang unbekannten Freiheit, die er umso mehr auskosten konnte, als er dem Leiter dieser Akademie nicht den Brief des Vaters aushändigte, mit dem dieser zu unnachsichtiger Strenge gegen seinen Zögling angehalten wurde. Das berichtet er im «Journal de ma vie», das er acht Jahre später zu Papier brachte und in dem er freimütig Auskunft gab über die damaligen Streiche und harmlosen jugendlichen Ausschweifungen. «Ein wacher und unternehmungslustiger Provinzler ist bald der Herr auf dem Pariser Pflaster, und ich machte mich zum Chef einer Truppe belangloser junger Leute.»[17] Diesem ausgelassenen Treiben machte im Dezember 1731 eine Pockeninfektion ein Ende, die ihn nötigte, sich in Isolation wie ein «Pestkranker» unter erheblichen Kosten in einem Zimmer fern der Akademie pflegen zu lassen.

Kaum wiederhergestellt, verkündete er zwar, allen Ausschweifungen entsagen zu wollen. Der Vorsatz war indes wohlfeil, denn ihm folgt das Eingeständnis, dass sein ohnehin schon leerer Beutel durch die Bestreitung der Krankheitskosten vollends erschöpft sei, «und mein Vater stellte sich allen Forderungen gegenüber so taub, dass ich gar nicht erst wagte, sie zu wiederholen.»[18] Wie der weiteren Erzählung zu entnehmen ist, änderte aber auch diese Not nichts an der Fortsetzung der Vergnügungen, die schließlich in der Liebe zum schönen Geschlecht ihren Höhepunkt fanden. Die Angebetete des Marquis war eine junge Schauspielerin namens Dangeville, der er auf recht tölpelhafte Weise den Hof machte: Tagelang umschlich er das Haus, in dem die Angebetete lebte. Schließlich erregte er damit die Aufmerksamkeit einer Magd, der er sich mit derart glühenden Worten eröffnete, dass diese ihre Herrin in Kenntnis setzte, die, neugierig geworden, ihm ein Stelldichein vorschlug. «Ich war hingerissen, allein ich musste zittern, als ich auf sie wartete.»[19]

Hier bricht das Manuskript jäh ab, weil der Marquis in späteren Jahren zur Schere griff, um den Bericht über diese erste erotische Eskapade zu zensieren. Wie diese ausging, verrät jedoch ein späterer Eintrag: «Mein Freund Saconay tröstete mich in der Verzweiflung über den Schmerz, als ich mich von meiner Geliebten trennen musste. Mein Vater bestand unnachsichtig auf seinem Befehl, und am 13. Juni 1732 brach ich nach vielen Tränen und Treueschwüren auf. Dessen ungeachtet heiratete sie schon sechs Monate später den Baron de C…, dessen beträchtliches Vermögen sie durchbrachte.»[20] Im Regiment war eine Kompanie frei geworden, die der Marquis auf Geheiß des Alten sofort übernehmen sollte, um damit den Fuß auf die erste Sprosse der militärischen Karriereleiter zu setzen, auf der er über kurz oder lang zum Chef des Regiments aufsteigen würde.

Das war das den Angehörigen des Schwertadels geläufige Karrieremuster, das aber im 18. Jahrhundert nicht mehr so reibungslos wie früher funktionierte, weil das Regime des Absolutismus immer mehr von Nepotismus und Klientelismus überwuchert wurde. Diese Erfahrung musste auch der Marquis machen, sobald er am 19. Dezember 1735 wieder in Paris war. «Ich hatte mich hier nur während meines Besuchs der Akademie aufgehalten; jetzt hatte ich das Empfinden, dass mein Aufenthalt eine völlig andere Bewandtnis habe. Ich sollte mich nur in der guten Gesellschaft bewegen, in Versailles [i. e. bei Hofe] vorgestellt werden, hier mein Verlangen [i. e. Chef eines Regiments zu werden] äußern und jeglichen Umgang mit jungen Leuten meiden. Ich erkannte also deutlich, was zu tun sei, allein nicht, wie ich es machen sollte.»[21]

Der Vater hatte sich nur mit guten Ratschlägen beschieden, seinem Sohn aber nicht verraten, wie diese in die Praxis umzusetzen seien. Also kam der auf den Einfall, sich an einen Onkel zu wenden, der Kammerherr des Duc de Maine war, ihm aber die ersehnte Hilfe verweigerte. «Mein Onkel beschied mich unmissverständlich, dass Paris nicht der Ort sei, an dem man seinen Neffen bei Hofe einführt.» Man müsse sich einfach nur vordrängen und sein Glück versuchen.[22] So vorzugehen widerstrebte ihm zwar, aber im Januar 1736 überwand er sich und ging nach Versailles. Hier traf er auf einen Oberstleutnant seines Regiments, der ihn mit dem Kammerdiener des Kardinal de Fleury, des Premierministers Louis' XV, bekannt machte, welcher es aber entschieden ablehnte, sich trotz der ihm offerierten 10 000 *Livres* für den Wunsch des Marquis nach einem Regiment einzusetzen.

Nachdem er mit diesem ersten Versuch gescheitert war, kehrte er erst einmal nach Paris zurück. Auf einem Maskenball in der Oper entlarvte sich der Marquis als rechter Provinztölpel, dem die Pariser Etikette unbekannt war. Das muss dem Onkel zu Ohren gekommen sein, der sich nun dazu aufraffte, den Neffen in Versailles einzuführen, ihn zunächst dem Kardinal de Fleury, danach auch dem Justiz- und dem Kriegsminister vorzustellen und ihm schließlich auch eine Audienz beim König, der Königin und dem Dauphin zu erwirken. Danach sollte es wieder nach Paris zurückgehen, aber der Marquis verweigerte sich dem und blieb lieber in Versailles mit der einleuchtenden Begründung, dass es für ihn wesentlich billiger sei, hier zu leben, zumal ihm für die eine Mahlzeit, mit der er sich pro Tag begnügte, nichts abverlangt wurde. Damit reihte er sich in die Schar jener Bittsteller ein, die tagein, tagaus in den Vorzimmern des Königs und des Kardinals herumlungerten und vergebens darauf lauerten, die Aufmerksamkeit auf sich und ihr Begehren zu lenken. «Wenigstens fünfmal am Tag war ich zugegen, wenn der Kardinal sein Amtszimmer verließ. (...) Jeden Abend wohnte ich dem traurigen Geschehen bei, wenn der Kardinal um neun Uhr zu Bett ging, und ich mich erst danach zurückzog.»[23]

Es war wieder der Onkel, der ihm Geld gab, seine Schulden zu bezahlen. Davon blieb ihm noch etwas, als er nach Paris zurückkehrte, wo er sich tagsüber nur von einer Tasse Kaffee und einem Croissant ernährte. Mit diesem Hungerleiden war es vorbei, sobald ihm der Vater einen Wechsel von 2000 *Livres* für seinen Unterhalt zukommen ließ, von denen er sich auch einen Lakaien und einen Laufburschen für Besorgungen leistete, die von ihm in aufwendige Livreen gesteckt wurden.

Unverrichteter Dinge, was den Erwerb eines Regiments anbetraf, aber von Kopf bis Fuß aufwendig herausgeputzt und begleitet von Diener, Lakai und Laufburschen, reiste der Herr Marquis in der Postkutsche Ende Mai 1736 wieder zu seinem Regiment. Mit der Schilderung eines Duells mit einem Regimentskameraden bricht der *Journal de Jeunesse* im Juni 1736 abrupt ab. Ein Jahr später starb der strenge Vater Jean-Antoine. Victor Riquetti Marquis de Mirabeau wurde damit zum Chef der Familie. Im Alter von 21 Jahren verfügte er über ein Jahreseinkommen von 16 000 *Livres*, eine Summe, von der sich gut leben ließ, auch wenn er davon aufgelaufene Schulden in unbekannter Höhe begleichen musste. Vor allem aber war er von nun an sein eigener Herr.

Welche Pläne er hegte, das offenbart der rege Briefwechsel, den der Marquis in den nächsten vier Jahren mit dem gleichaltrigen Moralisten Vauvenargues führte: Den Marquis plagten literarische Ambitionen. Außerdem war er stets ein eifriger Leser gewesen, eine Beschäftigung, die seine «scribomanie» förderte. Die Korrespondenz mit Vauvenargues, der damals noch nichts von dem veröffentlicht hatte, was seinen Ruhm begründete, war für den Marquis eine literarische Übung, zumal er die

Victor de Riqueti, Marquis de Mirabeau

großen literarischen Fähigkeiten seines Briefpartners erkannt hatte und diesen wiederholt dazu ermunterte, ein großes Werk zu schreiben.

Auch wenn Vauvenargues sich den Anschein gab, die Anerkennung seines literarischen Talents zu ignorieren,[24] ließ der Marquis nicht locker, zumal ihm zu Beginn ihres Briefwechsels Hoffnungen auf literarischen Ruhm gemacht wurden: «Mein Name und Ihre Briefe werden gemeinsam veröffentlicht werden; auf diese Weise werden sich Vermögen und Ruhm einstellen», schrieb ihm Vauvenargues am 5. September 1737.[25] Eine derart schmeichlerische Prognose nahm der Marquis durchaus ernst und vergalt sie in gleicher Münze: «Aber welche höchst angenehme Karriere eröffnen Ihnen nicht Ihre Talente in dem Bereich, den man die *République des lettres* nennt! Wenn Sie nur ein Einsehen hätten, wie viel höchst unterschiedliches Vergnügen uns eine gut begründete Anerkennung in diesem Bereich verschaffte!»[26]

Zunächst bestimmte den Ehrgeiz des Marquis aber noch ganz das Vorbild des Vaters, weshalb er vor allem darauf brannte, sich durch kriegerischen Ruhm einen Namen zu machen. Das teilte er Vauvenargues in demselben Brief mit, in dem er ihn auch wissen ließ, dass er mit einem zweiten Versuch, sich in Versailles um ein Regiment zu bewerben, gescheitert sei. Stattdessen sei sein Freund Crillon damit erfolgreich gewesen, obwohl der sechs Jahre Armeedienst weniger geleistet habe als er.[27] Wie groß seine Enttäuschung war, zeigt sein Brief an Vauvenargues vom 30. April 1738: «Der Ehrgeiz verzehrt mich auf ganz eigenartige Weise: Es sind weder Ehren, nach denen ich giere, noch Geld oder Wohltaten, sondern ein Name, um endlich jemanden vorzustellen. Um das zu erreichen, braucht es aber einen Posten. Diese Art von Ehrgeiz hat mich verschiedene Optionen erwägen lassen, einschließlich der in der augenblicklichen Lage verlockenden, mich für ein Regiment in ausländischen Diensten zu entscheiden, von dem ich wüsste, wie ich es bekäme.»[28]

Das blieben aber nur Gedankenspielereien. Stattdessen blieb er bei seinem Regiment, das nach Bordeaux verlegt wurde. Neben einem freundschaftlichen Umgang, den er dort mit Montesquieu pflegte, tat er sich als eifriger Schürzenjäger hervor, der es auf nicht weniger als sechs Affären brachte. Schon die Zahl verrät, dass er diese Liebeshändel nicht allzu ernst nahm. Dem entsprach auch das vorläufige Resümee, das er Vauvenargues im Oktober 1739 mitteilte: «Ich hatte mein Debüt mit einer wahrhaftigen Leidenschaft, darauf folgten verschiedene Liebschaften, und ich schließe jetzt mit einer Liebe, die, wie ich mir ausmale, mein ganzes Leben andauern wird.»[29] Dieser, seiner vermeintlich letzten großen Liebe, so erfährt man aus diesem Brief ebenfalls, habe er noch das Geleit bis zur französischen Grenze gegeben, um dann nie wieder etwas von ihr zu hören.

Alle diese Ausschweifungen endeten im Katzenjammer: «Die Wollust, mein lieber Freund, wurde der Henker meiner Phantasie, und ich werde sehr teuer für meine Narrheiten und die Verkommenheit der Sitten bezahlen müssen, die mir zur zweiten Natur geworden sind.»[30] Anlass dieser Einsicht war ein erneuter Fehlschlag, endlich Regimentsinhaber zu werden. Mit vagen Aussichten hatte sich der Marquis im Januar 1740 in Versailles eingefunden, um wieder leer auszugehen, weil man einem Dreizehnjährigen den Vorzug gab, ein Affront, der ihn dazu veranlasste, den Dienst zu quittieren.[31] Der Entschluss blieb zunächst noch ohne Konsequenz, denn er nahm 1742 für einige Monate am Feldzug in Bayern teil, von dem er im Dezember nach Paris zurückkehrte, um einen allerletzten Versuch zu unternehmen, ein Regiment zu erhalten, der ebenfalls scheiterte. «Jetzt», so schrieb er, «hielt ich mich an das, was ich vorbereitet hatte, um mit allen Ehren aus dem Metier meiner Väter auszuscheiden.»[32] Dieser Schritt wurde am 7. März 1743 vollzogen.

Der Marquis erwies sich als ein glühender Verteidiger der alten Familientradition. Vor allem jedoch war er auf das Ziel fixiert, die Mirabeaus vom Odium ihrer provinziellen Herkunft zu befreien und ihnen einen Namen von nationaler Bedeutung zu verschaffen. Dieser Ehrgeiz war beim Marquis mit ausgeprägter Selbstgerechtigkeit verknüpft, die Vauvenargues wiederholt geißelte: «Es will mir scheinen, dass die Härte und die Strenge Männern welchen Standes auch immer, nicht zupasskommen, denn es ist ein erbärmlicher Stolz, sich selbst ohne Fehler zu bedünken, und es ist ein wahrlich hassenswerter Makel, zugleich fehlerhaft und von unnachsichtiger Strenge zu sein. (...) Ein Mann ohne Leidenschaften und ohne allen Charakter lässt mich gleichgültig; aber der harte und unnachsichtige Mann, der aus einem Guss ist, vollgestopft mit strengen Maximen, trunken von seiner Tugend, der Sklave überkommener Ideen, die er nie reflektiert hat, der Feind jeglicher Freiheit, einen solchen Mann meide ich, den verachte ich.»[33]

Vauvenargues entwarf damit das Charakterbild des Marquis de Mirabeau. Die Eigenschaften, die den Moralisten daran abstießen, würden sich unter den Wechselfällen des Lebens nur noch weiter ausbilden und verfestigen. Darunter zu leiden hatte dessen ganze Familie, insbesondere aber der älteste Sohn, der Stammhalter und Träger des Namens Mirabeau, dem endgültig das gelingen sollte, wonach der Vater zeit seines Lebens gestrebt hatte. Zunächst jedoch, nachdem er der Karriere beim Militär endgültig entsagt hatte, galt es einen Lebensentwurf zu realisieren, der im Einklang mit seinem Naturell und seinen Ambitionen stand. Zwar versicherte er Vauvenargues noch im Oktober 1739, dass er keinerlei Vorliebe für Paris empfinde, weil diese Stadt ihn bislang nur enttäuscht habe,[34] aber kaum drei Monate später lässt er ihn schon wissen, dass er sich dort ein Haus gekauft habe, dessen Möblierung ihn ruiniere.[35]

Das war erst ein Anfang, denn am 13. März 1740 überraschte er Vauvenargues mit der Mitteilung: «Ich habe auch ein Stück Land zwanzig Meilen von Paris entfernt gekauft; ein schönes Gemäuer, liebreizende Einsamkeit, im August in unmittelbarer Nähe zu einem Gewässer, im Dezember sitzt man im Trockenen; in der Stadt große Salons, auf dem Land kleine Gemächer, verlässliche Freunde, im Blickpunkt der Öffentlichkeit, voilà, mein Leben.»[36]

Was der Marquis spürbar gut gelaunt und stolz auf die Entscheidungen, die seinem weiteren Leben die Bahn wiesen, dem Freund mitteilte, markierte den Beginn einer Katastrophe, die immer wieder abzuwenden er bis an sein Ende beschäftigt sein sollte. Das Haus in Paris, für dessen Erwerb er 30 000 *livres* bezahlte, war eine Bruchbude, «un cadavre de maison», wie er selbst sagte, in die er in den nächsten Jahren über 70 000 *livres* stecken musste. Schließlich verkaufte er dieses Anwesen mit einem empfindlichen Verlust, um sich ein wesentlich kleineres, dafür aber sofort bewohnbares Pariser Heim zu erwerben.[37] Ähnlich viel Geschäftssinn bewies er auch beim Kauf des Landsitzes von Bignon, für den er 112 000 *livres* bewilligte, obwohl sich die gesamte Liegenschaft nach seinem eigenen Urteil im Zustand völligen Verfalls befand.[38] Deren Instandsetzung dauerte Jahre und verschlang alle Einnahmen, die ihm daraus zuflossen. Mit anderen Worten: Dank dieser unüberlegten Erwerbungen hatte er binnen kürzester Zeit die Einkünfte aus seinem Erbe erheblich geschmälert und sah sich genötigt, mit jährlichen Nettoeinnahmen von nur rund 6000 *livres* auszukommen.

Dieser Betrag war zu gering, um in Paris standesgemäß zu leben und dem Namen Mirabeau den gehörigen Eklat zu verschaffen. Um dieser Verlegenheit rasch zu entrinnen, verfiel er auf den Ausweg einer Ehe mit einer reichen Frau, den auch viele seiner Standesgenossen in ähnlicher Notlage einschlugen. Was dem Marquis die Spekulation unwiderstehlich machte, die er mit seiner Heirat der am 3. Dezember 1725 geborenen Marie Geneviève de Vassan verknüpfte, war, dass sie als einzige Nachfahrin einer recht begüterten Familie im Limousin mit einer üppigen Erbschaft rechnen konnte. Zwar beschränkte sich dieses Vermögen nur auf umfangreichen Landbesitz, der aber über 30 000 *livres* jährlich an Erträgen abwarf, eine Summe, die sich bei umsichtigerer Bewirtschaftung sicherlich steigern ließe. Das war die langfristige Verlockung; eine andere, die sich wesentlich schneller auszahlte, würde die üppige Mitgift sein, die von der Braut in die Ehe eingebracht werden würde. Mlle. de Vassan war also eine Messe wert.

Diese Aussicht verblendete den Marquis de Mirabeau derart, dass er alle Warnungen ignorierte. Der künftige Schwiegervater, der Brigadier de Vassan, den der Marquis seit Jahren kannte und von dem er keine hohe Meinung hatte, erwies sich als rechter Knicker, denn als Mitgift für seine einzige Tochter wollte er sich nur zu einer Rente von 4000 *livres* jährlich verpflichten. Dieser bescheidene Betrag sollte ihr aber nicht in barem Gelde angewiesen werden. Vielmehr handelte es sich dabei um Erträge von einem Gut, die ihr zugesprochen werden sollten. Außerdem wartete de Vassan mit der Eröffnung auf, dass er mit seiner Frau nicht in Gütergemeinschaft lebe, die sich folglich das Recht vorbehalte, nach Belieben über den größten Teil ihres Vermögens zu verfügen. Das alles waren Voraussetzungen, so möchte man meinen, die den Marquis hätten veranlassen müssen, sich den Gedanken an diese Ehe aus dem Kopf zu schlagen. Doch er unterzeichnete am 11. April 1743 den von einem Notar aufgesetzten Ehevertrag.

Was ihn an dieser Verbindung blendete, war die Aussicht, in den Besitz schöner Domänen in den westlichen Provinzen Frankreichs, im Limousin, Périgord und Poitou zu gelangen. Zusammen mit den Liegenschaften in der Provence eröffneten ihm diese die Chance, zum Zirkel der ersten Familien in Frankreich aufzuschließen. Diese Vorstellung hatte ihn so sehr in ihren Bann geschlagen, dass keine gegenteiligen Erfahrungen sie zerstören konnten, wie er sie jetzt in rascher Folge machen musste. Unmittelbar nach Unterzeichnung des Ehevertrags reiste er zum Schloss seiner Braut im Limousin. Selbst der sehr nachteilige Eindruck, den seine Schwiegermutter auf ihn machte, hinderte ihn nicht daran, die Ehe am 21. April 1743 zu schließen. Die zweite große Enttäuschung folgte auf dem Fuße, als das junge Paar das Landgut besuchte, das erst nach beträchtlichen Investitionen die bescheidene Mitgift abzuwerfen versprach.[39]

Alle diese Widrigkeiten beförderten nur den Wahn, die Mirabeaus durch Landbesitz zu einer bedeutenden Familie Frankreichs zu machen. 1752 kaufte er dem Duc de Rohan für 450 000 *livres* die Duché de Roquelaure in der Gascogne ab, die 13 Kirchspiele, 23 Pachthöfe sowie Wiesen und Wälder umfasste. Wie üblich schloss er den Handel, ohne das Herzogtum zuvor inspiziert zu haben. Umso größer war die Enttäuschung, als er feststellen musste, dass der Besitz längst nicht so prächtig war, wie ihn der Verkäufer geschildert hatte. Nach acht Jahren verkaufte er das Herzogtum mit Verlust an die Krone. Ähnlich erfolglos erwiesen sich auch andere Geschäfte des Marquis wie beispielsweise die Spekulation mit einem Bleibergwerk. Beim Tod des Schwiegervaters 1756 war zwar eine kleine Erbschaft angefallen, und auch die Mitgift seiner Frau ließ sich endlich realisieren, aber mit diesem Geld mussten umgehend diverse Schulden getilgt werden.

Der Ehrgeiz des Marquis zwang ihn dazu, in einer wirtschaftlich prekären Situation zu leben. Seine Lage wurde vollends verzweifelt, als sich die Hoffnung zerschlug, durch das Erbe seiner Frau endlich in den Besitz eines Kapitals zu gelangen, das ihm Luft zu verschaffen versprach. In der Erwartung auf diesen Gewinn hatte er jahrelang klaglos eine Ehe geführt, über die er erst, nachdem sich seine Frau 1762 von ihm getrennt hatte, das harte Urteil fällte: «Die zwanzig Jahre, die ich mit ihr zusammenlebte, waren eine zwanzig Jahre dauernde Nierenkolik.»[40] Dazu steht offenbar nicht im Widerspruch, dass sie ihm elf Kinder gebar, von denen sechs in jungen Jahren starben.

Tatsächlich waren es die Zuwendungen des Bruders, von denen der Marquis in den letzten zehn Jahren vor seinem Tod seine Existenz fristete, wie die Bilanz seines Einkommens zeigt, die er 1779 unter dem Titel «Mon état, tant à charge qu'à décharge, en l'année 1779» aufstellte. Darin beziffert er seine jährlichen Einnahmen aus Grundrenten auf 85 000 *livres*. Dem standen Kredite und Wechsel in einer Summe von 678 740 *livres* gegenüber, für die aufs Jahr berechnet Zinsen in Höhe von 51 648 *livres* zu zahlen waren. Demnach blieb ihm noch ein verfügbares Einkommen von 29 000 *livres*, das seine Frau für sich beanspruchte und mit der von ihr eingereichten Scheidungsklage auch erstritt.[41]

Die Qualen, die ihm die eine seiner Manien verschaffte, konnte der Marquis durch die Erfolge, die er mit seiner «scribomanie» erzielte und die seinen Geltungsdrang befriedigten, wenigstens vor sich selber kompensieren. Das gelang ihm umso leichter, als die eine mit der anderen Manie aufs Engste verschränkt war, wie das in seinem Nachlass befindliche Manuskript mit dem anspruchsvollen Titel «Testament politique» zeigt, in dem der 32-jährige Verfasser seinen Nachkommen die Grundsätze erläutert, nach denen er sein Haus verwaltet hatte.

Das stark entwickelte aristokratische Selbstgefühl des Marquis schlägt sich in dieser Schrift nieder in einer entschiedenen Opposition gegen den barocken Verwaltungsstaat des *Ancien Régime*. Er kritisierte dessen zentralisierende und monopolisierende Tendenz der Gewaltausübung, die den politischen Einfluss des Adels immer mehr aushöhlte und gleichzeitig dessen ständische Vorrechte als bloßen Popanz unangetastet ließ. Konkret zielte das vor allem darauf, die Steuerprivilegien des Adels wie dessen Befugnisse in der Gerichtsbarkeit oder die gutsherrlichen Einnahmen gegen die Begehrlichkeiten des Staates zu verteidigen. Dies, so gibt er aber auch zu bedenken, würde umso besser gelingen, wenn sich der Adel der Pflichten besänne, die er gegenüber seinen Vasallen und Untertanen habe.

Das Hauptmotiv seines «Testament politique» entfaltete der Marquis in seiner ersten anonym publizierten Abhandlung «l'Utilité des Etats provinciaux», die 1750 erschien. Die aus Vertretern der drei Stände, Klerus, Adel und Dritter Stand, gebildeten Ständeversammlungen in den einzelnen Provinzen beschrieb er als ein wirksames Mittel gegen die unheilvoll voranschreitende Zentralisierung. Wegen der ständischen Zusammensetzung der Vertretungskörperschaften in den jeweiligen Provinzen hätte der Monarch keine Ursache, um seine Autorität zu fürchten; im Gegenteil, er zöge nur Nutzen daraus. Dies gelte umso mehr, wenn seine Untertanen nach den unwandelbaren Gesetzen der Billigkeit regiert würden. Steuern etwa, die diese Ständeversammlungen erheben, hätten dann die Geltung freiwilliger Gaben, die bereitwillig geleistet würden.

Ständeversammlungen mit Steuerbewilligungsbefugnis gab es Mitte des 18. Jahrhunderts aber nur noch in einigen wenigen Provinzen, den sog. *Pays d'états*, während sie in den *Pays d'élection* bereits verschwunden waren. In diesen wurde die jährlich zu leistende Steuerlast vom Provinzgouverneur, dem Intendanten, als Pauschalbetrag festgesetzt, den dessen Steuerbeamte auf die einzelnen Gemeinden und Bürger umlegten, ein Verfahren, das jeglicher Form von Willkür bei der Festlegung der Steuerschuld Tür und Tor öffnete.[42] Der Marquis de Mirabeau erhob deshalb in seiner Denkschrift die Forderung, überall in Frankreich wieder Versammlungen der Provinzstände einzuführen, die ein wesentlich gerechteres Steuersystem gewährleisteten, das die Zustimmung der Untertanen fände und dessen Erträge jenes andere Verfahren der Besteuerung in den *Pays d'élection* weit übertreffe.

Die Überlegungen des Marquis besaßen eine geradezu revolutionäre Sprengkraft, die nicht nur der frühere Außenminister Louis' XV, René Louis de Voyer d'Argenson, bemerkte, der sie Montesquieu zuschrieb und der in seinem Tagebuch am 9. Juli 1750 notierte: «Das ist nur das erste einer ganzen Reihe solcher Bücher, die erscheinen werden und die frei zirkulieren zu lassen sehr gefährlich ist, denn sie wecken in den Untertanen Begehrlichkeiten, die man ihnen verweigert und um deren Vorteile man sie mit einer unerträglich anmutenden Ungerechtigkeit bringt.»[43] D'Argenson hatte eine sehr zutreffende Witterung, denn das vom Marquis de Mirabeau aufgeworfene Thema war bis zum Beginn der Französischen Revolution eines der Hauptthemen der politischen Debatten.

Ein weiteres, wesentlich umfangreicheres Buch, das der Marquis de Mirabeau 1757 unter seinem Namen und mit dem etwas rätselhaften Titel «l'Ami des hommes ou traité de la population» veröffentlichte, machte ihn zu einem berühmten Mann. Thema dieses Buchs war nicht eine Institution, die es zu reformieren gelte, sondern der Staat insgesamt. Den Staat vergleicht der Marquis mit einem Baum; die Wurzeln, aus denen er seine Nahrung zieht, sind die Landwirtschaft, der Stamm die Bevölkerung, die Zweige die Industrie, also Manufaktur und Handwerk, während die Blätter schließlich Handel und Künste symbolisieren. Doch die Wurzeln seien krank, weshalb der Baum abzusterben drohe. Das sei nur abzuwenden, wenn man die Landwirtschaft nach besten Kräften fördere. Das gelte insbesondere für die bäuerlichen Schichten, deren Existenz in Frankreich durch mancherlei Lasten, Fronden und Abgaben nachhaltig bedroht sei. Besonders grotesk erschien es dem Marquis, dass die Arbeit des Landmanns geradezu verachtet werde, denn seine Erzeugnisse wurden durch Binnenzölle in ihrer Zirkulation behindert und verteuert.

Damit ist das Stichwort für den Angriff auf die herrschende Volkswirtschaftslehre des Merkantilismus gefallen. Die bloße Geldmenge sei nicht mit nationalem Reichtum gleichzusetzen, Gold und Silber ins Land zu locken bedeute keineswegs, auch dessen Wohlstand zu mehren. Vielmehr gelte es, den Handel zu liberalisieren, ihn von Vorschriften, Inspektionen und Deklarationen zu befreien. Vollends beseitigt werden müssten die Schutzzölle zwischen den Ländern, zumal nur die allgemeine Handelsfreiheit Aussicht böte, künftige Kriege von vorneherein zu bannen. Schließlich sieht er auch das Kolonialwesen sehr kritisch, denn in den überseeischen Besitzungen würden die Franzosen nur zu Wilden, diese aber nicht zu Franzosen werden.[44]

Die Vorschläge muten auf den ersten Blick geradezu revolutionär an, was sie aber keineswegs sind: Die ständische Gliederung wie die sie bestimmenden Privilegien sollen weiterhin Bestand haben. Die Stände gelten geradezu als Garantie für die gesellschaftliche Ordnung, die in den «Sitten» verwurzelt ist, die in Haus und Familie gepflegt werden. Wenn sie verfallen, geht auch der Staat seinem Ruin entgegen. Entscheidend seien deshalb die guten Beispiele, die zu geben vor allem der Adel des Landes verpflichtet wäre. Am besten erfülle er diese Aufgabe durch patriarchalisches Schalten und Walten auf dem Familiensitz in der Provinz in sicherer Distanz zu dem verführerischen Treiben am Hof zu Versailles oder dem verschwenderischen Luxus von Paris, dem ein «kräftiger Aderlass» zu Gunsten der Provinz zugedacht wird.

Dieses weitschweifige, mit Redensarten und bisweilen krausen Wortschöpfungen gespickte Buch, das in den ersten vier Jahren wenigstens vier Auflagen erlebte, machte seinen Verfasser weit über die Grenzen Frankreichs hinaus bekannt.

Für einige wenige Jahre sah sich der Marquis mit Lob und Anerkennung förmlich überschüttet. 1786, drei Jahre vor seinem Tod, erinnerte er sich in einem Brief an einen seiner italienischen Verehrer mit von Ironie gemischter Wehmut an diese längst vergangene Glanzzeit: «Die Pariser Begeisterung, die allenthalben das Beispiel gibt, schlug mir mit einer Heftigkeit entgegen, wie sie sich nur hier und in anderen großen von Gaffern bevölkerten Städten manifestiert, äußerte sich in Aufläufen, in der Nachfrage nach Kopien meines Porträts, das damals im Salon gezeigt wurde und das man in allen Sitzungssälen der *Pays d'états*, die mich einbürgerten, aufhängte, stiftete dazu an, 12 *sous* für die Stühle in der Messe zu zahlen, die ich besuchte, meinen Töchtern, die noch Kinder waren, die Ehe vorzuschlagen, mich um Rat anzugehen, zu Diners einzuladen, veranlasste Frauen dazu, mir nachzustellen, und was weiß ich noch alles.»[45]

Der vielleicht schönste, jedenfalls folgenreichste Triumph des Marquis war, dass François Quesnay, der Leibarzt von Madame Pompadour, auf ihn aufmerksam wurde und ihn zu einer Unterredung einlud. Dieses Gespräch, das der Marquis ausführlich in einem Brief an Jean-Jacques Rousseau schilderte,[46] machte ihn zu einem Apostel der physiokratischen Lehre, deren bislang erfolgloser Künder Quesnay war, der sich ebenso wie der *Ami des hommes* gegen die herrschende Doktrin des Merkantilismus wandte und stattdessen die Landwirtschaft zu fördern suchte. Das waren die zwei Punkte, in denen beide übereinstimmten. In dem Gespräch, das der Marquis mit Quesnay führte, überzeugte dieser Mirabeau davon, «den Pflug vor die Ochsen gespannt» zu haben. Quesnay meinte damit, dass nach Mirabeau allein die Bevölkerungszahl die Quelle des

Nationalreichtums ausmache, während es sich seiner Meinung nach genau umgekehrt verhalte, also die Anzahl der Einwohner von der Höhe des Nationalvermögens abhänge, das er allein als den «produit net», also den Ertrag der landwirtschaftlichen Produktion nach Abzug aller Kosten definierte.

Wie sehr den Marquis dieses neue Evangelium überzeugte, zeigt sein vergeblicher Versuch, auch Rousseau zur Lehre der Physiokratie zu bekehren, die er ihm mit den Worten schmackhaft zu machen suchte: «Alles physische und moralische Wohl der Gesellschaft lässt sich in einer Hinsicht bündeln: *Steigerung des Reinertrags*. Jeder Angriff auf die Gesellschaft wird durch die Tatsache determiniert: *Verminderung des Reinertrags*. Auf den beiden Schalen dieser Waage kann man die Gesetze, Sitten, Gebräuche, Laster und Tugenden abwägen.»[47]

Dieses Dogma des Reinertrags lief in der Konsequenz auf einen Frontalangriff auf den *Ancien Régime* hinaus. Die ganze Härte der Last an direkten Steuern musste fast ausschließlich der Dritte Stand tragen; vor allem für die Ärmeren noch weitaus drückender waren jedoch die indirekten Steuern auf Salz und Getränke, die Grenz- und Binnenzölle sowie die Mautzahlungen, die von Steuerpächtern umso rücksichtsloser eingetrieben wurden, als deren Ertrag über ihren Gewinn entschied. Nach Ansicht der Physiokraten sollte sich aber künftig das gesamte Steueraufkommen aus einer einzigen Quelle speisen: aus dem Reinertrag, dem «produit net», der in der Landwirtschaft erwirtschaftet wurde. Eine Grundertragssteuer als einzige Einnahme des Staates hätte angesichts der im *Ancien Régime* geltenden Steuerprivilegien jedoch einen derart hohen Steuersatz notwendig gemacht, dass der Ruin der kleinbäuerlichen Massen die unvermeidliche Folge gewesen wäre. Diese Einsicht nötigte dazu, im Interesse eines möglichst hohen Steuerertrags bei noch verträglichen Steuertarifen die Abschaffung aller Steuerprivilegien von Adel und Klerus ins Auge zu fassen.

Auf Drängen Quesnays veröffentlichte der Marquis de Mirabeau 1760 ein weiteres Buch, mit dem der Versuch unternommen wurde, das Steuerwesen nach den Vorstellungen der Physiokraten zu reformieren. Der Zeitpunkt zur Veröffentlichung der «Théorie de l'impôt», wie der Titel des neuen Werks lautete, war geschickt gewählt, denn Frankreich war in Aufruhr wegen neuer Steuern, die von der Krone zur Finanzierung des ruinösen Siebenjährigen Kriegs gefordert wurden und die *Parlements* sich weigerten zu registrieren.[48] Außerdem stand eine Erneuerung der jeweils für eine Laufzeit von sechs Jahren abgeschlossenen Verträge mit den Steuerpächtern an. Kurz, Thema wie Inhalt des neuen Buchs würden auf breites Interesse stoßen, das auch nicht enttäuscht werden sollte, denn neben seiner bereits bekannten Forderung, die Erhebung und Aufteilung der Steuern in ganz Frankreich den Provinzialständen anzuvertrauen, machte er sich für die Grundertragssteuer stark, die durch eine allgemeine Kopfsteuer ergänzt werden sollte. Abgesehen vom *Octroi*, den städtischen Warensteuern, sollten alle weiteren Konsum- und Verbrauchssteuern wie insbesondere die verhasste *Gabelle*, die Salzsteuer, fortfallen. Zum Weiteren sah er die Einführung einer schrankenlosen Freiheit des Handels vor und, was bei den davon betroffenen reichen Finanziers auf besondere Empörung stoßen musste, die Beseitigung des Steuerpachtunwesens.

Das war ein Gedanke, der den Steuerpächtern zuwider sein musste, die keine Mühe hatten, beim König einen *Lettre de cachet* durchzusetzen, den ketzerischen Marquis in Vincennes bei Paris einzusperren. Mit Rücksicht auf die große Popularität Mirabeaus war diese Strafmaßnahme auf die lediglich symbolische Dauer von einer Woche befristet und endete am 24. Dezember 1760. Weitaus ungemütlicher für ihn war deshalb, dass sich an diese Entlassung eine Verbannung auf seinen Landsitz Bignon anschloss, der in der kalten Jahreszeit ein denkbar unwirtlicher Wohnort war. Er wusste diesem erzwungenen Exil zwar rasch ein Ende zu setzen, was ihn aber nicht daran hinderte, sich als «Märtyrer des öffentlichen Wohls» aufzuspielen, wie sein Sohn spottete.[49]

Der Spott, den der Sohn unermüdlich über den Vater in Briefen und Flugschriften ausgoss, war fortan die Begleitmusik für dessen unaufhaltsamen Absturz aus den Höhen des Ruhmes. Diese Wende kam für ihn umso überraschender, als mit der Ernennung Turgots zum Finanzminister 1774, der sich anschickte, viele der vom Marquis entwickelten Reformvorstellungen zu verwirklichen, seine Saat aufzugehen schien. Um diese Erwartung war es aber bereits im Mai 1776 mit dem Sturz Turgots und der Liquidierung aller begonnenen Reformen geschehen. Nicht genug dieses Unglücks, überwältigte den Marquis de Mirabeau jetzt auch die häusliche Misere, die in einem virulenten Familienzerwürfnis und einem sich hinziehenden Scheidungsprozess mit der von ihm getrennt lebenden Frau bestand. Das wie seine notorischen finanziellen Bedrängnisse vergällten ihm seine letzten Lebensjahre. Vor allem aber musste ihn schmerzen, dass die Öffentlichkeit jetzt das Urteil des Sohnes längst teilte, der in einem öffentlichen Brief vom 15. Dezember 1776 über ihn geschrieben hatte: «Wegen dieses Prozesses [i. e. den langwierigen Rechtsstreit mit seiner Frau] ist der Öffentlichkeit allgemein bekannt, dass der *Ami des hommes* ein solcher weder für seine Frau noch für seine Kinder je war.»[50]

Zweites Kapitel

Ein ungeliebter Stammhalter

Am 9. März 1749 wurde dem Marquis de Mirabeau in Bignon ein fünftes Kind geboren. Es war eine schwere Geburt, denn der Kopf des Neugeborenen war ungewöhnlich groß. Gabriel-Honoré war der zweite Sprössling männlichen Geschlechts. Gleichwohl fiel ihm die Rolle des Stammhalters zu, weil der am 16. März 1744 geborene Victor-Charles-François 18 Monate zuvor an den Folgen einer Vergiftung gestorben war; er hatte im Haus des manischen Vielschreibers ein Tintenfass ausgetrunken.

Aus der frühen Kindheit Mirabeaus ist zu berichten, dass er mit drei Jahren an den Blattern erkrankte. Die Narben, die zurückblieben, entstellten sein Gesicht dauerhaft. Daran hat er sein Leben lang schwer getragen,[1] zumal die Blatternnarben Folgen hatten, die sein weiteres Schicksal beeinflussten. So rühmten sich die Riquettis, ein Geschlecht gutaussehender Männer zu sein. Wegen des von Blatternnarben verunstalteten Gesichts konnte Mirabeau diesem Ideal nicht entsprechen. Das war eine Ursache der Abneigung, die sein Vater gegen ihn hegte und die unter den Jahren stetig größer wurde, bis sie in Entzweiung und Feindschaft von Vater und Sohn einmündete. Die Saat dieses Zerwürfnisses ging schon in der Kindheit Mirabeaus auf. Das zeigen gelegentliche briefliche Äußerungen. Am 9. Oktober 1754 etwa schrieb der Marquis dem Bailli: «Dein Neffe ist so hässlich wie der von Satan.»[2]

Es waren aber nicht nur die Blatternnarben, die den Vater verstörten. Das Kind hatte für ihn auch eine große Ähnlichkeit mit dem verachteten Schwiegervater, weshalb der Marquis behauptete, es sei dessen vollkommene «portraicture».[3] Schließlich nährte der Heranwachsende den Verdacht, er schlüge dem jüngsten Bruder, dem «schwarzen Schaf» der Familie, nach. Davon abgesehen liegen die ersten 15 Lebensjahre des Stammhalters im Dunklen, denn im regen Briefwechsel des Marquis mit dem Bailli wird der Neffe nur selten erwähnt.[4] Der Vater war mit seiner Schriftstellerei beschäftigt und schenkte dem Sohn auch deshalb wenig Aufmerksamkeit, weil dessen Erziehung einem M. Poisson anvertraut wurde, der ein Verwalter der Güter war.

Diese Erziehungspraxis war nicht ungewöhnlich. Der Nachwuchs sollte in der Furcht vor Strafe und nicht im Erlebnis von Zuneigung groß werden. Das fasste der Marquis in die Maxime, es sei nicht ratsam, wenn die Väter Kameraden ihrer Söhne seien. Die Zugewandtheit des Vaters ebenso wie der Glanz im Auge der Mutter sind für ein Kind grundlegende Erlebnisse. Beide musste Mirabeau vermissen. Das würde böse Folgen haben, wie der Baron Carl Heinrich von Gleichen erkannte. Gleichen hatte sich in Bayreuth mit Louis-Alexandre de Mirabeau angefreundet und verkehrte häufiger in dessen Haus. «Wenn M. Mirabeau sich als ein schlechter Vater und Ehegatte präsentierte», schrieb er in seinen Erinnerungen, «muss man auch einräumen, dass er eine Frau hatte, die mit ihrem Betragen über die Stränge schlug, und einen ältesten Sohn, den man vor dem Schafott bewahren musste. Die despotische, erniedrigende und hasserfüllte Art und Weise, mit der dieser Sohn in seinem Vaterhaus behandelt und jeglicher Zuversicht beraubt wurde, nur weil er hässlich war und sich durch die ihm verhängten Strafen nicht zähmen ließ, erstickte in ihm das Ehrgefühl und den Ehrgeiz, die sich auf dem Grund seiner tapferen Seele finden lassen müssen, verstärkte die Wildheit seiner Leidenschaften und schärfte seinen Verstand, der sich von dem seiner Eltern nicht nur unterschied, sondern diesem auch überlegen war. Ich habe ihnen wiederholt gesagt, dass sie aus ihm einen großen Schurken statt einen bedeutenden Mann machten. Er wurde dann das eine wie das andere.»[5]

Das Urteil wird durch den *Mémoire* bestätigt, den Mirabeau für den Vater Ende des Jahres 1777 aufschrieb. «Ich könnte von mir sagen», heißt es darin, «dass ich von meiner Kindheit, von meinen ersten Schritten in dieser Welt an, nur wenige Zeichen Ihres Wohlwollens empfangen habe; Sie behandelten mich schon mit Strenge, bevor ich diese rechtfertigte; Sie hätten deshalb schon sehr früh erkennen müssen, dass dies meine natürliche Leidenschaft anfachte, statt sie zu zügeln; dass es gleichermaßen einfach gewesen wäre, mich zu mäßigen oder mich zu verwirren; dass der erste Weg mich ans Ziel, der zweite aber mich von ihm abbrachte; dass ich nicht geboren war, um als ein Sklave behandelt zu werden.»[6]

Mit 15 Jahren wurde Mirabeau unter dem Pseudonym eines M. de

Pierre-Buffière, dem Namen eines Besitzes in der Nähe von Limoges, der den Schwiegereltern gehörte, im Februar 1764 in die Obhut eines neuen Erziehers in Versailles gegeben. Dieses Erziehungsexil währte kaum drei Monate. Danach bezog Pierre-Buffière Ende Juni 1764 das Pariser Internat eines Abbé Choquart. Den drei Jahren, die er sich hier aufhielt, verdankte Mirabeau im Wesentlichen seine Kenntnisse der alten und neuen Sprachen, von Zeichnen und Musik. Außerdem wurden Fechten, Reiten, Schwimmen und Tanzen gelehrt. Der Aufenthalt in diesem Internat, in dem er sich unter Gleichaltrigen bewegte, war der wahrscheinlich glücklichste Abschnitt in der Jugend Mirabeaus. Kaum 18 Jahre alt geworden, wurde er nach dem Vorbild von Vater und Großvater ins Militär gesteckt. Der Marquis bestimmte dafür ein Kavallerieregiment, das in Saintes an der Charente stationiert war. In der Kleinstadt traf Mirabeau im Juli 1767 ein. Das Regiment war mit Bedacht gewählt, denn dessen Chef, ein Oberst de Lambert, war ein Anhänger der Physiokratie und damit in gewisser Weise ein Schüler des *Ami des hommes*.

Zunächst schien alles zur Zufriedenheit des Vaters zu verlaufen, der sich im April 1768 an Kriegsminister Choiseul wandte, dem Sohn eine Offiziersstelle zu geben. Kaum drei Monate später erhielt der Marquis vom Regimentschef die Nachricht, sein Sohn, der frischgebackene *sous-lieutenant*, sei von seiner Einheit und aus Saintes verschwunden, nachdem er beim Spiel 80 *louis* an Schulden gemacht habe. Diese Nachricht, so schrieb der Vater seinem Bruder, dem Bailli, habe ihn nicht sonderlich aufgeregt. «Ganz im Gegenteil war ich beinahe beruhigt, dass er sich einer Eskapade schuldig gemacht hatte, wie sie so ähnlich auch anderen unterlaufen könnte.»[7] Diese milde Reaktion des Marquis überrascht. Erinnerte er sich der eigenen Schulden, die er in diesem Alter machte? Oder hatte er bei seinem Sohn mit Schlimmerem gerechnet? Um die anfängliche Gelassenheit des Alten war es jedoch geschehen, sobald er von einem Freund, dem Duc de Nivernois, an den sich der Sohn mit der Bitte um Vermittlung beim Vater gewandt hatte, erfuhr, dass dieser sich in Paris aufhielte. Dem Schreiben, das der Sohn an den Duc gerichtet hatte, war andeutungsweise zu entnehmen, dass er mit seinem Vorgesetzten, Oberst de Lambert, in einen gravierenden Konflikt geraten sei, dessen Austragung größtes Aufsehen erregen würde, weshalb er die Flucht vorgezogen habe.

Was diese Andeutungen besagen, ist nicht zweifelsfrei zu ergründen.

Eine Vermutung ist, der erst 26jährige Oberst de Lambert und der *sous-lieutenant* Mirabeau seien Rivalen um die Gunst einer Schönen gewesen. Eine andere ist, de Lambert habe ihm ins Gewissen geredet, weil er im Sturm der Gefühle ein Eheversprechen abgelegt habe, dessen Vollzug nach den geltenden Standesregeln als gravierender Fehltritt angesehen worden wäre. Dafür spricht auch die Reaktion des Vaters, der bei Minister Choiseul einen *Lettre de cachet* für Pierre-Buffière erwirkte, der dessen sofortige Arretierung und unbefristete Inhaftierung in der Festung auf der Île de Rhé vor La Rochelle befahl. Das war eine drastische, aber auch sehr wirksame Maßnahme, um den Stammhalter wie dessen Familie vor einer Schande zu bewahren, in die sie sich durch den jüngsten Bruder des Marquis schon einmal gestürzt sah.[8]

Die Haft, von der nicht die Rede sein konnte, denn Pierre-Buffière konnte sich auf der Insel und sogar in dem gegenüber auf dem Festland gelegenen La Rochelle frei bewegen,[9] währte ein halbes Jahr. Die Freiheit verstand er auf seine Weise zu nutzen, wie einem Brief des Marquis an den Bailli vom 10. April 1769 zu entnehmen ist: Der Sohn hätte für seine Eskapaden in den letzten acht Monaten mehr als zehntausend *livres* ausgegeben, die er zusammengeliehen habe.[10] Das war für den Vater Anlass genug, die Verbannung des Sohnes aufheben zu lassen, zumal sich eine weit wirksamere Disziplinarmaßnahme anzubieten schien. In Korsika, das die Republik Genua an Frankreich abgetreten hatte, waren Aufstände ausgebrochen. Um diese niederzuwerfen, wurde im Frühjahr eine französische Armee aufgestellt, zu der auch die neu gebildete *Légion de Lorraine* gehörte. Mirabeau schloss sich dieser Einheit an, die Ende April 1769 in Toulon nach Korsika eingeschifft wurde. Der Feldzug war eine militärische Promenade, auf der Mirabeau kaum an Kampfhandlungen teilnahm und die schon im Mai endete. Umso größer war jetzt Mirabeaus Gefallen am Kriegshandwerk. «Ich bin durch und durch», so ließ er seine Schwester, Madame de Saillant, noch elf Jahre später im September 1780 wissen, «ein Mann des Kriegs, denn nur dann bin ich gelassen, ruhig, freudig erregt ohne alle Übertreibung und fühle, an Statur zu wachsen».[11] Auch wenn der Ausflug nach Korsika seine einzige kriegerische Erfahrung blieb und er danach das Militär quittierte, gab er sich gern den Anschein, als sei das seine wahre Berufung.[12]

Das Jahr, das Mirabeau auf Korsika verbrachte, nutzte er dazu, die Insel zu erkunden. Seine Beobachtungen inspirierten ihn, eine Geschichte der Korsen während der letzten vierzig Jahre zu schreiben, mit der er die «Verbrechen» der Genuesen anprangern wollte. Das Manuskript, so schreibt er im Vorwort zum *Essai sur le despotisme*, sei ihm von seinem Vater abgenommen worden. Ohne Zweifel habe es vor Fehlern gestrotzt, hätte sich aber dennoch ausgezeichnet durch «Lebhaftigkeit, Wahrheit, Gedanken und Fakten».[13]

Als Mirabeau alias Pierre-Buffière wieder nach Frankreich zurückkehrte, erfuhr er, dass sein Onkel, der Bailli, sich in Aix-en-Provence aufhielt. Sofort fasste er sich ein Herz, diesen zu überrumpeln. Das gelang ihm umso besser, als der Onkel den Neffen nur vom Hörensagen kannte, wie der Bericht des Bailli von dieser ersten Begegnung an den Bruder vom 15. Mai 1770 zeigt: «Gestern Abend, lieber Bruder, wurde ich völlig überrascht. Ein Soldat überbrachte mir eine Nachricht von M. de Pierre-Buffière, der mich um einen Besuch bat. Ich antwortete ihm, dass er kommen solle. Ich war entzückt, ihn zu sehen. Ich weiß nicht, ob ich, wie man sagt, eine Leber als Herz habe, aber das meinige schwoll an, als ich ihn sah. Ich fand ihn hässlich, auch wenn er keine abstoßende Physiognomie hat, und er besitzt hinter den Pockennarben und den Zügen, die sich sehr verändert haben, ganz das Air des armen toten Comte [i. e. Louis-Alexandre de Mirabeau] in seiner Haltung, seinen Gesten, seinem Ausdruck etc. Wenn er nicht schlimmer als Nero ist, wird er besser als Marc Aurel sein, denn ich bin mir sicher, zuvor noch nie einer solchen Intelligenz begegnet zu sein. Mein armer Kopf war davon wie betäubt.»[14]

Nach dieser handstreichartigen Eroberung des Onkels sollte Mirabeau in ihm seinen besten Verbündeten und eifrigen Fürsprecher haben.

Dem Bailli bereitete es Vergnügen, mit dem Neffen Umgang zu haben: «Ich wiederhole es Dir gegenüber», schrieb er dem Marquis am 21. Mai, «entweder ist er der ausgebuffteste *persifleur* der ganzen Welt, oder er wird der Mann in Europa sein, der am besten geeignet ist, Papst, Minister, General oder Admiral, Kanzler oder vielleicht auch Landwirt zu werden. Mit zweiundzwanzig Jahren warst Du schon etwas, aber noch nicht einmal die Hälfte. (...) Auf unserem Spaziergang heute Morgen las er mir das Vorwort einer Geschichte Korsikas vor, von der er sagte, dass sie nur die letzten vierzig Jahre behandele, in der er aber auch eine Zusammenfassung der Vorgeschichte dieser Epoche geben wird. Ich versichere Dich, dass Du mit zweiundzwanzig das so gut nicht hinbekommen hättest, während ich mit vierzig noch nicht einmal den hundertsten Teil davon geschafft hätte.»[15]

Mirabeau hielt sich nur für drei Tage in Aix-en-Provence auf, ehe er wieder zu seinem Regiment reiste.

Im darauffolgenden August machte er sich auf Einladung des Vaters auf den Weg nach Aigueperse im Limousin, wo sich der Marquis auf einem Besitz aus dem Erbe seiner Frau aufhielt. Nachdem er den Onkel erobert hatte, musste Mirabeau nun auch den misstrauischen Vater davon überzeugen, ein würdiger Stammhalter und Träger des Namens zu sein. Der Aufenthalt in Aigueperse war ein Exerzitium, das der Vater mit einer ausführlichen Moralpredigt begann, auf die der Sohn replizierte. Die Eindrücke, die der Alte vom Sohn gewann, hat er in einem Brief an den Bruder resümiert: «Was zum Teufel fängt man an mit diesem sanguinischen Überschwang? Welches Terrain ist ausgedehnt genug für ihn? Mir ist niemand außer der Kaiserin von Russland geläufig, für die dieser Mann für eine Ehe geeignet wäre.»[16] Damit kündigte sich an, dass auch der Vater sich von den Fähigkeiten des Sohnes überzeugen ließ und die bislang gehegten Vorurteile ablegte. Das Wohlwollen währte zwei Jahre, in denen der Sohn zum ersten Mal in seinem Leben das Vertrauen des Alten genoss. Den Umschwung hatte der Bailli vorhergesehen, weshalb er sich dem Marquis mit dem Rat nahte, den Sohn als Vermittler in dem zunehmend erbitterter werdenden Streit mit der Mutter einzusetzen.[17]

Die Eheleute lebten seit dem März 1762 getrennt. Damals reiste die Frau des Marquis ins Limousin, um sich um ihre erkrankte Mutter zu kümmern. Von diesem Ausflug kehrte sie nicht mehr an den gemeinsamen Herd zurück. Darin erblickte der Marquis die willkommene Chance, eine Trennung in beiderseitigem Einverständnis herbeizuführen. Mit Hilfe von Beweisen, die den Ruf seiner Frau nachdrücklich zu kompromittieren drohten,[18] vermochte er es, ihr die Zustimmung zu einer Trennung abzunötigen, die sie ihm unter der Bedingung eines jährlichen Unterhalts von 6000 *livres* anbot. Dafür verpflichtete sie sich, in der Provinz zu bleiben und niemals wieder nach Paris zurückzukehren.[19]

Mit der Trennung von seiner Frau im beiderseitigen Einverständnis schien der Marquis erreicht zu haben, was er wollte: Er behielt den mit seiner Ehe erworbenen Anspruch auf das Erbe, das mit dem Tod der Schwiegermutter fällig werden würde; außerdem konnte er von nun an unangefochten mit seiner Freundin, der aus der Schweiz stammenden Mme. de Pailly, unter einem Dach leben. Einige Monate später erschien die unterdessen genesene Schwiegermutter jedoch in Paris, um mit ihrem Schwiegersohn eine neue Vereinbarung auszuhandeln, die darin bestand, dass sich der Marquis dazu verpflichtete, nach dem Ableben seiner Schwiegermutter die jährliche Zuwendung für seine Frau auf 10 000 *livres* zu erhöhen.

Diese Bedingungen schienen zunächst jeglichen Zank und Streit zwischen den Eheleuten zu bannen. Doch die Tochter verkrachte sich mit der Mutter, die daraufhin zu einer ihrer Enkelinnen zog, während die Marquise de Mirabeau als Pensionsgast Aufenthalt in einem Kloster in Limoges nahm. Damit nahm das Unheil seinen Lauf, denn als dem Marquis zu Ohren kam, seine Frau kompromittiere sich als Mätresse eines Soldaten, veranlasste ihn das zu einem fatalen Schritt. Auf seinen Antrag hin wurde 1766 seiner Frau ein *Lettre de cachet* ausgestellt, der sie dazu verpflichtete, sich künftig als Gefangene in dem Kloster aufzuhalten, in dem sie bislang aus freien Stücken gewohnt hatte.

Die Marquise quittierte diese Grobheit, indem sie einen förmlichen Scheidungsprozess beantragt, der ihn um die Aussicht auf das große Erbe brachte, dessentwegen er diese von Anfang an unglückliche Ehe eingegangen war. Daran änderte auch nichts, dass der Marquis schnell ein Einsehen in seinen Fehler hatte, den er durch die Zusage vergessen machen wollte, den *Lettre de cachet* aufheben zu lassen. Im Gegenzug sollte sie sich aber dazu verpflichten, den Gatten um Erlaubnis zu bitten, wann immer sie Limoges verlassen wollte. Das rettete aber jetzt nichts mehr, denn die Marquise schäumte von Rachegefühlen.

In dieser Lage griff der Marquis die Anregung des Bailli, den Sohn als Vermittler in diesem Konflikt zu verwenden, umso bereitwilliger auf, als er über die Krankheit seiner Schwiegermutter unterrichtet war, der sie am 4. November 1770 erliegen sollte. Eile war geboten. Auch musste er sich über die Absichten der Marquise Aufschluss verschaffen. Dazu war der Sohn vorzüglich geeignet, denn der hatte bislang zur Mutter gehalten, die ihn mit gelegentlichen Geldzuwendungen unterstützte.

Mme. de Vassan hinterließ ein Testament, das den alleinigen Nießbrauch einer Liegenschaft ihrer Tochter zusprach, während sie die große Masse ihrer Güter dem Ehepaar Mirabeau vermachte. Ein solches Vermächtnis war einer harmonischen Ehe gemäß, in der dem Gatten die Verwaltung und beiden gemeinsam die Erträge aus dem Besitz zufielen. Da von einer solchen Ehe aber schon längst nicht mehr die Rede sein konnte, tat sich für den Marquis die Gefahr auf, dass seine Frau die

Scheidungsklage einreichte, um sich das gesamte Erbe zu sichern. Um das zu verhindern, kam ihm der Sohn als Vermittler gerade recht, der sich sofort mit großem Eifer an diese Aufgabe machte, wie er dem Bailli am 13. November 1770 schrieb: «Dein Neffe hat sich beherzt, und tut dies auch weiterhin, in die Dornen des häuslichen Lebens gestürzt. Nach dem ersten Tag, an dem er seine Mutter sah, kam er ganz krank zurück von all den Anstrengungen, die er sich zumuten musste.»[20] Zunächst konnte sich der Marquis in der Illusion wiegen, die Mission seines Sohnes hätte Erfolg. Dem Bruder schrieb er am 18. November, der Sohn hätte seine Mutter ganz unter Kontrolle, was notwendig sei, «damit eine meiner Koliken nicht die ganze Familie ruiniert».[21] Der Grund jedoch, warum die Marquise nicht den in ihr lodernden Hass auf den Gatten auslebte, war ein ganz anderer: Ihr fehlte es am Geld, die Anwälte zu bezahlen, um den Prozess um das Erbe zu führen.

Der Landbesitz, der ihm im Limousin durch das Erbe zufiel, war dem Marquis ein willkommener Anlass, den Sohn, der jetzt auch wieder den Namen eines Comte de Mirabeau tragen durfte, in der nach der physiokratischen Lehre allein zuträglichen Methode der Bewirtschaftung dieser Güter zu unterweisen. 1770 war die Provinz von Missernten heimgesucht worden, was dem Marquis die Gelegenheit gab, sich als Wohltäter der Bauern zu erweisen. So kaufte er große Mengen an Reis, der den Darbenden als Nahrung dienen sollte, und plante Bauarbeiten, um sie in Lohn und Brot zu setzen. Die Aufsicht über diese Aktivitäten übertrug er dem Sohn, der sich auf diese Weise mit Theorie und Praxis der Physiokratie vertraut machen konnte.

Zur Praxis gehörte auch ein ehrgeiziges Experiment, die Einrichtung eines Schiedsgerichts, das die Streitigkeiten unter den Vasallen Mirabeaus in der Baronnie de Pierre-Buffière schlichten sollte. Eine solche Einrichtung war ein Novum, zumal die acht Richter, die dieses Tribunal bildeten, in den acht Gemeinden der Baronnie gewählt wurden. Damit sie nicht mit der normalen Justiz ins Gehege gerieten, waren die Schiedsrichter gehalten, sich nur mit Streitfällen zu befassen, die ihnen von den Parteien angetragen worden waren. Kam es vor diesem Gericht zu keiner Einigung, musste die ordentliche Justizpflege angerufen werden. Der Comte de Mirabeau stürzte sich mit Eifer auf diese Aufgabe, und bereits am 10. Februar 1771 konnte das Schiedsgericht, das einmal im Monat im Schloss von Aigueperse zusammentreten sollte, seine Arbeit aufnehmen.

Nachdem er sich im Limousin in den Augen des Vaters so glänzend bewährt hatte, ließ dieser den Sohn im Februar 1771 nach Paris kommen, wo sich der Marquis gerade aufhielt. Der Aufenthalt diente dem in Adelskreisen üblichen *Rite de passage*, den Stammhalter in die Kreise des Hofs in Versailles und Paris einzuführen. Die Eindrücke, die der Comte de Mirabeau machte, waren, wie der Vater voller Stolz dem Bailli berichtete, ausnahmslos vorzüglich.[22] Überall wurde er zu Jagden, Soupers und Ausflügen eingeladen, fand bei Prinzen und Herzögen Zutritt, versäumte es auch nicht, die Pariser Bibliotheken zu frequentieren, mit den gelehrten Freunden des Vaters zu plaudern und sich so im Fluge eine Fülle Kenntnisse anzueignen.[23] Bald zeigte es sich jedoch, dass der Vater unter der rastlosen Umtriebigkeit des Sohnes litt, wie er dem Bailli eingestand.[24] Besonders irritierte ihn, dass der Sohn bei dem sich zu dieser Zeit ereignenden «Staatsstreich» des Ministers Maupeou, der die *Parlements* entmachtete und die öffentliche Meinung sehr erregte,[25] lauthals deren Partei ergriff und den «Despotismus» von Krone und Regierung kritisierte.

So begann das Engagement Mirabeaus gegen den Absolutismus. Wie er damals fühlte und dachte, darüber hat er fünf Jahre später in einem Brief an die in Holland erscheinende *Gazette littéraire* Auskunft gegeben, der als Vorwort der dritten Ausgabe seines *Essai sur le Despotisme* vorangestellt ist.[26] «Welches Schauspiel bot sich einem Mann, der, im ersten Feuer der Jugend stehend, es für ausgeschlossen erachtete, der Komplize von Übeltätern zu sein, sobald diese sich entlarvt hatten! Dessen Hoffnungen sich daran klammern, dass Vernunft die Anschläge roher Gewalt vereitelt! Das war zweifellos ein naives Missverständnis, wie er bald einsah. – Gleichwohl bekannte er sich laut und deutlich zu den mutigsten Prinzipien, zum eifrigsten Patriotismus. Sein Mut wäre von einer höchst gefährlichen Voreiligkeit gewesen, hätte ihn seine Jugend nicht geschützt. Er fürchtete nichts; er empörte sich, als er gewahrte, wie sehr alle Stände ins Zittern gerieten, die Magistraten ihre Schwäche zeigten, das Militär sich rühmte, der Söldner, der blinde Büttel des Despoten zu sein. (…) Vergebens herrschte ihn der Marquis de Mirabeau an: *Ihre Vorfahren waren immer royalistisch gesinnt.* Der junge Mann hatte jedoch das Empfinden, dass ein *honnête homme* kein Royalist sein könne, wenn die gesamte Nation der Opposition angehörte.»[27]

Je länger sich der Marquis der ungehemmten Umtriebigkeit seines Sohnes ausgesetzt sah, desto mehr Anstoß scheint er daran genommen zu haben. Die lebhafte Parteinahme des Sohnes für die *Parlements* und gegen die Politik der Krone muss dann die Nachsicht des Vaters endgültig überfordert haben. Also wurde der Sohn im Juni 1771 mit dem Auftrag ins Limousin geschickt, sich um die ordnungsgemäße Bewirtschaftung der dortigen Güter zu kümmern. Das hat er dem Alten keineswegs verargt, sondern darin nur einen neuerlichen Beweis der väterlichen Wertschätzung erkannt. So bescheinigt er es ihm ausdrücklich in dem in Vincennes verfassten *Mémoire*.[28]

Im November wies der Vater dem Sohn eine weitaus schwierigere Aufgabe zu, als er ihn auf den Stammsitz der Sippe nach Schloss Mirabeau beorderte. Mit den Vasallen in der Provence war es zum Streit über Weiderechte und Holznutzung gekommen, den es zu schlichten galt. Der *Ami des hommes* nahm hier einen Standpunkt ein, der auf unnachsichtiger Durchsetzung seiner Interessen beharrte, während sich die Dorfbewohner mit Prozessen dagegen zur Wehr zu setzen suchten. Der Konflikt hatte sich also schon eingefressen, als der Comte de Mirabeau auf der Szene erschien und sich entsprechend des väterlichen Auftrags als kompromissloser Feudalherr aufführte, der grobe Worte, Drohungen, ja sogar Prügel nicht scheute, um seinen Auftrag durchzusetzen.[29]

Dieses Betragen musste alles nur noch verschlimmern, was den Unmut des Marquis provozierte, der dafür das Handeln seines Sohnes verantwortlich machte.[30] Dieses Erlebnis muss ihn umso empfindlicher getroffen haben, als er sich während der letzten beiden Jahre des ihm bislang ungewohnten Wohlwollens des Vaters erfreut hatte. Damit war es jetzt wieder vorbei, wie er sich eingestand. Das war eine Einsicht, die er in dem an den Vater gerichteten *Mémoire* überzeugend schildert: «Ich sah mich aus Ihrem Herzen verjagt; ich bemerkte, dass man vergiftete Pfeile auf alles abschoss, das mir Ihr Vertrauen und Ihre Zärtlichkeit verschaffen sollte; ich erkannte, dass ich immer im Unrecht war, weil ich nicht geliebt wurde.»[31]

Da ihm der Vater Liebe hartnäckig verweigerte, entschloss er sich, sein Leben auf eine neue Grundlage zu stellen. Eine reiche Braut sollte ihm die materielle Unabhängigkeit verschaffen. Als er von seiner Cousine erfuhr, eine Heirat von Mlle. de Marignane werde erörtert und in diesem Zusammenhang sei auch er als ein möglicher Bewerber genannt worden, sah er sich gedrängt, diesem Gerede Substanz zu verleihen und in Aix zu erscheinen. Das sei, so schrieb er im *Mémoire*, «mehr aus schierer Neugierde als aus irgendeiner bestimmten Absicht» geschehen.[32]

Aix-en-Provence, die Hauptstadt der Provence und Sitz eines Gouverneurs, stand in dem Ruf, «nach Paris die schönste Stadt Frankreichs» zu sein. Das galt nicht nur für die Architektur der Stadt, sondern auch für die elegante Gesellschaft, die hier den Ton angab. Die 20-jährige Marie Emilie de Covet, einzige Tochter des Marquis de Marignane, auf die Mirabeau durch seine Cousine aufmerksam gemacht worden war, galt als eine der reichsten Erbinnen in der Provence. So nimmt es nicht wunder, dass sie unter dem heimischen Adel eine große Zahl von Verehrern hatte. Ländereien im Wert von mindestens einer halben Million *livres* ließen offenbar über manches hinwegsehen. So soll es der Comtesse insbesondere an weiblicher Schönheit gemangelt haben. Das teilte Mirabeau jedenfalls seiner Schwester und engen Vertrauten, Mme. de Cabris, mit. Es mag aber auch als Trost gemeint gewesen sein, denn sie hatte ihm auch zu berichten, er habe sich zu spät zu einer Bewerbung aufgerafft, da sie bereits mit dem Sohn des Präsidenten d'Albertas verlobt sei.[33]

Eine weitere Irritation war, dass Mlle. de Marignane die Rolle der Königin an dem *Cour d'amour* spielte, den der Comte de Valbelle auf Château de Tourves unterhielt, dem gesellschaftlichen Mittelpunkt festlicher Ausgelassenheit, mit der sich die Aristokratie standesgemäß unterhielt. So viel Rokoko war kaum die angemessene Kulisse, um die Herzens- und sonstige Bildung einer jungen Frau zu fördern. Aber weder dies noch das Verlöbnis vermochten Mirabeau abzuschrecken. Fast will es sogar scheinen, als seien es gerade diese Hindernisse gewesen, die ihn dazu bestimmten, als krasser Außenseiter in diesen Wettbewerb einzutreten und sich auf das Wagnis einzulassen.

Dafür spricht, dass ihn die Abfuhr, die er beim Marquis de Marignane erlebte, als er diesem sein Begehren eröffnete, in keiner Weise beeindruckte. Sein wenig einnehmendes Äußeres und der Umstand, dass er verglichen mit anderen Bewerbern ein armer Schlucker war, mussten ihn von vorneherein als Mitgiftjäger erscheinen lassen. Um dennoch ans Ziel zu gelangen, bediente er sich, wie sein späterer Mitarbeiter Etienne Dumont berichtet, einer reichlich schäbigen List: Durch Bestechung einer Kammerfrau der Familie de Marignane war es ihm möglich, jederzeit in deren Haus zu schlüpfen. Eines Abends ließ er seine Kutsche in einer Nebenstraße halten, die dort bis zum nächsten Morgen wartete. Das blieb den Spionen nicht verborgen, die seine Rivalen auf ihn angesetzt hatten. Sie schlossen daraus, dass er die ganze Nacht im Haus der Angebeteten, vermutlich in deren Zimmer, zugebracht hatte. Damit war deren Ruf nachdrücklich kompromittiert, was seine Nebenbuhler zum sofortigen Rückzug nötigte, während der Marquis de Marignane nun alles daransetzte, durch eine rasche Heirat den drohenden Skandal zu ersticken.[34]

Auch wenn sich diese Geschichte reichlich abenteuerlich anhört, ist sie im Licht späterer Eskapaden Mirabeaus durchaus glaubwürdig. Wie dem auch sei, er hatte den Erfolg und trug über alle Rivalen, deren materielle Überlegenheit er im *Mémoire* ausführlich bezifferte, den Triumph davon. Gleichzeitig widersetzte er sich auch, wie er nicht zu erwähnen vergaß, dem väterlichen Willen, denn der Marquis habe ihm befohlen, Aix «am Vorabend meines Erfolgs zu verlassen. Handelte ich dem zuwider, wie Sie sich ausdrückten, sollte mich die Gendarmerie öffentlich auf die Îles Sainte-Marguerite schaffen.»[35] Das jedoch, so möchte man vermuten, ist eine Erfindung, die aus Erfahrungen schöpfte, die er wenig später machen musste.

Der Marquis war über die Frau, die sich der Sohn erwählt hatte, keineswegs begeistert, wie er seiner Vertrauten, der Comtesse de Rochefort, mitteilte.[36] Das ließ er sich nicht anmerken, sondern nahm vielmehr große finanzielle Opfer auf sich, um das junge Paar angemessen auszustatten. Das stand in einem schreienden Kontrast zu der Knauserigkeit des Marquis de Marignane, der seiner Tochter zwar eine Mitgift von 240 000 *livres* zusagte, die aber erst nach seinem Ableben Mirabeau zur Verfügung stehen sollte. Davon abgesehen bewilligte er eine jährliche Pension von lediglich 3000 *livres*, die ein dürftiger Ausgleich dafür war, dass er die Summe der Mitgift nicht verzinste. Der von Schulden geplagte Marquis de Mirabeau hingegen stattete den Sohn mit einer doppelt so üppigen Pension aus, die ihm aus den Pachterträgen der zu Schloss Mirabeau gehörenden Ländereien zufließen und die ab 1773 jährlich um 500 *livres* bis auf den in fünf Jahren erreichten Endbetrag von 8500 ansteigen sollten. Außerdem verschaffte er ihm den verbrieften Anspruch auf den größten Teil des provenzalischen Besitzes der Mirabeau, eine Entscheidung, die den zweiten Sohn André Boniface Louis benachteiligte. Überdies ließ er seiner künftigen Schwiegertochter Brillanten im Werte von 12 000 *livres* und weitere kostbare Geschenke zukommen, während der Bailli für den Brautschmuck sorgte.

Auch wenn das den späteren Behauptungen des Sohnes, der Alte habe ihn gelegentlich seiner Hochzeit nur mit kümmerlichen Almosen bedacht, widerspricht, so war es doch weniger als das, womit er glaubte sicher rechnen zu können. In seinen Verhandlungen über den Ehevertrag war er beispielsweise davon ausgegangen, der Vater würde seine Ehe mit 12 000 *livres* jährlich unterstützen sowie ihn zum Erben des gesamten Besitzes der Familie in der Provence einsetzen.[37] Sobald er erfuhr, dass es weit weniger war, stürzte ihn das in große Verlegenheit, denn es war unschwer abzusehen, dass dies nicht ausreichte, seiner künftigen Frau den Lebensstandard zu sichern, den sie erwartete. Das will er ihr auch auseinandergesetzt und nahegelegt haben, die Entscheidung, ihn zu heiraten, rückgängig zu machen. Das Angebot wurde von ihr indes mit «allem, was Zärtlichkeit eingeben konnte», zurückgewiesen. Das ließ ihm keine andere Wahl, als dem Vater der Braut mit den Auskünften des Marquis gegenüberzutreten, die sich verglichen mit den opulenten Angeboten der anderen Bewerber ausnahmen wie ein Offenbarungseid.

Der Marquis de Marignane «schäumte vor Empörung, betrug sich aber schließlich als galanter Ehrenmann. Er verweigerte mir seine Antwort, bis er mit seiner Tochter gesprochen habe; der setzte er zu, sie solle ihm wie einer Freundin sagen, welche Art von Beziehung uns miteinander verbinde. Sie sprach von *Zuneigung*, er insistierte, sie beharrte; ich erhielt eine abschlägige Antwort. (…) Schließlich wurde die Ehe entgegen aller Wahrscheinlichkeit geschlossen.»[38]

Mit der Hochzeit am 23. Juni 1772 begann das Elend drückender Schulden, das Mirabeau bis ans Ende seines Lebens plagte. «Ich bedrängte M. de Marignane, dass unsere Hochzeitsfeiern in Schloss Marignane stattfinden sollten, wo sie uns fast nichts gekostet hätten. Das wollte er aber nicht. Wie Ihnen bekannt ist, mein Vater, was Sie zu meinem Unglück aber gleichwohl vorzogen zu ignorieren, ist es ein provenzalischer Brauch, allen denen Geschenke zu machen, die zur Hochzeitsfeier kommen. Diese war sehr verschwenderisch und dauerte acht Tage, während denen das Haus sich niemals leerte. Madame de Mirabeau hatte zahllose Freundinnen, die ihr anlässlich ihrer Hochzeiten sehr schöne Geschenke gemacht hatten. Deshalb geziemte es sich nicht, ihnen nun minder wertvolle zu überreichen. Madame de Mirabeau heiratete mit nur einem Hochzeitskleid, das aus Taft war. Mir schien es notwendig zu sein, dass sie noch weitere festliche Kleider besitze. Da haben Sie die unbezweifelbaren Fakten. M. de Stuzaire wird Ihnen alles bestätigen. Meinen Wunsch nach etwas barem Geld haben Sie abgelehnt. Das Einkommen, das Sie mir anweisen, beläuft sich auf 6000 *livres*.

Emilie de Marignane, Comtesse de Mirabeau

Madame de Marignane steuert mir 3000 dazu bei, von denen ich ihrer Mutter [i. e. ihrer Großmutter, in deren Haus das Paar in Aix lebte] 100 *louis* [i. e. 2400 *livres*] für Nahrung und Wohnen bezahlen muss und nicht 200 Pistolen [i. e. 2000 *livres*], wie Sie es gedruckt haben. Ich hatte also 6600 *livres* zur Verfügung, um die Kosten der Hochzeit, die ich beim besten Willen nicht vermeiden konnte, mich selbst, meine Frau und meine Bedienten einzukleiden, die Zinsen meiner Schulden zu bezahlen, dem Bekanntenkreis meiner Frau die üblichen Geschenke zu machen und schließlich noch den Lebensunterhalt für ein Jahr zu bestreiten. Ich flehe Sie an, wie ich es hätte anstellen sollen, keine weiteren Schulden zu machen. Das habe ich reichlich getan; das ist ein Fehler, ich gestehe es ein, ein großer Fehler, für den ich letzten Endes allein bestraft werde.»[39]

Um in seiner Ehe «standesgemäß» leben und überdies mit dem Snobismus der aufgeputzten Rokokogesellschaft von Aix-en-Provence mithalten zu können, hätte der Marquis ihn finanziell unterstützen müssen. Die 6000 *livres*, die er für seinen Unterhalt jährlich erübrigte und die binnen fünf Jahren um 2500 *livres* anwachsen sollten, wären auskömmlich bemessen gewesen, hätte Mirabeau das ganze Jahr über auf Schloss Mirabeau gelebt. Vermutlich war es keineswegs Geiz, der den Vater anstiftete, dem Sohn nicht mehr zu geben. Der Grund war, dass er selber hochverschuldet war und seine liebe Not hatte, die anfallenden Zinsen zu bezahlen und wenigstens jene Gläubiger zu befriedigen, die ihre Forderungen rücksichtslos genug vorbrachten.

Außerdem drohte dem Marquis, dass seine Frau über kurz oder lang auf Scheidung klagte und damit das reiche Erbe in Gefahr geriet. Was dafür sprach, war ironischerweise eine andere Hochzeit. Als die jüngste Tochter des Marquis, Louise de Cabris, 1769 heiratete, weigerte sich dessen Schwiegermutter, Mme. de Vassan, ihrer Enkelin einen namhaften Beitrag zur Mitgift beizusteuern, wie sie dies einige Jahre zuvor gelegentlich der Hochzeit der Marquise de Saillant, der älteren Schwester, getan hatte. Obwohl der Anstoß für diese Weigerung von der rachedurstigen Marquise de Mirabeau ausgegangen war, verdächtigte Louise de Cabris ihren Vater, sich nicht für ihre Interessen gegenüber der Großmutter starkgemacht zu haben. Dieser Verdacht ließ sie auf Rache sinnen, weshalb sie von den 80 000 *livres*, die ihr Vater als Kredit aufnehmen musste, um ihr die Mitgift zu finanzieren, 20 000 *livres* abzweigte, die sie ihrer Mutter zur Verfügung stellte. Damit aber verschaffte sie dieser die erforderlichen Mittel für den Rachefeldzug gegen den Vater! Als Gegenleistung forderte und erhielt Mme. de Cabris von ihrer Mutter die Zusage einer testamentarisch gesicherten Schenkung im Wert von 60 000 *livres*, mit der die Differenz ihrer Mitgift zu der von Mme. de Saillant ausgeglichen werden sollte.[40]

Dieser Front gegen den Vater sollte sich der Stammhalter anschließen, den die Vorwürfe des Marquis über die von ihm wegen der Hochzeit verursachten großen Schulden verstimmten. Er erkannte darin einen weiteren Beweis für die Ungerechtigkeit und Lieblosigkeit des Vaters. Die Verbitterung darüber wie auch die große Anhänglichkeit des Comte de Mirabeau an seine jüngste Schwester, unter deren Einfluss er jetzt geriet, war für ihn der Anlass, mit größerer Wut denn je in den Kampf gegen den Vater einzutreten.

Drittes Kapitel

Kleine und große Fluchten

Die Ehe hätte Mirabeau die Chance geboten, einen Schlussstrich unter die Entbehrungen und Demütigungen seiner Jugend zu ziehen und seine Existenz als genügsamer Landjunker zu fristen. Dafür sprach auch, dass dem jungen Paar am 8. Oktober 1773 ein Sohn geboren wurde. Allein, die Ausgaben nach den Einnahmen zu veranschlagen, lag Mirabeau nicht. Vielmehr gefiel er sich in der Rolle eines *grand seigneur*. Das ging so lange gut, wie ihm Kredit gewährt wurde. Seine Frau überschüttete er mit Geschenken. «Ich habe ihren Besitz an Brillanten verdoppelt und verdreifacht; ich sorgte dafür, dass sie immer schöne Kleider vorfand, die ich ohne ihr Wissen anfertigen ließ; der aufmerksamste Geliebte hätte diese Art von Zuwendungen gegenüber dem Objekt seiner Verehrung nicht noch weiter treiben können.»[1] Damit nicht genug, ließ er ihr im Schloss von Mirabeau einen großen Salon mit Stuckdecken und Wandtäfelung einrichten, der riesige Summen verschlang. Das alles waren Ausgaben, die gut drei Viertel seiner Schulden ausmachten.[2]

Zu Beginn des Jahres 1774 betrugen Mirabeaus Schulden zwischen 188 000 und 220 000 *livres*,[3] die seine jährlichen Einnahmen, die sich alles in allem auf rund 9000 *livres* beliefen, weit überstiegen. «Je mehr mir das zusetzte und je mehr ich mich anstrengte, mir Erleichterung zu verschaffen, desto mehr beschleunigte ich den Sog des Wirbels, der mich hinunterzog. Ich zwang mich dazu, nicht an das Morgen zu denken, meine Erinnerung auszulöschen und meine Augen von der Zukunft abzuwenden.»[4] Schon begannen sich die Gläubiger zu regen, die über ausstehende Zinszahlungen Klage führten. Wenn sie sich nicht mit Schimpfworten und Prügeln abwehren ließen,[5] musste Mirabeau weitere Schulden aufnehmen. Es war ein Teufelskreis, aus dem er bald keinen anderen Ausweg wusste, als den Vater zu bitten, einen *Lettre de cachet* für ihn zu erwirken, mit dem er an einen Ort verbannt «unter die Hand des Königs gelangte». Damit war er wenigstens vor den Nachstellungen seiner Gläubiger sicher. Diesen Wunsch des Sohnes teilte der Marquis de Marignane am 28. November 1773 dem Vater mit: «Er ist fest entschlossen, von Ihnen die Auswirkung eines *Lettre de cachet* zu erbitten, der ihn im Château d'If oder in jeder anderen Festung, die Sie als geeignet auswählen, inhaftiert.» Allerdings würde er es als eine große Gnade begrüßen, wenn man dem König dafür Schloss Mirabeau vorschlagen würde…[6]

Mirabeau hatte sich zu dieser verzweifelten Lösung resigniert, nachdem er zuvor damit gescheitert war, von Mutter, Vater oder Schwiegervater die Tilgung seiner Schuldenlast zu erreichen. Der Marquise de Mirabeau, die unterdessen den Löwenanteil des Vermögens ihrer Mutter geerbt hatte, machte er Anfang Oktober das Angebot, sich im Streit mit ihrem Mann mit ihr zu verbünden, ein Ansinnen, auf das sie aber nicht antwortete. Zur gleichen Zeit ließ er durch seine Frau dem Vater und dem Schwiegervater einen Vorschlag unterbreiten, der ihm versprach, wenigstens den Löwenanteil seiner Schulden zu begleichen: Der Marquis de Marignane solle ihm die Summe von 60 000 *livres* vorstrecken, die dessen Mutter sich verpflichtet hatte im Falle ihres Todes der Mitgift ihrer Enkelin beizusteuern. Dazu war der Schwiegervater auch bereit, aber der Marquis de Mirabeau weigerte sich, die für den Betrag geforderte Quittung auszustellen.[7]

Diese Härte gegenüber dem Sohn findet eine Erklärung darin, dass ihn zur gleichen Zeit die Heimsuchung seiner von ihm getrennt lebenden Frau in Paris ereilte. Die Marquise war aus Saint-Junien im Limousin Anfang Dezember in die Hauptstadt gereist, um vor den dortigen Gerichten ihren Ehemann auf eine Erhöhung der Unterhaltszahlungen auf 10 000 *livres* jährlich zu verklagen, zu der er sich in ihrer Trennungsvereinbarung von 1766 verpflichtet hatte, sobald das Vermögen ihrer Mutter nach deren Todesfall gemäß dem Ehevertrag der Verfügung des Gatten anheimgefallen war. Mme. de Vassan war schon 1770 gestorben, ohne dass sich der Marquis veranlasst sah, seinen Verpflichtungen nachzukommen.

Nun jedoch blieb ihm keine andere Wahl. Außerdem sollte seine Frau die Einnahmen in Höhe von 8000 *livres* aus den Ländereien des Besitzes von Brie, den ihr die Mutter ebenso wie das dazugehörige Schloss vererbt hatte, erhalten. Im Gegenzug erklärte sie sich bereit, nach Saint-Junien zurückzukehren.[8] Dass er so glimpflich davonkam, veranlasste den Marquis, dem Sohn gegenüber wieder Milde walten zu lassen und mittels eines *Lettre de cachet* dessen Verbannung nach Schloss Mirabeau zu beantragen.

Die *Lettres de cachet* waren die Quintessenz der absolutistischen Despotie. Sie bezeichnen eine Justizwillkür, die ganz im Belieben des Königs stand und die von diesem entsprechend unkontrolliert geübt werden konnte. Der *Lettre de cachet* enthielt eine vom Monarchen eigenhändig unterfertigte königliche Verfügung, die lediglich von einem Staatssekretär gegengezeichnet, aber nicht wie der sonstige Schriftverkehr über die Staatskanzlei abgewickelt und von dieser kontrolliert wurde. Was diese *Lettres de cachet* zu einem besonders verrufenen Instrument der Herrschaftspraxis im *Ancien Régime* machte, war, dass sie häufig nichts mit den Interessen des Staates, sondern nur mit denen einer einzelnen Familie zu tun hatten. Ein einfaches, vom König unterschriebenes Blatt Papier genügte, um über die Freiheit der Untertanen zu disponieren, eine Ehebrecherin ins Kloster oder einen missratenen Sohn ins Gefängnis zu stecken oder zu verbannen.

In vielen Fällen waren es also Familieninteressen, die den Anstoß gaben, vom König einen solchen *Lettre de cachet* zu erwirken. Die Versuchung, sich dieses Instruments zu bedienen, war groß, denn es musste kein langwieriger Prozess angestrengt werden, um zum Ziel zu gelangen; außerdem war der Adressat eines *Lettre de cachet*, sobald er den Erhalt dieses Schreibens quittiert hatte, für die Dauer von dessen Wirksamkeit der ordentlichen Strafverfolgung entzogen. (Allerdings mussten die Antragsteller des *Lettre de cachet* die Kosten für den Transport des «in der Hand des Königs» Befindlichen an den ihm bestimmten Ort der Inhaftierung übernehmen.[9]) Schließlich war damit auch der unschätzbare Vorteil verknüpft, dass die mit einem *Lettre de cachet* verhängte Strafe nicht als entehrend galt. Die mittels der *Lettres de cachet* vom König geübte Rechtswillkür war auch ein krasser Fall von «Klassenjustiz», denn jeder, der sich auf diese Weise einen missliebigen Angehörigen oder Gegner vom Hals schaffen wollte, musste über gute Beziehungen zum Herrschaftsapparat verfügen. Diese besaß aber nur ein kleiner Zirkel von Untertanen, die entweder den Funktionseliten oder den «ersten Familien» in Adel und Bürgertum angehörten.

Der *Lettre de cachet*, der Mirabeau bis auf weiteres auf Schloss Mirabeau verbannte, war von Louis XV am 16. Dezember ausgefertigt und vom Adressaten, der in Manosque weilte, am 28. Dezember 1773, quittiert worden.[10] Der Aufenthalt auf dem Schloss der Ahnen währte aber nur drei Monate, denn dem Vater wurde hinterbracht, dass der missratene Sohn Möbel verkaufte und Waldungen abholzen ließ,[11] um sein Einkommen aufzubessern. Diese übertriebenen Berichte wurden vom Marquis nur zu bereitwillig geglaubt, worüber sich Mirabeau noch Jahre später empörte: «Man war sich immer sicher, bei Ihnen ein offenes Ohr zu finden, wenn man schlecht über mich redete.»[12] Jetzt erwirkte der Marquis eine Abänderung des *Lettre de cachet*, der Mirabeau im März 1774 die Kleinstadt Manosque zum Wohnsitz anwies, den er nicht verlassen durfte.[13] Damit nicht genug, tagte auch ein Familienrat, dem Vater, Onkel und Schwiegervater angehörten und der den Beschluss fasste, vor dem Gericht des Châtelet in Paris zu beantragen, Mirabeau als notorischen Verschwender und Schuldenmacher zu entmündigen und unter Kuratel des Vaters zu stellen.

Das war für Mirabeau ein besonders herber Schlag, denn im März 1774 wurde er mit Vollendung seines 25. Lebensjahres volljährig. Der Antrag, ihm die Geschäftsfähigkeit abzuerkennen, dem im Juni stattgegeben wurde und der es ihm künftig unmöglich machen sollte, sich neu zu verschulden, war für ihn eine Entehrung, an der er bis zu seinem Tod zu tragen hatte. Noch als Mitglied der Konstituante und einer der Führer der Revolution von 1789 war es ihm wegen dieses Beschlusses dem Buchstaben nach verwehrt, finanzielle Verpflichtungen einzugehen, woran er sich später aber nicht sonderlich störte. Von unmittelbarer Wirkung war jedoch, dass der jährliche Unterhalt, der ihm und seiner Familie zur Verfügung stand, auf 3000 *livres* gekürzt wurde, während der Rest zur Schuldentilgung aufgewendet werden sollte.[14] Das war ein Betrag, der gemessen an seinen Ansprüchen ihm und der Familie auf Jahre hinaus ein lediglich prekäres Auskommen zu sichern verhieß. Diese Aussicht musste ihn umso mehr verstören, als er darum wusste, wie sehr seine Frau an ein verschwenderisches Leben gewöhnt war. Der Zwang, dem zu entsagen, verhieß eine schwere Belastung seiner Ehe, der jedoch, wie Mirabeau zu dieser Zeit entdecken musste, von ganz anderer Seite akute Gefahr drohte.

Während seines dreimonatigen Aufenthalts im Schloss der Ahnen hatte Mirabeau eine Denkschrift zu Papier gebracht, die 1776 unter dem Titel «Essai sur le Despotisme» erschien. Die Niederschrift dieses ersten Pamphlets von über 200 Druckseiten, in dem er mit dem Absolutismus scharf ins Gericht ging, muss ihn so sehr beansprucht haben, dass er darüber seine junge Frau vernachlässigte. Das vergalt ihm diese mit einer Liebschaft, die sie mit dem Sohn der befreundeten Familie Gassaud aus Manosque anfing, der als Gast auf Schloss Mirabeau weilte. Diese Untreue seiner erneut schwangeren Frau entdeckte Mirabeau, als ihm zufällig ein Brief seiner Frau an den Rivalen in die Hände fiel. Von ihm deswegen zur Rede gestellt, gestand die Mutter seines Sohnes diesen Fehltritt, den er ihr aus Rücksicht auf den Stammhalter großmütig verzieh.[15] Gleichzeitig nötigte er sie aber dazu, ihrem Verführer nach seinem Diktat einen Brief zu schreiben, in dem sie ihm eine Fortsetzung der Liebschaft aufkündigte.

Damit wie mit einem weiteren Schreiben, das Mirabeau an Laurent-Marie de Gassaud richtete und in dem er ihm androhte, er habe sein Leben verwirkt, sollte er ihm noch einmal unter die Augen treten,[16] hätte diese Affäre ihr Ende finden müssen. Mirabeaus Stolz jedoch scheint durch die Untreue seiner Frau so beschädigt worden zu sein, dass er darauf sann, den Rivalen ein für alle Mal unschädlich zu machen. Als eine elegante Lösung bot sich an, den jungen de Gassaud seinerseits in eheliche Bande zu schlagen, die sein Interesse in eine anderen Richtung lenken würden. Mirabeau wusste von Verhandlungen über eine Verlobung des jungen Gassaud mit einer Tochter des Marquis de Tourrettes, die sich jedoch zu zerschlagen drohten.[17] Also ritt er unter Missachtung des königlichen Befehls nach Schloss Tourrette, um durch eine persönliche Intervention die Verlobung zu retten.

Der Ausflug von seinem Verbannungsort wäre vermutlich unbemerkt geblieben, hätte Mirabeau darauf verzichtet, auf seinem Rückweg das Städtchen Grasse zu passieren, wo seine Schwester Louise lebte. Mirabeau hatte seine 1752 geborene jüngste Schwester Louise, die in Montargis eine Klosterschule besuchte, erst 1770 nach seiner Rückkehr von Korsika richtig kennengelernt und ließ sich sofort von ihrem dämonischen Wesen wie ihrer Schönheit entflammen. Er rühmte ihren Verstand, der an Umfang und Schnelligkeit jeden Vergleich mit dem hervorragender Männer hätte bestehen können. Was sie außerdem auszeichne, seien der «überwältigende Glanz strahlender Jugend, die schwarzen Augen, die einen gefangen nahmen, die Frische einer Hebe, diese Anmutung von Noblesse, die man sonst nur bei antiken Statuen gewahrt, und eine Figur, wie ich seither nie eine schönere gesehen habe. Niemand sonst verband dies alles mit dieser Grazie, dieser magischen Verführung, wie sie nur ihrem Geschlecht eigentümlich ist.»[18] Louises Anmut muss

Louise de Cabric, Mirabeaus Schwester

damals einen unwiderstehlichen Zauber auf Mirabeau ausgeübt haben, der seither die Vermutung nährt, Bruder und Schwester seien zeitweise inzestuös miteinander verbunden gewesen.[19]

Mirabeau jedenfalls stand, als er Anfang August 1774 seine Schwester Louise besuchte, ganz unter deren Einfluss. Sie war es auch, die ihn über die in Grasse herrschende Empörung unterrichtete, deren Objekt ihr an ererbtem Schwachsinn leidender Gemahl war, gegen den lauthals der Verdacht geäußert wurde, er habe im März des Jahres in der ganzen Stadt obszöne Verse anschlagen zu lassen, die deutlich erkennbar auf das Privatleben einiger Damen der örtlichen guten Gesellschaft anspielten. Das war für die Klatschmäuler von Grasse ein willkommener Anlass, auch über dessen eigene Frau herzuziehen, die sich in der Öffentlichkeit gerne in Männerkleidung und mit ihrem Liebhaber zeigte. Als einen der Wortführer bezeichnete sie ihrem Bruder den Baron du

Villeneuve-Mouans, der, wie es der Zufall wollte, an dem Nachmittag, an dem Louise de Cabris in Begleitung von Mirabeau und ihrem Liebhaber Briançon im Garten des Sommerhauses einer Freundin vor den Toren der Stadt zu Gast war, sich auf dem Nachbargrundstück aufhielt, um dort Gartenarbeiten zu beaufsichtigen.[20] Zwischen Mirabeau und Villeneuve-Mouans entspann sich rasch ein lautstarker Wortwechsel, der in Beleidigungen und Handgreiflichkeiten ausartete, bei denen der Baron zu Boden ging und Mirabeau einen Sonnenschirm zersplitterte, mit dem er auf ihn einprügelte.[21]

Diese Rauferei von zwei Adeligen, bei der keiner ernstlich zu Schaden kam, hätte sich schiedlich regeln lassen müssen. Doch der Baron, der als der Unterlegene den Spott der Zuschauer zu erleiden hatte, war darüber so empört, dass er auf Rache sann und Mirabeau wegen versuchten Mordes und dessen Schwester, ihren Galan und sogar die Freundin als Komplizen zur Anzeige brachte.[22] Das war höchst lächerlich, hatte aber für Mirabeau fatale Folgen. Nicht nur drohte ihm Verhaftung, sondern auch ein Prozess vor der königlichen Justiz. Das Verfahren würde für gehöriges Aufsehen sorgen, das der Marquis zu vermeiden suchte. Einmal mehr bat er um einen neuen *Lettre de cachet*, der dem Sohn den Château d'If bei Marseille zum Aufenthaltsort anweisen sollte.[23]

Über die Motive des Marquis, einen dritten *Lettre de cachet* gegen den Sohn zu erwirken, lässt sich nur spekulieren. Vermutlich war es ihm weniger um das Ansehen des Sohnes als um die Erfüllung des eigenen ungestillten Ehrgeizes zu tun. Louis XVI war am 10. Mai seinem Großvater auf den Thron gefolgt und hatte am 24. August Anne Robert Jacques Turgot, eines der Häupter der Physiokratischen Schule, zum Finanzminister berufen. Für den Marquis schien sich damit die seit langem ersehnte Chance zu erfüllen, ebenfalls in den «conseil», den Kreis der königlichen Ratgeber und Minister, berufen zu werden. Das war eine Aussicht, die er sich nicht durch das Aufsehen verderben lassen wollte, das eine gerichtliche Ahndung der Streiche seines Sohnes erregen musste. Um das zu vermeiden, war es das probateste Mittel, ihn einfach von der Bildfläche und in einem Staatsgefängnis wie dem Château d'If auf der Reede von Marseille verschwinden zu lassen. Dort langte Mirabeau von einer Eskorte bewacht am 20. September 1774 ein.

Mirabeaus Frau, die sich zu dieser Zeit bei seinem Vater in Bignon aufhielt, unternahm nichts, dessen Härte gegenüber dem Sohn zu mildern. Im Gegenteil beschied sie seine Bitten, ihm dort Gesellschaft zu leisten oder wenigstens in Aix-en-Provence bei ihrem Vater Wohnung zu nehmen, mit Ausflüchten, auf die Mirabeau zunehmend gereizt reagierte.[24] Schließlich ließ sie ihn wissen, ihr Vater hätte ihr befohlen, das Haus des Marquis nicht zu verlassen. Diese Mitteilung führte zum endgültigen Bruch, den Mirabeau mit einem Brief im Dezember 1774 vollzog: «Sie sind ein Ungeheuer. Sie haben meine Briefe meinem Vater gezeigt; ich wollte Sie nicht verlieren, aber jetzt bleibt mir keine andere Wahl, auch wenn mir das Herz bei dem Gedanken blutet, etwas zu opfern, was ich so sehr geliebt habe. Aber ich kann und will nicht länger Ihr Gimpel sein. Leben Sie Ihre Schande aus, wo immer Sie wollen. Steigern Sie Ihre bisherige Falschheit, sofern Ihnen das überhaupt möglich ist, noch mehr. Adieu für immer.»[25]

Während seiner Haft im Château d'If konnte sich Mirabeau einiger Freiheiten erfreuen, die ihm d'Allegre, der Kommandant der Festung, gegen den ausdrücklichen Wunsch des Marquis gestattete, der ihm jeglichen Briefverkehr außer mit seiner Frau hatte untersagen lassen.[26] Damit wollte der Vater auch vereiteln, dass der Sohn weiter mit seiner Schwester Louise in Verbindung stand. Der Marquis machte sie nicht nur für den jüngsten Streich Mirabeaus verantwortlich, sondern er fürchtete auch eine Allianz von Bruder und Schwester mit der Mutter, die seine Aussichten trüben musste, ihn in seinem Sinne zu entscheiden.

Die Großzügigkeit, die d'Allegre gegenüber seinem Gefangenen walten ließ, durchkreuzte diese Absicht, was dem Alten nicht verborgen blieb,[27] der sich auch vom Bruder wegen der Härte dem Sohn gegenüber kritisiert sah.[28] Auch der *Lieutenant général de Provence* warnte den Marquis, es sei nicht ratsam, einen lebhaften Familienvater «für ewige Zeit auf diesem Felsen» in Haft zu halten.[29] Das gab den Ausschlag für den Entschluss, den Sohn in eine andere, von der heimatlichen Provence weit entfernte Festung transferieren zu lassen. Mirabeau wurde von dieser Wende seines Schicksals durch einen Brief seiner Frau Ende April 1775 unterrichtet, die ihn maliziös wissen ließ: «Als ich gestern, wie gewöhnlich, ein gutes Wort für Sie bei Ihrem Vater einlegte, versetzte der mir, er sei gesonnen, meine Bitten zu erhören und, vorausgesetzt die Abwicklung Ihrer Angelegenheiten [i. e. die Regelung der Schuldenfrage] gestatte dies, dass Sie an einen Ihnen wesentlich genehmeren Ort als den Château d'If verbracht werden; welcher dies sei, habe ich jedoch nicht in Erfahrung bringen können.»[30]

Das war eine perfide Verheißung, denn dieser Ort, für den der Marquis einen vierten auf seinen Sohn lautenden *Lettre de cachet* erbitten musste, war die Festung Joux in «französisch Sibirien» im Jura, hart an der Grenze zur Schweiz bei der Stadt Pontarlier gelegen. Diese neue Station seines Leidenswegs erfuhr Mirabeau erst, als er in Begleitung eines Bewachers auf der beschwerlichen Reise dorthin unterwegs war. Im *Mémoire* an den Vater kommentierte er dies später mit den Worten: «Ich wusste jetzt, dass man mich unter die Bären des Jura verschickte. (...) Ich blickte in einen unermesslich tiefen Abgrund. Sie ließen sich angeblich von der Absicht leiten, mich in einer neuen Festung zu internieren, um mir dort mein Los zu erleichtern. Aber was ist das für eine Erleichterung, wenn man mich aus einem Landstrich entfernt, in dem ich wenigstens Freunde hatte, um mich in die Gegend von Frost und Schnee zu schaffen. (...) Joux ist ein wahres Eulennest, in dem man nur einige Invaliden zur Gesellschaft hat.»[31]

Da der Marquis ihm strikt untersagt hatte, sich mit Briefen an ihn zu wenden, blieb ihm nur der Onkel, den er in einem Schreiben Ende August 1775 zum Zeugen seiner Verzweiflung machte: «Ganz gleich, welches die Absichten sind, von denen sich mein Vater leiten lässt, sei es, dass er mir helfen oder meinen Ehrgeiz vernichten will, verstehen Sie sich dazu, von ihm meine Freiheit zu erbitten. Zweifellos will er mich nicht in den Wahnsinn oder in die Raserei stürzen, aber mir kommt dennoch meine Gesundheit abhanden. Mein Kopf, dem zahllose Projekte zu schaffen machen, leidet umso heftiger, je mehr ich mich bemühe, ihn zu beruhigen. Binnen Monatsfrist werde ich in einem Landstrich, der bar aller geistigen Anregungen ist, unter Bergen von Schnee begraben sein. Diese Aussicht ist grauenhaft. Mein ganzer Zustand ist sehr schmerzhaft und hinfällig. Das wird sich notwendig verschlimmern, meine Kräfte schließlich überfordern. Dann werden Sie, wenngleich völlig vergebens, einen Neffen betrauern, der nicht mehr länger leben wollte allein für Ihre Befriedigung und mit Rücksicht auf das Interesse seiner Familie, seines Namens und seines Landes.»[32]

Die Härte des Vaters verschaffte Mirabeau die Wut, sich gegen diesen aufzulehnen. Er sah darin nichts anderes als das Unverständnis des Erzeugers für einen Sohn, dessen Betragen nicht seinen egoistischen Vorstellungen entsprach. Daran änderte auch nichts, dass die Umstände seiner Gefangenschaft in Joux bald ihre Grimmigkeit verloren. Der Kommandant der Festung, Comte Claude Anne de Saint-Mauris, ein kultivierter Mann von 58 Jahren, der sich mangels geeigneter Gesellschaft zu Tode langweilte, hieß seinen einzigen Gefangenen freudig willkommen. Statt ihn in einer Zelle im Turm der Festung einzusperren, überließ er ihm ein Zimmer in seiner Wohnung. Er erlaubte ihm auch, auf die Jagd zu gehen, nachdem ihm Mirabeau ehrenwörtlich versichert hatte, sich jeden Abend in der Festung einzufinden.

Da er das in ihn gesetzte Vertrauen nicht enttäuschte, gestattete Saint-Mauris dem Gefangenen bald größere Freiheiten. Gelegentlich der Feiern, die im Juni 1775 aus Anlass der Salbung von Louis XVI in Reims auch in Pontarlier stattfanden, begleitete Mirabeau den Kommandanten in das Städtchen. Der rätselhafte Fremde mit dem wenig einnehmenden Äußeren war, kaum dass man ihn reden oder gar singen hörte, eine von den Kleinstädtern bewunderte Erscheinung. Das schmeichelte seinem «Gastgeber» Saint-Mauris, der ihm deshalb gestattete, bei einem Perückenmacher in Pontarlier Wohnung zu nehmen. So fand Mirabeau Zutritt zur kleinstädtischen Gesellschaft, deren Mitglieder ihn bald in ihre Häuser einluden. Am häufigsten verkehrte er im Haus des Marquis Bon de Monnier, der als Präsident der in Dole angesiedelten *Chambre des Comptes* gewissermaßen die gesellschaftliche Spitzenposition in Pontarlier innehatte.[33]

Der 70-jährige Marquis de Monnier war der Phänotyp des provinziellen Kleinadeligen, der seinen Titel einem gekauften Amt verdankte. Seine einzige Tochter aus erster Ehe hatte wider seinen Willen einen Tunichtgut geheiratet. Als er ihr deswegen die Mitgift verweigerte, strengte sie einen Prozess gegen ihn an, den sie gewann. Die Niederlage ließ den Witwer auf Rache sinnen. Das war der Grund, warum er die fünfzig Jahre jüngere Marie-Thérèse Sophie de Ruffey heiratete. Sie sollte ihm einen Sohn gebären, dem das gesamte Erbe zufiele, während die Tochter das Nachsehen hätte. Diese Rechnung ging aber nicht auf, denn der Marquis war, wie ihn Mirabeau titulierte, «ein niederträchtiger Eunuch und impotenter Sultan».[34]

Die junge Frau stammte ebenfalls aus einer Familie des Amtsadels, der Vater war Präsident an der *Cour des Comptes* in Dijon. Da dessen Ehe mit vielen Töchtern gesegnet war, hatten ihre Eltern die erst sechzehnjährige Sophie schon verschiedentlich alten Witwern als Ehefrau angedient, um durch eine solche Menage die fällige Mitgift zu sparen. Einer der auserkorenen Kandidaten war ein Freund der Familie, der verwitwete Naturforscher Buffon, der sich jedoch diesem Ansinnen des

Sophie de Monnier

großen Altersunterschieds wegen versagte. Den Marquis de Monnier hingegen fochten solche Überlegungen nicht an, als er die unterdessen Siebzehnjährige am 2. Juli 1771 ehelichte. Voltaire, der mit Germain-Gilles-Richard de Ruffey brieflich verkehrte, sandte dem Brautvater ironische Glückwünsche, die mit der Feststellung anhoben: «Ich wusste gar nicht, mein lieber Präsident, dass M. de Monnier ein junger heiratswilliger Mann ist.»[35]

Auch wenn es Sophie de Monnier nicht an Prätendenten mangelte, blieb die Ehe kinderlos, denn sie zeigte allen Bewerbern die kalte Schulter. Es dauerte nicht lange, und Mirabeau eroberte das Herz der jungen Ehefrau.

Das Versteckspiel, zu dem sich die Geliebten genötigt sahen, die kleinen Fluchten, mit denen sich Mirabeau immer wieder den Verfolgern entzog, wie die Ausflüchte, zu denen er griff, weil er die Verantwortung scheute, mit einer als Ehebrecherin von ihm selbst kompromittierten Frau eine Beziehung einzugehen, in der sie notwendigerweise ganz von ihm abhängig sein würde, lieferte reichlich Stoff für eine tragischkomische Posse. Tragisch deshalb, weil zwei Menschen zueinanderfinden mussten, die vom Egoismus ihrer Familien in existentielle Not gestoßen worden waren; komisch wegen der Fülle von Scharaden und Listen, mit denen sie sich immer wieder und oft nur mit knapper Not den Nachstellungen ihrer Verfolger entziehen konnten, die von den Eltern Sophies und dem Marquis de Mirabeau auf sie angesetzt wurden.

Diese bisweilen grotesken Irrungen und Wirrungen hat Mirabeau in einem den chronologischen Ablauf des Geschehens nachzeichnenden Bericht tabellarisch zusammengefasst, der mit seiner Ankunft in Pontarlier am 25. Mai 1775 beginnt und mit dem 7. Oktober 1776 endet, als das Paar auf seiner Flucht glücklich nach Amsterdam gelangt war.[36] In dem an den Vater adressierten *Mémoire* hat er seine Gefühle für Sophie, nachdem er seine anfänglichen Skrupel gegen eine Verbindung überwunden hatte, mit beeindruckenden Worten geschildert:

«Bis damals kannte ich lediglich die geläufige Galanterie, die mit Liebe nichts zu tun hat, die geradezu deren Lüge ist.» Was ihm aber jetzt widerfuhr, so schreibt er, war etwas völlig Neues. «Das war nicht mehr diese starke Verlockung der Natur, die den Köstlichkeiten eigentümlich ist und die zu den Sinnen spricht, die mich fortriss; es war nicht einmal das Verlangen, den mit einem raffinierten Geschmack begabten Richter zu beeindrucken, die mich herausforderte; mein Empfinden war viel zu stark, als dass mich Eigenliebe angewandelt hätte. (...) Ich begegnete einer Frau, die, von mir sehr verschieden, alle Tugenden ihres Temperaments besitzt, aber keinen von dessen Fehlern. Sie ist von einem Liebreiz, wie er allen denen eigentümlich ist, die ganz natürlich sind, also weder lau noch nonchalant; sie ist empfindsam, aber keineswegs einfältig; sie ist ausgeglichen, aber ihr Wohlwollen schließt weder Urteilsfähigkeit noch Bestimmtheit aus... Wohlan! Sie besitzt alle diese Vorzüge, ich hingegen alle Nachteile... Ich begegnete dieser bewunderungs- und überaus liebenswürdigen Frau, und sie verstand es, das Gewirr der Strahlen meiner entflammten Empfindsamkeit zu bündeln. Ich fand sie, und mein zügelloses Herz wurde gebändigt, gebändigt für immer.»[37]

Die Sprache eines leidenschaftlich Liebenden, in der sich Mirabeau ausgerechnet dem Marquis gegenüber eröffnet, gibt unverstellten Aufschluss über sein naives, impulsives und unüberlegtes Agieren, das ihn damals zu jenem unsteten Umherirren zwischen der Schweiz und Frankreich veranlasste, immer auf der Flucht vor den Häschern, hin- und hergerissen von den Zweifeln an seinem Tun, aber stets wieder überwältigt von den herzzerreißenden Briefen Sophies, die sich an ihn als den Retter aus dem sicheren Verderben ihrer Ehe klammerte. «Ich befand mich an der Grenze und war mir gewiss, im Ausland unter der Voraussetzung, ich ginge allein dorthin, jene Chancen zu finden, zu denen mich meine Jugend, meine Herkunft und mein Schwert bestimmten.»[38]

Zu den Misshelligkeiten, die Mirabeau in dieser Zeit zu schaffen machten, gehörten die unerwarteten Nebenfolgen, die der publizistische Erfolg seiner ersten Veröffentlichung, des *Essai sur le Despotisme*, hatte, den der in der preußischen Exklave Neuchâtel ansässige Verleger Samuel Fauche verlegte.[39] Das schmale Buch, das erstmals Ende Oktober 1775 anonym erschien, erlebte binnen sechs Wochen zwei Auflagen, die vor allem im nahen Frankreich, wohin Kolporteure die Druckschrift über die schweizerische Grenze schmuggelten, reißenden Absatz fanden. Das Buch erregte den Zorn von Louis XVI höchstpersönlich, der darin, wenngleich ohne Namensnennung, deutlich apostrophiert wurde: «Die Macht wurde nur für das Wohl aller einem Einzelnen anvertraut. Wenn der aber dieses Umstands nicht eingedenk ist, wenn statt des Naturrechts sich eine willkürliche Gesetzgebung anmaßt, dann liegt der Schluss auf der Hand, dass den Bürgern das Recht zukommt, ihn abzusetzen.»[40]

Das war starker, beißend revolutionärer Tobak *avant la lettre*, wie überhaupt der gesamte Essay ein politisches Glaubensbekenntnis enthält, das so von keinem anderen der späteren Revolutionäre vor Ausbruch der Revolution vorgelegt worden ist. Allein das verschafft dem Buch eine eminente Bedeutung, die noch dadurch unterstrichen wird, dass Mirabeau es im Gegensatz zu anderen zeitgenössischen Autoren vermied, sich in utopischen oder bloß theoretischen Spekulationen zu verlieren. Schließlich verrät das Buch auch die beachtliche Fähigkeit seines Verfassers, die möglichen Konsequenzen in Anschlag zu bringen, die eine Umsetzung seiner politischen Empfehlungen nach sich ziehen könnten.

Ungeachtet dessen machte sich Mirabeau keine Illusionen über die intellektuelle Stringenz dieses ersten seiner politischen Werke. Im Oktober 1776 äußerte er gegenüber dem holländischen Buchhändler Marc-Michel Rey, er habe den *Essai sur le Despotisme* «sehr schnell, ohne Plan, ohne Gliederung und mehr als das Glaubensbekenntnis eines Bürgers denn als ein Buch mit literarischem Anspruch geschrieben».[41] Zwei Jahre später, in einem Brief an Sophie von Ende Dezember 1778 fiel diese Selbstkritik noch schärfer aus, wenn er den *Essai* als «ein Stückwerk von Fetzen» qualifiziert, «die ohne jede Ordnung vereint wurden und die geprägt waren von allen Fehlern des Alters, in dem ich sie aufschrieb. Das Ganze hatte weder Plan oder Form noch Korrektur und Methode.»[42]

Der *Essai* setzt ein mit ausschweifenden Paraphrasen nach dem Vorbild Rousseaus, in denen er den Menschen im Naturzustand mit dem vergesellschafteten Menschen vergleicht. Das Interesse des Autors gilt der Frage, ob der Mensch von sich aus dem Despotismus zugeneigt ist, was für den im Naturzustand Lebenden verneint, für den in einer gesellschaftlichen Ordnung Lebenden aber bejaht wird. Letzterer akzeptierte für sich eine *Autorité tutelaire*, die er aus seinem eigenen Interesse heraus als unabdingbar anerkannte. Daraus entwickelte sich die Vorstellung von Monarchen, die sich als Garanten der sozialen Ordnung dann am verlässlichsten erwiesen, wenn sie die *Autorité tutelaire* jeweils vererbten. Verschiedentlich wird im *Essai* der König sogar als «Salarié de l'Etat», als «besoldeter Beamter des Staates» apostrophiert, dem er prophezeit: «Die Nation ist am Ende immer mächtiger als der Despot, wenn die Herrschaft der Willkür an der äußersten Grenze der Raserei angelangt ist, wenn sie die öffentliche Meinung entfesselt und alle Hilfsquellen erschöpft hat, welche die Erde denen anbietet, die sie bearbeiten.»[43]

Das Vorbild Rousseau tritt zurück, sobald sich der *Essai* der Erörterung des Naturrechts zuwendet, die ihn als gelehrigen Schüler der physiokratischen Anschauungen des Vaters ausweist. Das Naturrecht sei ohne jede Einschränkung für alle bindend, ungeachtet aller Vorurteile oder Widersprüche, die von der menschlichen Gesetzgebung dagegen geltend gemacht werden könnten.[44] Der physiokratischen Lehre verpflichtet war auch die Sicht des Verhältnisses von König und Volk. Ein König, der seine Aufgaben in Übereinstimmung mit den Maßgaben des Naturrechts erfülle, könne gar nicht despotisch werden, da er die Macht lediglich als ein Mandatar des Volkes gebrauche. Despoten hingegen seien diejenigen, die davon überzeugt wären, sie übten die Macht kraft eigenen Rechts aus. Da aber der vergesellschaftete Mensch auf eine *Autorité tutelaire* angewiesen sei, gelte es Vorkehrungen gegen einen despotischen Missbrauch der Macht durch die Könige zu treffen. Das sei nur unter zwei Voraussetzungen zu gewährleisten: «Erziehung und Freiheit sind die Grundlagen jeglicher sozialer Harmonie und aller Menschenrechte. Recht eigentlich könnte ich nur die Erziehung anführen, da die Freiheit von ihr insgesamt abhängig ist, denn universale Bildung [i. e. Aufklärung] erweist sich als der unüberwindbare Gegner von Despoten.» Wenn also Könige und ihre Untertanen durch Erziehung der Aufklärung teilhaftig würden, bewirke dies den Untergang des Despotismus.[45]

Der *Essai sur le Despotisme* ist eine gleichermaßen sperrige wie faszinierende Lektüre. Sperrig, weil die vom Autor zahlreich bemühten historischen Belege in ihrer Häufung reichlich schülerhaft anmuten und den Verdacht wecken, sie dienten vor allem dazu, dem Leser einen Mangel an Originalität zu verbergen. Faszinierend andererseits, weil Mirabeau darin bereits Zeugnis ablegt von seiner Wortgewalt, die ihn als einen der großen Redner in der Nationalversammlung auszeichnen sollte. Sehr deutlich kommt auch zum Vorschein, was ihn später als Revolutionär charakterisieren sollte: Für ihn sind historische Fakten und die aus Erfahrung gewonnene Evidenz die Grundlage seines politischen Wollens. Exemplarisch dafür ist die lapidare Feststellung: «Unter dem so übel beleumundeten feudalen System gab es zumindest die eine stets gültige Maxime, dass keiner ohne seine Zustimmung besteuert werden könne. Dieses Prinzip steht ein für die äußerste Garantie von Freiheit.»[46] Für sein von Moden unabhängiges Denken spricht auch, dass er sich die unerhörte Kühnheit herausnahm, den Einsichten des nahezu sakrosankten Rousseau zu widersprechen. So hielt er etwa dessen zentraler Behauptung, der Mensch sei von Natur aus gut, den Einwand entgegen, das Verlangen, Macht auszuüben, sei eine der mächtigsten Triebfedern menschlichen Handelns. Genau deshalb komme es vor allem darauf an, diesen starken Impuls durch eine kluge Politik zu zähmen und zu lenken.

Die Veröffentlichung des *Essai sur le Despotisme* hatte für Mirabeau damals unmittelbare und höchst nachteilige Folgen. Samuel Fauche hatte ihm für die Überlassung des Manuskripts einen Wechsel über 1500 *livres* ausgestellt, den der finanziell stets klamme Mirabeau bei einem Buchhändler in Pontarlier einlöste, der dieses Papier seinem Bewacher, dem Marquis de Saint-Mauris, vorlegte. Das kam dem sehr gelegen, denn Saint-Mauris hatte längst gewärtigt, dass Mirabeau ihm in der Gunst der schönen Sophie de Monnier den Rang ablief. Jetzt hatte er einen willkommenen Vorwand, seinem Gefangenen ohne Eingeständnis der ihn verzehrenden Eifersucht all die kleinen Freiheiten zu nehmen, die ihm bislang gestattet worden waren. Mit Hilfe von Sophie und einiger anderer Vertrauter verbarg er sich daraufhin in Pontarlier. Anstatt sich nun kurz entschlossen ins Ausland abzusetzen und dort sein Glück zu versuchen, versteifte er sich aber darauf, den lächerlichen Prozess, den Villeneuve-Mouans wegen der Prügelei in Grasse gegen ihn angestrengt hatte, niederzuschlagen. Wäre ihm dabei ein Erfolg beschieden gewesen, dann wäre seiner weiteren Inhaftierung im Fort de Joux jeglicher Grund entzogen worden. Doch so kam es nicht. Vielmehr erfuhr er von dem Plan, ihn in ein anderes Gefängnis zu überstellen. Auch das Gnadengesuch, das Mirabeau dank der Vermittlung seiner Mutter an den Minister Malesherbes richtete,[47] blieb erfolglos, denn der schied aus der Regierung aus, bevor er sich der Sache annehmen konnte.

Diese doppelte Enttäuschung war für Mirabeau ein schwerer Schlag. In solcher Lage mache man nur Fehler, wie er von sich bekannte. Den entscheidenden Anstoß dazu gab der Vater, als er erfuhr, dass Mirabeau sich durch Vermittlung seiner jüngsten Tochter mit der Mutter verbündet hatte, die ihn zu unterstützen versprach, wenn er seinerseits ihr in den Auseinandersetzungen mit ihrem Gatten zur Seite stünde. Das war für den Marquis eine Drohung, die er umso ernster nehmen musste, als er sich in der Hoffnung wiegte, die Dinge endlich zu seinem Vorteil wenden zu können. Was dem Alten in dieser Situation in die Karten spielte, war ausgerechnet die Affäre des Sohnes mit Sophie de Monnier.

Um den immer lauter werdenden Gerüchten, die in Pontarlier umliefen, zu entgehen, hatte sich Sophie zu ihren Eltern nach Dijon geflüchtet, wohin ihr Mirabeau unter einem falschen Namen folgte. Das war eine umso dümmere Tollkühnheit, als das von ihm gewählte bizarre Pseudonym eines Marquis de Lancefoudras zusammen mit der markanten Hässlichkeit seiner Erscheinung sofort alle Aufmerksamkeit auf ihn lenkte. Sophies Mutter, Mme. de Ruffey, ließ sich von diesem Marquis de Lancefoudras jedenfalls nicht täuschen. Mit der Beschuldigung, er habe die Entführung ihrer Tochter geplant, veranlasste sie kurzerhand Mirabeaus Verhaftung. Kaum erfuhr der Alte davon, erwirkte er einen weiteren *Lettre de cachet* gegen den Sohn. Welche Bedeutung der Marquis der erneuten Festsetzung des rechtzeitig entflohenen Sohnes beimaß, zeigt die Tatsache, dass er ungeachtet seiner sonstigen Knauserei zwei Häscher beauftragte, die sich mehrere Monate an dessen Fersen hefteten. Auf abenteuerlichen Fluchtwegen, die durch Südostfrankreich, Italien und die Schweiz immer wieder auch in die Nähe von Pontarlier führten, wo sich Sophie wieder aufhielt, entschlüpfte Mirabeau ihnen häufig nur mit knapper Not.

Unterwegs erreichten ihn wiederholt verzweifelte Briefe Sophies, die im Haus des «vil eunuque» von zwei seiner frömmlerischen Schwestern streng bewacht wurde und Rettung erflehte. Zuletzt siegte sein Herz über den Verstand und veranlasste ihn zu dem fatalen Schritt, gemeinsam mit der Geliebten seine Flucht fortzusetzen. Nach zwei vergeblichen Fluchtversuchen, die Sophie schon Ende Mai unternommen hatte, gelangte sie schließlich in der Nacht zum 25. August in Männerkleidern und mittels einer Strickleiter, mit der sie die Gartenmauer überwand, in die Arme des Geliebten, der sie jenseits der nahen Grenze erwartete. Unbehelligt von ihren Verfolgern blieben sie bis zum 15. September in Verrières, von wo sie über Basel nach Holland reisten. Am 26. September trafen sie in Rotterdam ein und erreichten am 7. Oktober 1776 Amsterdam, wo sie unter dem Namen de Saint-Mathieu eine Wohnung nahmen.

Die Flucht – den «vil eunuque» hatte Sophie kurz vor ihrem Verschwinden noch einmal um 12 000 *livres* erleichtert, was ihnen eine gut gefüllte Reisekasse verschaffte – war nur bis zur Ankunft in Amsterdam ein ungetrübtes Glückserlebnis. Hier wurden sie aber bald mit einer Lebenswirklichkeit konfrontiert, die sie bislang nur vom Hörensagen kannten: Sie mussten arbeiten, um ihren Unterhalt zu bestreiten. Sophie verdiente mit italienischem Sprachunterricht etwas Geld, während Mirabeau für in Amsterdam ansässige Verleger schlecht bezahlte Übersetzungen anfertigte. Die Einnahmen reichten indes bei Weitem nicht aus. Also mussten neue Schulden gemacht werden, die sich während des neun Monate dauernden Aufenthalts in Holland auf über 9000 *livres* summierten.

Neben den Übersetzungen veröffentlichte Mirabeau während seines holländischen Exils zwei kürzere Schriften. Das eine ist ein knapper Essay nach dem Vorbild der Schriften Diderots, der unter dem Titel *Le Lecteur y mettra le titre* die Bezüge von Dichtkunst und Musik erörterte. Weitaus mehr Aufsehen erregte er mit dem tagespolitisch brisanten *Avis aux Hessois et aux autres peuples d'Allemagne vendus par leur Prince à l'Angleterre*, in dem er sich mit dem «Soldatenhandel» des Landgrafen von Hessen-Kassel auseinandersetzte, der rund 6000 seiner Landeskinder der englischen Krone zum Kampf gegen die Aufständischen in den nordamerikanischen Kolonien zur Verfügung stellte.

Unter diesen Arbeiten wurde die anfängliche Euphorie der Liebenden schnell von Misere aufgezehrt. Bezeichnenderweise litt Mirabeau darunter mehr als Sophie, die sich ganz in ihre Leidenschaft flüchtete und damit der Wahrnehmung der tristen Wirklichkeit entzog. Bei Mirabeau lagen hingegen bald die Nerven blank. Er haderte mit seinem Schicksal und machte seiner Unzufriedenheit und Verzweiflung in Vorwürfen und Verdächtigungen Luft, mit denen er Sophie zusetzte, die ihn eines Tages mit der Mitteilung überraschte, schwanger zu sein. Das änderte aber nichts an seiner schlechten Stimmung und seinem heftigen Widerwillen gegen das Menschengewimmel in den stinkenden, engen und lichtlosen Straßen Amsterdams. Mehr und mehr mied er die Gegenwart Sophies, suchte Huren auf und trieb sich in billigen Kaschemmen herum. Liebe und Leidenschaft waren längst der dürftigen Klammer eines standesgemäßen Ehrgefühls gewichen, das ihn zu lediglich formalen Rücksichten auf die Geliebte und werdende Mutter verpflichtete.

In dieser Situation suchte Mirabeau wieder bei der Mutter Zuflucht. Nur so lässt es sich erklären, dass er ihr das Angebot machte, sie in ihrer Auseinandersetzung mit dem Vater bedingungslos zu unterstützen.[48] Er sprang ihr publizistisch bei und suchte die Reputation des eigenen Vaters durch verleumderische Schmähschriften und Artikel, die er anonym in Zeitungen einstreute, die auch in Frankreich gelesen wurden, zu zerstören.[49] Seinen Höhepunkt fand dieses Treiben in einem Schreiben an die Herausgeber der *Gazette littéraire*, das erweitert unter dem Titel *Anecdote à ajouter au nombreux recueil des hypocrisies philosophiques, servant d'introduction* in der dritten Ausgabe des *Essai sur le Despotisme*, die nach dem Tod Mirabeaus 1792 in Paris erschien, veröffentlicht wurde.[50]

Diese Umtriebe des Sprösslings entfachten den ganzen Zorn des

Alten, der sich zuvor in der Zuversicht gewiegt hatte, dass er ihn dank seiner Flucht ins Ausland endgültig vom Hals habe und sich nun ganz der Auseinandersetzung mit seiner Frau zuwenden könne.[51] Die publizistische Kampagne, die der Sohn gegen ihn führte,[52] veranlasste den Vater erneut, viel Geld aufzuwenden, um des Flüchtigen habhaft zu werden. Den letzten Anstoß dazu gab, dass die Ruffeys, die um ihre Tochter Sophie bangten, einen Antrag auf deren Auslieferung stellten und den Marquis aufforderten, sich diesem Ansinnen anzuschließen und zugleich die Ausweisung seines Sohnes zu verlangen. Das sollte ihn weitere 10 000 *livres* kosten, denn die holländischen Behörden machten die Auslieferung des Sohnes, der Mitte Mai 1777 festgesetzt worden war, von der vorherigen Begleichung der von ihm gemachten Schulden abhängig. Die Summe, die der Marquis seit der Flucht des Sohnes aus Dijon für dessen Ergreifung aufgewendet hatte, belief sich auf rund 30 000 *livres*, mit denen sich ein erheblicher Teil seiner Schulden hätte begleichen lassen! Das war dem Vater die Erfüllung seiner Rachsucht wert. Deshalb wollte er sich auch nicht damit zufriedengeben, den Übeltäter der ordentlichen königlichen Justiz zu überantworten. Schon vor dessen Ergreifung und Auslieferung nach Frankreich erwirkte der Alte einen weiteren *Lettre de cachet*, der Mirabeaus Schicksal seinem Gutdünken überantwortete.[53]

Es ist nicht ohne Ironie, dass dieser *Lettre de cachet* Mirabeau vor einem weit schlimmeren Los bewahrte, denn M. de Monnier hatte sich unterdessen dazu überreden lassen, gegen die beiden Flüchtigen einen Prozess anzustrengen, dessen Urteil am 10. Mai 1777 vom *Lieutenant criminel* der *Balliage de Pontarlier* in Abwesenheit der Angeklagten gefällt wurde. Mirabeau wurde wegen Entführung einer verheirateten Frau in Tateinheit mit deren Verführung zum Tode verurteilt, während Mme. de Monnier wegen Ehebruchs als Strafe die lebenslange Unterbringung in einer Verwahranstalt in Besançon zugemessen erhielt.[54] Allein der auf Verlangen des Marquis ausgestellte *Lettre de cachet* vereitelte den Vollzug dieses Urteils, sobald das Paar am 6. Juni 1777 als Gefangene in Paris eintraf.

Viertes Kapitel

Die Schule der Einsamkeit

Nach der Härte der Haftbedingungen unterschied sich das Staatsgefängnis von Vincennes bei Paris sehr von den anderen Haftanstalten, die Mirabeau bislang kennengelernt hatte. Wer hier einsaß, galt als besonders gefährlich, wurde unter strenger Bewachung im Donjon, einem mächtigen Rundturm, eingesperrt, dem die Anlage ihren finsteren Anschein verdankte. Die lichtlose Enge, das miserable Essen, der völlige Mangel an Bewegung sowie die strengen Beschränkungen, die für die Gefangenen nur wenige, von ihren Kerkermeistern ausgewählte Lektüren sowie eine auf das absolute Minimum beschränkte Zuteilung von Schreibpapier, Feder und Tinte vorsah, hat Mirabeau im zweiten Teil seiner 1782 veröffentlichten Schrift *Des Lettres de cachet et des Prisons d'Etat* geschildert. Dem Eindruck, den diese Veröffentlichung machte, war es zu verdanken, dass die Regierung 1784 darauf verzichtete, Vincennes weiterhin als Staatsgefängnis zu nutzen.[1]

Dieses Regime, dem Mirabeau in den ersten Monaten seiner Haft unterworfen war, die er in einer kleinen Zelle von kaum drei auf drei Meter Größe verbrachte, die im Sommer glühend heiß, im Winter aber feucht und eiskalt war, unterschied sich kaum von dem Los, das Sophie zugefallen war. Die im dritten Monat Schwangere sah sich in eine von der Polizei kontrollierte privat geführte Verwahranstalt eingewiesen, in der in jener für den *Ancien Régime* typischen nonchalanten Promiskuität geisteskranke Frauen und weibliche Häftlinge in Untersuchungshaft interniert wurden. Hier, in einer winzigen, von Flöhen heimgesuchten Kammer, in die sie sich mit zwei weiteren Frauen teilte, gebar Sophie am 8. Januar 1778 eine Tochter. Wenige Monate nach der Niederkunft wurde das Neugeborene in die Obhut einer Amme gegeben, während Sophie im Couvent des Saintes-Claires in Gien interniert wurde, wo sie bis zu ihrem Selbstmord 1789 blieb.

Durch seine Erfahrungen in den anderen Gefängnissen gewitzt, setzte

Mirabeau zunächst alles daran, sich seine Haftbedingungen erträglicher zu machen. Diesmal jedoch schienen Mirabeaus Aussichten wenig aussichtsreich zu sein, denn der Gefängnischef, ein M. de Rougemont, stand im Ruf, unnachsichtig zu sein. Auch hatte der Marquis ihn zu größter Strenge dem Sohn gegenüber ermahnt, der nach seinem Willen gewissermaßen bei lebendigem Leibe und für unabsehbar lange Zeit eingemauert sein sollte. Den Bailli ließ er wissen: «Ich werde darauf Obacht haben, den Wahnsinnigen so fest einzuschließen wie es die Bienen mit einer Schnecke halten, die es gewagt hat, in ihren Stock vorzudringen.»[2]

Für Mirabeau waren die ersten Monate der Haft ein wahres Martyrium, das ihm bleibende körperliche Schäden zufügte: Seine Sehfähigkeit wurde beeinträchtigt, schmerzhafte Koliken machten ihm zu schaffen, und wegen des Bewegungsmangels schwollen seine Gliedmaßen an. In den zahlreichen Briefen, die er an den *Lieutenant général de police de Paris* Jean Charles Pierre Lenoir, den Vorgesetzten seines Kerkermeisters Rougemont, richtete, führte er auch Klage über sein Befinden. So etwa im Schreiben vom 24. Januar 1778: «Ich habe die Ehre, Monsieur, Ihnen zu schreiben, während ich am Bein zur Ader gelassen werde. (...) Ich leide fortwährend an Hämorrhagien, verliere ganze Schalen an Blut und besitze keinerlei Leibwäsche. Des Großteils meiner Habe entblößt, als man mich in Holland verhaftete, habe ich nicht einmal die Koffer mit deren Resten zur Hand. Hier also eine genaue Aufstellung all dessen, was mir zur Verfügung steht: 22 Hemden, von denen allenfalls ein Dutzend noch zu gebrauchen sind; vier Taschentücher; nicht ein Handtuch; und an Fußbekleidung drei Paar Strümpfe, die ich hier anschaffte, während die übrigen alle zerrissen sind. Mein Vater konnte sich nicht dazu aufraffen, mir einen *sou* mehr als die sechshundert *livres* für meinen Unterhalt und meine täglichen Bedürfnisse zu bewilligen, von der Verköstigung abgesehen, für die der König aufkommt. Eine Unterhaltszahlung erfordert einen gewissen Vorschuss, damit man sich das leisten kann, was man braucht. Da ich fast nackt bin, habe ich mir für die Rate des ersten Halbjahrs Winterkleidung angeschafft, die diesen Betrag vollständig aufgezehrt hat. Was soll ich also jetzt tun? Ich wage es, Ihnen die Vorstellung zu machen, ob es denn recht und billig ist, dass ich schlechter bekleidet bin als die Leute, die meine Livree tragen; dass ich nicht ein Paar Strümpfe mein Eigen nenne; dass ich nur ein Paar Unterhosen zum Wechseln habe und dass ich nicht weiß, blutüberströmt wie ich bin, wo ich Leibwäsche finden soll, so dass ich keine andere Wahl

Mirabeaus Zimmer in der Festung Vincennes

habe, als Monsieur de Rougemont zur Last zu fallen, den ich weder um irgendetwas bitten will noch dazu genötigt werden möchte.»[3]

Der Brief an den Pariser Polizeichef war der sorgfältig orchestrierte Höhepunkt einer Kampagne von Klagen und Beschwerden, mit der sich Mirabeau an diesen, aber auch an den König oder Innenminister Amelot wandte. Damit verfolgte er beharrlich das Ziel, nicht nur sein Los als Gefangener, sondern auch die Chancen auf seine Freilassung zu verbessern. Zunächst wurde es ihm nur für einige Stunden, schließlich fast ganztägig gestattet, seine Zelle zu verlassen und sich entweder in einem geräumigen, nur für ihn reservierten Garten im engeren Bereich des Schlosses oder auf den Galerien und Wehrgängen der mächtigen Außenmauern, von denen die Anlage umgeben war, aufzuhalten. Ab Januar 1780 erhielt er die Erlaubnis, innerhalb des Schlossbereichs ein Pferd zu besteigen.[4]

In einem Brief an Louis XVI schilderte er nach elfmonatiger Haft seine trostlose Lage: «Sire, ich bin Franzose, jung und unglücklich. (...) Durch eine Verstrickung von Ungerechtigkeiten bin ich in einem engen Gefängnis eingesperrt, in dem ich nutzlos den Frühling meines Lebens verschwende und in dem ich zweifellos auch meine Tage beschließen werde, sollte es mir nicht gelingen, von Ihrer Majestät erhört zu werden. (...) Geruhen Sie, Sire, mich vor meinen Verfolgern zu beschützen, die mir aus schierem Hass so viel Übles zugefügt haben und denen mein Untergang nur zu gelegen käme, weil sie unablässig damit befasst sind, ihn herbeizuführen. Werfen Sie einen wohlwollenden Blick auf einen achtundzwanzigjährigen Mann voller Tatendrang und Eifer, der bei lebendigem Leib in einem Grab verscharrt in der Blüte seiner schönsten Jahre langsamen Schritts die Verblödung, die Hoffnungslosigkeit und vielleicht sogar die Demenz auf sich zukommen sieht.»[5]

In den besonders entbehrungsreichen Monaten der Haft in Vincennes, in denen Mirabeau nur Abwechslung in der Beschäftigung mit sich selbst fand, steigerte er sich auch wieder in Empfindungen leidenschaftlicher Liebe für Sophie hinein, die ihm längst abhandengekommen waren. Dieses geradezu fiebrige Liebessehnen brodelte in seinem Kopf als ein leidenschaftliches, von manchen seinem Alter gemäßen erotischen Phantasmen durchmischtes Potpourri, das er in seinen Briefen an Sophie, die zu schreiben und abzusenden ihm Lenoir nach sechs Monaten Haft gestattete, eruptiv ausbreitete.

Der Briefverkehr Mirabeaus nicht nur mit Sophie lief über das Büro Lenoirs unter der Maßgabe, dass alle Schreiben vor der Zustellung an den Adressaten von einem Mitarbeiter Lenoirs gelesen wurden. Dieser Mitarbeiter, der *Commis du secret*, der für seinen Chef alle Spitzelberichte durchging und dem auch die Aufgabe, die Korrespondenz der beiden Gefangenen zu kontrollieren, übertragen wurde, war Gabriel Boucher, den Mirabeau zu Recht als «bon ange», als guten Engel, apostrophierte und mit dem er, sobald er nach gut einem Jahr von dessen Existenz und Funktion erfuhr, in eine eigene Korrespondenz eintrat.[6] Die Originale aller Briefe Mirabeaus gelangten nach ihrer Lektüre durch die Adressaten wieder an die Polizeipräfektur, in deren Archiv sie aufbewahrt wurden. Pierre Louis Manuel, der *Procureur syndic* der *Commune de Paris* entdeckte nach dem Tod Mirabeaus diesen Schatz, von dem er behauptete, er habe ihn teilweise aus den Trümmern der Bastille geborgen, einige Briefe hingegen habe er im Rathaus gefunden, während ihm die meisten von Freunden Sophies oder Gabriels entweder geliehen oder verkauft worden seien.[7] Diese weitgehend erfundene Geschichte erhellt zumindest, dass die von Manuel 1792 lancierte vierbändige Ausgabe des Briefwechsels ein sehr lückenhaftes Durcheinander vorstellte, was nichts daran änderte, dass dieser Edition ein riesiger buchhändlerischer Erfolg beschieden war.[8]

Aller ihrer Defizite ungeachtet ist die Edition der Korrespondenz Mirabeaus zeit seiner Gefangenschaft in Vincennes die maßgebliche Ausgabe seiner Briefe geblieben, die lediglich ergänzt wurde durch die Veröffentlichung einer Auswahl seiner Schreiben, die er mit dem «bon ange» wechselte, sowie des «geheimen Briefwechsels» mit Sophie, der nicht über die Polizeipräfektur lief.[9] Diesen «geheimen Briefwechsel», dessen Schreiben im Ton bisweilen wesentlich drastischer gehalten sind, unterhielt Mirabeau dank der Vermittlung seines Zellenwärters.

Ein Vergleich des «offiziellen» mit dem «geheimen» Briefwechsel macht deutlich, was sich ohnehin vermuten lässt. Die «offizielle» Korrespondenz wurde von Mirabeau im Bewusstsein geführt, sie gelange nicht nur zur Kenntnis der Adressatin. Deshalb versagt er sich hier allzu drastische Phantasien und Ausführungen. Auch ist er stets darum bemüht, sich als liebevollen, der Partnerin zugewandten Schreiber darzustellen. Im Besonderen gilt dies für die Wochen unmittelbar vor der Niederkunft Sophies, in denen er Lenoir mit einer ganzen Serie von Briefen bombardierte, deren Inhalt sich nur um das Wohlergehen der Schwangeren drehte. Detailliert schilderte er auch seine eingebildeten oder tatsächlichen Leiden in der Haft. Unter diesen Qualen büßte er seine Verfehlungen, wie dies dem katholischen Verständnis nicht nur seiner Zeit einleuchtete. Deshalb konnte er sich zu diesen, und das ist ein dritter Aspekt, auch durchaus reuig bekennen. Damit ließ sich selbst dieser Teil seiner Botschaft in das angestrebte Image einspiegeln: Dank der von ihm gewonnenen Einsichten und gezeigten Reue war er gegen eine Wiederholung gefeit.

Die Masse der von Pierre Louis Manuel veröffentlichten *Lettres originales* bietet vor allem die Scharaden eines Protagonisten, der den leidenschaftlich Liebenden mimt und dieses Spiel dazu nutzt, von sich ein möglichst vorteilhaftes Bild zu entwerfen. Wie sehr mit diesem «offiziellen» Briefwechsel dem Publikum das Zeugnis eines großen Liebespaars vorgegaukelt wurde, das es mit den Vorbildern in der Literatur aufnehmen könnte, wurde erst nach 1903 mit der Veröffentlichung der Bruchstücke ihrer «geheimen» Korrespondenz offensichtlich. In diesen Briefen hat Mirabeau die Maske des Liebenden abgelegt und gibt gelegentlich zu erkennen, dass er mit Sophie nur noch in Verbindung bleibt, um den Skandal ihres angedrohten Selbstmords zu vermeiden. Von Gefühlen aber ist bei ihm im Unterschied zu ihr längst keine Rede mehr.

Im Lichte dieser Erkenntnis kann man die Briefe an Sophie nicht mehr mit jener Empathie lesen, dank der sie während des 19. Jahrhunderts ein Klassiker des Genres wurden. Umso mehr fällt ins Auge, wie schablonenhaft ein Großteil dieser Schreiben abgefasst ist. Hemmungslos kopierte sich Mirabeau selbst, indem er ganze Passagen aus älteren Briefen in seine Schreiben einfügte, oder er plünderte seitenweise das Corpus der Literatur, um seine stets mehrseitigen Mitteilungen zu füllen und geistreich aufzuzäumen.

Auf diese Technik des *copy & paste avant la lettre* gründete sich damals manche respektable Karriere. Auch Mirabeaus Ansehen als politischer Essayist beruhte zu einem Gutteil auf diesem brüchigen Fundament wie darauf, dass er in seinen späteren Jahren immer über eine große Zahl von anonymen Helfern und Zuarbeitern verfügte. Etienne Dumont, der während der Revolution Chef der «Werkstatt» war, in der viele der Reden vorbereitet wurden, mit denen Mirabeau Aufsehen erregte, charakterisierte ihn als Autor: «Beurteilt man ihn als Verfasser, dann muss man davon ausgehen, dass ausnahmslos alle seine Werke nichts anderes als Intarsienarbeiten sind, von denen nur wenig ihm zuzusprechen wäre, wenn jeder der Zuarbeiter seinen Anteil abzöge. Sein Verdienst war es jedoch, all dem, mit dem er sich befasste, mehr Strahlkraft zu verleihen, hier und da leuchtende Funken zu schlagen, originelle Ausdrücke hinzuzufügen, Akzente voller Feuer und Beredsamkeit zu setzen. Er besaß die einzigartige Fähigkeit, verborgene Talente aufzuspüren, jedem seiner Zuarbeiter ebenjene Ermunterung zuzuwenden, die ihm entsprach, sie mit dem Eifer zu erfüllen, der ihn antrieb, und sie mit Nachdruck um eine Arbeit wetteifern zu lassen, deren Ruhm allein ihm zufiel.»[10]

Die Briefe an Sophie, die für sich genommen einen der Liebesromane des 18. Jahrhunderts darstellen, waren also gleichsam Fingerübungen für das weitere literarische Schaffen, das er unter Ausnutzung der erzwungenen Muße seiner Gefangenschaft in Angriff nahm. Dem Genre des

Liebesromans zugehörig sind auch die fünf Dialoge, die Mirabeau in Vincennes zu Papier brachte und denen er den Titel *Les Amours de la marquise de* M. *et du comte de* M. gab, die weit weniger bekannt sind als die Briefe. Diesen Roman haben dessen Protagonisten gewissermaßen «vierhändig» geschrieben, denn Mirabeau nutzte dafür in der ihm vertrauten Manier Aufzeichnungen von Sophie, in denen sie auf seinen Wunsch hin Tag für Tag Auskunft über die Fortschritte ihrer Liebesbeziehung geben sollte. «Lasse vor allem nicht nach in den Erinnerungen, um die ich Dich gebeten habe; sie werden mein ganzes Vergnügen sein», schrieb er ihr im August 1777. «Notiere sie mit Genauigkeit, Zärtlichkeit und Naivität; fertige für meinen Gebrauch auch eine kleine Zusammenstellung der wichtigsten Daten an, an denen sich, seien es glückliche oder unglückliche Geschehnisse unserer Liebe zugetragen haben, von dem Augenblick an, an dem wir uns das erste Mal begegneten.»[11]

Diese fünf Dialoge – ein sechster wurde bereits im Entwurfsstadium aufgegeben – markieren den Höhepunkt jener zweiten Leidenschaft, die Mirabeau während der Entbehrungen der Haft für Sophie empfand. In dem Maße jedoch, wie sich das Regime in Vincennes milderte, er sich alle Bücher, nach denen er verlangte, verschaffen konnte und ihm auch Papier, Federn und Tinte reichlich zur Verfügung standen, erweiterte sich sofort das Themenspektrum, dem sich seine schriftstellerischen Interessen zuwandten.

Mirabeaus insgeheim gehegte Hoffnung, durch seine schriftstellerische Produktion das Ansehen des Alten zu übertreffen, sollte sich aber nicht erfüllen. Das vereitelte zumal die sehr disparate Thematik und Qualität seines in Vincennes geschaffenen literarischen Werks, das u. a. eine Prosaübersetzung der Elegien Tibulls umfasste, die erst einige Jahre nach seinem Tod in zwei Bänden erschienen.[12] Eine weitaus wirksamere Ablenkung von der Langeweile der Haft boten Mirabeau eine ganze Reihe erotischer oder libertiner Schriften, die er in rascher Folge zu Papier brachte. So sprechen eine Reihe stilistischer Merkmale dafür, dass der schmale Roman *Le Rideau levé ou l'éducation de Laure*, den Guillaume Apollinaire als «une sorte d'*Emile* [i. e. der Erziehungsroman von Rousseau] concernant les demoiselles» charakterisierte,[13] Mirabeau zum Verfasser hatte. Auf ihn verweist auch das Thema dieses Werks, der Inzest, der eine der Obsessionen Mirabeaus war. Allerdings wird dieses anstößige Thema höchst ambivalent abgehandelt, denn Laure, die Protagonistin, deren moralische und erotische Erziehung geschildert wird, gerät aus den Armen eines Mannes, den sie zunächst irrtümlich für ihren Vater hält, in die ihrer Brüder... Die Erzählung ist reichlich krude und diente dem Gefangenen vor allem dazu, seine unerfüllten erotischen Sehnsüchte auszudrücken.

Von einem anderen Kaliber ist hingegen der Roman *Ma Conversion ou le Libertin de qualité*, der erstmals 1783 geschmückt mit obszönen Kupferstichen erschien.[14] In dem Roman, dem ein an «Monsieur Satan» adressierter Brief vorangestellt ist, bedient sich Mirabeau der Darstellungsmittel und Phantasmagorien der obszönen Literatur seiner Zeit und beschreibt etwa mit überschäumender Detailfreude die Ausschweifungen, denen sich Nonnen, «deren weiße wallende Brüste die heiligen Korpuskeln verströmen», in Klöstern hingaben. Die, wie Guillaume Apollinaire betonte, «mit dem Argot von Kartenspielern und Kneipengängern» durchsetzte Sprache[15] zielte auf die religiös eingefärbte moralische Heuchelei der Epoche. Anders gesagt: *Ma Conversion* ist ein Buch, das Obszönität und andere Verstöße gegen die gängige Moral als Vehikel nutzt, um Kritik und Aufklärung zu transportieren.

Das bekannteste Werk des Genres, das Mirabeau in Vincennes verfasste, ist *Erotika Biblion*, dessen Fertigstellung er Sophie am 21. Oktober 1780 ankündigte: «Ich vermag Dir heute, mein gutes Kätzchen, ein neues, sehr ungewöhnliches Manuskript zuzusenden, das Dein rastlos tätiger Freund vollendet hat (...) Das Buch beschäftigt sich mit höchst kurzweiligen Themen, die mit geradezu grotesk anmutendem Ernst gleichwohl sehr zurückhaltend abgehandelt werden. Vermagst Du Dir auszumalen, dass man in der Bibel und in der antiken Welt Nachforschungen über die Selbstbefriedigung, die Tribadie etc. anstellen kann, kurz über die anstößigsten Fragen, die von den theologischen Haarspaltern erörtert wurden, und das alles selbst einem stocksteifen Gelehrten lesbar darzustellen, der von philosophischen Einfällen überfließt?»[16]

Die «kurzweiligen Themen» oder «anstößigsten Fragen» sind für Mirabeau willkommene Vorwände, um Szenen aller Arten und Abarten von sexuellen Praktiken und Ausschweifungen zu schildern, die vermeintlich den Urzustand der Menschheit mit allen seinen Verirrungen illustrierten, ehe eine moralische Ordnung dieses wüste Mit- und Durcheinander lichtete und regelte. Diese Enzyklopädie der Abartigkeiten, die ganz dem Geschmack der Zeit nach informierenden Kompendien entsprach, hatte Mirabeau nach bewährter Technik kompiliert. In der

Bibliothek von Vincennes, aus deren bescheidenen Beständen er sich nach Belieben bedienen konnte, hatte er den in 26 Foliobänden veröffentlichten Bibelkommentar des Dom Augustin Calmet entdeckt, der den Text der Bücher des Alten und des Neuen Testaments auf Lateinisch und Französisch synoptisch vorstellte und diesen jeweils mit einem ausführlichen Stellenkommentar erläuterte.[17] Wer in dieser bequem zu erschließenden Quelle wie Mirabeau nach den einschlägigen Stichwörtern fahndete, wurde durch einen reichen Ertrag belohnt, der sich ohne größeren Aufwand für ein Kompendium wie den *Erotika Biblion* verwenden ließ, denn die Kommentare Dom Calmets schöpfen aus heidnischen, jüdischen und christlichen Wissensbeständen und sind von staunenswertem Kenntnisreichtum.

Ähnlich wie bei *Ma conversion* verfolgte Mirabeau auch mit dem *Erotika Biblion* eine doppelte Absicht: Inhalt wie Machart des Buchs sollten ihm einen Verkaufserfolg bescheren, der sich in klingender Münze niederschlug. Aber auch hier war das Geschäftliche mit der aufklärerischen Absicht verknüpft: Nach Mirabeau, so die originelle These, ist die Rückkehr aller jener Ausschweifungen, in denen die Menschheit in gewissermaßen vormoralischen Zeiten schwelgte, zurückzuführen auf eine gezielte Schwächung der von der Macht propagierten Moral. Die absolute Monarchie sieht ihren Nutzen darin, die Bürger sehenden Auges der Sittenverderbnis zu überantworten, um sie umso besser kontrollieren zu können. Laster und Verderbtheit verschaffen nur eine Scheinfreiheit, in die sich derjenige geradezu flüchtet, der sich von den *Lettres de cachet*, der Tyrannei der Priester etc. um seine Freiheit gebracht sieht und einfach nur als Mensch existieren will.

Die mit dem *Erotika Biblion* verknüpften Hoffnungen haben sich zu Mirabeaus Lebzeiten nicht erfüllt. Die erste Auflage von 1783 wurde von den Behörden sofort beschlagnahmt und vernichtet; ähnlich erging es der zweiten Auflage von 1792, die dem revolutionären Tugendwahn zum Opfer fiel. Erst mit der Ausgabe von 1833, die zu Beginn der Juli-Monarchie erschien, verbreitete sich die Kenntnis des *Erotika Biblion.*

Die libertinen Schriften Mirabeaus sind heute im Unterschied zu denen seines Zellennachbarn, des Marquis de Sade, weitgehend vergessen. Damit geschieht ihnen auch kein Unrecht, denn sie sind in literarischer Hinsicht von allzu geringem Gewicht und die politische Kritik und Aufklärung erschließen sich nur dem Leser, der sich von den ausschweifenden Schilderungen, mit denen sie drapiert sind, weder abstoßen noch faszinieren lässt. Dem Vergessen fiel auch Mirabeaus gewiss bedeutendstes Werk anheim, das er als letztes, das während seiner Haftzeit in Vincennes entstand, Anfang Dezember 1780 vollendete und das noch einmal das Thema aufgreift und vertieft, dem er sich bereits im *Essai sur le Despotisme* zugewandt hatte. Wie dieser Essay sind auch *Des Lettres de cachet et des prisons d'Etat* ein wahrer Galimathias an Lesefrüchten – zahlreiche Autoren werden genannt oder zitiert, ganze Passagen aus den Werken der Physiokraten, vom *Ami des hommes*, Turgot oder Du Pont, aus den Schriften Montesquieus oder Rousseaus, um nur die bekanntesten zu nennen, abgekupfert oder paraphrasiert –, und doch hat das Buch ein eigenes Feuer, das von Mirabeaus Anschauungen und Überzeugungen genährt wird. Ein Ausweis seiner intellektuellen Unabhängigkeit ist, dass er die großen Autoritäten nicht nur zitiert, sondern auch kritisiert. So macht er sich beispielsweise über die Schriften der Physiokraten lustig, die er als «chinesische Romane» lächerlich macht.[18] Oder er setzt sich in einem ganzen Kapitel kritisch mit Montesquieu auseinander, dessen Begeisterung für die englische Verfassung er nicht teilt und mit dem er schon gar nicht darin übereinstimmt, dass es unter Umständen gerechtfertigt sei, «zeitweilig die Freiheit mit einem Schleier zu verhüllen».[19]

In den 42 Monaten der Haft sind Mirabeaus Einsichten und Anschauungen zu einem Urteil gereift, das die Praxis des Absolutismus im Namen der Freiheit, des Naturrechts und des Prinzips der Selbstbestimmung der Völker grundsätzlich in Frage stellt. Für einen Gefangenen, der sich noch in der Gewalt dieses Regimes befand, war das schiere Tollkühnheit. Das focht ihn umso weniger an, als er durchschaut hatte, dass die blinde Willkür, mit der das Regime agierte, nicht Zeichen seiner Stärke, sondern seiner endemischen Schwäche war.

Den Prozess der Machterosion des Absolutismus zu beschleunigen und ihm als Ziel eine neue gesellschaftliche Harmonie zu weisen, deren Rechtfertigung sich auf das Naturrecht, die Vernunft und den Gemeinwillen stützte, war die Absicht seines Buches. «Man hat vergessen, dass das Recht der Souveränität einzig und unveräußerlich dem Volk gehört, der Souverän nichts anderes ist oder sein kann als der oberste Beamte dieses Volks. Ebenso hat man vergessen, dass das Recht auf das Erbe der Krone nur ein Zugeständnis der Nation war, das folglich deshalb auch von der Nation geändert oder eingeschränkt werden kann. (...) Die Untertanen sind ebenso wie ihre Herrscher dem Irrtum aufgesessen, dass das Erbe des Szepters ein Recht darstelle, das nicht im Willen des Volkes wurzele, sondern ein Geschenk Gottes, ein mit dem Schwert erzielter Besitz sei, kurz alles, was sich hündische Schmeichelei und wahnsinniger Dünkel einbildete. Dabei ist es doch ganz einfach und unbestreitbar, dass die Menschen nur das geben konnten, was sie selber besitzen, also das Recht zu handeln und gerechte Taten zu veranlassen, die im Einklang mit der Ordnung, mit den unwandelbaren Gesetzen der Natur stehen.»[20]

Daraus zieht Mirabeau die Schlussfolgerung: «Die Nationen werden immer dann das Spielzeug eines Einzelnen oder einer kleinen Anzahl sein, wenn ihre Gesetzgebung nicht die Autorität ihrer Chefs derart einschränkt, dass sie sich ihrer nur für das öffentliche Wohl bedienen können.»[21] Als Bedingung der Möglichkeit, einen solchen Zustand zu gewährleisten, greift er seiner Zeit weit voraus und entwirft eine neue Ordnung: «Ich weiß und ich habe es bereits deutlich ausgesprochen, dass das Gesetz, damit es wahrhaft gerecht, legitim, für alle verpflichtend, kurz ein wirkliches *Gesetz* ist, durch eine freie und allgemeine Zustimmung besiegelt wird. Ich füge dem noch hinzu: In jedem Staat, in dem die Bürger nicht am Geschäft der Gesetzgebung durch die Vertretung von Repräsentanten beteiligt sind, *die von der Mehrheit der Nation in freien Wahlen bestimmt wurden* und die weisen Verpflichtungen unterliegen, *namentlich in Hinsicht auf die Art der Besteuerung und ihrer Erhebung, die stets der Kontrolle durch ihre Wähler unterliegen muss*, gibt es keine und wird es nie eine öffentliche Freiheit geben.»[22]

Mirabeau hatte das Manuskript der *Lettres de cachet* am 1. Dezember 1780 abgeschlossen. Am gleichen Tag wurde ihm mitgeteilt, dass er binnen kurzem aus Vincennes freikäme. Am 13. Dezember 1780 wurde Mirabeau aus der Haft in die Aufsicht durch seinen Vater entlassen, der einmal mehr einen *Lettre de cachet* beim König erwirkt hatte, mit dem er den Sohn dazu verpflichten konnte, sich unter dem Namen M. Honoré nur an den Orten aufzuhalten, die er ihm zuvor angewiesen hatte.[23] Damit fand sich der längst volljährige Sohn wieder ganz der väterlichen Autorität unterstellt, die ihm allenfalls eine halbe Freiheit verschaffte.

Seine Freilassung aus der Haft war das Ergebnis langwieriger, wiederholt vom Scheitern bedrohter Verhandlungen, über die Mirabeau die längste Zeit im Dunkeln gehalten wurde. Den ersten Anstoß dazu hatte der Tod seines Sohnes Victor gegeben, der am 8. Oktober 1778, seinem fünften Geburtstag, in Manosque starb, wo er von seiner Mutter Emilie, die sich von dem Kinde ungestört ihren Vergnügungen widmen wollte, bei der Familie Gassaud seit seiner frühen Kindheit in Pflege gegeben worden war. Das nötigte den Marquis, einen Schritt in Erwägung zu ziehen, den er aus freien Stücken vermutlich nie getan hätte. In aller Vorsicht sondierte er die Möglichkeiten einer doppelten Aussöhnung: zum einen zwischen Mirabeau und seiner Frau Emilie mit dem Ziel, dass ihr neue Enkelkinder entsprossen. Fortschritte hier würden zum anderen eine Aussöhnung zwischen Vater und Sohn notwendig machen. Das war indes eine Gleichung mit zwei Unbekannten, auf die sich der *Ami des hommes* indessen genötigt sah einzugehen, weil der zweite Sohn, der jüngere Bruder Mirabeaus, später bekannt unter dem Namen «Mirabeau-Tonneau», sich im Verständnis des Alten noch viel ungebärdiger aufführte als der Erstgeborene.

Um Erfolg zu haben, musste Mirabeau dazu veranlasst werden, den ersten Schritt zu tun. Den Anstoß dazu sollte ein Dritter, der Physiokrat und Schüler des *Ami des hommes* Pierre-Samuel de Du Pont-Nemours, geben, der den Vorzug hatte, von Vater und Sohn gleichermaßen geschätzt zu werden.[24] Du Pont trat mit dem Gefangenen in Kontakt, dem er seinen Auftrag nicht nur verschwieg, sondern dem er zunächst auch lebhafte Vorhaltungen hinsichtlich seines bisherigen Betragens machte.[25] Gegen diese Ermahnungen setzte sich Mirabeau zwar mit neuen heftigen Vorwürfen gegen den Vater wie seine Frau zur Wehr, gab aber gleichzeitig zu erkennen, dass er die Verurteilung mancher seiner Sünden akzeptiere. Mirabeau dämmerte aber sehr schnell, dass Du Pont auf Weisung seines Vaters handelte.

Durch Du Pont wurde Mirabeau zu drei Schreiben überredet: Dem Vater möge er in angemessener Weise das aufrichtige Bedauern seiner Verleumdungen übermitteln,[26] seiner Frau gegenüber den Wunsch aussprechen, ihr alles zu verzeihen und die Ehe mit ihr fortsetzen zu wollen, sobald er aus Vincennes entlassen worden sei.[27] Schließlich solle er auch den Onkel, den Bailli, der in Schloss Mirabeau lebte, als seinen Anwalt und wohlwollenden Vermittler bei der angestrebten Versöhnung mit seiner Frau gewinnen. Nach den Vorstellungen des Vaters sollte der Plan so ablaufen, dass Emilie sich mit Nachdruck für die Haftentlassung des Gatten einsetzte. Das hätte ihm erlaubt, das Gesicht zu wahren und, von den flehentlichen Bitten der Gattin überwältigt, deren Wunsch zu entsprechen.

Das war sehr schön ausgedacht, der Plan sollte aber nicht gelingen.

Mirabeau engagierte sich gegenüber seiner Frau nicht so eifrig, wie Du Pont ihm das nahelegte. Der Grund war seine Bindung an Sophie, die seine Liebesschwüre für bare Münze nahm, als aufrichtige Herzensergießungen eines Mannes, dem sie ihren Ruf und ihre Ehe geopfert hatte. Standhaft verweigerte sie sich deshalb allen Ansinnen ihres Mannes, der ihr wiederholt in Aussicht stellen ließ, er würde alles verzeihen, wenn sie nur zu ihm nach Pontarlier zurückkehre.[28]

Das brachte Mirabeau in erhebliche Verlegenheiten, sobald er erkannte, dass der Schlüssel zu seiner Freiheit in der Aussöhnung mit seiner Frau lag. In einem sehr langen, gewundenen Schreiben wandte er sich am 9. Mai 1779 an Sophie, um sich von ihr das Einverständnis einzuholen, in Kontakt mit Emilie zu treten. Ohne deswegen gekränkt zu sein, erklärte sie sich mit seiner Absicht einverstanden, obwohl sie deren Opfer sein würde.[29] Was ihr dabei allenfalls zu schaffen machte, sprach sie in einem Brief an Boucher aus: «Ich hege die Furcht, dass der Comte in den Erlaubnissen, die ich ihm gab, mehr die Großzügigkeit als die Liebe, die sich darin ausspricht, erkennt und dass er sich deshalb betrübt, als wenn das nicht der größte Beweis für meine Liebe wäre, den ich ihm unter den obwaltenden Umständen geben könnte.»[30]

Auch beharrte Sophie darauf, niemals nach Pontarlier ins Heim ihres Mannes zurückzukehren, selbst wenn Mirabeau sie darum bitten würde. Davor hütete der sich zwar, aber dass ihre Rückkehr nach Pontarlier Mirabeau sehr gelegen käme, musste ihr in dem Maße einsichtig werden, wie eine Erörterung der geplanten Aussöhnung mit Emilie in seinen Briefen immer breiteren Raum einnahm. Spätestens nach dem Tod der gemeinsamen Tochter am 23. Mai 1780 konnte Sophie sich nicht mehr länger der Einsicht verschließen, dass er sich endgültig von ihr abgewandt hatte.[31] Damit war der Augenblick gekommen, ihren früheren Ablehnungen zum Trotz und von schierer Verzweiflung getrieben, ernsthaft mit dem Gedanken umzugehen, zu ihrem Mann, dem «alten Eunuchen», zurückzukehren.[32] Das waren sinnlose Qualen, denn im Hause de Monnier hatte jetzt die Tochter das Sagen, die auf Sophie einen unauslöschlichen Hass hegte. Von Mirabeau verlassen, von ihrem Mann verstoßen, verbrachte Sophie ihre Tage als Verbannte im Kloster in Gien an der Loire, in dem sie am 8. September 1789 freiwillig aus dem Leben schied.

Nach den ersten Kontakten mit Du Pont wähnte Mirabeau bereits, am Ende seiner Leidenszeit angelangt zu sein. Bis es endlich so weit war, vergingen aber noch einmal gut eineinhalb Jahre. Das lag vor allem an Emilie, die keinerlei Interesse aufbrachte, die Ehe mit Mirabeau wieder aufzunehmen. Mit ihrem Geliebten, dem schwerreichen Comte de Gallifet, führte sie auf Schloss Tholonet ein Leben im Luxus und nicht enden wollenden Vergnügungen, dem sie entschieden den Vorzug gab vor einer Ehe mit einem verlotterten und von Schulden bedrückten Grafen.

Erst nach gut sechs Wochen ließ sich Emilie dazu herab, Mirabeaus Brief denkbar knapp zu beantworten. «Ich verstehe vollkommen, Monsieur, den ganzen Schrecken Ihrer Lage; allein, Sie haben mich unglücklicherweise in die Verlegenheit gestürzt, mich mit Ihnen nicht solidarisieren zu können, weil Sie mich in einer im Druck veröffentlichten Denkschrift in wenig schmeichelhafter Weise zitiert haben. Ich sehe mich deshalb dazu genötigt, Monsieur, mich auf den Wunsch zu beschränken, dass Ihr Herr Vater eben das veranlassen wird, was Sie von ihm erwarten. Auch wenn ich also nicht zu Ihrem Glück beitragen kann, so wäre ich dennoch entzückt, vernähme ich, dass Sie glücklich seien. Ich schmeichle mir, Monsieur, dass Sie mir insofern Gerechtigkeit widerfahren lassen, als Sie von meiner Aufrichtigkeit überzeugt sind, ebenso wie von den Gefühlen, derer ich Sie versichert habe.»[33]

Damit war fürs Erste der Plan des Marquis gescheitert. Der Alte hielt aber dennoch an diesem Vorhaben unbeirrt fest und nötigte Mirabeau, sich mit der Bitte um Vermittlung an den Marquis de Marignane zu wenden, der ihm, wie nicht anders zu erwarten, ebenfalls eine Abfuhr zukommen ließ.[34] Das ließ ihm jetzt keine andere Wahl, als erneut um die Unterstützung seiner Frau nachzusuchen, gegen die er, wie er Sophie mitteilte, «mehr in ihrer Handschrift geschriebene Beweise besitze, als nötig wären, um zehn Frauen ins Verderben zu stürzen».[35] Diesmal waren seine wiederholten Versuche, das Mitleid von Emilie zu erregen, von gewissem Erfolg: «Man sollte dem Gefangenen», so schrieb sie, «die Ketten wenigstens insoweit lockern, dass man zu beurteilen vermag, inwieweit man seinen Beweisen der Reue und seinen Versprechen hinsichtlich seines zukünftigen Betragens vertrauen kann.»[36]

Im Wahn der «postéromanie» gefangen, war der *Ami des hommes* nur zu gern bereit, die spröde Nachsicht, die seine Schwiegertochter ihrem Mann bezeugte, für einen hoffnungsvollen Anfang zu nehmen, der bald in die vollständige Aussöhnung des Paares einmündete. Tatsächlich war es aber nicht diese eitle Hoffnung allein, die ihn jetzt dazu veranlasste, die völlige Isolation des Sohnes gnädig zu beenden und ihm eine Art von Halb-Freiheit zu seinen Bedingungen und unter seiner Überwachung zu gestatten. Unmittelbaren Ausschlag dafür gab, dass der Marquis wie schon einmal zehn Jahre zuvor erneut den Einfall hatte, den eigenen Sohn als seinen Verbündeten und Vermittler in den zäh sich hinziehenden Streitigkeiten mit seiner Frau zu verwenden.

Das Paar war noch immer in Gütergemeinschaft miteinander verbunden, deren Regie in den Händen des *Ami des hommes* lag. Das lieferte den Zankapfel, denn die Marquise fühlte sich keineswegs zu Unrecht von ihrem Mann mit einem Almosen abgespeist. Eine sich seit je anbietende Lösung des Problems wäre gewesen, die Gütergemeinschaft aufzuheben und der Marquise die Verfügung über das Erbe ihrer Familie zu überlassen. Gegen diesen pragmatischen Vorschlag sträubte sich der Marquis aber mit Händen und Füßen, denn er musste die völlige Verarmung befürchten. Außerdem bestand die Gefahr, dass ihm seine Frau neue Prozesse anhängen würde, sobald sie bei einer Bilanzierung ihres Vermögensanteils dahinterkäme, dass sich dank der notorischen Misswirtschaft des *Ami des hommes* ein erheblicher Teil des Vassanschen Erbes in Luft aufgelöst hatte. Vor der Aufhebung der Gütergemeinschaft musste diese Gefahr gebannt werden. Also mussten sich beide Parteien zuvor auf eine vertragliche Regelung verständigen, die den Marquis von Schadensersatzleistungen für verschleuderte Vermögenswerte, die zum Erbe seiner Frau gehört hatten, freistellte.

Um eine solche Lösung vorzubereiten, brauchte es einen Vermittler, dem nicht nur die Streitsache und die Streitparteien vertraut waren, sondern der von ihnen auch für diese delikate Rolle akzeptiert wurde. In seiner Not kam der Marquis auf den aberwitzigen Einfall, den eigenen Sohn mit dieser heiklen Aufgabe als Preis für die ihm gnädig gewährte Freiheit unter väterlicher Aufsicht zu betrauen! Hätte es noch eines Nachweises für das gestörte Verhältnis des *Ami des hommes* gegenüber der eigenen Familie bedurft, dann erbrachte ihn dieser Einfall. Ausgerechnet den eigenen Sohn, den er 42 Monate lang wegsperren ließ, den er seit dessen Kindheitstagen aufs Gröbste misshandelt und der ihm dies wiederholt mit den wüstesten Schmähungen öffentlich vergolten hatte, nun mit einer Vermittlung zu betrauen, die den väterlichen Interessen von Vorteil sein sollte, und ihm als Lohn dafür die Freiheit in Aussicht zu stellen, ist von erschütternder Ungeheuerlichkeit.

Die Einsicht des Marquis, dass es für ihn das Beste sei, den Streit mit der Mutter nach all den Jahren ihres erbitterten Zanks schiedlich beizulegen und sich dazu der Vermittlung des Sohnes zu bedienen, veranlasste ihn im Frühjahr 1780 dazu, sich neben Du Pont auch der Unterstützung durch seine Tochter Caroline, Madame de Saillant, zu versichern. Diese begann nun ihrerseits mit Mirabeau einen Briefwechsel mit dem Ziel, den Bruder als Vermittler im Streit zwischen Vater und Mutter zu gewinnen. Dass auch bei dieser neuen Volte der *Ami des hommes* der Regisseur war, konnte Mirabeau nicht verborgen bleiben, der sofort seine Chance erkannte. Der Schwester gegenüber erklärte er sich ohne Umschweife bereit, die ihm angetragene Vermittlungstätigkeit beginnen zu wollen. Allerdings sei deren Erfolg umso gewisser, wenn er sich dieser als freier Mann widmen könne. Das begründete er damit, dass die Mutter sofort den Verdacht schöpfen müsse, er handele nur im Auftrag des Vaters, solange er noch in Vincennes einsaß. Träte er ihr jedoch bei diesen Verhandlungen als freier Mann gegenüber, könne er viel flexibler agieren, was die Aussichten auf einen Erfolg in der Sache entschieden verbessere.[37]

Das waren Argumente, die auch den misstrauischen Alten überzeugten, der für Mirabeau die gnädige Erlaubnis erwirkte, den düsteren Gefängnisturm von Vincennes zu verlassen und in das diesem unmittelbar benachbarte Schloss zu übersiedeln, wo er unter dem Namen M. Honoré in der Wohnung des Gefängnisbarbiers Fontelliau unterkam. Mit der Änderung verknüpft war für Mirabeau auch die Erlaubnis, sich tagsüber frei in Paris bewegen zu können. Diese Regelung war auch nur eine Halbheit, wie der Alte einsehen musste, der die Tochter deshalb anwies, am 19. November 1780 bei den Ministern Maurepas und Amelot sowie bei Lenoir die Aufhebung der Haft für den Bruder zu beantragen. Mirabeau seinerseits schrieb am nämlichen Tag an den Innenminister Antoine-Jean Amelot de Chaillou, er erhoffe sich von der Gnade des Königs keinen anderen Gunsterweis, «als mir die Anweisung zu geben, mich der Diskretion meines Vaters mit der Maßgabe zu überantworten, der mir befiehlt, wohin ich gehen und mich aufhalten soll».[38]

Zweites Buch

In den Vorzimmern der Macht

Erstes Kapitel

Licht und Schatten der Freiheit

Die Freiheit, in die Mirabeau nach fast vier Jahren Haft entlassen wurde, bedeutete für ihn Heimatlosigkeit. Schließlich erbarmte sich Gabriel Boucher, der «bon ange», der ihn bei sich in der Rue Basse-du-Rempart aufnahm. Diese Bleibe nutzte Mirabeau als Basis, um sich binnen weniger Wochen die Pariser Salons zu erobern, in denen er als ein «Opfer des Despotismus» herumgereicht wurde. Das war sein Image, das zu pflegen er viel Zeit aufwandte. Deshalb hielt er sich auch ausgiebig in den Ateliers von Malern und Bildhauern auf, die sich förmlich darum rissen, seine markanten pockennarbigen Gesichtszüge zu porträtieren. Das Kinn emporgereckt und mit funkelnden Augen wurden diese Porträts zu wahren Ikonen. So saß er auch dem Bildhauer Lucas de Montigny lange Stunden Modell für seine wohl bekannteste Porträtbüste. Die Qual des Stillsitzens im Atelier des Bildhauers versüßte er sich mit einer Affäre, die er für kurze Zeit mit der Frau des Künstlers anknüpfte. Die Frucht dieser Liebschaft war Coco, wie ihn Mirabeau zärtlich nannte, der auf den Namen Jean Marie Nicolas getauft und von de Montigny als sein Sohn anerkannt wurde. Als ein Jahr später die Mutter starb und der Künstler an diesem Verlust verzweifelte, adoptierte Mirabeau den Jungen, den er zu seinem Universalerben einsetzte.

Coco hat ihm das später damit gedankt, dass er seinem Vater mit den *Mémoires biographiques, litteraires et politiques de Mirabeau, ecrits par lui-même, par son père, son oncle et son fils adoptif*, die in acht Bänden 1834–1835 erschienen, ein Denkmal setzte. Die allfälligen Korrekturen dieser von Rücksichten und Empathie geprägten «Biographie» lieferte erst die von Louis de Loménie begonnene und von dessen Sohn vollendete große Studie *Les Mirabeau. Nouvelles Etudes sur la société française au XVIIIe siècle*, die 1889–1891 in fünf stattlichen Bänden erschien. Wie der Untertitel der *Mémoires biographiques* andeutet, schöpfte dieses Werk vor allem aus der reichen Korrespondenz, die der Marquis mit seinem Bruder, dem Bailli, geführt hatte, sowie aus den Briefwechseln der zahlreichen weiteren Personen, die mittelbar oder unmittelbar involviert waren. Lucas de Montigny, der einen Großteil der von ihm verwendeten Dokumente gesammelt hat, scheute sich nicht, manches, das seiner Meinung nach dem posthumen Ruf Mirabeaus hätte abträglich sein können, auszusondern und zu vernichten.

Die ersten Wochen in Freiheit, die Mirabeau in Paris umso hemmungsloser ausleben konnte, da der Vater jeden Kontakt mit ihm mied, verführten ihn dazu, alte Fehler zu wiederholen und sich in neue Abenteuer zu stürzen. Mittellos wie er war, hatte er keine andere Wahl, als sich erneut zu verschulden. Auch an Techtelmechteln fehlte es wie üblich nicht. Schnell jedoch begann Mirabeau die Einsicht zu dämmern, dass er nur festen Fuß fassen könne, wenn er sich mit dem Vater aussöhnte. Eine Voraussetzung dafür war, ihn im Prozess gegen seine Frau ebenso zu unterstützen wie bei dessen Herzenswunsch, die Ehe mit Emilie fortzusetzen und mit dieser eine Kinderschar zu zeugen. Mit beidem sollte er keinen Erfolg haben. Bei der Mutter blitzte Mirabeau mit einem Kompromissvorschlag ab, der vorsah, sie könne mit Ausnahme der Mittel, die für ihre Kinder bestimmt waren, über ihr gesamtes Vermögen unter der Bedingung frei verfügen, dass sie den *Ami des hommes* nicht länger behellige. In ihrer Rachsucht wollte sie sich damit aber nicht mehr zufrieden geben, sondern strengte vor dem *Parlement de Paris* eine Scheidungsklage an, die zur Verhandlung angenommen und am 3. Mai eröffnet wurde. Der Marquis, der sich auf seinem Besitz in Bignon verschanzte, ließ sich von «Monsieur Honoré» und seinem Schwiegersohn du Saillant vertreten.[1]

Das Verfahren wurde eine regelrechte Schlammschlacht, bei der sich beide Parteien in der Heftigkeit ihrer Beschuldigungen in nichts nachstanden. Die Klägerin ließ durch ihre Anwälte, die ihm vorhielten, nicht weniger als 17 *Lettres de cachet* gegen seine Frau und Kinder erwirkt zu haben,[2] die menschenfreundlichen Maximen des *Ami des hommes* in Zweifel ziehen. Am 18. Mai erkannte das Gericht auf Scheidung der Ehegatten und verurteilte den Marquis zur Übernahme aller Verfahrenskosten. Zu der von ihm geforderten Garantie der für die Kinder vorgesehenen Mittel schwieg das Urteil ebenso wie zu seinem Verlangen, der Marquise künftige vermögensrechtliche Streitereien zu untersagen. «Schlussendlich», schrieb der Marquis dem Bailli, «haben sie mich am 18. Mai umgebracht.» Im Kreis der Kinder verkündete er, man solle ihm den Spruch aufs Grab setzen: «Der Freund des Menschengeschlechts ruht unter diesem Stein. / Er lebte unglücklich und starb in Armut.»[3]

Das für ihn fatale Urteil war für den Marquis der Anlass, den verstoßenen Sohn wieder in Gnaden aufzunehmen. Von Gabriel Boucher und Du Pont begleitet erschien Mirabeau, «l'enfant prodigue» – so sein jüngerer Bruder Boniface –, im Haus des Alten in der Rue de Seine. Der Vater reichte ihm die Hand mit den Worten, er habe seinem Gegner schon lange verziehen, begrüße jetzt mit Handschlag einen Freund, von dem er hoffe, ihn dereinst als Sohn zu segnen.[4] Damit war die Aussöhnung zwischen Vater und Sohn vollzogen. Statt sich mit dem Vater auf dessen Landsitz nach Bignon zu begeben, verschwand Mirabeau danach jedoch einfach von der Bildfläche und reiste nach Gien an der Loire zu Sophie.

Die Eskapade war von beiden seit längerem geplant. Bereits im März 1780 erhielt Mirabeau von Sophie die Nachricht, sie befasse sich mit Vorbereitungen, die einen ungestörten Ablauf des Vorhabens gewährleisten sollten.[5] Kaum war Mirabeau aus der Haft entlassen, vervielfachte sie diese Anstrengungen. Der Klosterarzt, der in das Vorhaben eingeweiht war, versprach, Schinken und Wein zu besorgen, um den Gast zu bewirten. Außerdem ließ sie einen Schrank anfertigen und in ihren Gemächern aufstellen, in dem sich Mirabeau verstecken konnte, sollte ihr *tête-à-tête* gestört werden. Sie bat ihn, ihr ein Paar seiner Schuhe zu schicken, damit sie Filzgaloschen anfertigen könne, die er beim heimlichen Betreten des Klosters überstreifen solle, um seine Schritte zu dämpfen, und ließ ihn wissen: «Dein Appartement ist vorbereitet und sehr bequem. Alles ist für Dich arrangiert.»[6] Am 27. Mai verließ Mirabeau Paris und kam zwei Tage später in Gien an, wo er im Schutz der Dunkelheit unbemerkt in das Kloster und zu Sophie gelangte, bei der er sich bis zum 2. Juni aufhielt, als er ebenso unbemerkt wieder verschwand.

Mit diesem Ausflug verband Mirabeau wohl drei Absichten: Er wollte sich dem lästigen Andrang der Gläubiger entziehen, Sophie gut zureden, Du Pont zu beauftragen, die Modalitäten ihrer Rückkehr nach Pontarlier auszuhandeln, und schließlich ihr die Absicht seiner Trennung, zu der er entschlossen war, auf möglichst schonende Weise vermitteln.[7] Diese nüchternen Überlegungen mussten das Wiedersehen des einstigen Liebespaars nach vier Jahren Trennung in einem Fiasko enden lassen. Wie die Begegnung verlief, lässt sich nur mutmaßen. Um den für beide peinigenden Auseinandersetzungen ein rasches Ende zu machen, flüchtete sich Mirabeau in die Ausrede, der Vater habe Häscher ausgesandt, ihn zu ergreifen, deren Erscheinen auf der Szene auch Sophie heillos kompromittiere. Der Einfall erfüllte seinen Zweck: Sophie flehte ihn an, sie sofort zu verlassen, ein Ansinnen, dem Mirabeau nur zu bereitwillig Folge leistete.

Für ihn war diese Trennung eine zweite Befreiung. Sophie, die Sorge hatte, erneut von ihm geschwängert worden zu sein, hat Mirabeau nie wieder gesehen. Dass ihre Begegnung ein Abschied für immer war, wurde ihr damals einsichtig. Im letzten Brief, der vom 15. Juni 1781 datiert ist, gibt sie ihm einen Rat, der ihre Resignation zu unbedingter Aufopferung für den Geliebten dokumentiert: «Mein liebes Herz, Du musst die Uhr [i. e. Sophies Uhr], die Boucher in Verwahrung hat, an Dich nehmen und sie im Pfandhaus versetzen! Du musst auch Deinen Spazierstock dahin schaffen, Deine goldenen Ringe und was Du sonst noch an Schmuck besitzt. Dann wirst Du bis Sonntag Deine Schulden beglichen haben, denn ich zittere bei dem Gedanken, dass man Dich sonst ins Gefängnis wirft. (...) Adieu, mein liebes Herz, ich umarme Dich.»[8]

Der Marquis hat dem Sohn die Eskapade von Gien nicht verargt. Möglicherweise war er sogar erleichtert, dass der Sohn diese Liebesaffäre zu Ende brachte. Ein Hinweis dafür ist, dass er die kleinen Schulden beglich, die der aus der Haft Entlassene im Bekanntenkreis gemacht hatte. Nichts sollte jetzt das gute Einvernehmen zwischen Vater und Sohn mehr trüben. Das empörte den Bruder, der ihn am 6. Juli 1781 wissen ließ: «Da gewahrt man also, wie Du dank Deiner Nachwuchsversessenheit ein Hähnchen von 32 Jahren päppelst! Bist Du wirklich so verblendet zu glauben, dass Du aus ihm etwas anderes machen kannst als das, was er ist?»[9]

Der Sohn vergalt dem Alten das ungewohnte Wohlwollen damit, dass er sich mit dem Gedanken trug, dem *Ami des hommes* im Park von Bignon ein Denkmal errichten zu lassen. «Das geplante Monument soll ein antik anmutender Kuppelbau sein, der nach allen Seiten hin offen und dessen Thema mein Vater ist, der seine Werke der Zeit und der Wahrheit überantwortet. Sie werden vor allem von den gelungenen Details begeistert sein, die mir für die Gestaltung der Basreliefs eingefallen sind. Bacon, Galileo, Sokrates, alle bedeutenden Männer, die zu ihrer Zeit verkannt oder verfolgt wurden, werden hier auftauchen. Aber die

Figurengruppe, die dem Denkmal seinen Sinn verleiht, ist die Statue meines Vaters, der seine Schriften der Göttin überreicht, die vom Sinnbild der Zeit enthüllt wird. Die Mutter meines Vaters, die eine wahrhaft himmlische Gestalt war, wird jene, also die Wahrheit, verkörpern.»[10]

Natürlich wurde dieses bizarre Denkmal niemals ernsthaft in Angriff genommen. Gleichwohl verrät es viel über die Erwartungen, die Mirabeau gegenüber dem Alten hegte: Er war ganz offensichtlich darauf erpicht, als gleichberechtigter Erbe anerkannt zu werden. Das war ihm jetzt ganz besonders wichtig, denn *Des Lettres de cachet* verschaffte ihm schon bald die Gewissheit, als politischer Publizist talentiert zu sein, verknöcherte Zustände zu zertrümmern, neue Ideen und originelle Lösungen zu entwickeln, die das Alte und Schlechte ersetzten. Selbstbewusst schrieb er dem Freund Vitry: «Nicht jeder, der es sein will, ist auch ein Leuchtturm: Dafür muss man auf einem Turm stehen. Gott hat es gewollt, dass ich in einem Keller geboren wurde, aber er hat mir auch die Gnade erwiesen, dass ich dort nicht erstickte.»[11]

Zwar hatte es seine Frau über sich gebracht, wie sie Mirabeau im Juni 1780 wissen ließ, für seine Freilassung beim Vater ein gutes Wort einzulegen,[12] aber kaum rückte diese heran, bestand sie auf dessen förmlichem Verzicht, sich ihr jemals wieder zu nähern. Dazu verpflichtete sich der Marquis in einem an Emilies Vater gerichteten Schreiben. «Auf mein Ehrenwort», schrieb der *Ami des hommes*, «werde ich nicht meine Zustimmung geben, dass sich mein Sohn jemals Ihrer Tochter naht, wenn Sie diesen Schritt nicht zuvor gewünscht oder gebilligt haben. Sechsundsechzig Jahre alt geworden ohne jemals eine Person getäuscht zu haben, werde ich in diesem Alter nicht damit beginnen, wortbrüchig zu werden.»[13]

Im Lichte dieser seltsamen Verpflichtung musste es also darauf ankommen, außer der Schwiegertochter auch deren Vater umzustimmen. Ein Hindernis, das es zuvor zu beseitigen galt, war das in Abwesenheit im November 1777 in Pontarlier gefällte Todesurteil gegen Mirabeau wegen Entführung und Anstiftung zum Ehebruch. Eine Klage auf Revision dieses Urteils war auf einen Zeitraum von fünf Jahren befristet. Also mussten schleunigst die Prozessakten beigeschafft werden, die es Mirabeau und seinem Anwalt des Birons erlaubten, sich mit der Materie vertraut zu machen. Zum Weiteren würde es Mirabeau nicht erspart bleiben, nach Pontarlier zu reisen und sich dort für die Dauer des Verfahrens inhaftieren zu lassen.[14] Seltsamerweise schreckte ihn das nicht sehr, denn er beabsichtigte seinen dortigen Aufenthalt zu nutzen, um den Kontakt mit dem Verleger Fauche in Neuchâtel erneut anzuknüpfen, dem er außer dem Manuskript von *Des Lettres de cachet* noch andere Schriften, die in Vincennes entstanden waren, zur Veröffentlichung anbieten konnte.[15] Ein dritter Grund schließlich war, dass er nicht nur seinen Prozess, sondern auch die Verurteilung Sophies aufheben lassen wollte. Das war die letzte Verpflichtung, der er gegenüber seiner einstigen Geliebten noch zu genügen hatte.

Die winterliche Reise in den verschneiten Jura, die er am 2. Februar in Begleitung des Anwalts des Birons und seines Dieners Aimé Legrain von Bignon aus antrat,[16] verlief trotz mancher Fährnisse glimpflich. Kaum in Pontarlier am 12. Februar angelangt, wurde sehr schnell klar, dass der Schwiegersohn des Marquis Bon de Monnier, Le Boeuf de Valdohon, den senilen Alten unterdessen ganz unter seinen Einfluss gebracht hatte und als Wortführer der gegnerischen Partei fungierte, die sich jeder außergerichtlichen Verständigung verweigerte. Das nötigte Mirabeau dazu, sich tatsächlich wieder inhaftieren zu lassen, was ihm aber erst gelang, nachdem er den Polizeidiener davon überzeugt hatte, dass er durchaus freiwillig hinter Schloss und Riegel gebracht zu werden wünsche. «Wir haben Mardi-Gras, mein Freund, (…) und ich bereue es nicht, ins Gefängnis zu gehen, um dort meinen Karneval zu enden», ließ er Vitry wissen.[17] Der Galgenhumor verriet Mirabeaus Zuversicht, die anstehende Revision für sich und Sophie zu entscheiden. Darin hatte ihn sein Freund, der als *Procureur du roi* am Gericht von Pontarlier tätige Jean-Baptiste Michaud, bestärkt, der ihm versicherte, dass er die allerbesten Chancen habe, den Prozess zu gewinnen, allerdings müsse er mit großer Umsicht agieren.

Also nahm das Verfahren, das eine hübsche Illustration für die Gerichtspraxis im *Ancien Régime* liefert, seinen Anfang. In langen Verhören, in denen er mit den alten Vorwürfen konfrontiert wurde, verteidigte sich Mirabeau mit großer Verve, die den Vernehmenden in immer größere Verlegenheiten stürzte. Zeugen, die gegen ihn aufgerufen wurden, brachte er durch Gegenfragen und barsches Auftreten in Verwirrung. Kam er damit nicht weiter, behalf er sich mit Leugnen oder hielt lange Reden, in denen er mal ironisch, mal pathetisch die seiner Meinung nach zum Himmel schreienden Missbräuche der geltenden Rechtspflege geißelte. Binnen kurzem gelang es ihm, das ganze Verfahren zu einer Farce à la Beaumarchais zu machen, in der er mit wachsendem Erfolg den Figaro gab, der seinen Gegenspieler lächerlich machte.

Schließlich veröffentlichte Mirabeau drei Denkschriften, mit denen er die öffentliche Meinung für sich gewann. Vor dem Untergericht in Pontarlier hatte Mirabeau mit diesem rhetorischen Feuerwerk leichtes Spiel, in dem er seine rednerische Begabung zum ersten Mal entfaltete. Das erkannten auch bald seine Prozessgegner, die sich deshalb entschlossen, den Prozess vor der höheren Instanz, dem *Parlement de Besançon* fortzuführen, bei dem die Partei des Marquis Bon de Monnier Appellation einlegte. Für Mirabeau nahm die ganze Sache damit eine denkbar missliche Wendung, denn von den dortigen Richtern standen viele in enger Beziehung zu Monnier und dessen Schwiegersohn Valdohon. Doch diese Instanz verwies den Fall an andere Richter nach Pontarlier zurück.

Mirabeau nutzte jetzt diese Situation für ein drittes *Mémoire*, den seine Anhänger die *Philippique du comte de Mirabeau* nannten. Darin griff er frontal jenen Sombarde an, den *Substitut du Procureur royal*, der gegen ihn in Vertretung von Michaud erneut die Anklage vertrat. Sombarde, so behauptete Mirabeau, sei mit dem Marquis de Monnier, so nah verwandt, dass er ebenso wenig wie der «ehrliche Michaud» berechtigt sei, in diesem Prozess die Anklage zu vertreten. Der Mann gehöre zu den perfiden Pflichtvergessenen, die ihr «heiliges Amt» zu Gunsten von Verwandten missbrauchten. Ähnlich starke Angriffe richtete er auch gegen Mme. de Valdohon, die Tochter des Marquis de Monnier, sowie gegen eine Reihe von Zeugen. All das wurde von Mirabeau «vor ganz Frankreich» und dem «Angesicht der Nation» ausgebreitet, der vom Verfasser versichert wurde, angesichts der herrschenden Verwirrung im Justizwesen sei es gang und gäbe, dass der Bürger zum Sklaven der Richterschaft gemacht werde.[18]

Mit Beleidigungen und böswilligen Unterstellungen suchte Mirabeau seine Gegner einzuschüchtern oder die Richter zu terrorisieren, indem er die öffentliche Meinung aufhetzte.[19] Zugleich spielte er sich dieser gegenüber als der unbestechliche Verächter der führenden gesellschaftlichen Schichten auf, die in ihrer moralischen Verkommenheit an ihm ein Exempel zu statuieren suchten. Das Pamphlet machte einen unerhörten Lärm, der weit über Pontarlier hinaus im ganzen Lande nachhallte und nicht wenig dazu beitrug, die gegnerische Prozesspartei einzuschüchtern und sie schließlich zum Einlenken zu nötigen, das am 14. August 1792 besiegelt wurde.

Mirabeau erreichte damit alles, was er für sich und Sophie angestrebt hatte. Das gegen ihn ergangene Todesurteil wurde aufgehoben und die Scheidung des Ehepaars Monnier unter der Bedingung ausgesprochen, dass Sophie bis ein Jahr nach dem Tode ihres Mannes im Kloster in Gien bliebe. Im Gegenzug zum Verzicht auf alle ihre Ansprüche, die ihr nach dem mit dem Marquis de Monnier abgeschlossenen Ehevertrag zustanden, wurde ihr eine lebenslange Rente von 1200 *livres* zugesprochen.[20] Dieses «Linsengericht» war das Abschiedsgeschenk, das Mirabeau Sophie machte und mit dem ihre leidenschaftlich begonnene Liebesgeschichte gewissermaßen ihren geschäftlichen Abschluss fand.

Ungeachtet des erfolgreichen Prozessausgangs versanken Vater und Sohn in tiefe Depression. Mirabeaus Strategie wie insbesondere die *Mémoires*, deren Druck mit seinem Geld finanziert worden war, hatten den *Ami des hommes* zutiefst verstimmt. Besonders ärgerte den Alten, dass ihn diese rund sechs Monate dauernde Kampagne über 12 000 *francs* kostete. Das war nach dem für sein Vermögen unglücklichen Ausgang der Scheidung von seiner Frau ein für ihn kaum zu verkraftender Aderlass,[21] dem er sich zum Leidwesen des Sohns, der in entsprechender Höhe Schulden machen musste, zu entziehen suchte.

Vier Tage nach der Beurkundung des Vergleichs vom 14. August 1782 schrieb Mirabeau seiner Schwester Mme. du Saillant: «Die Verachtung und der Hass meines Vaters sind nun endgültig zum Vorschein gekommen; er zeigt sie in aller Nacktheit. Die Verachtung ist vielleicht etwas übertrieben, aber den Hass offenbart er in seiner wüstesten Form. (...) Er kündigt mir meine Verbannung für mindestens sieben Jahre an und schwört, dass er niemals meine Geschäftsfähigkeit wiederherstellt, wofür er sich verbürgt. Jetzt jedoch, um noch besser die Zerstörung allen Ansehens und jeglichen Erfolgs zu beschleunigen, lässt er nichts unversucht, damit ich von hier als ein Bankrotteur abreise, indem er mir jede, selbst die geringfügigste Unterstützung verweigert. Ich habe keinerlei Einkünfte, keine Stellung, kein Amt, noch irgendwelche Ressourcen, aber bereits 4800 *francs* Schulden aufgehäuft, die ich mit dem künftigen, aber ungewissen Erlös bezahlen werde, den ich für meine Arbeiten aus dem Gefängnis erziele. Was kann ich, was müsste ich tun, um seinen Entschluss und seine Ankündigung zu vereiteln, mich für immer meines Landes und meiner Familie zu verweisen?»[22]

Die Befürchtungen, die Mirabeau wegen der Absichten des Vaters hegte, waren weit übertrieben. Zwar hatte der immer noch den *Lettre de cachet* in Händen, der ihn autorisierte, dem Sohn einen Aufenthaltsort zuzuweisen, aber dem Marquis lag der Gedanke fern, diese Ermächtigung zu nutzen. Keineswegs war der *Ami des hommes* altersmilde geworden, aber sein Blickfeld hatte sich unter den erlittenen Schicksalsschlägen verengt. Das Scheidungsurteil hatte ihn ruiniert, weshalb er jetzt wider alle Vernunft die Versöhnung des Sohnes mit der entfremdeten Emilie zu fördern suchte. Die «postéromanie», die ihn umtrieb, war zu einer bloßen Chiffre geworden, denn dem Marquis war es jetzt darum zu tun, den Mirabeaus das Vermögen der Familie Marignane zu sichern.

Über diese Disposition konnte sich Mirabeau nicht im Klaren sein, denn alles, was er während des Prozesses zu hören bekam, war dessen immer schrillere Kritik an der Prozessführung. Das verhieß wenig Gutes, weshalb sich Mirabeau über die Grenze nach Neuchâtel zurückzog, um hier abzuwarten, bis sich dieser Aufruhr gelegt und der Vater seine Entschlüsse gefasst hatte, der dem Sohn auch weiterhin keinerlei finanzielle Unterstützung zukommen ließ. Der Notlage, in die er dadurch immer tiefer geriet, konnte er auch in Neuchâtel nicht entrinnen. Am 24. September 1782 gibt er Vitry Kenntnis von einem langen Brief an die Familie, in dem er seine verzweifelte Lage geschildert und sich gleichzeitig gegen Vorwürfe verwahrt habe, seine Zeit in Neuchâtel zu vertändeln, statt umgehend nach Aix-en-Provence abzureisen, um dort die Versöhnung mit seiner Frau zu bewerkstelligen.

Mirabeau beschwerte sich völlig zu Recht, denn es war nicht mehr seine Verschwendung, die der Alte durch Geiz zu zügeln suchte, sondern die Ursache seiner finanziellen Notlage war der Prozess in Pontarlier, der wesentlich länger als vorhergesehen gedauert und allein deshalb auch viel höhere Kosten verursacht hatte. Diesen offensichtlichen Zusammenhang leugnete der Marquis, der den Sohn zudem in einer demütigenden Abhängigkeit hielt.

In einer vom 29. September 1782 datierten Bittschrift, die der im Außenministerium beschäftigte Freund Vitry dem Minister übermitteln sollte,[23] schilderte Mirabeau seine bedrückte Lage.

Die Bittschrift dokumentiert einmal mehr die geradezu pathologische Knickrigkeit des *Ami des hommes*. Das Schreiben Mirabeaus kreuzte sich mit einem Brief des Vaters vom 25. September 1782, mit dem dieser ein kleines und lediglich symbolisches Zugeständnis ankündigte, das ihn nichts kostete, dem Sohn aber auch nicht aus seinen finanziellen Verlegenheiten half. Der Marquis stellte in diesem Brief zunächst einmal fest, er sei nicht nur berechtigt, sondern «als Vater und Vormund geradezu verpflichtet», alle Verbindlichkeiten anzugreifen, die sein Sohn übernommen habe, seitdem er hinsichtlich seines Geschäftsgebarens unter Kuratel gestellt worden sei. Davon wolle er jedoch bei zwei Gläubigern in Pontarlier eine Ausnahme machen, die ihre Forderungen gegenüber dem Erbteil geltend machen könnten, das der Schuldner einmal erhielte. Für dieses Versprechen setze er «alle seine Güter» zum Pfand.[24] Die Gläubiger sahen sich damit *ad Calendas graecas* vertröstet, während Mirabeau aus diesem Brief für sich die Versicherung herauslas, dass er nicht mehr als alleiniger Bürge für die Schulden haftbar gemacht werden und deshalb dem Befehl des Vaters, sich in die Provence zu begeben, unverzüglich Folge leisten könne.[25]

Die preußische Exklave Neuchâtel war für Mirabeau nicht nur ein Wartesaal, in dem er vor dem Zorn des Alten geschützt verweilen konnte. Der Aufenthalt bot ihm auch Gelegenheit, die Beziehungen mit Fauche neu zu knüpfen, der ihm noch nicht erledigte Vorschüsse gewährt hatte und dem er auch seine Werke *Des Lettres de cachet* und *Ma Conversion* sowie ein ebenfalls in Vincennes verfasstes Potpourri mit dem Titel *l'Espion dévalisé* zur Veröffentlichung anbieten wollte. Beide sollten wie üblich anonym und unter Angabe des falschen Druckorts London erscheinen. Diese Vorsichtsmaßnahmen erleichterten es, Bücher, deren Inhalt die Aufmerksamkeit der Behörden erregen musste, illegal in Frankreich, dem Hauptabsatzgebiet der in Neuchâtel ansässigen Verlagsproduktion, zu vertreiben.[26]

Über alle drei Schriften wurde er mit Fauche handelseinig, der sie noch im September druckte und nach Frankreich vertrieb. Von *Des Lettres de cachet* fanden 9000 Exemplare und vom zweiten Band *Des Prisons d'Etat* 4000 Exemplare binnen kurzer Zeit Absatz im Nachbarland. Das war ein Erfolg, der die Behörden aufmerken lassen musste, die nicht nur den Vertrieb dieser gefährlichen Schriften zu unterbinden suchten, sondern die auch einen scharfen Protest beim preußischen Botschafter Baron von der Goltz einlegten. Diese Demarche nötigte die preußische Regierung dazu, bei Fauche eine Hausdurchsuchung vorzunehmen, bei der das Manuskript und einige Exemplare von *Des Lettres de cachet* beschlagnahmt wurden. Fauche musste für einige Tage ins Gefängnis, und seine Druckerei wurde von den Behörden geschlossen und versiegelt. Beide Maßnahmen wurden aber schon nach wenigen Tagen wieder aufgehoben.[27]

Von diesen Verwicklungen erhielt Mirabeau erst Kunde, als er schon in der Provence weilte. Sie scheinen ihn nicht sonderlich erschreckt zu haben, auch wenn er Freund Vitry im Schreiben vom 12. November 1782 darum bat, beim Justizminister vorstellig zu werden, um diesen zu besänftigen. Im Übrigen glaube er aber nicht, dass diese «infernalische Verleumdung» ihm irgend schaden könne. Auch lässt er durchblicken, dass ihm die Aufregung um *Des Lettres de cachet* geradezu schmeichele, denn es sei nur schwer vorstellbar, «dass ein derartiges Werk seinem Autor nicht eine gewisse Reputation verschafft».[28]

Während der mehr als zwei Monate, die er sich in Neuchâtel aufhielt, knüpfte er Kontakte mit Personen, deren Bekanntschaft ihm einige Jahre später von großem Nutzen sein sollte. Neuchâtel war der Sammelplatz der aus Genf geflüchteten Anhänger der demokratischen Partei, der «Représentants», die im Sommer 1782 mit der von ihnen im Stadtstaat angezettelten Revolution gegen die «Négatifs», die von Frankreich unterstützt wurden, unterlegen waren. Eine Koalition aus französischen und sardischen Truppen, die von denen des Kantons Bern unterstützt wurden, hatte die Revolutionäre zum Aufgeben gezwungen.

Seit der von der Reformation Calvins inspirierten Proklamation der Republik Genf 1536 war das Bürgerrecht in der Stadt ein eifersüchtig verteidigtes Privileg der alteingesessenen Familien. Mithin besaß rund die Hälfte der Einwohnerschaft keinerlei politische Rechte, deren Angehörigen es deshalb auch verwehrt war, selbstständig ein Gewerbe auszuüben. Die Bürgerversammlung von Genf wurde von einer Oligarchie des Patriziats kontrolliert, dessen Mitglieder sämtliche Ämter in erblichem Besitz hatten. Dagegen regte sich der Unmut jener, die von jeglicher Teilhabe ausgeschlossen waren und, weil sie für sich das Recht auf Repräsentation in den Leitungsgremien der Republik einforderten, die «Représentants» genannt wurden. Frustriert, weil ihre legitimen Ansprüche stets abgewiesen wurden, unternahmen sie zu Beginn des Jahres 1782 einen Aufstand, der das alte Regime wegfegte und dieses durch eine Regierung auf demokratischer Grundlage ersetzte. Das provozierte den Widerstand des unterlegenen Patriziats, der «Négatifs», die sich mit der Bitte um Unterstützung ihrer Ansprüche an die drei auswärtigen Garantiemächte Frankreich, Sardinien und den Kanton Bern wandten. Auf Initiative des französischen Außenministers Vergennes eroberte ein Armeekorps dieser drei Protektoratsmächte am 11. Juli 1782 Genf, setzte die alte Regierung wieder ein und veranlasste die Verkündung eines *Edit de pacification*, auf den alle Bürger unter Androhung, ihrer Rechte verlustig zu gehen, einen Eid ablegen mussten. Mit diesem Edikt wurde das Verbot statuiert, künftig kein Gesetz ohne Zustimmung der Garantiemächte zu erlassen. Gleichzeitig wurden die Chefs der «Représentants» aus der Stadt verbannt.

Die von den «Représentants» angezettelte Genfer Revolution nahm *in nuce* viel von dem Umsturz vorweg, der sieben Jahre später in Frankreich in Gang kommen sollte und dessen intellektuelle Vorbereitung, wie nicht zuletzt Mirabeaus Schriften, der *Essai sur le Despotisme* und *Des Lettres de cachet*, zeigten, bereits voll im Gange war. Das erklärt es auch, warum das Geschehen in Genf auf das lebhafte Interesse Mirabeaus stieß, der alles daransetzte, mit den Führern dieser Revolution in Kontakt zu treten.

Vor allem mit dem Bankier Etienne Clavière und dem früheren Generalprokurator der Republik Genf Jacques-Antoine du Roveray spann Mirabeau damals Freundschaften an. Wie groß der Eindruck war, den die beiden auf ihn machten, und wie hoch er die Übereinstimmung mit ihnen in aktuellen politischen Fragen veranschlagte, zeigt sich daran, dass Mirabeau am 4. Oktober 1782 Außenminister Vergennes eine lange Denkschrift zusandte, in der er dazu riet, die Truppen aus Genf zurückzuziehen und eine Politik der Versöhnung einzuschlagen, für die er detaillierte Hinweise gab.[29] Tatsächlich lassen aber weniger die eine große Vertrautheit mit den Genfer Verhältnissen verratenden Ratschläge aufmerken als vielmehr der sehr selbstbewusste Ton, in dem sie vorgetragen wurden und der eine Aussprache auf Augenhöhe simulierte.

Vom Umgang mit den Genfer Emigranten riss sich Mirabeau nur ungern los, aber schließlich leistete er den Weisungen des Vaters Folge und reiste Mitte Oktober begleitet von Legrain und dem Anwalt des Birons in die Provence ab, wo er zunächst auf Schloss Mirabeau Unterkunft finden sollte, bis die Aussöhnung mit seiner Ehefrau vollzogen sei, die in Aix-en-Provence lebte.

Die Aussichten auf Erfolg waren, wie allen Außenstehenden von Anfang an deutlich sein musste, sehr gering. Dennoch stürzte Mirabeau sich erneut mit aller Verve in diesen Kampf, für den er in den nächsten Monaten alle demagogischen Fähigkeiten aufbot. Mirabeau eröffnete am 23. Oktober 1782 vom Stammschloss der Familie aus mit einem Brief an seine Frau die Kampagne, indem er ihr ankündigte, dass er mit der Absicht in die Provence gekommen sei, sie zurückzuerobern.[30] Als er darauf keine Antwort erhielt, wandte er sich an deren Vater, dem er seine Beunruhigung über dieses Schweigen übermittelte und darum bat, ihm Auskunft über das Befinden der Tochter zu geben.[31] Emilie ließ er wissen, er habe die Bande, die sie mit ihm verknüpften, keineswegs vergessen. «Ich gestehe Ihnen ein, ja ich rühme mich dessen sogar, dass Sie in meinen Augen der kostbarste Besitz und überdies auch der einzige sind, der mein von so vielen Irrtümern und Unglücksfällen vergiftetes Leben schmückt.»[32]

Die fortgesetzte Heuchelei provozierte schließlich eine Antwort von Vater und Tochter. Während sich der Marquis de Marignane damit beschied, das Ansinnen Mirabeaus knapp und ungnädig mit dem Hinweis zu beantworten, dieser kenne wie «ganz Frankreich die Gründe», die ihm «diesen Besitzanspruch, den er jetzt zu erheben versuche, absprechen».[33] Verbindlicher im Ton, aber in der Sache ebenso bestimmt antwortete ihm Emilie am. Sie wünsche ihm gleichfalls alles Glück, bedauere aber, dazu nicht beitragen zu können. «Es gibt viel zu vieles, das uns trennt. Sie müssen es selbst gewahren, dass die Ereignisse, die geschehen sind, für immer ein unüberwindliches Hindernis zwischen Ihnen und mir aufgeworfen haben. Sie, mein Herr, erfreuen sich der nämlichen Vorzüge wie ich; Sie befinden sich an der Brust Ihrer Familie; mögen Sie dort so viel Glück erfahren, wie ich Ihnen dies wünsche!»[34]

Die Auskünfte waren nicht überraschend, denn Emilie wie ihr Vater hatten stets unmissverständlich zu verstehen gegeben, dass sie eine Fortsetzung des Ehelebens kategorisch ablehnten. Das wusste auch der *Ami des hommes*, der aber dennoch überzeugt war, dieses Hindernis ließe sich überwinden. Dabei verstieg er sich zu Überlegungen, dem Sohn werde mit Hilfe «einer bestochenen Kammerfrau» gelingen, seinen Ansprüchen als Gatte zu genügen. Kaum sei das geschehen, könne er sich beim Onkel auf Schloss Mirabeau in Sicherheit bringen, «dessen Einfluss groß genug sei, um die Marignane gehörig einzuschüchtern».[35]

Die Komödie dieser brieflichen Werbung, in die sich auch der Bailli mit einigen Schreiben einschaltete, wurde mit zunehmend entschiedeneren und kälteren Absagen beantwortet. Neujahrswünsche, die Mirabeau an Vater und Tochter sandte, wurden nicht beantwortet. Ebenso vergeblich war, dass er im Dezember nach Aix übersiedelte. Das Haus der Familie de Marignane blieb ihm verschlossen, keine Kammerfrau machte sich erbötig, ihn heimlich einzulassen. Wahrscheinlich war auch eine solche Lösung gar nicht seine Absicht, denn schon am 18. November 1782 hatte er von Mirabeau aus Vitry geschrieben, dass die Marignanes in ihrer Weigerung zum Äußersten entschlossen seien. «Alle Schwierigkeiten, auf die wir stoßen, rühren von einem Dutzend Briefen meines Vaters her [i. e. Briefe, die dieser 1776 und 1777 an den Marquis de Marignane geschrieben hatte], in denen er sich weit davon entfernt hatte, von mir ein schönes Bild zu malen; überdies gibt es noch zwei weitere Schreiben, in denen er sich bei seinem Ehrenwort dazu verpflichtete, *es niemals zuzulassen, dass ich Madame de Mirabeau zurückfordere*; M. de Marignane sei entschlossen, diese Briefe den Marschällen von Frankreich vorzulegen und diese aufzufordern, alles, was notwendig ist, in die Wege zu leiten, meinen Vater dazu zu zwingen, sein Wort zu halten.»[36] Tatsächlich hatte der *Ami des hommes* in Schreiben von 1776/77 den Sohn in drastischen Worten als für immer verloren charakterisiert und erklärt, seine Frau sei dem Irrenhaus bestimmt, wenn sie ohne die Einwilligung ihres Vaters den Verworfenen wieder gnädig annehmen wolle.

Das war in der Tat der springende Punkt. Der *Ami des hommes* hatte mit diesen Briefen, die er dem Marquis de Marignane zukommen ließ, ebenjene Munition geliefert, deren sich Vater und Tochter nun ausgiebig bedienen konnten, um die Ansprüche, die von den Mirabeaus erhoben wurden, erfolgreich abzuwehren.

Längst hatten beide Seiten in der Zwischenzeit damit begonnen, sich zu einem immer wahrscheinlicher werdenden Prozess zu rüsten. Die Marignanes hatten nicht weniger als 23 Anwälte verpflichtet und damit das Angebot an Rechtsbeiständen von Rang und Namen, die in der Provence zu haben waren, weitgehend ausgeschöpft. Mirabeau konnte außer des Birons noch zwei junge Anwälte aufbieten, einen gewissen Jaubert und Pierre Pellenc, der ihm als Sekretär während der Revolution verbunden bleiben sollte. Außerdem entschloss er sich, wie schon in Pontarlier, seinen Fall selber zu vertreten und dieselbe Strategie zu wählen, mit der er schon einmal erfolgreich gewesen war.

Diesmal waren die Voraussetzungen, denen er sich gegenübersah, aber wesentlich andere. Er hatte die gesamte Aristokratie der Provence gegen sich, die zu den de Marignanes hielt und die mit den Angehörigen des Amtsadels eng verbunden war, die seine Richter stellten. Seine Widersacher waren also nicht nur die besten juristischen Kräfte, sondern auch die gute Gesellschaft von Aix, die ihn mied wie einen Pestkranken und die sich die Mäuler zerriss mit Klatsch, dem sein berüchtigtes Vorleben reichlich Nahrung lieferte.[37]

Mirabeau eröffnete die Kampfhandlungen am 1. März 1783, als er beim *Lieutenant général de la Sénéchaussée d'Aix* den Antrag stellte, seine Frau durch Gerichtsbeschluss dazu zu veranlassen, die Ehe umgehend mit ihm fortzusetzen. Den beantwortete diese mit einem Gegenantrag, woraufhin Mirabeau seine Forderung wiederholte. Jetzt reichte Emilie die Scheidungsklage ein und verlangte, sich während der Dauer des Verfahrens bei ihrem Vater aufhalten zu dürfen. Diesen Wunsch bestritt Mirabeau seinerseits und erhob die Forderung, die Comtesse de Mirabeau anzuweisen, bis zum Abschluss des Verfahrens in einem Kloster in Aix ihren Aufenthalt zu nehmen. Dort sollte sie überdies dazu verpflichtet sein, ihren Mann als Besucher zu empfangen.[38]

Das war ein geschickter Schachzug zur Eröffnung des Verfahrens, den Mirabeau in seiner Wirkung noch dadurch verstärkte, dass er ein *Mémoire* unter dem Titel *Observations pour le comte de Mirabeau* veröffentlichte, das so gut wie ausschließlich aus dem Abdruck von Briefen bestand, die ihm Emilie seit dem August 1774 geschrieben hatte und die nur Beteuerungen von Zärtlichkeit und Liebe für den Gatten enthielten. Dieses Kompendium schloss mit dem lakonischen Kommentar Mirabeaus: «Seitdem sie diese Briefe verfasste, hat Madame de Mirabeau niemals wieder den Mann gesehen, von dem sie sich jetzt vorgeblich scheiden lassen will.»[39] Die Veröffentlichung der Briefe war eine Sensation, die «die Meinung aller Welt», wie der Bailli dem Bruder am 17. März 1783 schrieb, «mit Ausnahme der *belles dames* und der *beaux messieurs, dineurs, soupeurs, histrions*» für Mirabeau einzunehmen versprach.[40] Entsprechend groß war die Neugier, mit der die Verhandlung erwartet wurde, bei der Mirabeau mit einem Plädoyer brillierte, das den anhaltenden Applaus des zahlreich erschienenen Publikums provozierte. Das Urteil, das am 24. März erging, entschied für den Antrag Mirabeaus und wurde erneut mit Beifallsstürmen quittiert.[41]

Diesen Erfolg Mirabeaus beantwortete die Gegenseite sofort mit einem Gegenantrag, garniert mit der Scheidungsklage, den sie bei der höheren Instanz, dem *Parlement de Provence*, einreichte. Obwohl damit die Verfahrensregeln verletzt wurden, da die Urteilsbegründung der Vorinstanz noch nicht vorlag, gab diese Instanz dem Antrag statt. Das war ein denkbar ungünstiges Vorzeichen, das die Voreingenommenheit dieses Gerichts dokumentierte. Den ganzen April über bereiteten sich beide Seiten auf die Entscheidungsschlacht vor, die mit der Verhandlung vor der *Grand-Chambre* des *Parlement* geschlagen werden würde. Während Mirabeau diese Zeit nutzte, um sein Plädoyer auszuarbeiten, stellten die Anwälte der Gegenseite ein vernichtendes *Mémoire* von insgesamt 162 Druckseiten zusammen, in dem alle Briefe dokumentiert waren, mit denen der *Ami des hommes* 1776 und 1777 über seinen in Vincennes einsitzenden Sohn hergefallen war. Die verheerende Wirkung dieses Kompendiums, das in ganz Frankreich verbreitet und verschlungen wurde, konnte Mirabeau mit einer umfangreichen Denkschrift von 427 Seiten, in der er detailliert die darin enthaltenen Behauptungen zu entkräften suchte, nicht bannen.[42]

Als das Verfahren am 7. Mai 1783 vor der *Grand-Chambre* des *Parlement* eröffnet wurde, beherrschten zunächst die Anwälte der de Marignanes das Tribunal, die weitschweifig ihre Vorwürfe gegen Mirabeau ausbreiten konnten und denen es gelang, den Kläger in die Rolle des Angeklagten zu versetzen. Diesen gravierenden Nachteil suchte Mirabeau mit einem rund fünfstündigen Plädoyer wettzumachen, mit dem er erst am 23. Mai zum Zuge kam.[43] Auch diesmal zog er alle Register seiner rednerischen Fähigkeiten, mit denen er das Publikum in seinen Bann schlug, während die Anwälte der Gegenseite wie betäubt dem Orkan seiner theatralisch geschickt inszenierten Ausführungen beiwohnten.[44] Im Anschluss an dieses rhetorische Naturereignis sah es zeitweilig sogar nach einer schiedlichen Einigung aus, zumal die Gegenseite fürchtete, Mirabeau würde weitere kompromittierende Aktenstücke vorlegen, von denen die gute Gesellschaft von Aix in Mitleidenschaft gezogen werden könnte. Sobald sich jedoch abzeichnete, dass diese Furcht unbegründet war, setzte die Gegenseite zu einem neuerlichen Angriff an, der die Entscheidung brachte. Am 5. Juli 1783 sprach der *Parlement* die Scheidung der Ehegatten Mirabeau von Tisch und Bett aus, ohne der Comtesse de Mirabeau für ihren künftigen Aufenthalt Verpflichtungen aufzuerlegen.

Dieser Ausgang entsprach dem, worauf Mirabeau wohl von Anfang an gerechnet hatte: Vor Gericht hatte er den Prozess zwar verloren, aber in seiner eigenen Wahrnehmung sah er sich als dessen Gewinner. Indessen war der Preis dafür hoch, denn die Freiheit, die er jetzt hatte, bestand vor allem darin, nichts mehr verlieren zu können. Nicht nur war er völlig mittellos, sondern auch vielen suspekt. Das galt auch für den eigenen Vater, dessen Hoffnungen endgültig zerstört worden waren.

Insofern war es im höchsten Maße charakteristisch, wie er auf diese Katastrophe reagierte, die herbeizuführen er alles getan hatte. Sein ganzer Zorn entlud sich wieder über den Sohn, der ihm diesen schmählichen Prozess an den Hals geschafft habe. Schließlich verbot er es diesem sogar, ihm in Paris unter die Augen zu treten. Als Mirabeau dennoch erschien, geriet er in grenzenlose Wut, die ihn zu dem Schritt anstiftete, der Mirabeau endgültig die Freiheit schenkte: Er sagte sich von seinem Sohn förmlich los. Das Dokument ist das Schreiben des Marquis an Innenminister Amelot vom 19. September 1783:

«Mein Sohn hat wider meinen Rat gegen seine Frau geklagt; er hat den Prozess verloren. Danach hat er Absichten bekundet, denen ich meine Zustimmung versagte; auch verweigerte ich ihm mein Einverständnis, nach Paris zu kommen. Die Gründe für meine Ablehnung habe ich ihn wissen lassen. Was er zu tun beabsichtigt, ist für mich ohne jeden Belang. Er komme, versetzte er mir daraufhin, um meine Befehle aus meinem Munde zu vernehmen. Ich führe, *Monsieur*, Ihnen gegenüber keine Klage über diesen Ungehorsam, aber ich verzichte meinerseits von nun an sowohl darauf, ihm auf meine Weise zu Diensten zu sein, als auch darauf, Weisungsbefugnis über ihn auszuüben. Er ist jetzt über 34 Jahre alt; er war verheiratet; ich gab ihm den Teil meines Besitzes, den der Umfang meines Vermögens mir irgend gestattete. Ich habe ihn bestraft, sobald er mir diese Strafe verdient zu haben schien, und ich habe ihm verziehen, wann immer ich hoffen durfte, dass er seinen Pflichten genügen würde. Ich habe ihn aus üblen Verlegenheiten gerettet, in die er sich verstrickt hatte; ich habe ihn sogar dazu veranlasst, sich wieder mit seiner Frau zu verbinden, und ihn dazu vermocht, erneut die Wertschätzung der Provinz zu erlangen, in deren Grenzen er eines Tages seine Besitztümer haben wird; auch habe ich ihn mit allen Mitgliedern seiner Familie, soweit sie bei Verstand sind, versöhnt. Meine Aufgabe ist erfüllt und damit erledigt; jetzt ist es künftig an ihm, darüber zu entscheiden, das zu tun, was ihm besonders vorteilhaft erscheint: Ich bin ihm von keinerlei Nutzen mehr, kann ihn weder anleiten noch ihm raten. Infolgedessen gebe ich die Vollmacht zurück und bitte Sie, *Monsieur*, meinen aufrichtigen Dank dem König für seine Gnade zu Füßen legen zu wollen, die er mir damit bezeugt hatte, dass er mir die Verfügungsgewalt über meinen Sohn unter Seiner geheiligten Autorität übertrug.».[45]

Zweites Kapitel

Kritik und Krise

Mirabeau war Ende September 1783 in Paris eingetroffen. Ohne Einkommen oder Stellung stand er vor dem Nichts und musste, wollte er nicht verhungern, Habseligkeiten ins Pfandhaus tragen. Zwar hatte er Anspruch auf eine Rente von 8500 *livres* jährlich, doch davon waren Schulden zu bezahlen, was den Betrag auf 3000 *livres* schrumpfen ließ, die der Alte dem Sohn weder regelmäßig noch gar vollständig auszahlte. Der Prozess, den Mirabeau deshalb gegen den Vater anstrengte, schleppte sich bis 1788 ergebnislos hin, als er auf Antrag des Klägers eingestellt wurde.[1]

Das Zerwürfnis mit dem Vater war für Mirabeau erneut Anlass, sich der Mutter anzunähern, die seit der Scheidung in Paris lebte. Es gelang ihm, sich mit ihr wieder zu versöhnen und durch ihre Vermittlung einen Kredit von 19 000 *livres* zu erhalten.[2] Von dem Geld kaufte er sich eine Kutsche und mietete ein Haus in der damals vornehmen Chaussée-d'Antin, das er aufwendig möblierte. Die große Bekanntheit, die ihm der spektakuläre Prozess von Aix-en-Provence auch in Paris verschafft hatte, musste seine Illusion zur Gewissheit steigern, ihm gelinge jetzt alles. Ihr ist es wohl auch zuzuschreiben, dass er sich von acht bekannten Anwälten bei der Vorbereitung der Revision gegen das vom *Parlement de Provence* gesprochene Urteil beraten ließ, die er beim *Conseil du Roi* einreichte.

Mirabeau muss von Anfang an gewusst haben, dass diese Revision ihm keineswegs den Sieg verschaffen werde. Seine Absicht war es offenbar, die de Marignanes öffentlich zu demütigen und die Erfolge, die er in Aix errungen hatte, auf der viel größeren Bühne von Paris zu wiederholen. Wenn es ihm gelang, die Oligarchie des *Parlement de Provence*, dessen Verfilzung mit der Aristokratie der Provinz sowie die daraus resultierende Willfährigkeit und Voreingenommenheit der Richter der öffentlichen Meinung in der Hauptstadt nachzuweisen, wäre er als Held der Massen ein gemachter Mann, dem die Mächtigen einfach deshalb zu Willen wären, weil sie ihn fürchten mussten. Das war das Kalkül, das ihn bei der Abfassung des *Mémoire de recours* leitete, der den Revisionsantrag begründete, den er noch vor der Eröffnung des Verfahrens veröffentlichen wollte.

Der Wachsamkeit der Behörden blieb diese Absicht nicht verborgen, und Justizminister Miromesnil untersagte dessen Veröffentlichung. Das empörte Mirabeau, der beim Minister am 23. April 1784 eine Audienz erzwang und Miromesnil wegen des Verbots zur Rede stellte. Der Protest nützte ihm nichts, beschwor aber für ihn die Gefahr herauf, den Ruhestörer mittels eines *Lettre de cachet* für einige Zeit mundtot zu machen.[3]

Dass er beim Justizminister mit seiner Beschwerde wegen des Veröffentlichungsverbots des *Mémoire de recours* abgeblitzt war, beeindruckte Mirabeau keineswegs, sondern veranlasste ihn vielmehr dazu, in die österreichischen Niederlande zu reisen, um das Elaborat in Maastricht in Druck zu geben, das er jetzt noch mit einer Wiedergabe seiner Unterredung mit dem Justizminister und einem Brief an den König garnierte. Beide Zutaten waren ein Affront, der seine ohnehin schon prekäre Situation weiter verschlechtern musste. Mirabeau will das Gespräch mit Miromesnil damit eröffnet haben, dass er sich über das «willkürliche Verbot» des *Mémoire* beschwerte, worauf Miromesnil erwidert haben soll:

«Beginnen Sie damit, Monsieur, aus Ihrem Wortschatz das Wort *willkürlich* zu streichen.»

Mirabeau: «Monsieur, ich kenne Sie in Ihrer Eigenschaft als Chef der Magistratur und nicht in der eines Zensors meines Wortschatzes.»

Miromesnil: «Aber, Monsieur, es ist doch so, dass dieses Wort *willkürlich* höchst ungebräuchlich ist.»

Mirabeau: «Es ist aber gleichwohl, gestatten Sie mir, dies zu bemerken, eines der landesweit am meisten benutzten Wörter. (…) Ich kenne nichts Verwerflicheres als ebendieses Wort. Ich vermag mir nichts Schrecklicheres auszumalen, als in ein und derselben Person die Eigenschaft eines Richters mit der eines Dieners des Despotismus vereint zu sehen.»[4]

Um die Wirkung dieses Dialogs noch zu steigern, fügte Mirabeau eine schriftliche Beschwerde an, die er an den König adressierte und die mit den stolzen Worten endet: «Sire, sechs Jahrhunderte geben Zeugnis davon, dass meine Väter Generation auf Generation ihr Blut im Dienste ihrer Könige vergossen haben; nun gut, ich verlange von Ihrer Majestät keinerlei Vergünstigung. Aber, da ich gleichermaßen von denen misshandelt werde, denen Sie die Rechtspflege über Ihre Völker anvertraut wie auch von dem, den Sie zum Chef der Richterschaft gemacht haben, verlange ich, dass Ihre Majestät denen Weisung gibt, die in meinem Fall die heiligsten Rechte Ihrer Untertanen verletzen; ich fordere die Freiheit, mich zu verteidigen; ich verlange, dass man kein Urteil spricht, ohne mich zuvor gehört zu haben; ich bestehe auf der Wahrung des Rechts.»[5]

Ohne alle Not gelang es, den in Maastricht in 1500 Exemplaren gedruckten *Mémoire du Comte de Mirabeau* nach Paris einzuschmuggeln. Angeblich stellte sogar der Chemiker und Generalsteuerpächter Lavoisier seine Kutsche, die von den Zöllnern nicht durchsucht werden durfte, dafür zur Verfügung.[6] Lenoir, der Miromesnil davon in Kenntnis setzte, erhielt von diesem am 14. Juni 1784 den Bescheid, den Dingen einfach ihren Lauf zu lassen, um jeden Anschein zu vermeiden, Mirabeau in seiner Revision vor dem *Conseil du Roi* behindern zu wollen.[7] Dieser ministerielle Sinneswandel ist verblüffend. Er zeigt jedoch, dass Mirabeaus Kalkül, den Respekt der Mächtigen dadurch zu erringen, dass sie ihn fürchteten, bereits aufgegangen war. Da ihm das selber aber noch nicht gänzlich bewusst war, wurde ihm der Boden in Paris zu heiß, und er verschwand vorsichtshalber im August 1784 für ein halbes Jahr nach London. Auch verschaffte ihm dieser Ortswechsel eine dringend benötigte Ruhe vor seinen Gläubigern.

Die permanente Schuldenmacherei, die Mirabeau schon so oft in arge Verlegenheiten gebracht hatte, war aber nur ein Aspekt seines chaotischen Lebenswandels. Ein anderer war sein ausgeprägter Don Juanismus. Die Liste der weiblichen Eroberungen, die er seit seiner Inhaftierung im Château d'If vor Marseille gemacht hatte, ehe er sich in das Verhältnis mit Sophie stürzte, war nach der Entlassung aus Vincennes noch wesentlich umfangreicher geworden. Es fehlte ihm umso weniger an Gelegenheiten dazu, als ihn seine Auftritte vor Gericht zu einem bekannten Mann gemacht hatten, der seine Attraktivität ungeachtet seiner markanten Hässlichkeit effektvoll zur Geltung brachte. Mme. de Saint-Orens, eine weitläufige Verwandte, war von ihm sogar so angetan, dass sie ihm kurzerhand nach Paris folgte, obwohl sie mit einem wegen seiner Eifersucht gefürchteten Mann verheiratet war.

Um diesen Ehemann zu täuschen, bedurfte es einer «chandelière», wie man damals eine Person bezeichnete, die als die vermeintliche Geliebte gegenüber dem eifersüchtigen Ehegatten auftrat und sich mit der wahren Geliebten die Wohnung teilte und damit einen gleichermaßen bequemen wie plausiblen Paravent für das ungestörte Ausleben der eigentlichen Leidenschaft bot.

Als «chandelière» für die Marquise de Saint-Orens entdeckte Mirabeau ein 19jähriges Mädchen, das im Kloster der Petites-Orphelins in der Rue du Vieux-Colombier in Pension lebte, aus Holland stammte und Henriette-Amélie Nehra hieß. Sie war die uneheliche Tochter eines reichen Holländers, Willem van Haren – Nehra war also das Anagramm von dessen Nachnamen –, und einer Französin. Sie wuchs zunächst bei ihrem leiblichen Vater auf und bezog danach, ausgestattet mit einer kleinen Pension und einer Mitgift für ihre spätere Heirat, Wohnung in dem Pariser Kloster. Zeugnisse schildern sie als ein engelhaftes Wesen mit langen blonden Haaren, sanft und kultiviert, von graziösen Manieren, die mit dem Timbre ihrer Stimme alle verzauberte.[8] So erging es auch Mirabeau, der die liebestolle Marquise dazu überredete, die junge Dame unter dem Vorwand bei sich aufzunehmen, sie in die Manieren der feinen Gesellschaft einzuführen. Sehr schnell strahlte diese «chandelière» aber heller als die Marquise, was von dieser bemerkt wurde, die umgehend die Konkurrentin in das Kloster zurückschickte. Das rettete ihre Beziehung zu Mirabeau aber nicht mehr, denn der machte Yet-Lie, wie er Henriette-Amélie bald nennen sollte, auf eine sein Wesen geradezu verleugnende Weise den Hof: Rund zwei Monate lang besuchte er sie jeden Tag im Kloster, um mit ihr durch das trennende Gitter im Sprechzimmer zu plaudern. Als ihm Ende des Jahres die Furcht davor, wieder nach Vincennes verbannt zu werden, zunehmend zusetzte, machte er ihr den Vorschlag, mit ihm nach Holland zu gehen. Dazu war sie aber nur bereit, wenn er es auf seinen Schwur nahm, sie nicht als Geliebte, sondern lediglich als Freundin zu achten. Das tat er, und er scheint sich daran auch eine geraume Weile gehalten zu haben, wie einem Brief von ihr an den Comte de La Marck zu entnehmen ist:

«Das Vorhaben, Mirabeau zu begleiten [i. e. auf der Reise nach Holland], schien mir eine Narrheit zu sein. Ich habe ihm das offen gesagt; aber er hat mich so inständig angefleht, dass seine Bitten über meine Widerstände obsiegten. Ich bin mit ihm abgefahren und habe diesen Entschluss nie bereut. Es war erst gegen Ende dieser Reise, dass wir miteinander intim wurden. Ich musste damals bemerken, wie sehr ihn meine ständige Weigerung, mich ihm anzuschließen, unglücklich machte. Ich wagte mir vorzustellen, dass ich die Frau wäre, die seinem Herzen gemäß sei; auch hoffte ich darauf, die Verwirrungen einer allzu glühenden Vorstellungskraft zu dämpfen; was für mich aber vor allem den Ausschlag gab, war das Unglück, das ihm zustieß. Damals hatte sich alles gegen ihn verschworen: Eltern, Freunde, das Glück, alle hatten ihn verlassen. Ich allein hielt zu ihm, und ich wollte ihn für alles entschädigen. Ich opferte ihm also alles, was mit unserer Beziehung nicht vereinbar war; ich gab ein ruhiges Leben für ihn auf, um mich den Gefahren auszusetzen, die seine stürmische Karriere umlauerten. Seitdem gelobte ich mir, nur für ihn leben zu wollen, ihm überallhin zu folgen, mich allem auszusetzen, um ihm in guten wie schlechten Zeiten von Nutzen zu sein. Ich überlasse es den Freunden Mirabeaus, darüber zu urteilen, ob ich dieses heilige Gelübde treulich erfüllt habe.»[9]

Es klingt wie ein Märchen, aber der ausgebuffte Libertin Mirabeau machte die Erfahrung eines ihm völlig neuen Gefühls. Im Unterschied zum Verlangen, das ihn anfangs für Sophie verzehrte, empfand er für Yet-Lie eine verantwortungsvolle, geradezu väterliche Liebe, die sich in dem Wunsch äußerte, sie zu beschützen. Davon machen viele seiner Briefe Mitteilung, in denen er sich im Unterschied zu seinen Schreiben an Sophie nie selber kopierte oder ins offensichtlich Phrasenhafte begab. Das vielleicht schönste Beispiel seiner Liebe zu ihr findet sich in einem Brief aus London vom 18. März 1785:

«Rousseau sagte einmal, dass die Gewohnheit die Vorstellung tötet; ich weiß nicht, auf welche Vorstellung er sich dabei bezieht, denn die Vorstellung, die ihren Ursprung in der Seele hat, bezieht ihre Kraft aus der Gewohnheit und ist damit weit entfernt davon, darin ihr Grab zu finden. Ich war verliebt, ich liebe zärtlich meine Freunde, aber noch niemals hat mich ein Wesen das empfinden lassen, was ich heute verspüre, dieses selbstvergessene Vertrauen, diese Wechselbeziehung zwischen allen meinen Empfindungen, zwischen allen meinen Fähigkeiten, dieses Aufgehen in Dir, das bewirkt, dass ich nur noch Deinetwegen leben kann. Ganz gewiss, meine Freundin, die Gewohnheit, weit entfernt davon, in mir die Vorstellung zu töten, hat mich vielmehr mit all dem entflammt, das sie mich in Dir an Liebens- und Schätzenswertem, an Bewunderungswürdigem hat entdecken lassen, und Unglück dem Mann, der sich bereits die ersten Tage derart aufopferte, wie ich mich Dir nach zwei Jahren einer intimen Freundschaft zum Opfer bringe ...»[10]

Für rund vier Jahre, bis zum Frühjahr 1788, als die Frau des Pariser Verlegers Lejay Mirabeau erfolgreich becircte, war Yet-Lie sein guter Geist. Sie verschaffte ihm die Ruhe und die Muße, sich in die politischen Systeme Englands, Hollands und Preußens einzuarbeiten. Mirabeau erwarb in diesen Jahren viele der Kenntnisse, die ihn befähigten, einer der einflussreichsten Männer der Revolution zu werden.

Mit Yet-Lie hatte Mirabeau eine Frau an seiner Seite, die es ihm ermöglichte, in der Pariser Gesellschaft sein Charisma zu entfalten. Dank des spektakulären Prozesses in Aix war er hier eine skandalumwitterte Persönlichkeit, um deren Bekanntschaft man sich förmlich riss. Eine besondere Attraktivität übte er insbesondere auf jene aus, die eine feine Witterung für den Zeitgeist hatten und die ihre Vorahnungen großer gesellschaftlicher Veränderungen zu allerhand Spekulationen veranlasste. In den Kreisen der Intellektuellen, Schriftsteller, Journalisten, Projektemacher und Spekulanten war Mirabeau wegen seiner beiden Schriften *Essai sur le Despotisme* und *Des Lettres de cachet* ein bekannter Unbekannter, mit dem Umgang zu pflegen für das eigene Ansehen nur förderlich sein konnte. Dieser durchaus eigennützigen Neugier auf seine Person war es zuzuschreiben, dass Mirabeau Zugang fand zu den Pariser Salons, deren *habitués* allen Ständen und Schichten entstammten.

Im Salon von Mme. Helvetius etwa, der Witwe eines steinreichen Generalsteuerpächters, lernte Mirabeau den Schriftsteller Chamfort und Benjamin Franklin kennen. Erneut kam er auch mit Clavière in Berührung, dem er bereits in Neuchâtel begegnet war. Clavière war der erste der einstigen Genfer Revolutionäre, der sich im April 1784 auf Dauer in Paris niederließ. Er war es auch, der Mirabeau mit Jean-François Isaac Panchaud, einem anderen Genfer Bankier, bekannt machte, der in Paris eine «maison de crédit» eröffnete, die rasch derart reüssierte, dass ihr Inhaber zum engen Berater des damaligen Finanzministers, des *Contrôleur général des Finances*, Joly de Fleury aufstieg.

Panchaud war es, der 1776 Turgot veranlasste, die *Caisse d'escompte* ins Leben zu rufen, eine Kommanditgesellschaft, der die wichtigsten Finanzmagnaten des Landes angehörten, und deren Aufgabe es war, die Kreditfinanzierung des Handels sowie die Kontrolle der Kreditzinsen zu gewährleisten. Dank der Monopolisierung des Wechselgeschäfts wurde die *Caisse d'escompte*, die ihren Sitz in der Rue Vivienne, dem Pariser Finanzzentrum, hatte, bald die «offiziöse» Bank des französischen Staats mit einem sehr eigenwilligen Geschäftsmodell: Sie versorgte den Staat nicht mit Krediten, sondern dieser überließ der *Caisse d'escompte* die von ihm realisierten Steuereinnahmen, auf die er sich Schuldverschreibungen oder Wechsel ausstellen ließ, mit denen er seine Ausgaben bestritt. Das war nicht ohne Risiken, denn die Wechsel waren nicht durch eine Edelmetallreserve gedeckt, was im Herbst 1783 einen Bankrott der *Caisse d'escompte* heraufbeschwor, der nur mit knapper Not vermieden werden konnte.[11]

Panchaud verlor damals zwar seinen Posten als Chef der *Caisse d'escompte*, blieb aber weiterhin ein angesehener Finanzfachmann, der um sich einen ganzen Kreis junger Leute scharte wie den *abbé* Morellet, der die liberalen Ansichten von Adam Smith in Frankreich bekannt machte, oder Du Pont, den einstigen Schüler des *Ami des hommes* und Nothelfer Mirabeaus während der letzten Phase seiner Gefangenschaft. Zum Kreis um Panchaud, der sich in dessen Wohnung in der Rue de Bellechasse einfand, gehörten auch eine Reihe weiterer Träger von Namen, die später Bekanntheit erlangen sollten, wie die Adeligen Choiseul-Gouffier, Narbonne, Vaudreuil, Antraigues, Talleyrand oder Lauzun, mit dem Mirabeau seit den Tagen seiner Militärzeit auf Korsika bekannt war. Mirabeau, der im Frühjahr 1784 durch Clavière und Chamfort Anschluss an diesen Kreis fand, dessen Mitglieder auch mit Gedanken umgingen, wie das verknöcherte Regime in Frankreich mit Anleihen beim englischen Parlamentarismus oder der noch jungen Demokratie der amerikanischen Republik reformiert werden könnte, gehörte damit zu einer Avantgarde, die in den kommenden Jahren die öffentliche Meinung mit ihren Themen und Thesen beherrschen sollte.

Im Unterschied zu den anderen adeligen Standesgenossen dieses Zirkels lebte Mirabeau nicht von den Erträgen eines ererbten Vermögens oder gar wie Talleyrand von den üppigen Pfründen einer Abtei.[12] Ihm blieb nur, seine schriftstellerischen Talente zu kapitalisieren, um sich einen Namen zu machen und soziale Anerkennung zu verschaffen.[13] Das war, wie auch den künftigen Revolutionär Brissot die ersten Erfahrungen als Publizist gelehrt hatten, ein mühsames Unterfangen, von dem dieser in seinen Memoiren schrieb: «Es bedurfte schon einer hohen Meinung, um mir meine gesellschaftliche Stellung und die Tätigkeit als Journalist schönzumalen, die damals nur gering geschätzt wurde. Bayle, so sagte ich mir, war auch nur Hauslehrer gewesen, Postel Hausknecht in einer höheren Schule, Rousseau Lakai einer Marquise; also konnte ich gut und gern Zeitungsschreiber sein. Erweisen wir dem Gewerbe die Ehre, denn es hat mich nicht um meine Ehre gebracht.»[14]

Der schieren Not gehorchend griff Mirabeau zu, als ihn Benjamin Franklin aufforderte, ein amerikanisches Pamphlet gegen den Cincinnatus-Orden zu übersetzen,[15] das einen gewissen Aedanus Burke zum Verfasser hatte. Namenspatron dieser 1783 gestifteten Auszeichnung war der römische Staatsmann Lucius Quinctius Cincinnatus, der 440 v. Chr. seinen Pflug verließ, um die Römische Republik zu retten, und danach wieder zu den bäuerlichen Pflichten zurückkehrte, ein Beispiel, das sich George Washington zum Vorbild genommen hatte. Franklin nahm an dieser Dekoration Anstoß, mit der Teilnehmer am amerikanischen Unabhängigkeitskrieg ausgezeichnet wurden, weil sie eine Ehrung darstellte, die in der Familie des Ordensträgers erblich sein sollte. Das verstörte seine republikanische Gesinnung und weckte in Franklin den Argwohn, dass auf diese Weise in der noch jungen Republik eine neue Aristokratie entstehen könne.

Statt einer Übersetzung machte Mirabeau sich jedoch daran, unter großzügiger Verwendung von Burkes Schrift und in Zusammenarbeit mit Chamfort eine eigene Polemik zum Thema zu schreiben. Als er das Werk im Sommer 1784 Franklin vorlegte, glaubte der darin nichts anderes als eine Satire auf den französischen Adel zu erkennen. Das entsprach aber keineswegs seinen Absichten, was er Mirabeau nicht verhehlte,[16] der das Manuskript mitnahm, als er Ende August 1784 nach London abreiste.

Da Mirabeaus Börse wie üblich leer war, musste er seine letzten Habseligkeiten versetzen, um die Reise antreten zu können. In London erwarteten ihn mit den Brüdern Gilbert und Hugh Elliot zwei wohlhabende Freunde aus den Jugendtagen in der Pariser Pension des *abbé* Choquart. Außerdem hatte ihm Franklin ein Empfehlungsschreiben an Benjamin Vaughan mitgegeben, den er auch darum bat, seine Schrift *Considérations sur l'ordre de Cincinnatus ou imitation d'un pamphlet anglo-américain* zum Druck zu befördern.[17] Mit der Fertigstellung und Veröffentlichung dieses Essays, den er erstmals unter Nennung seines Namens Ende 1784 in Paris veröffentlichte – eine englische Übersetzung folgte im Frühjahr 1785 in London –, verknüpfte Mirabeau wie stets große Hoffnungen auf schon bald sprudelnde Tantiemen.

Doch die *Considérations* waren ein hingeschluderter Essay, der weder ein schlüssiges Konzept noch eine überzeugende These besaß. Entsprechend mühsam ist die Lektüre, die sich allenfalls wegen der bösen Invektiven gegen den französischen Adel lohnt: «In Frankreich besteht die Qualität eines Adeligen in nichts anderem als in einer Spekulation auf Steuerersparnis.» Oder wenn er der Verachtung «über diese gefährliche Einrichtung in Europa» freien Lauf lässt, «wo der Adel, der in seinen Anfängen nur eine Zusammenrottung von Unterdrückern oder Mördern war, sich seither aus Leuten rekrutiert, die in aller Öffentlichkeit unterschlagen und stehlen.»[18]

Man kann aus diesen und anderen Äußerungen einen aristokratischen Selbsthass herauslesen, der manche Adelige erfasst hatte, die sich wie Mirabeau später zur Revolution bekannten. Aber diese Erklärung wird durch die einschlägigen Verurteilungen in den *Considérations* nicht wirklich eingelöst, die mehr durch ihre wüste Form als durch Substanz verstören. Die Invektiven gegen die *Noblesse de France* in dieser Schrift dürften sich deshalb vor allem aus seinem Zorn auf das Betragen seiner provenzalischen Standesgenossen erklären lassen. Die Wunden, die damals seinem Selbstwertgefühl geschlagen worden waren, begannen, kaum dass er in London angelangt war, wieder zu bluten, denn nicht nur wurde sein Revisionsbegehren gegen das Urteil in diesem Prozess abgewiesen, sondern er scheiterte auch am 7. September 1784 mit der von ihm gegen den Vater angestrengten Klage auf angemessene Unterhaltszahlungen. Das Urteil verpflichtete den Alten lediglich zu einem monatlichen Wechsel von 240 *livres*, also zu einer jährlichen Zuzahlung von 2880 *livres*.

Aber selbst in den *Considérations*, die den Charakter einer Gelegenheitsarbeit tragen, äußerte Mirabeau *en passant* geradezu prophetische Einsichten, wenn es etwa heißt: «Die Freiheit kann durch Machenschaften, die sich der Wahrnehmung durch die vielen entziehen, vor allem dann beseitigt werden, wenn die von Leidenschaften entfesselten Volksversammlungen Personen zu Sündenböcken machen, statt für die anstehenden Sachfragen Lösungen zu finden. Kommt es dazu, trägt man sehr schnell dazu bei, ehrgeizigen Intriganten eine unüberwindliche Stärke zu verschaffen; und während man sich damit abgibt, lediglich lächerliche Gegner und lässliche Verfehlungen zu verfolgen, spannt man der Freiheit (…) eine Falle.»[19] Das war eine Voraussage, für die der Verlauf, den die Französische Revolution nahm, eine Fülle von Bestätigungen liefern sollte.

Obwohl Washington die Erblichkeit des Cincinnati-Ordens in Amerika untersagt hatte, waren die *Considérations* ein buchhändlerischer Erfolg. Nach der Veröffentlichung in Paris und London sowie ein Jahr später in Philadelphia erlebte das Buch jeweils mehrere Auflagen. Dieser Erfolg warf aber nicht viel ab.[20] Zwar ließ er Chamfort am 13. Oktober 1784 wissen: «Ich habe einige Buchprojekte, die mir die Aussicht verschaffen, meinen Lebensunterhalt bestreiten zu können. Aber», so fügte er sogleich einschränkend hinzu, «man täuscht sich sehr hinsichtlich der Großzügigkeit der Engländer. Daran gewöhnt, alles zu kalkulieren, stellen sie auch Berechnungen über das Talent und die Freundschaft an; die meisten ihrer großen Schriftsteller, und das meine ich wortwörtlich, sind Hungers gestorben.»[21]

Mirabeau machte von dieser Regel keine Ausnahme, zumal sich manches Vorhaben bereits zerschlug, noch ehe es begonnen wurde. So etwa der Plan, als Redakteur ein mit dem Titel *Conservateur* der politischen Ökonomie gewidmetes Journal auf Englisch und Französisch zu edieren, das die wichtigsten Beiträge zum Thema, die bereits anderweitig veröffentlicht worden waren, versammelte und kommentierte. Allein für diese Tätigkeit veranschlagte Mirabeau für sich ein Monatseinkommen von 50 *louis*, «was wesentlich mehr ist, als ich selbst hier benötige. Es ist zwar nur zu wahr, dass ich für dieses Einkommen eine erschöpfende und unangenehme Arbeit leisten muss, insofern sie mir die für die Pflege meiner eigenen Gedanken notwendige Zeit raubt, aber ich betrachte das als eine Art Lehrgang, den ich absolvieren muss, bis mich der damit erzielte Erlös materiell unabhängig machen wird.»[22]

Diese Blütenträume verwelkten rasch, und die einzige weitere Veröffentlichung, zu der es zeit seines Londoner Aufenthalts kam, war ein gegen Österreich gerichtetes außenpolitisches Pamphlet, bei dem ihn der in der britischen Regierung tätige Benjamin Vaughan unterstützte.[23] In der in Form von Briefen abgefassten Schrift *Doutes sur la liberté de l'Escaut réclamée par l'Empereur*, die in London im Januar 1785 erschien, bezog Mirabeau in einem Konflikt Stellung, der das Potential für einen Krieg zwischen den europäischen Mächten barg. Kaiser Joseph II. machte Druck auf die Niederlande, die im Westfälischen Frieden von 1648 verbriefte Sperre der Schelde aufzuheben, die den Handel von Antwerpen, das in den zu Österreich gehörenden katholischen Niederlanden, dem heutigen Belgien, lag, zu Gunsten der niederländischen Häfen Amsterdam und Rotterdam unterband. Das Verlangen war begreiflich, ebenso aber auch, dass sich die Generalstaaten dem widersetzten.

Der Streit kam der französischen Außenpolitik höchst ungelegen, die kurz vor dem Abschluss von Bündnisverhandlungen mit den Niederlanden stand, die u. a. mit dem Widerstand Frankreichs gegen die Tauschpläne Josephs II. zusammenhingen, der die belgischen Provinzen an Bayern abtreten wollte, das seinerseits in Österreich aufgehen sollte. Kompliziert wurde der geplante diplomatisch-politische Handel dadurch, dass Frankreich und Österreich seit 1755 in einem Bündnis vereint waren, das nicht erst seit der verlustreichen Niederlage im Siebenjährigen Krieg in der französischen Öffentlichkeit wie auch in Teilen der Regierung sehr unbeliebt war. Andererseits galt es jedoch auf die Allianz beider Mächte, die durch die Heirat von Marie Antoinette mit Louis XVI noch einmal bekräftigt worden war, Rücksicht zu nehmen. Aus dieser Verlegenheit heraus flüchtete man sich in die Halbheit, Österreich einerseits wegen seines Vorstoßes gegen die Schelde-Sperre zu drohen, andererseits Frankreichs Vermittlung anzubieten.[24]

Von solchen Rücksichten völlig frei, ergriff Mirabeau in dieser Schrift Partei für die Niederlande wie für eine entschlossene französische Außenpolitik, die sich endlich aus dem Joch der ihr nur schädlichen Bündnispflichten befreien müsse, die sie an Österreich banden. Frankreich sei das Zentrum, in dem die Interessen der europäischen Politik zusammenliefen. «Ohne Menschen und Millionen zu verschwenden, um ein vermeintliches Gleichgewicht der Mächte zu gewährleisten, würde Frankreich binnen zehn Jahren unweigerlich seine natürliche Vormachtstellung über ganz Europa allein kraft einer guten Verwaltung wiedererlangen. Diese Vormachtstellung dürfe aber für nichts anderes genutzt werden als für die unbedingte Achtung jeglicher Freiheit…» Seine Zweifel indes, ob Frankreich stark genug sei, dieser Rolle zu genügen, kleidet Mirabeau in drei rhetorische Fragen: «Kann Frankreich auf die Dauer von wenigstens zehn Jahren mit einer stabilen Regierung rechnen? (…) Wer kann diese umfassende Erneuerung versprechen? (…) Und was kann man dem Land anstatt der Routine anderes bieten, die seinen Verfall nur schützt und verlängert?»

Da sich alle diese Fragen nur mit Nein beantworten ließen, setzte er auf die Lösung, dass Frankreich sich an eine andere Großmacht anlehne, für die nur England in Frage käme, auch wenn vermeintlich vieles dagegen spräche. Deshalb fordert er als Vorstufe einer «soliden, aufrichtigen Allianz» beider Mächte den Abschluss eines Handelsvertrags, der «die nationale Eifersucht für immer verschwinden ließe».[25] Den augenblicklichen Konflikt um die Schifffahrtsrechte könne man durch die Schaffung einer «unabhängigen Föderation» der österreichischen Niederlande beilegen, «der die Freiheit der Schelde zufallen würde», die nicht nur im Interesse Frankreichs und Englands sei, sondern auch in dem Preußens, weshalb sich für diese Lösung unschwer die Zustimmung der Generalstaaten gewinnen ließe.[26]

Die *Doutes sur la liberté de l'Escaut réclamée par l'Empereur* waren Mirabeaus erste Auseinandersetzung mit der großen Politik. Die in vier Briefe unterteilte Schrift ist deshalb bemerkenswert, weil er in ihr Maximen und Überlegungen aussprach, die für die Außenpolitik bestimmend waren, die von den Männern der Französischen Revolution eingeschlagen wurde. Seine Gedanken und Folgerungen waren damals höchst originell und verschafften ihm, auch wenn sie der von Außenminister Vergennes verfolgten Politik widersprachen, erhebliche Aufmerksamkeit, die ihm nach seiner Rückkehr nach Paris zugutekam, wo er Anfang April 1785 wieder eintraf.

Was ihn trotz seiner Furcht, in Frankreich mittels eines *Lettre de cachet* wieder hinter Schloss und Riegel gebracht zu werden, dennoch zu diesem Schritt veranlasste, war das Scheitern seiner hochfliegenden Pläne, sich in London als Publizist zu behaupten. Diese Enttäuschung beeinflusste das zunächst positive Bild von England und den Engländern nachhaltig. Von einem Sinneswandel schrieb er bereits am 10. November 1784 an Chamfort: «Nein, mein Freund, ich bin alles andere als begeistert von England, und ich weiß schon jetzt genug, um Ihnen zu sagen, dass, wenn die Verfassung des Landes eine der besten ist, die man kennt, dessen Verwaltung sich als eine der schlechtesten darstellt, und wenn der Engländer in gesellschaftlicher Hinsicht der freieste Mann ist, den es auf Erden gibt, so ist das englische Volk eines der unfreiesten, das man antreffen kann. Ich gehe sogar noch weiter, denn ich bin überzeugt, wenn man die Dinge im Einzelnen betrachtet, dass wir weitaus wertvoller sind als sie und dass das Land des Weins weit vor dem der Kohle rangiert, was selbst hinsichtlich des Einflusses auf die Moral gilt.»[27]

Mirabeaus Bewunderung für die Praxis des englischen Liberalismus, insoweit dieser seinen Ausdruck in der Pressefreiheit oder in der Herrschaft des Parlamentarismus fand, stand eine unbedingte Ablehnung von Puritanismus und Egoismus gegenüber, die von ihm als konstitutiv für den Charakter der Engländer angesehen wurden. Auch wenn er deshalb manches an der englischen Verfassungswirklichkeit kritisierte und als verbesserungsbedürftig empfand, erschien ihm die Verfassung dennoch empfehlenswert: «Vollkommenes vermag der Mensch nicht zu schaffen», ließ er Chamfort wissen, «aber man findet in England weit weniger Schlechtes als überall sonst, wo Sklaven, die an Händen und Füßen gefesselt sind, sich über die Gefahren ereifern, denen sich Akrobaten aussetzen.»[28]

Um sicherzugehen, dass man ihn bei seiner Rückkehr nach Paris seinerseits nicht in Fesseln schlagen würde, schickte Mirabeau im März 1785 Yet-Lie voraus, um das Terrain zu sondieren. In ihrer naiven Jugendlichkeit wandte sie sich mit einem von ihm aufgesetzten Brief direkt an Innenminister Breteuil, der, über so viel Kühnheit vermutlich erstaunt, sie in Audienz empfing. Der Minister ließ sie wissen, was Mirabeau offensichtlich noch nicht bekannt war, dass sein Vater mit Schreiben vom 22. September 1783 bereits auf die königlich erteilte Vollmacht verzichtet hatte, weiterhin die Aufsicht über den Sohn auszuüben.[29]

Kaum zurück im Pariser Biotop, knüpfte Mirabeau sofort wieder die alten Kontakte zu den Genfer Bankiers Clavière und Panchaud wie den anderen, die zu dem Klüngel aus Spekulanten, Geschäftemachern und Intriganten gehörten, die auf eigene oder fremde Rechnung die chronische Misere ausnutzten, in der sich die staatlichen Finanzen befanden. Diese stand in einem seltsamen Kontrast zum rapide wachsenden Reichtum einiger weniger, die sich in unersättlicher Gier die Taschen füllten. Mirabeau tummelte sich in einem Kreis, in dem er sich seines publizistischen Talents wie auch der Bekanntheit seines Namens wegen geschätzt wusste. Das stärkte sein Selbstbewusstsein, das in dem spröden London gelitten hatte, wo er trotz zahlreicher Kontakte immer ein Fremder geblieben war. Umso mehr setzte er jetzt alles daran, seinen Ruf zu mehren, sich gewissermaßen unverzichtbar zu machen. Bereitwillig gab er seinen Namen für Schriften her, die sich ausnahmslos mit Themen und Fragen beschäftigten, von denen er so gut wie nichts verstand. Andere, die in der jeweiligen Materie beschlagen waren, verfertigten die Elaborate, denen er mit polemischer Eloquenz nur jene Glanzlichter aufsetzte, die diesen Schriften die von ihren Auftraggebern beabsichtigte Aufmerksamkeit verschafften. So ist es zu erklären, dass er binnen sieben Monaten als Autor von fünf Pamphleten in Erscheinung trat, die in der Regel einen Umfang von weit über 100 Druckseiten hatten.

Was die Gemüter erhitzte, das Publikum faszinierte und die Staatsmänner narrte, war das schon damals über alle Ländergrenzen hinweg agierende Finanzkapital, das die staatlicher Kontrolle sich weitgehend entziehenden Profitinteressen mit Banken, Aktiengesellschaften und großen Handelskompanien verfolgte, die den Warenhandel und Rohstoffimport aus bestimmten Regionen der Welt monopolisierten. Die Folge waren fiebrige Börsenspekulationen, die riesige Gewinne abwarfen. Der *Ancien Régime* geriet angesichts dieser Entwicklung in eine stetig bedrohlicher werdende Situation, denn trotz des wachsenden allgemeinen Wohlstands stagnierten die Steuereinnahmen, zumal zahlreiche fiskalische Privilegien deren Steigerung vereitelten. Da gleichzeitig aber auch die Ausgaben des Staates stiegen – allein der von Frankreich unterstützte amerikanische Unabhängigkeitskrieg verschlang über eine Milliarde *livres*, während die ordentlichen jährlichen Einnahmen zwischen 200 bis 400 Millionen *livres* pendelten –, wuchs das öffentliche Defizit immer weiter. Eine umfassende Steuerreform, um die stetig weiter klaffende Lücke zwischen Einnahmen und Ausgaben zu schließen, war mit Rücksicht auf die politische Stabilität des Regimes nicht durchsetzbar. Dieselben Gründe vereitelten auch die Bilanzierung von Einnahmen und Ausgaben, über die von den in der Spätphase des *Ancien Régime* häufig wechselnden Finanzministern jeweils nur sehr unterschiedliche Kalkulationen vorgelegt werden konnten.

Um den Anstieg des Defizits wenigstens zu verlangsamen und damit den Eintritt des drohenden Staatsbankrotts hinauszuzögern, blieben zwei Optionen: Einsparungen, an die wiederum aus systemimmanenten Gründen kaum zu denken war, oder Anleihen zu einem attraktiven Zinssatz, also das Stopfen der Bilanzlücken. Diese Praxis war im großen Stil von Finanzminister Jacques Necker eingeführt worden, der in seiner ersten Amtszeit von 1776 bis 1781 über 530 Millionen *livres* durch öffentliche Anleihen beschaffte. Dass das jedoch keine Therapie war, die das Problem löste, zeigt sich daran, dass Neckers fünf Nachfolger im Amt zwischen Mai 1781 und August 1788 weitere Anleihen auflegen mussten, deren Summe sich auf über 1,4 Milliarden *livres* belief! Allein die Kreditaufnahmen Calonnes, der von November 1783 bis April 1787 im Amt war und in dieser Zeit keinen Krieg finanzieren musste, hatten daran einen Anteil von 700 Millionen *livres*.[30]

Diese Zahl zeigt, ein wie großes Interesse der Finanzminister daran haben musste, das stetig wachsende Volumen der von ihm aufgelegten Anleihen zu platzieren. Das aber wurde zunehmend schwieriger, weil die

Börse immer heftiger haussierte und die Werte einzelner Titel in so märchenhafte Höhen stiegen, dass für die Zeichnung von Anleihen immer weniger Kapital zur Verfügung stand. Im Besonderen galt das für die Aktien von drei Unternehmen, der *Caisse d'escompte*, der *Banque d'Espagne* und der *Compagnie des eaux de Paris*. Calonne war skrupellos genug, mittels gezielter Manipulationen die Hausse dieser Titel in eine Baisse zu verwandeln, um die reibungslose Zeichnung weiterer Anleihen zu gewährleisten. Eines der Mittel zum Zweck war Mirabeau, den seine Genfer Freunde Clavière und Panchaud mit ihm in Verbindung brachten und der sich bereitfand, entsprechende Pamphlete, die eine Baisse dieser Aktien bewirken sollten, jeweils unter seinem Namen zu veröffentlichen.[31] Die Wirkung der Kampagne war sehr unterschiedlich. Während der Aktienkurs der *Caisse d'escompte* stabil blieb, wurden die auf die *Banque d'Espagne* und auf die *Compagnie des eaux* lautenden Papiere fast halbiert, was bei den geschädigten Spekulanten helle Empörung auslöste, die sich in einer ganzen Reihe polemischer Reaktionen niederschlug, auf die Mirabeau seinerseits mit zwei Gegenpolemiken antwortete.[32]

Natürlich blieb nicht verborgen, dass der Finanzminister bei diesen Manövern seine Hand im Spiel hatte. Als der *Conseil du Roi* am 17. Juli 1785 das Pamphlet Mirabeaus *De la Banque d'Espagne, dite de Saint-Charles* verbot, sah sich auch Calonne genötigt, dessen Inhalt öffentlich zu verurteilen. Das empörte Mirabeau, der sich damit in seiner stillen Hoffnung betrogen sah, er erhielte als Dank für sein publizistisches Engagement eine gut dotierte diplomatische Mission. Diese Erwartung war für ihn auch der Grund gewesen, auf eine diskrete Bezahlung seiner Tätigkeit ebenso zu verzichten wie auf eine Beteiligung an den von seinen Genossen realisierten Spekulationsgewinnen.

Wie sehr ihn die Nachreden trafen, denen sich auch der eigene Vater anschloss, er habe sich für seine Polemiken honorieren lassen, zeigt der Brief, den Mirabeau drei Jahre später am 4. Oktober 1788 an den Vater schrieb: «Von all denen meiner Freunde darum gebeten, die auf meine Anschauungen etwas gaben, mich an ihren Geschäften zu beteiligen, von Du Pont höchstselbst dazu aufgefordert, wie ich beweisen kann, von ihm deswegen sogar verhöhnt, dass ich mir nicht wenigstens 40 000 *livres* an Gewinn aus dem Spekulationsschwindel verschaffte, zog ich es vor, mich von jeglicher Spekulation, selbst einer ehrenwerten, fernzuhalten. Ich habe mehr schlecht als recht allein von meiner Arbeit und der Unterstützung meiner Freunde gelebt; aber ich habe niemals

Charles Alexandre de Calonne

auch nur einen *écu* eingesetzt, noch einen *sou* als Geschenk akzeptiert, obwohl ich in gewisser Weise und nach eigenem Belieben die Börsenkurse beeinflusste und man mir für mein Schweigen alles Gold geben wollte, das ich dafür verlangt hätte. Ich habe, im Guten oder im Schlechten, im Gerechten oder Ungerechten, in jedem Fall jedoch unbestritten den Finanzen unter der Leitung von M. de Calonne große Dienste erwiesen.»[33]

Die Unabhängigkeit, die Mirabeau allen bösen Zungen zum Trotz für jene Anschauungen beanspruchte, die zwar von anderen ausgearbeitet worden waren, aber unter seinem Namen veröffentlicht wurden, bewies er auch dadurch, dass er sich nicht scheute, Calonne entgegenzutreten, sobald dieser von seiner ablehnenden Haltung gegenüber der Spekulation abrückte. Das tat Mirabeau, als er auf eigene Faust und Rechnung seine Kampagne fortsetzte und diesmal anonym im Oktober 1785 ein drittes Pamphlet gegen die *Compagnie des eaux* erscheinen ließ. Das musste auch deshalb zu einem Konflikt mit dem Minister führen, den Mirabeau nur verlieren konnte, weil Calonne ein großes Aktienpaket an dieser von Beaumarchais lancierten Gesellschaft hielt, mit dem er seiner eigenen bislang verfolgten Politik zuwider auf Hausse spekulierte. Das brachte Mirabeau nicht nur eine Polemik mit Beaumarchais ein, sondern provozierte auch den Zorn Calonnes. Dem entzog sich Mirabeau vorsichtshalber, indem er an Weihnachten 1785 von der Pariser Bühne verschwand und nach Berlin reiste.

Dort brachte er einen fast dreihundert handgeschriebene Seiten langen Brief an Calonne zu Papier, den weder der Form noch dem Inhalt nach in einer irgendwie vergleichbaren Schärfe jemals wieder ein schier allmächtiger Minister von jemandem erhalten haben dürfte, den er ganz nach seinem Belieben sanktionieren und misshandeln konnte. Der Brief ist ein schönes Dokument für den unbestechlichen und furchtlosen Bürgersinn, der Mirabeau beseelte.[34] Als Illustration dafür genügen zwei Sätze, die am Anfang dieses Schreibens stehen: «Der Augenblick ist also eingetreten, Monsieur, den ich Ihnen voraussagte und den ich aufrichtig gefürchtet habe, dieser Moment, in dem meine Reputation, meine Prinzipien, meine persönliche Sicherheit, meine Ehre und, von all dem abgesehen, das Wohl meines Landes mir befehlen, Sie vor das Tribunal der Öffentlichkeit zu zitieren und diese zum Richter über uns anzurufen. (…) Ja, ich muss gegen Sie alles versuchen, was die Wahrheit, die Vernunft und der Patriotismus vermögen, um einen verantwortungslosen und korrupten Minister bei seinem unüberlegten Gang aufzuhalten, der, indem er die Zügel der Finanzen mit blinder Ignoranz und gieriger Habsucht schleifen lässt, die Ehre der Regierung wie der Nation mit Füßen tritt.»[35]

Der Anlass für diesen «offenen Brief» war seine verständliche Empörung über einen Rechenschaftsbericht der *Banque de Saint-Charles*, in dem er als «besoldeter Agent» verunglimpft wurde.[36] Talleyrand, dem Mirabeau den Brief an Calonne mit der Bitte um Publikation zusandte, redete ihm diese Absicht jedoch aus. Das hielt den listigen Talleyrand aber nicht davon ab, Calonne einige von ihm ausgewählte Abschnitte dieser Polemik zu zeigen, was genügte, um dem Minister klarzumachen, welche Gefahr er liefe, wenn er sich Mirabeau zum Feind machte. Danach hatten Talleyrand, Panchaud und der Duc de Lauzun, die sowohl mit ihm wie mit Calonne engen Umgang hatten, leichtes Spiel, den Finanzminister wie auch Außenminister Vergennes davon zu überzeugen, dass Mirabeau dank seiner in Berlin geknüpften Kontakte wertvolle Informationen liefern könne, wenn man ihm eine halboffizielle diplomatische Mission am preußischen Hof anvertraue.

Wie es zu dieser überraschenden Wendung kam, hat Mirabeau dem Vater detailliert geschildert: «Ich war nach Berlin abgereist, um nicht in der Bresche zurückzubleiben; ein mich sehr beleidigender Rechenschaftsbericht der *Banque Saint-Charles* erschien; (...) Calonne wusste nur zu gut, dass ich reagieren, dass ich etwas veröffentlichen, dass ich die Spekulanten und ihren Anführer zermalmen würde; deshalb hatte er den Einfall, dass es ihm größere Sicherheit gebe, wenn er mir eine Anstellung verschaffte. Friedrich II. legte sich zum Sterben; einige meiner Briefe an meine Freunde hatten den Eindruck erweckt, ich verstünde sehr viel von dem Land; unsere Diplomatie war dort nicht sehr rührig. Von sich aus wie auch dank meiner Freunde, die ihm einen gehörigen Schrecken einjagten, überredete Calonne M. de Vergennes, mir einen geheimen Auftrag zu erteilen, dessen Kosten vom Finanzminister beglichen werden sollten; also forderte man mich auf, nach Paris zu kommen, und bat mich, meine vorläufige Einschätzung der Lage in Preußen zu geben, ein Verlangen, dem ich als freier Mann und nicht als Höfling genügte;[37] daraufhin gab man mir Instruktionen, Chiffren etc., und ich machte mich wieder nach Berlin auf die Reise, deren Kosten mir entsprechend meiner Aufwendungen erstattet wurden.»[38]

Einen harmlosen Vorwand für diese Mission lieferte das sich ankündigende baldige Ableben Friedrichs des Großen, eine Aussicht, die in Paris für Unruhe sorgte. Tatsächlich aber sollte es der eigentliche und streng geheime Auftrag Mirabeaus sein, in Preußen Möglichkeiten zu sondieren, auf irgendeine Weise Gelder zur Finanzierung des maroden französischen Haushalts zu beschaffen. Das versprach ein Geschäft zu werden, von dem sich der in Finanzfragen versierte Talleyrand einen hübschen Gewinn versprach, zumal er der Erste wäre, der die vertraulichen Depeschen Mirabeaus zu lesen bekäme. Das eröffnete ihm alle Möglichkeiten, durch eine geschickte Redaktion dieser Depeschen nicht nur deren Inhalt den Erwartungen des Finanz- und Außenministers geschmeidig anzupassen, sondern sie auch dem Geschmack des Königs genehm zu machen, was seinen eigenen Ehrgeiz zu befördern versprach.[39]

Mirabeaus Berliner Mission schien also nur Gewinner zu haben: ihn selber; Calonne, der ohne großen Aufwand einen gefährlichen Gegner ruhigstellen konnte, und schließlich Talleyrand, der auf ein einträgliches Geschäft hoffen durfte. Alle diese Erwartungen wurden jedoch ausnahmslos enttäuscht. Mirabeau erhielt keinen diplomatischen Posten. Als er im Januar 1787 Berlin verließ, hoffte er darauf, von Calonne auf die Stelle eines Sekretärs der Notabelnversammlung berufen zu werden. Die Notabeln sollten im Februar erstmals zusammentreten, um über Lösungen für die sich verschärfende Finanzkrise zu beraten. Aber dieser Posten wurde mit Du Pont besetzt, der dafür zweifellos die bessere Qualifikation besaß.[40] Auch der Genugtuung Calonnes, einen gefährlichen Widersacher in aller Diskretion mundtot gemacht zu haben, war keine lange Dauer beschieden, denn Mirabeau publizierte pünktlich zur Eröffnung der Notabelnversammlung ein Pamphlet mit dem Titel *Dénonciation de l'agiotage au Roi et à l'Assemblée des Notables*, das gewissermaßen die zweite Version des im Jahr zuvor nicht veröffentlichten «offenen Briefs» an den Finanzminister darstellte und in der Öffentlichkeit hohe Wogen schlug. Talleyrand schließlich konnte den Gewinn, den er sich ausgerechnet hatte, nicht einstreichen, weil das kapitalarme Preußen sich nicht zur Stützung des defizitären französischen Haushalts anzapfen ließ.

Drittes Kapitel

In diplomatischer Mission

Ende Dezember 1785 verließ Mirabeau in Begleitung von Yet-Lie Paris und machte sich auf die Reise nach Berlin, wo er am 20. Januar 1786 im «Hôtel de la Ville de Paris» abstieg. Den Plan zu einem Aufenthalt in Preußen hatte er schon seit längerem gehegt, denn das Interesse am Staat Friedrichs des Großen war in Frankreich seit dem Siebenjährigen Krieg, in dem sich das Land mit Glück und Geschick erfolgreich gegen eine Übermacht an Gegnern behauptete, eine intellektuelle Mode. An Preußen faszinierte, dass es zwar in vieler Hinsicht eine Monarchie nach dem Muster Frankreichs, aber weitaus erfolgreicher als das Vorbild war. Friedrich II. war nicht weniger als Louis XV ein Autokrat, aber ohne dessen Laster einer Mätressenwirtschaft und Hofgesellschaft. Im Vergleich dazu nahm sich das stocknüchterne Preußen, dessen sehr unterschiedliche und territorial nicht miteinander verbundene Landesteile der papierweiße Arm einer unbestechlichen Verwaltung zusammenhielt, wie eine Maschine aus, deren kompliziertes Räderwerk vermeintlich mit Rechtssicherheit, Vernunft und Toleranz geölt war.

Mit Zähigkeit gelang es Friedrich dem Großen, den Machtbereich wie die Ausstrahlung seines an natürlichen Ressourcen armen Landes stetig zu erweitern und von überall her interessante Köpfe anzulocken – Voltaire war nur der bekannteste davon –, die sich auch nicht dadurch abschrecken ließen, dass Berlin nur eine schlecht verknüpfte Agglomeration ärmlicher Dörfer war, die im märkischen Sand versanken. Auch das dieser urbanen Armseligkeit benachbarte Potsdam, Sitz der königlichen Residenz, stand weit hinter der Pracht zurück, die selbst manche der geistlichen Kurfürsten im Reich entfalteten. Alle diese Unzulänglichkeiten, die sich zu einem Tableau zivilisatorischer Rückständigkeit summierten, erschienen gleichwohl vielen wegen des großen Erfolgs, den Preußen hatte, attraktiv. Durch ein Studium Preußens ließen sich vielleicht Anregungen gewinnen für eine Reform Frankreichs. Das jedenfalls war die tiefere Absicht, die Mirabeau in Preußen leitete, der seine Erfahrungen in einem großen Werk über die preußische Monarchie darlegen wollte.

Der provinzielle Zuschnitt von Gesellschaft und Hof machten es Mirabeau als Franzosen leicht, Kontakte mit führenden Persönlichkeiten, mit Mitgliedern der preußischen Regierung, dem Kronprinzen Heinrich wie dem alten König selbst zu knüpfen. Schon zwei Tage nach seiner Ankunft hatte er Friedrich II. brieflich um eine Audienz gebeten: «Sire, es ist möglicherweise allzu vermessen, Ihre Majestät um eine Audienz zu bitten, vor allem dann, wenn man nicht mit einer Angelegenheit aufwartet, die von Belang wäre. Aber wenn Sie einem Franzosen, der seit seiner Geburt bemerkte, dass die Welt vom Klang Ihres Namens widerhallt, das Verlangen nachsehen können, dem größten Mann dieses und der nachfolgenden Jahrhunderte aus größerer Nähe zu sehen, als man für gewöhnlich die Könige gewahren kann, werden Sie mir sicherlich die Gunst erweisen, Ihnen in Potsdam meine Aufwartung zu machen.»[1] Bereits am folgenden Tag ließ Friedrich Mirabeau wissen, ihn empfangen zu wollen.[2] Den Grund für diese Eile verrät ein Billet Friedrichs II. an den Grafen Görtz, er habe auch ein Paket mit Büchern von Mirabeau erhalten. Seiner Bitte, Mirabeau dafür zu danken, fügte er den Wunsch hinzu: «Ich bin, wie ich zugebe, sehr neugierig zu erfahren, welcher glückliche Umstand diesen Reisenden bis hierher verschlagen hat, und Sie machten mir großes Vergnügen, wenn Sie mir das mitteilen könnten.»[3]

Welcher Art diese erbetenen Auskünfte waren, ließ Friedrich am 25. Januar 1786 seinen Bruder Prinz Heinrich wissen: «Wir haben hier einen Herrn Mirabeau, den ich nicht kenne; er wird mir heute seine Aufwartung machen. Soweit ich über ihn urteilen kann, handelt es sich um einen dieser verweichlichten Satiriker, die für wie gegen alle Welt schreiben. Dem Vernehmen nach will dieser Mensch um Asyl in Russland nachsuchen, wo er ungestraft seine Sarkasmen gegen sein Vaterland veröffentlichen kann.»[4] Das ist *cum grano salis* zu verstehen, denn er wusste vermutlich nur zu gut, wer dieser Mirabeau war, demgegenüber er den Bruder zur Vorsicht ermahnte. Dafür spricht auch, dass die am nämlichen Tag stattfindende Audienz keineswegs unerfreulich verlief, wie Mirabeaus Dankschreiben vom folgenden Tag zeigt. Vom König danach gefragt, ob er unterwegs nach St. Petersburg sei, heißt es darin: «Außer der billigen Neugierde, die mich nach Berlin geführt hat, (....), ist es meine Absicht, die ich Ihnen, Sire, allein eingestehe, eine Anstellung in dem Lande zu suchen, das meines Wissens nach am meisten Fremder bedürftig zu sein scheint. Ich will also nach Russland gehen, würde indes diese noch unkultivierte Nation und ihr raues Land nicht aufsuchen, wenn mir nicht Ihre Regierung zu vollkommen organisiert zu sein schiene, als dass ich mir schmeicheln könnte, Ihrer Majestät von Nutzen sein zu dürfen. Ihrer Majestät zu dienen, nicht in Akademien müßig einen Platz einzunehmen, wäre zweifelsohne das höchste Ziel meines Strebens gewesen.»[5]

Das nennt man mit dem Zaunpfahl winken. Friedrich II. versagte es sich jedoch, Mirabeau ein Angebot zum Bleiben zu machen. Stattdessen beschied ihn der König mit einigen unverbindlichen Komplimenten und äußerte die Hoffnung, Mirabeau zeit seines Berliner Aufenthalts noch öfter zu sehen. Mirabeau trat in Berlin in regen Verkehr mit Angehörigen der französischen Kolonie wie dem Marquis de Luchet, der in Diensten des Prinzen Heinrich von Preußen stand, bei dem Mirabeau als Stammgast verkehrte. Dem Prinzen gegenüber schwadronierte er von den 54 *Lettres de cachet* – tatsächlich waren es «nur» 15 –, die der Vater gegen Mitglieder der eigenen Familie erwirkt habe, oder er unterhielt ihn damit, dass er den Zustand der französischen Finanzen in den schwärzesten Farben malte. Am ertragreichsten war für Mirabeau jedoch der intensive Verkehr mit dem Geheimen Kriegsrat im preußischen Außenministerium Christian Wilhelm von Dohm, der ihn über manche Arkana der Politik Friedrichs II. unterrichtete und dessen 1781 veröffentlichte Schrift «Über die bürgerliche Verfassung der Juden» ihm zahlreiche Anregungen für seinen 1787 publizierten Essay *Sur Moses Mendelssohn* verschaffte.[6]

Mirabeau schöpfte auch eine Fülle von Kenntnissen über Preußen aus Friedrich Nicolais seit 1765 erscheinender Rezensionszeitschrift *Allgemeine deutsche Bibliothek*. Eine erste Frucht mannigfacher Anregungen war die während seines Aufenthalts in Berlin entstandene und auch hier 1786 publizierte Schrift *Lettre du Comte de Mirabeau à *** sur Messieurs Cagliostro et Lavater*, mit der er gegen den Irrationalismus und den Fanatismus zu Felde zog, zwei Themen, die er in *Sur Moses Mendelssohn* breiter ausführen sollte. Hauptopfer von Mirabeaus scharfer Polemik war der in Zürich lebende Pastor Johann Kaspar Lavater, dessen philosophisch-kabbalistisches Christentum er verdächtigte, Fanatismus und Intoleranz zu fördern. Lavater wird mit einer Fülle von Invektiven überschüttet, die mit seiner Charakteristik anheben: «Dieser Lavater, der im eisigen Norden [i. e. in Zürich (!)] die heiße Phantasie des Südens besitzt, dieses wunderliche Gemisch von Gelehrsamkeit und Unwissenheit, von Aberglauben und Gottlosigkeit, von Geist und Wahnsinn, dieser Frömmler und Zauberer, Weltmann und Rigorist, wollüstig und mystisch, intrigant und arbeitsam, dieser Lavater, ein Autor, der bis zum Alter von 36 Jahren schon 80 Bände veröffentlichte, ist eine der eigenartigsten Persönlichkeiten dieses Jahrhunderts.»[7] Durch Lavater, der Moses Mendelssohn 1763 in Berlin aufgesucht hatte und diese Lichtgestalt der Berliner Aufklärung mit einer bis zur Hysterie gesteigerten Intoleranz verfolgte, wurde Mirabeaus Interesse für den Mann erst recht entfacht, der sich in seinen Schriften mit der Emanzipation der Juden auseinandergesetzt hatte und der kurz vor seiner Ankunft am 4. Januar 1786 in der preußischen Hauptstadt gestorben war.

Mirabeau war an der Frage der Judenemanzipation, mit der sich die Spätaufklärung intensiv auseinandersetzte, zunächst vermutlich kaum interessiert. Auf das Thema aufmerksam gemacht wurde er in den ausführlichen Gesprächen mit Christian Wilhelm von Dohm, dessen zweibändige Abhandlung «Über die bürgerliche Verbesserung der Juden» von 1781–1783 großen Eindruck auf ihn gemacht hatte. Auch muss ihn der große Anteil, den Juden am kulturellen Leben Berlins hatten, positiv überrascht haben, denn das markierte einen deutlichen Unterschied zu Paris.

Wie sehr ihn das Thema einer umfassenden Emanzipation der Juden in Preußen umtrieb, zeigt sich auch daran, dass er in seiner Abschiedsaudienz darüber sprach, die Friedrich II. Mirabeau vor der Abreise nach Paris gewährte.[8] Was sein besonderes Interesse an der Frage erregte, geht aus den Gesprächen mit Mitgliedern der jüdischen Gemeinde Berlins hervor, die sich mit Hoffnungen trugen, der sich ankündigende Thronwechsel werde mit substantiellen Verbesserungen ihrer Lage verknüpft sein. Folglich war es für ihn nur konsequent, in einer großen Denkschrift, die er dem Thronfolger Friedrich Wilhelm II. nach dessen Thronbesteigung ungefragt zuleitete und die er ein Jahr später veröffentlichte, der Forderung nach Toleranz im Allgemeinen und der für die Juden im Besonderen einen eigenen Abschnitt zu widmen.[9] Darin forderte er ihn auf, in seinen Staaten eine «tolérance illimitée» zu verkünden, die auch den Juden alle bürgerlichen Freiheitsrechte gewähre. Das suchte ihm Mirabeau mit der Versicherung nahezubringen, er überträfe damit an religiöser Toleranz sogar seinen Vorgänger, «den tolerantesten Fürsten, den es je gegeben hat». Ein solches Entgegenkommen werde ihm zudem durch eine Fülle von Vorteilen vergolten werden, die alle dem Wohl Preußens zugutekämen.

Wie sehr sich Mirabeau damals mit der Frage der Judenemanzipation befasste, zeigt auch das Schreiben an seinen späteren engen Mitarbeiter Jakob Eléazar Mauvillon, den er durch die Vermittlung Dohms auf der Rückreise von Berlin nach Paris bei einem mehrtägigen Aufenthalt in Braunschweig kennengelernt hatte. Mauvillon, den Mirabeau gelegentlich als «l'Allemand de Provence» apostrophierte, war der in Leipzig geborene Sohn eines Hugenotten aus einem Dorf bei Tarascon, der seines Glaubens wegen zur Emigration nach Sachsen genötigt worden war. Als umfassend gebildeter Aufklärer hatte Mauvillon nationalökonomische Studien betrieben und sich insbesondere mit den physiokratischen Lehren auseinandergesetzt. Das war für Mirabeau ebenso ein Anknüpfungspunkt wie Mauvillons Eintreten für eine Monarchie auf verfassungsmäßiger Grundlage, für Presse- und Meinungsfreiheit und für die Völkerverständigung.

In einem Brief an Mauvillon erbat er sich dessen Unterstützung für seine «philanthropischen Ansichten»: «Bei einem bedeutenden Prinzen [i. e. Prinz Heinrich] wurde nachdrücklich die Frage aufgeworfen, etwas für die Juden zu unternehmen. Man wünscht diesen Prinzen auf jede nur denkbare Weise dafür zu gewinnen und, abgesehen von einem Entwurf, den Sie kennen, wie auch unabhängig von den beiden Bänden unseres guten und geschätzten Dohm, die ihm ausgehändigt wurden, habe ich nach bestem Wissen eine Denkschrift verfertigt, um seiner Vernunft Mut und seiner Eigenliebe Nachdruck zu verleihen. (...) Ich habe mich dazu entschlossen, in die literarischen Blätter Frankreichs eine Notiz über Mendelssohn einzurücken, über den man seit seinem Tod nicht mehr gesprochen hat, und die mir, auch wenn er allein einer solchen Hommage würdig ist, ganz natürlich die Gelegenheit verschafft, auf die jüdische Kolonie von Berlin zu sprechen zu kommen. (...) Was ich dafür benötige und was nur Sie mir beschaffen können, das ist eine rasch verfertigte Übersicht über seine Werke, die mit der Liebe zur Wahrheit, aber ohne Übertreibung geschrieben ist, in welcher deren Absichten genau umrissen, die Ausführung gewürdigt und die Unterschiede, sei es hinsichtlich der Untersuchung oder der Prinzipien zu denen anderer Philosophen, klar herausgearbeitet sind, so dass dieser kurze

Jakob Mauvillon

Abriss als Ergebnis sein Denken wie auch den Weg zeigt, auf dem er dahin gelangte. (...) Erweisen Sie mir diesen Dienst, mein sehr lieber Herr, oder versuchen Sie vielmehr gemeinsam mit mir, diesen Dienst einem Großteil der Menschheit zu erbringen, die dadurch endlich in den Genuss der Menschenrechte gelangen könnte.»[10]

Seit den Pamphleten gegen die Spekulation war es Mirabeau gewohnt, dass andere ihm die Arbeit abnahmen, deren Lorbeer er dann einheimste. Mauvillon scheint mit dieser Methode noch nicht recht vertraut gewesen zu sein, weshalb ihm am 27. August 1786 mitgeteilt wurde: «Geben Sie mir bitte auch eine Einschätzung seiner schriftstellerischen Fähigkeiten, denn man sagt mir zu gerne: *Er hat als einer der Ersten die Sprache und den Genius des Deutschen vervollkommnet*; aber das ist mir alles viel zu vage und zu allgemein, wie außerdem mir, unter uns gesagt, die überbordende Fülle an Epitheta, die von den Deutschen mit wahren Tintenströmen erbrochen wird, mich nur wie Pleonasmen und Neologismen anmuten. Ich bin beschämt, Sie erneut deswegen bedrängen zu müssen, und ich weiß auch, dass es schwierig ist, dem gut und rasch zu entsprechen; allein es eilt, das Werk drängt zur Vollendung.»[11]

Sur Moses Mendelssohn, sur la réforme politique des Juifs et en particulier sur la révolution tentée en leur faveur en 1753 dans la grande Bretagne erschien im Oktober 1786 und umfasste rund 200 Druckseiten. Eine nicht paginierte Einleitung von rund 70 Seiten, bei der es sich augenscheinlich um den einzigen von Mirabeau eigenhändig verfassten Beitrag zu diesem Kompendium handelt, ist der polemischen Erwiderung auf zwei Gegenschriften zum *Lettre du Comte de Mirabeau à *** sur M. Cagliostro et Lavater* gewidmet, die der Landgraf von Hessen-Homburg sowie der Kapellmeister Johann Friedrich Reichardt veröffentlicht hatten, die Lavater vor seinen Angriffen in Schutz zu nehmen suchten. Außerdem nutzte Mirabeau diese Einleitung für eine Abrechnung mit dem Kollegen, zeitweiligen Zuarbeiter und Freund Jacques-Pierre Brissot, der ihn zu einer ausführlichen Rechtfertigung seiner Kenntnisse in der deutschen Sprache nötigte, die ihm manche bestritten.

Der zweite Teil des Buches ist einer Erörterung des philosophischen Werks von Mendelssohn gewidmet, die sich vor allem an das französische Publikum richtete, das damit nicht nur über dieses, sondern auch über die Schriften Lessings und Kants in einem größeren Zusammenhang unterrichtet wurde. Der Beitrag Mirabeaus dürfte sich auf die redaktionelle Aufbereitung des Materials beschränkt haben, das ihm Dohm und Mauvillon zur Verfügung gestellt hatten. Der interessanteste Teil ist der dritte, der mit *De la Réforme politique des Juifs* überschrieben ist und sich seiner genauen Durcharbeitung von Dohms Hauptwerk «Über die bürgerliche Verfassung der Juden» verdankt, die Mirabeau mit einigen rhetorischen Glanzlichtern überzuckerte. Der vierte Teil *De l'Acte de Naturalisation porté en 1753 dans la grande Bretagne en faveur des juifs* liefert hingegen einen aus englischen Quellen zusammengetragenen Überblick über den *Jew Bill*, während sich der fünfte Teil *Objections de* M. *Michaelis, et autres* noch einmal abschließend mit den Gegnern der Judenemanzipation auseinandersetzt.[12]

Ob Mirabeau die Belange der jüdischen Emanzipation wirklich so sehr am Herzen lagen, wie es die Schrift nahelegt, muss bezweifelt werden. Weitaus naheliegender ist, dass das Thema, auf das er durch seinen Aufenthalt in Berlin aufmerksam gemacht wurde, ihm als ein willkommenes Vehikel diente, um zwei ganz andere Botschaften zu transportieren. Zum einen war es sein Bestreben, sein nicht zuletzt im Zusammenhang mit den Pamphleten gegen die Spekulation ramponiertes Image aufzupolieren, indem er sich als Schriftsteller auswies, der selbstlos philanthropische Interessen wie die Emanzipation der Juden verfocht. Das ging vorzüglich Hand in Hand mit der nebenbei verfolgten Absicht, das heimische Publikum über das geistige Leben in Preußen am Beispiel des Schaffens einiger seiner Protagonisten wie Mendelssohn, Kant, Lessing oder Dohm zu informieren. Darin spricht sich weniger ein pädagogischer Impetus aus als vielmehr ein Reklamekalkül, galt es doch das Publikum auf das geplante Riesenwerk *De la Monarchie Prussienne* gehörig neugierig zu machen, mit dessen Vorarbeiten er längst schon intensiv befasst war.

Vorrang besaß für ihn jedoch das Verlangen, sein Ansehen in der Öffentlichkeit zu korrigieren, neu zu justieren und unangreifbar zu machen. Wie notwendig das für sein weiteres Fortkommen sein würde, war ihm in der kurzen Zeit aufgegangen, in der er sich vom 22. Mai bis zum 3. Juli 1786 in Paris aufhielt. Die Schlüsse, die er daraus zog, wurden von ihm im ersten Teil von *Sur Moses Mendelssohn* kaum verklausuliert ausgesprochen. Hier las er jenen, die wie er die öffentliche Meinung zu beeinflussen suchten, die Leviten und machte ihnen den Vorwurf, sich durch nichtsnutzige Streitereien untereinander um ihre Wirkung zu bringen: «Wenn sie das niederträchtige Gewerbe literarischer Gladiatoren verachteten, sich stattdessen zu wahrer Waffenbrüderschaft gegen die Vorurteile, die Lüge, die Scharlatanerie, den Aberglauben und die Tyrannei in welcher Erscheinungsform auch immer zusammenschlössen, dann wäre das Antlitz der Erde binnen eines Jahrhunderts völlig verändert.»[13]

Diese Standpauke ist sehr *pro domo* zu verstehen, denn in Paris war er auch wieder in unmittelbaren Kontakt zu Calonne gekommen. Da sich beide hüteten, dem jeweils anderen erkennen zu geben, dass sie ihm etwas nachtrügen, kam es zu einem fortgesetzten Austausch falscher Freundlichkeiten. Dabei wird Mirabeau auch von den Plänen einer umfassenden Steuerreform erfahren haben, mit denen Calonne umging und die er gut ein halbes Jahr später beim Zusammentritt der Notabelnversammlung öffentlich bekannt machte. Zu diesen Plänen gehörte auch die Schaffung von Repräsentativversammlungen der drei Stände in den Landesteilen, in denen diese Institutionen verschwunden waren. Diese Versammlungen, noch durch entsprechend besetzte Vertretungen auf der Ebene der Distrikte und Gemeinden nach unten ergänzt, sollten die jeweils festgelegte Last des Steueraufkommens auf die der Steuerpflicht unterliegenden Bürger verteilen.

In diesem Zusammenhang entsann sich Mirabeau einer Denkschrift, die Du Pont im Auftrag von Finanzminister Turgot im August 1775 ausgearbeitet hatte, in der bereits entsprechende Überlegungen angestellt worden waren.[14] Die Denkschrift hatte Du Pont bei einem seiner Besuche in Vincennes Mirabeau zur Lektüre geliehen, der sich damals von dem Manuskript eine Kopie anfertigte. Mirabeau spielte mit dem Gedanken, sie dem Minister als sein eigenes Werk auszuhändigen, doch der Plan hatte einen Haken. Er hatte diese Denkschrift auch schon Clavière in Neuchâtel gezeigt, der sich seinerseits davon eine Abschrift angefertigt hatte, die zur Kenntnis von Mirabeaus Kollegen Jacques-Pierre Brissot gelangt war, der die hochaktuelle Bedeutung dieses Schriftstücks sofort begriff und dessen umgehende Veröffentlichung plante.

Diese Absicht blieb Mirabeau nicht verborgen, dem nun nicht nur drohte, zum betrogenen Betrüger zu werden, sondern der auch darauf spekuliert hatte, von Calonne ein Amt vorgeschlagen zu bekommen. Dass ihn Brissots Vorhaben erschreckte, zeigt der empörte Brief, den er am 15. Juli 1786 von Braunschweig aus an diesen schickte: «Ich möchte Sie noch einmal, Monsieur, mit allem Nachdruck zur Rede stellen, die mit der Bedeutung des Gegenstands, des Manuskripts, zusammenhängt, das M. Clavière Ihnen aus schier nicht zu entschuldigendem Leichtsinn anvertraute und das Sie mit einer unendlich schwerwiegenden Unklugheit im Begriff standen zum Druck zu geben. Ich habe deswegen schon mit M. Clavière mit derartigem Nachdruck gesprochen, der ihm die Augen über diese unbegreifliche Handlungsweise geöffnet haben dürfte. Ich muss einem Mann gegenüber, der sich zu den Prinzipien bekennt, wie sie von Ihnen verkündet werden, nicht lange auf den heiligen Ansprüchen der Vertraulichkeit und des Eigentums herumreiten; aber was ich gar nicht oft genug betonen kann, ist, dass die Verbreitung dieses Manuskript mich so nachhaltig kompromittierte, dass sie mir einen irreparablen Schaden zufügte, für den ich keinerlei materielle Entschädigung fände, sondern der im Gegenteil mich noch viel stärker bekümmerte, weil ich mich dazu genötigt sähe, Sie möglicherweise vor ein Gericht zu zerren, sicherlich aber vor das Tribunal der Öffentlichkeit. Schließlich, Monsieur, und das ist die eigentliche Überlegung, die ich Ihrem Gewissen ansinne, Sie würden mit der von Ihnen beabsichtigten Handlungsweise die wichtigste Operation stören, wenn nicht gänzlich zunichtemachen, mit deren Hilfe Frankreich wieder auf die Beine käme. Eine lediglich buchhändlerische Spekulation kann Sie nicht für das ganze Ausmaß einer solchen Untat blind machen.»[15]

Mit diesem von Impertinenz triefenden Brief hatte sich Mirabeau entschieden zu weit aus dem Fenster gelehnt, was ihm Brissot mit seiner besonnenen wie zugleich ironischen Antwort von Ende Juli 1786 klarmachte. Zunächst verbat er sich alle gegen ihn und Clavière gemachten Anschuldigungen. Dann machte er Mirabeau darauf aufmerksam, dass auf der Kopie der Denkschrift, die er von Clavière erhalten hatte, als deren Verfasser der 1781 gestorbene Turgot firmierte und er es deshalb geradezu als seine patriotische Pflicht erachtet habe, ein für das öffentliche Wohl so wichtiges Schriftstück eines großen Toten auch auf die Gefahr hin zu veröffentlichen, dass man damit dem Willen von dessen Angehörigen zuwiderhandele. Im Übrigen habe der Name Turgot ihm alle Skrupel genommen, sich von der Denkschrift seinerseits eine Kopie anzufertigen. «Niemals, Monsieur, hätte ich etwas Derartiges mir erlaubt, wenn ich auch nur den mindesten Hinweis gehabt hätte, dass Sie einen *persönlichen* Besitzanspruch auf dieses Werk erheben könnten. Meine einschlägige Gewissenhaftigkeit müsste Ihnen so bekannt sein, dass Sie daran keinerlei Zweifel hegen können. Niemals habe ich jemanden bestohlen; und, da ich den Namen des Autors auf dem Titel seines Werks stehen ließ, kann ich noch nicht einmal des Plagiats bezichtigt werden. Außerdem, wäre ich tatsächlich der Naivität fähig gewesen, Ihnen von meiner Absicht einer Veröffentlichung zu erzählen, wenn ich hätte annehmen müssen, dass Sie der Verfasser dieses Elaborats sind? Vertraut man denn das Diebesgut dem Bestohlenen an? Außerdem haben Sie mir selber bestätigt, dass der hochangesehene Mann, dessen Name darauf steht, auch dessen Verfasser ist.» Gleichwohl habe er aus Rücksicht auf die Unannehmlichkeiten, die Mirabeau bei einer Veröffentlichung des Manuskripts für sich befürchte, alle Anstrengungen unternommen, ebendies zu verhindern. Ob er damit aber auch erfolgreich sei, könne er ihm jedoch nicht endgültig zusichern.[16]

Nach dieser Erklärung macht er Mirabeau den Vorwurf, sich mit der Absicht zu tragen, ihn vor Gericht oder vor das Tribunal der Öffentlichkeit zu zerren. Welches Gericht er denn meine, fragt Brissot. Vor die *Autorité légale*, ein ordentliches Gericht also? «Das», so lässt ihn Brissot wissen, «empörte mich weit mehr mit Rücksicht auf Sie als auf mich; vor allem jedoch wäre das für die Belange der Öffentlichkeit empörend, denn deren Feinde werden ohne Zweifel über einen solchen Streit vor Entzücken außer sich geraten. – Oder denken Sie gar an die *Autorité arbitraire* [i. e. an die vom König ausgeübte Willkürjustiz]? An eine derartige Drohung vermag ich angesichts des Autors der *Lettres de Cachet* nicht zu glauben. – Bleibt also nur die Öffentlichkeit. Deren Urteil fürchte ich nicht. (...) Aber welche Beweise wollen Sie ihr für das von Ihnen behauptete Eigentum vorlegen? Der Zufall, der Ihnen die erste Abschrift verschaffte? Das nenne ich einen Rechtsanspruch!»[17]

Selbst dieses Antwortschreiben hat Mirabeau kein bisschen irritiert. Der törichte Zank mit Brissot, in den auch Talleyrand hineingezogen wurde, ging noch eine Weile weiter, bis Du Pont schließlich das Lügengewebe, in das sich Mirabeau immer tiefer verstrickte, zerriss, indem er das Originalmanuskript der Denkschrift Calonne vorlegte,[18] das zum Beweis seiner Authentizität zahlreiche Korrekturen von der Hand Turgots aufwies. Was Du Pont in einem Brief an Turgots Bruder dazu über Mirabeau schrieb, ist höchst aufschlussreich: «Dem Comte de Mirabeau sind ein Talent und eine Heftigkeit eigentümlich, die man klugerweise nicht reizen sollte, wenn er im Unrecht ist, oder zutreffender noch: dann erst recht nicht. Er verschlimmert seine Irrtümer noch mit einer Frechheit, die einen dazu zwingen könnte, ihn zu töten, um ihm das Leben zu lehren (...) Im Übrigen weist der Comte de Mirabeau trotz seiner gravierenden Macken schätzenswerte Eigenschaften auf, die für den öffentlichen Nutzen sehr brauchbar sein können. Jedenfalls verkörpert er die seltsamste Mischung von gut und böse, die mir jemals untergekommen ist.»[19]

Der Zank mit Brissot und Clavière um den *Mémoire relatif aux Administrations provinciales* endete für Mirabeau mit einer Niederlage auf der ganzen Linie. Obwohl er bis zuletzt an seiner Autorschaft festhielt, wurde er ausgerechnet durch den Mann als Plagiator überführt, der ihm einige Monate später auch bei der Bestellung zum Sekretär der geplanten Notabelnversammlung den Rang ablaufen sollte. Diese selbstverschuldete Peinlichkeit suchte Mirabeau dadurch vergessen zu machen, dass er sich mit Feuereifer seinen neuen Aufgaben widmete, zu denen er am 3. Juli von Paris aufbrach. Am 10. Juni traf er in Braunschweig ein, wo er zunächst mit Mauvillon ausgiebig über das große Buchprojekt *De la Monarchie prussienne* konferierte, das jetzt zügig in Angriff genommen wurde. Einige Tage später langte er wieder in Berlin ein, diesmal in geheimer Mission mit einem doppelten Auftrag: zum einen in Ergänzung zu denen des französischen Botschafters Berichte über die innere Situation Preußens zu senden; zum anderen um für Talleyrand, Clavière und Panchaud nach Geld und Geldgebern auszuschauen, eine Tätigkeit, von der die Öffentlichkeit auch im Januar 1789 nichts erfuhr, als Mirabeau jene 56 Depeschen, die er in dieser Zeit von Berlin nach Paris sandte, unter dem reißerischen Titel *Histoire secrète de la Cour de Berlin* veröffentlichte.[20]

Am 26. Juli 1786 wusste Mirabeau zu berichten: «Die schönen Tage sind für den König eine Stütze; aber er ist in schlechtem Zustand. Am Mittwoch ließ er sich in einem Rollstuhl kurz durch den Park fahren, fühlte sich dabei aber recht unwohl und litt währenddessen und danach sehr. Am Donnerstag klagte er noch mehr, und gestern ging es ihm nicht besser. Ich bin fest davon überzeugt, dass ihn bis September sein Ende ereilen wird.»[21] Diese Frist war Friedrich II. nicht mehr beschieden, der schon am 17. Juli seinen letzten Atemzug tat, wie Mirabeau noch am selben Tag Talleyrand wissen ließ: «Das Erwartete ist eingetreten. Friedrich Wilhelm regiert, und einer der größten Charaktere, die jemals auf dem Thron saßen, und eine der schönsten Schöpfungen, welche die Natur hervorgebracht hat, ist zerbrochen.»

Der König ist tot, es lebe der König! Diese Regel beherzigte auch Mirabeau. Bereits am 22. August 1786 meldete er Talleyrand: «Ich habe dem König meine große Denkschrift zugesandt; er hat mir deren Erhalt bestätigt und dem hinzugefügt, ich könne versichert sein, dass ihm alles, was von mir käme, stets ein Vergnügen sei, und dass die gefälligen Dinge, die ihm zur Kenntnis gelangten, ihm immer dann besonders genehm seien, wenn sie von mir kämen.»[22] Das war eine ebenso höfliche wie unverbindlich-kühle Antwort, mit der Mirabeau beschieden wurde, der sich die für einen Gesandten in geheimer Mission höchst merkwürdige Rolle eines Marquis Posa anmaßte, der dem neuen König gute Ratschläge für seine Herrschaft erteilte.[23]

Tatsächlich war dieser *Brief*, den er ein Jahr später veröffentlichte, nach Form und Inhalt nichts weniger als eine Ungeheuerlichkeit, für die Mirabeau viel Kritik einstecken musste. Die beeindruckte ihn nicht, denn derartiger Lärm war nur geeignet, seine Berühmtheit zu mehren. Eines jedoch verstörte ihn an diesen Äußerungen, und das war der Vorwurf, der Brief sei eine bitterböse Satire auf Friedrich den Großen.[24] Das traf Mirabeau umso mehr, als er mit diesem Brief erstmals eine Absicht vermitteln wollte, die das Leitmotiv seines Handelns in der Revolution sein sollte: der Regisseur von Umbruch und Erneuerung zu sein.

Folgerichtig beurteilte er in dieser Denkschrift zahlreiche Einrichtungen des friderizianischen Staates mit großer Schärfe und begründete damit seine Forderungen nach gründlichem Wandel. Der neue Herrscher könne, so der *basso continuo* von Mirabeaus Ratschlägen, allein durch entschlossen ausgeführte Reformen die *gloire sublime* erlangen. Die Voraussetzungen, die ihm der preußische Staat biete, seien in jeder Hinsicht glänzend. «Sie sind der einzige Herrscher Europas, der weit davon entfernt ist, verschuldet zu sein, einen gut gefüllten Staatsschatz besitzt. Ihre Truppen sind hervorragend; Ihre Nation ist klug, Ihnen treu ergeben und weist einen ausgezeichneten *esprit public* auf, den man angesichts der herrschenden Untertanenmentalität (constitution servile) gar nicht erwarten kann. Manches in der Verwaltung, wie beispielsweise das Rechnungswesen und die gesamte Militäradministration in Ihren Staaten, rechtfertigen großes Lob. (...) Schlussendlich, Sire, sind Sie der einzige Fürst, der sich der unabdingbaren Pflicht gegenübersieht, Großes zu bewerkstelligen, der Einzige, von dem man dies erwartet. (...) Seien Sie gerecht, seien Sie gut, dann werden Sie glücklich und groß sein.»[25]

So weit die *Captatio benevolentiae*, der zahlreiche Ratschläge folgen. Sie beginnen damit, dass er den Herrscher vor den Schmeicheleien seiner Umgebung warnt. «Wenn Ihnen etwas gelingt, was der Sohn Ihres Sklaven zehnmal am Tag besser vollbringt, wird man Ihnen lobhudeln, *Sie hätten etwas ganz Außergewöhnliches geleistet*; lassen Sie hingegen Ihren Leidenschaften die Zügel schießen, werden sie Ihnen sagen, *Sie täten Gutes.*»[26] Nach dem sich anschließenden Ratschlag, nicht in alles hineinregieren, alles selbst anordnen und kontrollieren zu wollen, *de ne pas trop gouverner*, rückt Mirabeau schließlich mit seiner Kritik am Bestehenden und seinen Vorschlägen, dieses zu ändern und zu reformieren, heraus.

Zunächst verlangt er einen gründlichen Umbau des gesamten Militärwesens. Statt der «militärischen Sklaverei» fordert er die Schaffung einer nationalen Miliz mit kürzerer Dienstzeit, gänzlichen Verzicht auf die Anwerbung ausländischer Söldner, das Recht auf freie Auswanderung, die Beseitigung aller Standesschranken, die ausdrücklich mit der Möglichkeit verbunden sein soll, dass Bürger auch Rittergüter erwerben können, eine Aufhebung aller von den Bauern zu leistenden Fronleistungen, also eine umfassende Bauernbefreiung, die Gleichstellung von bürgerlichen Beamten und Offizieren nach dem Motto: freie Bahn den Tüchtigen, die Abschaffung der Zensur, unbeschränkte Toleranz im Allgemeinen und die Emanzipation der Juden im Besonderen, Verbesserungen des ländlichen Schulwesens, schrittweise Ersetzung der Binnenzölle und der indirekten Steuern durch eine für alle geltende Grundsteuer, Beseitigung aller Monopole und eine tätige Förderung des Transithandels. Mehr als durch alle diese Ratschläge wurde der Zorn des Souveräns über den unerhörten Fürwitz Mirabeaus vermutlich jedoch durch einen Ratschlag erregt, den er ihm ganz am Schluss unterbreitet, nämlich den Prinzen Heinrich, den jüngeren Bruder seines Vorgängers Friedrich II., zu seinem wichtigsten Berater zu machen. Das war entschieden zu viel, denn das Verhältnis zwischen beiden war aus den unterschiedlichsten Gründen sehr gespannt, weshalb der neue König alles daransetzte, den unliebsamen Verwandten von der Macht fernzuhalten und ihn nach Schloss Rheinsberg zu verbannen.

Mirabeau täuschte sich jedoch, wenn er glaubte, dieser Sturzbach unerbetener Ratschläge würde den neuen Herrscher für ihn einnehmen, wie er die kühlen Dankesworte Friedrich Wilhelms deutete. «Man habe», so bemerkte er gegenüber Talleyrand, «bei ihm vorgefühlt, ob er unter Umständen bereit sei, in die Dienste des Königs zu treten; vielleicht bezweckte man damit aber auch nur, in Erfahrung zu bringen, ob ich eventuell dazu geneigt sei. Ich versetzte darauf, was ich auch schon dem Prinzen Heinrich gesagt habe, der mir rundheraus bei sich eine Stelle angeboten hatte, dass es mir meine Freundschaften in Frankreich wie auch meine heimischen Geschäftsinteressen unmöglich machten, daran auch nur zu denken.»[27] Das ist eine hübsche Erfindung Mirabeaus, der glaubte, ein Interesse des Königs von Preußen an seiner Person und Fähigkeiten würde seine Karriereaussichten in Frankreich verbessern.

Tatsächlich erteilte Friedrich Wilhelm II. den von Mirabeau vollmundig vorgetragenen Behauptungen eine zwar diplomatisch verklausulierte, aber deutliche Absage, die verrät, wie genau man die Ambitionen des umtriebigen Franzosen durchschaute. «Der König hat mir die Ehre erwiesen», schrieb er am 2. September 1786 an Talleyrand, «mich als ersten der sechs neuen Mitglieder der Akademie vorzuschlagen, die ernannt werden sollen. Ich habe das Ansinnen kurz und bündig abgelehnt.»[28] Die Mitgliedschaft in der Preußischen Akademie, das erkannte Mirabeau, war ein schäbiger Trostpreis für die Enttäuschung seiner hochfliegenden Erwartungen. Die wahre Bedeutung dieses Vorschlags wäre für ihn noch viel ernüchternder gewesen. Sie wurde dem offiziellen französischen Botschafter, dem Comte d'Esterno, entdeckt, der sie ebenfalls und vermutlich zu seiner tiefen Befriedigung Talleyrand übermittelte: «Der Comte de Mirabeau hat der Nation mit der Anmaßung weiteren Schaden zugefügt, die er dadurch bewies, ein Regierungsprogramm zu entwerfen, das er dem König von Preußen zuleitete. In diesem Memorandum, das sich auf seinen Anspruch als Philosoph berief, der es ihm vermeintlich zur Pflicht mache, dem König die Wahrheit zu sagen, auch wenn dieser ihn nicht darum gebeten hat, schrieb er Sachen, die für den preußischen König sehr unpassend und höchst unerfreulich sind; auch Prinz Heinrich hat mir versichert, dass ihm sehr daran gelegen wäre, Mirabeau verschwände alsbald aus den preußischen Staaten.»[29]

Auch wenn Mirabeau in der Folgezeit nicht ausdrücklich mit diesem Verlangen konfrontiert wurde, musste er doch bemerken, dass nicht nur der König, sondern auch Prinz Heinrich wie auch andere seiner Gesprächspartner auf Distanz zu ihm gingen. Das machte ihm seine geheime Mission nicht gerade leichter, ließ es doch manche Informationsquelle versiegen, aus der er zuvor für seine Berichte nach Paris schöpfen konnte. Also sah sich Mirabeau genötigt, den Klatsch der Lakaien und Hofschranzen auszuwerten, musste er sich mit den Brosamen an Informationen begnügen, die Diplomaten im Gespräch mit ihm fallen ließen, oder im Kaffeesatz lesen. Die Mutmaßungen, die er derart über die politische Großwetterlage anstellte, über die Verhältnisse Preußens zu den anderen Mächten, deckt heute eine dicke Staubschicht von Jahrhunderten. Sehr frisch und unterhaltsam hingegen ist der von ihm mitgeteilte Klatsch und Tratsch über das mehr als lockere Leben, das der neue Herrscher Preußens zu führen beliebte und das einen reizvollen Kontrast zur Askese seines Vorgängers bildete.

Das gilt zumal für die Konkurrenz, die sich Frankreich und England nach Mirabeaus Vermutung lieferten, Friedrich Wilhelm II. eine ihm genehme Mätresse zu verschaffen. «Mir ist die außergewöhnlichste und mich in größte Verlegenheit stürzende Geschichte widerfahren, die man sich nur vorstellen kann. Madame de Fleury, die berühmte T...ist hier von den Wassern aus Bad Schwalbach unter einem falschen Namen und mit einem riesigen Gepäck angeschwemmt worden. Außer für Bankiers führt sie keinerlei Empfehlungsschreiben mit sich. Aber können Sie sich ausmalen, was diese Frau, die außerordentlich keck und auch sehr raffiniert ist, sich in den Kopf gesetzt hat? Sie will den König erobern. Allein, dank meiner früheren Sünden war sie mir seit langem gründlich vertraut, weshalb sich diese verdammenswerte Sirene ausgerechnet an mich wandte, ihr die Karte für ihren Aufenthalt im Land zu verschaffen wie um mir diese hochvertrauliche Absicht anzuvertrauen, die ich liebend gern an den Teufel weitergereicht hätte. Da sie aber nun von geradezu dämonischer Verführungskunst ist, sie auch kein Geld, zumindest nicht im Augenblick, wollte, ihre Erscheinung und ihr Benehmen in vieler Hinsicht dem König zusagen dürften, es also keinerlei Möglichkeit gibt, sie sogleich wieder loszuwerden, da schließlich die Dummheit begangen wurde und es eher angezeigt ist, sie zu einem klugen Betragen anzuhalten, als die Gefahr eines lächerlichen Skandals zu laufen, werde ich mich um Mittel bemühen, ihr einen tragbaren Vorwand zu verschaffen, für zwei Wochen im Lande zu bleiben, mich aber fürderhin so gut es irgend geht aus der ganzen Sache heraushalten oder besser noch, auf der Hut sein und keinerlei Wagnis eingehen.»[30]

Die Verlegenheit, in die sich Mirabeau durch das Auftauchen von Mme. de Fleury gestürzt sah, endete bald damit, dass sie in der Konkurrenz um die Gunst des Königs einem Fräulein von Voß unterlag. Damit war seine Muße nicht länger gestört, und er konnte sich wieder mit neuem Eifer daranmachen, das geplante Werk *De la Monarchie prussienne* voranzutreiben. Unter den rapiden Fortschritten, die dieses große Werk nahm, mag Mirabeau das Geschehen um ihn herum durchaus mit größerem Scharfblick wahrgenommen haben. Immer häufiger sah er sich genötigt, die schwankende Haltung und ausgeprägte Unentschlossenheit des Königs kritisch zu sehen. Das galt insbesondere für dessen Zögern, eine umfassende Reform der Landwirtschaft in Angriff zu nehmen. Friedrich Wilhelms II. Zaudern stand nach Mirabeaus Urteil in einem unmittelbaren Zusammenhang mit dem chaotischen Privatleben des Herrschers, wie er Talleyrand schrieb: «Völlige Erstarrung der Unternehmungen; Niedergeschlagenheit bei Hofe; Bestürzung der Minister; allgemeine Unzufriedenheit. Man macht kaum Pläne; noch viel weniger, dass man irgendetwas in Angriff nimmt. (...) Das Generaldirektorium, das ein *Conseil d'Etat* sein müsste, ist lediglich eine Geschäftsstelle zur Abwicklung laufender Angelegenheiten. Machen die Minister einen Vorschlag, werden sie keiner Antwort gewürdigt. Beharren sie dennoch darauf, begegnet man ihnen mit Abscheu. Was sie tun müssten, ist so weit entfernt von dem, was sie machen, dass die Beschädigung ihres Ansehens zu den unangenehmsten Überlegungen anstiftet. Niemals könnten sie die öffentliche Meinung im Land schneller beeinflussen, die hier allem Anschein nach nicht einmal ansatzweise vorhanden ist, als dies Friedrich Wilhelm II. vermag.»[31]

Solche Zustände mussten geradewegs in den Untergang führen. Der ließ zwar noch fast zwei Jahrzehnte auf sich warten, aber Mirabeau hatte eine feine Witterung dafür, und ihn wandelte auch bereits eine vage Ahnung an, wer der Souverän sein werde, der Preußen aus diesem Jammertal wieder zu neuen Höhen führe. So jedenfalls lässt sich seine Charakteristik des Kronprinzen und künftigen Thronfolgers Friedrich Wilhelm III. lesen, die Mirabeau im Brief vom 30. Dezember 1786 Talleyrand gab: «Die Verachtung, die er für den Vater hegt, grenzt an Hass, und er gibt sich kaum Mühe, diese zu verbergen, während seine Verehrung für den toten König viel mit Idolatrie gemein hat, zu der er sich bekennt. Vielleicht ist diesem jungen Mann eine große Zukunft gewiss; und sollte er einmal der Dreh- und Angelpunkt irgendeiner denkwürdigen Revolution sein, werden Menschen, die der Vorausschau fähig sind, davon nicht sonderlich überrascht sein.»[32]

Diese hellsichtigen Depeschen waren Mirabeaus Berliner Schwanengesang, denn er war seiner geheimen Mission von Herzen überdrüssig. Bereits am 7. November hatte er gegenüber Talleyrand geklagt, dass man ihn für 16 bis 17 Stunden täglicher Arbeit kümmerlich besolde, er von diesem Gehalt einen Haushalt mit neun Personen – außer seiner Lebensgefährtin Yet-Lie und seinem Adoptivsohn zwei Sekretäre, ein Faktotum und drei Hausangestellte – ernähren und bezahlen, für Miete, Wäsche und Heizung aufkommen müsse, außerdem eine Kutsche für sein Erscheinen bei Hofe benötige, kurz, dass er für alle diese Aufwendungen eine bloße Aufwandsentschädigung erhalte, die weit unter den Einkünften eines ordentlichen Botschafters liege.

Charles Maurice Talleyrand-Périgord

Als Talleyrand ihm am 1. November den Wortlaut der Erklärung Louis' XVI zur Einberufung einer Versammlung der Notabeln zusandte und ihn darum bat, diese Ankündigung mit einigen Erläuterungen in den deutschen Zeitungen zu inserieren,[33] war das für Mirabeau das Signal zur längst herbeigesehnten Rückkehr nach Paris. Noch einmal erhebt er zwar seine Forderung nach einem Botschafterposten, aber er lässt auch durchblicken, dass er nicht mehr darauf rechne. Also sei er entschlossen, wie er am 13. Januar 1787 schreibt, sein Gewerbe «eines Weltbürgers wieder aufzunehmen, das für meinen Körper weit weniger erschöpfend und für meinen Ruhm viel einträglicher sein wird. (...) Mein Herz ist kein bisschen gealtert, und auch wenn mein Begeisterung etwas abstumpfte, ist sie dennoch nicht erloschen. Das habe ich heute nur zu nachdrücklich erfahren; diesen Tag, an dem Sie mir die Nachricht von der Einberufung der Notabelnversammlung zukommen ließen, erachte ich als einen der schönsten meines Lebens, denn diese Versammlung wird ohne jeden Zweifel nur um eine geringe Zeitspanne der Nationalversammlung vorausgehen. Ich erblicke bereits eine völlig neue Ordnung, mit der die Monarchie regeneriert werden kann. (...) Hier weiter auszuharren, zum Martyrium der Tiere verdammt zu sein, in den schlammigen Windungen einer Regierung herumzustochern und zu wühlen, die an jedem Tag aufs Neue durch Verzagtheit und Unfähigkeit auffällig wird, dafür geht mir alle Kraft ab, denn das erscheint mir zu nichts nütze zu sein. Veranlassen Sie also, *mon cher maître*, meine Rückberufung...»[34]

Am Abend des 29. Januar 1787 traf Mirabeau wieder in Paris ein. Das Rad seiner Kutsche war in Bourget, gut zwei Meilen vor den Toren der Stadt, zerbrochen, so dass er das letzte Stück Weg seiner geheimen Mission zu Fuß zurücklegen musste. Das war für ihn eine neue Erfahrung, nicht aber die, dass er keinen *sou* in der Tasche hatte. So endete die mit großen Illusionen begonnene geheime Mission in Berlin, von der ihn nicht minder große Illusionen nach Paris zurückgelockt hatten. Die Geliebte hatte er mit Kind und Kegel in Berlin zurückgelassen.

Viertes Kapitel

«Ich, als Bürger, zittere um die königliche Gewalt»

Die Umstände sind derart stürmisch, die Ereignisse so unvorhersehbar», heißt es in einem Brief, den Mirabeau unmittelbar nach seiner Ankunft in Paris an Jacob Mauvillon schrieb, «dass ich meinen ganzen Körper und Geist in diesem Wirbel eines sich überschlagenden Geschehens zusammennehmen muss.»[1] Die Mitteilung verschweigt die Enttäuschung, die Mirabeau hier erwartete, denn er hatte fest darauf gerechnet, Finanzminister Calonne würde ihn zum Sekretär der Notabelnversammlung berufen. Einer solchen Verwendung glaubte er sich umso gewisser sein zu können, als er für sich in diesem Brief ausdrücklich in Anspruch nahm, dem Minister «den Gedanken, den Plan und die Denkschrift» für diese Versammlung übermittelt zu haben.[2] Damit spielte er erneut auf das von Du Pont im Auftrag Turgots ausgearbeitete physiokratische Reformprogramm an, das Mirabeau 1786 vor seiner Abreise nach Berlin Calonne als sein eigenes Werk überreicht hatte. Aber auch von seiner neuerlichen Verwendung im diplomatischen Dienst war keine Rede mehr. Seine Hoffnungen zerschlugen sich mit der schweren Krankheit von Außenminister Vergennes, der dieser am 15. Februar erlag und die nicht nur die französische Außenpolitik zeitweilig zum Stillstand brachte, sondern auch den Beginn der Notabelnversammlung, der ursprünglich auf den 29. Januar 1787 angesetzt war, bis zum 22. Februar verzögerte. «Die *santés ministerielles*», ließ Mirabeau Freund Mauvillon am 6. Februar wissen, «sind noch immer nicht in einem guten Zustand, und das verzögert die Geschäfte aller Art und insbesondere jene, die für mich von Belang sind.»[3]

Ein halbes Eingeständnis des Scheiterns folgte am 13. Februar 1787: «Wenn ich meinen Fuß auf die Karriereleiter gesetzt habe, ist mein weiteres Fortkommen eine gemachte Sache. Aber das ist nach wie vor noch ungewiss», denn der Posten eines Sekretärs bei den Notabeln sei geteilt und mit zwei anderen Kandidaten besetzt worden. «Das wird mich jedoch nicht daran hindern, meinem Land einen großen Dienst zu erweisen, indem ich mich in die Bresche werfe und damit Gefahr laufe, mir den Schädel einschlagen zu lassen. Also habe ich nach wie vor zahlreiche Aussichten…»[4]

Was es mit dieser Auskunft auf sich hatte, wurde dem Adressaten erst mit dem nächsten Schreiben enthüllt, das in der zweiten Märzhälfte 1787 an Mauvillon abging: «Das Augenmerk der Öffentlichkeit ist in diesem Augenblick ganz auf mich gerichtet, denn ich habe meine *Dénonciation de l'agiotage au Roi et à l'Assemblée des Notables* veröffentlicht. Sie machen sich keinerlei Vorstellung von der Wirkung, die dieses Werk hat, und wie höchst wahrscheinlich es ist, dass es ein Erdbeben auslösen wird, das selbst die Stufen des Throns erschüttert. Das beweist nur die Wahrheit dessen, dass der Mut für das Menschengeschlecht noch weitaus nützlicher ist als das Talent! Es mag nun geschehen, was will; mich aber erfüllt das Bewusstsein, dass es unmöglich war, meinem Land einen wertvolleren Dienst zu erweisen.»[5]

Der Zeitpunkt für die Veröffentlichung dieser Anklage des Spekulationswesens, das Mirabeau als Hauptursache für die endemische Misere der öffentlichen Finanzen Frankreichs beschrieb, hätte kaum besser gewählt sein können, denn die in Versailles versammelten Notabeln befanden sich bereits in heller Aufregung angesichts der ihnen von Calonne vorgelegten Vorschläge zur Überwindung der Krise. Woran es ihnen entschieden mangelte, war ein tieferes Verständnis der Ursachen und Zusammenhänge, die für die unaufhaltsam wachsende Verschuldung des Staates verantwortlich waren, die sie nach dem Willen Calonnes durch die Bewilligung neuer Steuern und die Preisgabe alter Privilegien eindämmen sollten.[6] Sie misstrauten den von Calonne vorgelegten Diagnosen und Therapien, weshalb ihnen die 147 Druckseiten aus der Feder Mirabeaus, die das Thema sehr anschaulich abhandelten, eine hochwillkommene Handreichung waren.

Auf ebendiese Wirkung, die der *Dénonciation de l'agiotage* unter allen Veröffentlichungen Mirabeaus vermutlich den größten Erfolg verschaffte, hatte er gesetzt. Sie war auch seine Rache für die von Calonne erlebte Missachtung,[7] eine Rache, die umso süßer war, als sie mit dem unanfechtbaren Anschein daherkam, dem Autor sei es lediglich um Aufklärung und um das allgemeine Wohl zu tun.[8]

Die *Dénonciation de l'agiotage* ist vor allem eine Abrechnung mit der von Necker, Calonnes Vorgänger im Amt des Generalkontrolleurs der

Finanzen, eingeführten Praxis, die Differenz zwischen Einnahmen und Ausgaben im Staatshaushalt durch Anleihen zu schließen, mit denen sich unpopuläre Steuererhöhungen vermeiden ließen. Calonne hingegen wird nur ein einziges Mal lobend erwähnt.[9] Das will jedoch nicht viel besagen, denn der Minister war tief verstrickt in die spekulativen Machenschaften, als deren wichtigsten Akteur und Hauptnutznießer Mirabeau den Generalvikar der Diözese Sens, *abbé* Sahuguet d'Espagnac, vorführte, dessen neueste Umtriebe er in einem Anhang von neun Druckseiten abhandelte, den er der *Dénonciation* anhängte.[10]

Die Finanzmanipulationen waren ein Mirabeau vertrautes Thema, dessen Erörterung jetzt eine besondere Sprengkraft entwickelte. Die Publikation verschärfte das Misstrauen, das die Notabeln gegen Calonne hegten und das seinen Sturz beschleunigte. Diesen versuchte Calonne noch zu vereiteln, indem er gegen einige der von Mirabeau namhaft gemachten Spekulanten wie auch gegen diesen selbst *Lettres de cachet* erwirkte, die aber folgenlos blieben, da deren Verbannung unweigerlich eine Krise der Pariser Börse heraufbeschworen hätte. Dass auch Mirabeau sich diesem Schicksal durch rechtzeitige Flucht in die österreichischen Niederlande entziehen konnte, verdankte er dem Umstand, dass ihm Calonne durch Talleyrand eine Warnung hatte zukommen lassen.

Calonnes Nachsicht gegenüber Mirabeau war taktisch bedingt. Er benötigte Mirabeau als publizistischen Bundesgenossen gegen Necker, der noch immer über eine große Anhängerschaft verfügte und ein lästiger Konkurrent war. In der *Dénonciation de l'agiotage* hatte er Necker erneut in einer längeren Passage die Hauptschuld an der aktuellen Finanzmisere zugewiesen. Als Generalkontrolleur, so sein Hauptvorwurf, habe er nur mit Anleihen das chronische Leiden vorübergehend gelindert, statt es mit einer Reform des Steuerwesens zu kurieren.[11]

Mirabeaus Ausfälle gegen Necker konnten jedoch nicht die Verlegenheiten wettmachen, in die er Calonne mit der Veröffentlichung der *Dénonciation de l'agiotage* bei den Notabeln gestürzt hatte. Mauvillon teilte er deshalb aus Lüttich am 24. März 1797 mit, Calonne sei lediglich damit beschäftigt, seine Stellung als Minister zu verteidigen, und keineswegs damit, den Zustand der Nation zu verbessern: «Allein deshalb hat Calonne einen großen Bedarf an Schreibern von Manifesten, aber nicht an Mitarbeitern, an ihm hörigen Intriganten und Satelliten, aber nicht an von Bürgersinn erfüllten Adjutanten. Da ich aber zu den

Männern von Welt gehöre, die dann am wenigsten Geist oder Talent aufzubieten vermögen, wenn mir die Überzeugung fehlt, bin ich schnell zu der Einsicht gelangt, dafür nicht zur Verfügung zu stehen. (...) Als deshalb der Finanzminister bei mir vorfühlen ließ, nachdem er einen Monat lang keine Minute Zeit gefunden hatte, mit mir über Geschäftliches zu sprechen, habe ich ihm rundheraus eine Absage zukommen lassen (...). Von da an haben der Herr Generalkontrolleur, der wohl überzeugt war, mich dank gemeinsamer Freunde wie meiner finanziellen Nöte in der Hand zu haben, der aber übersah, dass mich selbst diese Notlage nie gegen meine Überzeugung handeln lässt, geradezu als Luft behandelt, indem er sich 1. nicht an das mir gegebene Versprechen hielt; 2. mich in allen möglichen Verlegenheiten einfach stecken ließ; 3. meine höflichsten wie auch einfachsten Bitten mit mehr oder minder eisigem Schweigen beantwortete; 4. unsere gemeinsamen Freunde, die ihn wiederholt darauf aufmerksam machten, dass es nicht von Vorteil sei, mich zu verstimmen, mit den Worten beschieden: *Ich werde das alles mit Geld arrangieren.* Vor allem mit diesen Worten, die ich als unentschuldbare Beleidigung empfinde, hat er mich nicht nur aus den Verpflichtungen ihm gegenüber entlassen, sondern mir auch jeglichen Anlass verschafft, mich dem Lager seiner Gegner zuzugesellen.»[12]

Mirabeau war sich gewiss, für Calonne unverzichtbar zu sein, weshalb ihm dieser schon bald neue Avancen machen sollte: «Man nahte sich mir bereits, wie ich Ihnen nur andeuten will, mit Vorschlägen, mich in die diplomatische Laufbahn zurückzuwerfen.» Auch habe der neue Außenminister Montmorin bereits zu erkennen gegeben, dass er an seiner Mitarbeit großes Interesse hege. Er sei dem Ansinnen zwar nicht prinzipiell abgeneigt, werde aber seine Bedingungen stellen.[13] Eine Woche später übermittelte Mirabeau von Lüttich aus Mauvillon die Nachricht, Calonne sei gestürzt, allerdings nicht mit Rücksicht auf das allgemeine Wohl, sondern nur um den Klerikern unter den Notabeln einen Gefallen zu erweisen. Die Nachricht entmutige ihn weniger, als dass sie ihn empöre. Er sei deshalb gesonnen, auf den Moment zu warten, wenn er, allein gestützt auf das Gewicht seiner Unabhängigkeit, seinen Nutzen entfalten könne.[14]

Dieser Moment trat ein, als Mirabeau die Nachricht von der Ernennung Loménie de Briennes zum Finanzminister erhielt, der als Erzbischof von Toulouse der Notabelnversammlung angehörte, in der er sich von Anfang an als einer der Hauptwidersacher Calonnes profiliert hatte.

«Den Erzbischof von Toulouse», schrieb er Mauvillon am 11. Mai 1787, «den Sie als Premierminister ansehen müssen, ist ein Mann von großem Talent und zahlreicher Anhängerschaft. Es ist ganz und gar unmöglich, dass er nicht früher oder später zu der Einsicht kommt, dass es weit besser wäre, mich zu beschäftigen, als mich zu vergessen.» Im Augenblick habe er jedoch viel zu viel damit zu tun, das lecke Staatsschiff wieder flottzumachen. Deshalb wolle er sich noch zurückhalten, ihm mit Rat und Tat beizuspringen. Allerdings habe ihm die mit der Berühmtheit verknüpfte Indiskretion einen Streich gespielt, der Brienne nur gefallen könne. Ein Brief, den er an jemanden geschrieben habe, der sich bei ihm über seine Angriffe auf Necker in der *Dénonciation de l'agiotage* beschwert hätte, sei ohne sein Zutun just in dem Augenblick veröffentlicht worden, als manche Anzeichen dafür sprachen, Necker erneut zum Finanzminister zu berufen. Das habe ihn dazu veranlasst, einen weiteren, viel ausführlicheren Brief zu schreiben, für den er «alle seine dialektischen, rechnerischen und auch böswilligen Fähigkeiten» aufgeboten habe und den er sogleich veröffentlichen werde, worüber der jetzige Finanzminister keineswegs erbost sein könne. Er werde aber keinesfalls irgendeine subalterne Stelle in der Finanzverwaltung akzeptieren, sollte ihm diese angeboten werden, sondern «M. de Toulouse» erst seine Aufwartung machen, sobald er das Werk über Preußen in Händen halte, auf das dieser schon sehr gespannt sei. Er werde deshalb für drei oder vier Monate von der Bildfläche verschwinden und nach Braunschweig kommen, damit sie letzte Hand an dieses Werk legen könnten.[15]

Der Brief, der angeblich ohne seine Einwilligung an die Öffentlichkeit gelangt sei, war Mirabeaus Antwort auf ein Schreiben von Pierre-Louis Lacretelle, einem glühenden Anhänger von Necker. Diese Indiskretion scheint ihm ein Anlass gewesen zu sein, sich durch eine ausführlichere Auseinandersetzung mit der Finanzverwaltung Neckers dem neuen Finanzminister Brienne zu empfehlen. Darin weist er Necker eine Reihe grotesker Rechenfehler nach, mit denen dieser die Bilanz der Finanzverwaltung schönzurechnen suchte, garniert mit dem beißenden Kommentar: «Was für eine schöne und kluge Wissenschaft ist doch die Rechenkunst! Ich gebe M. Necker deshalb den Rat, wenn er damit fortfahren will, seinen Charakter als Gewähr für seine Bilanzen zu nehmen, diese umgekehrt aber niemals als eine Garantie seiner Tugenden zu gebrauchen!»[16]

Was auch immer Mirabeau anstellte, um endlich einen gut dotierten

Posten zu ergattern, war vergebens. Auch die neuen Herren zeigten ihm die kalte Schulter. Unter diesen Umständen war ein weiteres Herumlungern in den Vorhöfen der Macht wenig sinnvoll. Als auch die Notabelnversammlung am 25. Mai 1787 ergebnislos endete, war Mirabeau bereits unterwegs nach Braunschweig.

Diese neuerliche Enttäuschung veranlasste ihn wohl auch, von der Mauvillon bekundeten Absicht, das Werk unter ihrer beider Namen erscheinen zu lassen, abzurücken und dessen Autorschaft allein für sich zu beanspruchen.[17] Das ursprüngliche Vorhaben wäre nichts weniger als selbstverständlich gewesen, denn Mauvillon trug entschieden mehr zur Verwirklichung dieses Projekts bei als Mirabeau, der sich weitgehend darauf beschränkte, Anregungen zu geben, die Gliederung einzurichten und den gesamten Text stilistisch zu überarbeiten. Größeren Anteil als Autor dürfte er nur beim Vor- und Nachwort sowie bei den Abschnitten über Finanzwesen, Religion und Gesetzgebung gehabt haben. Was Mirabeau zu diesem Wortbruch veranlasste, war der Überlegung geschuldet, dieses vier stattliche Quartbände umfassende Werk könne ihm nur dann als ein Ausweis seines Kenntnisreichtums von Nutzen sein, wenn er als alleiniger Verfasser figuriere. Davon konnte sich Mirabeau, als das Werk im Herbst 1788 erschien, umso mehr versprechen, als damals die Vorbereitungen für die auf Anfang Mai 1789 angesetzte Versammlung der Generalstände bereits auf Hochtouren liefen. Um sich ein Abgeordnetenmandat zu sichern, würde die alleinige Autorschaft des Werks ihm nur vorteilhaft sein.[18] Diese Absicht war es auch, die den Anstoß gab, das Buch seinem Vater zu widmen, auf dessen tatkräftige Unterstützung er glaubte dabei angewiesen zu sein. Da in der erbitterten Feindschaft, die Vater und Sohn seit Jahren entzweite, allenfalls ein prekärer Waffenstillstand herrschte, war die sieben Seiten umfassende Widmung, mit der er dem Alten manchen Lorbeer für seine eigenen Veröffentlichungen flocht, ein geschickter Schachzug, der seine Wirkung nicht verfehlen konnte. Welche Mühe er sich aber damit machen musste, hat er Mauvillon am 22. September 1788 eingestanden, als er ihn um sein Urteil über diese Widmung bat: «Das war eine sehr haarige Sache, wie ich Sie versichere, denn ich musste nobel und bescheiden, einfühlsam und nicht heuchlerisch sein.»[19]

Die Auskunft war kaum übertrieben, denn Mirabeau hatte seinen Erzeuger seit über sechs Jahren nicht mehr gesehen. Umso mehr musste dieser überrascht und gerührt sein, als er die auf den 19. August 1788 datierte Widmung sah, die Mirabeau dem Werk voranstellte, «ohne gewagt zu haben, ihn um die Erlaubnis zu bitten, es unter seinen Auspizien erscheinen zu lassen.» Er habe sich dazu entschlossen, «nicht nur gerührt von der Ehre, sein Sohn zu sein», sondern auch, «um dem patriotischen Philosophen zu huldigen», der bis ins Alter der «Menschenfreund» geblieben sei. Im Übrigen hoffe er darauf, mit diesem Werk «den Kummer, den seine stürmische Jugend verursacht» habe, zu kompensieren. «Es kann Sie nicht gleichgültig lassen, dass ich wahrhaft nützlich werde. Dieser Gedanke, der meine Hoffnung und mein Trost ist, gibt mir den Mut, das Werk und seinen Verfasser Ihnen zu Füßen zu legen.»[20]

Während der Sommermonate des Jahres 1787, in denen Mirabeau sich in Braunschweig aufhielt, stand die Regierung in einem zähen Konflikt mit dem *Parlement de Paris*, der eine Reihe der von den Notabeln gebilligten Reformen registrieren musste. Während die Freigabe des Getreidehandels, die Umwandlung der Wegfronen in eine Geldleistung wie auch die Einführung repräsentativer Provinzialversammlungen ohne weitere Einreden gebilligt wurden, stießen die Edikte zur Einführung einer Grundbesitzsteuer wie die geplante Stempelabgabe auf heftigen Widerstand. Das konnte nicht überraschen, denn von beiden neuen Steuern waren die Mitglieder des *Parlement* unmittelbar betroffen. Das nötigte dazu, mittels einer Thronsitzung am 6. August, einem *Lit de justice*, den *Parlement* zu einer Registrierung beider Steuern zu zwingen, die von diesem mit einer Nichtigkeitserklärung am darauffolgenden Tag beantwortet wurde. Daraufhin entschloss sich die Regierung zu dem altbewährten Mittel, die Mitglieder des renitenten *Parlements* durch *Lettres de cachet* aus Paris in die tiefste Provinz nach Troyes zu verbannen, wo sie rasch mürbe zu werden versprachen. Dieses Kalkül erfüllte sich diesmal aber nicht, denn der *Parlement* hatte wegen seines Widerstands gegen die königliche Willkür entschieden an Popularität gewonnen, die dessen Mitglieder nun dazu anstiftete, an ihm festzuhalten.

Da dieser Stillstand angesichts der sich verschärfenden Finanzkrise des Staates die Drohung eines Bankrotts heraufbeschwor, sah sich Brienne am 19. September 1787 genötigt, die beiden strittigen Steueredikte gegen die Zustimmung zur Verlängerung einer anderen befristeten

Steuer, die bis 1792 erhoben werden sollte, zurückzuziehen. Dieser faule Kompromiss war ein eindeutiger Sieg des *Parlement* über die Regierung, denn die Fortsetzung dieser Steuer verhieß wesentlich geringere Einnahmen als jene, die mit den beiden anderen Steuern zu erzielen gewesen wären. Die Mitglieder des *Parlement* zogen nun im Triumph wieder in Paris ein, wo sie von der Bevölkerung mit Freudenfeuern und Ovationen begrüßt wurden. Zu der demütigenden Niederlage, die Brienne damit einstecken musste, gesellte sich noch eine den Stolz der Nation tief verletzende außenpolitische Schlappe in den Niederlanden, wo die dortigen «Patrioten», die auf die Unterstützung Frankreichs gerechnet hatten, die aber wegen dessen finanzieller Misere ausblieb, ihren von Preußen und England unterstützten Gegnern unterlagen. Außerdem brachen in weiten Teilen Frankreichs Konflikte auf, die sich an Friktionen entzündeten, die bei der Etablierung der Provinzial-, Distrikts- und Gemeindeversammlungen auftraten. All das trug dazu bei, dass sich eine gewissermaßen vorrevolutionäre Stimmung im ganzen Land ausbreitete, die sich auf die Handlungsfähigkeit der Regierung lähmend auswirkte.

Das war in groben Zügen gezeichnet die Situation, die Mirabeau antraf, als er Ende September 1787 aus Braunschweig nach Paris zurückkehrte. Seine Eindrücke fasste er im Brief an Mauvillon vom 4. Oktober in den Worten zusammen: «Ich bin derart abgestoßen von diesem Land und der Mehrheit seiner Einwohner, was das öffentliche Wohl anbelangt, von tiefem Schrecken befallen, von dem, was ich ringsum gewahre, was ich voraussehe oder was ich nur erahne. Ich bin zutiefst davon überzeugt, dass es kein anderes Heilmittel gibt, als die weitere Verschärfung des Übels.»[21] Am gleichen Tag schrieb er an einen jungen Mann, Soufflot de Mérey, dem er in Deutschland begegnet war und den Brienne als seinen Ersten Sekretär engagiert hatte. Ihm deswegen zu gratulieren, verschaffte Mirabeau den Vorwand, sich einmal mehr mit einer Mischung aus Selbstbewusstsein und gespieltem Desinteresse in ein gutes Licht zu setzen: «Ich erbitte mir nichts, ich buhle um nichts, ich giere nicht neidvoll nach irgendetwas. (...) Lassen Sie mich also getrost in meiner Dunkelheit; ich sage Dunkelheit, denn mein Streben ist es, so lange nicht wahrgenommen zu werden, bis eine Ordnung klarer Verhältnisse aus dem Durcheinander hervorgegangen ist, in dem wir uns augenblicklich befinden, und irgendeine große Umwälzung, gleich ob gut oder schlecht, jeden guten Bürger, der für seine Wählbarkeit und vor allem seine

Talente bürgt, dazu nötigt, seine Stimme zu erheben. Diese Umwälzung wird nicht ausbleiben. Die Meerenge, in der das Staatsschiff kreuzt, ist gleichermaßen beschränkt und gefährlich. Ein kundiger Lotse wäre sicherlich imstande, es aufs hohe Meer zu steuern und wenn es dort angelangt ist, wird es gerettet sein, aber es wird ihm dies nicht ohne die Unterstützung der Besatzung gelingen; und ich kenne im Augenblick keinen Matrosen, auf den man verzichten könnte.»[22]

Deutlicher äußerte Mirabeau seine Erwartungen gegenüber dem neuen Außenminister Armand-Marc de Montmorin-Saint-Hérem, dem er am 12. Oktober 1787 einen langen Brief schrieb: «Denken Sie daran, dass das nämliche Talent, das für die Macht der öffentlichen Meinung gegen die Autorität kämpfte, noch weit mehr geeignet ist, ihr zu dienen, wenn sie sich darauf versteht, es durch Übereinstimmung in den Grundsätzen wie auch durch das Band von Wohltaten zu verpflichten. Solange mein Vater noch lebt, können mein Dasein und mein Vermögen nur durch mich selbst oder durch die Regierung gewährleistet werden. Darauf brennend, zunehmend nützlich zu sein, und um den Verleumdern und Böswilligen mittels einer Lebensweise, der man die Anerkennung nicht versagen kann, einen Strich durch ihre Rechnung zu machen, sagte mir ein tätiges Leben weit mehr zu als ein lediglich spekulatives, zöge ich es bei Weitem vor, der Regierung als ein Zuträger zu deren Zufriedenheit zu dienen, als Gefahr zu laufen, ihr in meinem Gewerbe als Besserwisser zu missfallen. (....) Ich bin ganz der Mann, meinen Kopf im Dienst für den König aufs Spiel zu setzen oder zu gebrauchen. Warschau, St. Petersburg, Konstantinopel, Alexandria: Alles ist mir ziemlich gleich, bekäme ich nur eine Stelle, die meinem Tatendrang entspricht. Ich verlasse mich auf Ihre Weisheit hinsichtlich der Verfahrensweise, allein auf Ihre Billigkeit was mein Gehalt und die Aufwandsentschädigungen anbelangt; ich biete mich einfach und ohne Umschweife an.»[23]

Aber selbst das nützte nichts, denn für die großen Talente, die sich Mirabeau zusprach, hatte man in der Regierung umso weniger Verwendung, als andere Sorgen alle Aufmerksamkeit beanspruchten. Um den drohenden Bankrott hinauszuschieben, fasste Loménie de Brienne den Plan, eine sich auf fünf Jahre von 1788 bis 1792 erstreckende Anleihe von 420 Millionen *livres* aufzulegen. Um deren Registrierung durch den *Parlement* sicherzustellen, war er entschlossen, notfalls auch eine Einberufung der Generalstände für 1792 in Aussicht zu stellen. Entsprechende Forderungen, dass nur eine solche Repräsentativversammlung gewählter Vertreter aller Stände befugt sei, neue Steuern zu bewilligen, waren zuvor bereits laut geworden. In einem Aufsehen erregenden Beschluss, der am 30. Juli 1787 erging, machte sich der *Parlement* dieses Verlangen in seinem Widerstand gegen die geplante Grundeigentums- und Stempelsteuer explizit zu eigen.

Die Absicht Briennes, den *Parlement* mit diesem Köder für eine Zustimmung zu der geplanten Anleihe zu gewinnen, war ein offenes Geheimnis, das im Oktober und November 1787 in den interessierten Kreisen lebhaft erörtert wurde. Sofort witterte Mirabeau die Chance, seine politische Wirksamkeit entfalten zu können. Darin musste er sich bestätigt sehen, als am 19. November die Bewilligung der Anleihe Briennes, der vom *Parlement* in einer feierlichen Sitzung zugestimmt werden sollte, in einem Fiasko endete. Louis XVI, den die Debatte offensichtlich enervierte, die der durch Abstimmung erfolgenden Entscheidung vorausging, ließ nach kurzer Rücksprache mit dem Siegelbewahrer die Diskussion einfach abbrechen und befahl, wie bei einem *Lit de justice* die Registrierung der Anleihe ohne weitere Aussprache vorzunehmen. Dagegen protestierte der Duc d'Orléans, ein königlicher Prinz, den oppositionelle Gelüste umtrieben, worauf der zutiefst verwirrte König versetzte, die Verfahrensweise stünde durchaus im Einklang mit dem Gesetz, weil er es so gewollt habe…

Dieser Eklat fand seine Fortsetzung darin, dass der Duc d'Orléans per *Lettre de cachet* auf sein Landgut verbannt wurde. Seinem Protest schloss sich der *Parlement* am darauffolgenden Tag an. Auch wurde die erzwungene Registrierung der Anleihe annulliert. Daraufhin erhielten zwei Räte des *Parlements*, die verdächtigt wurden, mit dem Duc d'Orléans unter einer Decke zu stecken, ebenfalls *Lettres de cachet*, und in einer Strafpredigt verlangte Louis XVI von den Magistraten, sich künftig jeglichen Protests zu enthalten. Statt zu gehorchen, reagierten diese mit der Forderung nach sofortiger Freilassung des Duc d'Orléans und ihrer beiden Kollegen.

Der Konflikt lieferte Mirabeau einen Anlass, sich bei Außenminister Montmorin mit guten Ratschlägen in Erinnerung zu bringen: «Die Anleihe wurde abgelehnt; das musste so kommen… Was bleibt also zu tun? Es gilt in ebenso eindeutigen wie feierlichen Worten den Zusammentritt der Generalstände für 1789 in einer Weise anzukündigen, die zur Verbindlichkeit zwingt. (…) Ja, allein auf die Ankündigung hin, dass die Generalstände sich 1789 versammeln, wird das Vertrauen in den Kredit wieder lebendig und werden die Anleihen gezeichnet, die der Staat in seiner augenblicklichen Lage braucht.»[24] Welche Erwartungen er mit dieser Versammlung verknüpfte, das verriet er Mauvillon in einem Schreiben vom 23. November, in dem er diesem versicherte, dass Frankreich «noch niemals so dicht davor war, sich zu seiner ganzen Gestalt zu entwickeln. (…) Es gibt hier keine anderen Missstände als die sehr nebensächliche Unannehmlichkeit einer wenig systematischen Regierung und die lächerliche Furcht davor, sich der Nation zu bedienen, um der Nation eine Verfassung zu geben. Alles Weitere dürfte selbst ein sehr mittelmäßiges Talent nicht überfordern, weshalb ich wiederhole, dass dieses Land noch niemals so dicht davor stand, das zu sein, was es der Natur seiner Bestimmung nach ist, die größte Macht des Universums.»[25]

Das war eine geistreiche Analyse, die von Mauvillon vermutlich mit Kopfschütteln zur Kenntnis genommen wurde. Fraglich ist andererseits aber auch, ob sonderlich viele der eigenen Landsleute ihm darin im November 1787 zugestimmt hätten. Die Minister Montmorin und Brienne jedenfalls gehörten nicht dazu, denn sie begegneten den Avancen Mirabeaus mit Schweigen oder Ablehnung. In dieser Haltung trat erst eine Änderung ein, sobald sich der schwärende Konflikt zwischen den Geltungsansprüchen der *Parlements* und der Regierung zuspitzte. Lästig war daran vor allem, dass sich die *Parlements* auf eine lebhafte Unterstützung durch die öffentliche Meinung stützen konnten, die sie als die letzten Bollwerke ansahen, von denen die Interessen der Bürger gegen den ungezügelten Despotismus der Krone geschützt werde. Das war jedoch ein großer Irrtum, denn die *Parlements* hatten ebendiesen Despotismus so lange nach Kräften gefördert, wie er ihre eigenen Interessen begünstigte. Diese für beide Seiten vorteilhafte Symbiose drohte jetzt die Krise zu zerstören. Um den drohenden Bankrott abzuwenden, musste man entweder das unkalkulierbare Wagnis eingehen, die Generalstände einzuberufen, damit diese der Krone einen Ausweg aus der Misere wiesen, oder aber die Steuerlast musste auch auf jene ausgedehnt werden, die davon bislang verschont geblieben waren.

Vor diese Verlegenheit gestellt, entschieden sich die *Parlements* dafür, die Steuerprivilegien ihrer Mitglieder zu verteidigen und der Krone das Risiko einer Einberufung der Generalstände, die seit 1614 nicht mehr zusammengetreten waren, anzusinnen. Das war ein Schritt, der ganz erheblich dazu beitrug, das Ansehen der *Parlements* in der öffentlichen Meinung zu steigern, die sich zunehmend für die Aussicht begeisterte, durch die Generalstände eine Lösung der herrschenden Krise herbeizuführen, indem eine Verfassung verabschiedet wurde, die den Despotismus des Regierungshandelns beseitigte. Diesem Dilemma suchte die Regierung dadurch zu begegnen, dass sie das wachsende Ansehen der *Parlements* in der öffentlichen Meinung nach Kräften beschädigte. Das war zwar keine Lösung der Krise, versprach aber den Druck erheblich zu mildern. Diese Überlegung brachte Brienne und Montmorin auf den Einfall, sich Mirabeaus zu bedienen, der gegen gute Bezahlung die öffentliche Meinung beeinflussen und so deren Unterstützung für die *Parlements* untergraben sollte.

Nichts hätte Mirabeau willkommener sein müssen, der unter Geldmangel litt und sich nur dank wohlgesinnter Freunde behaupten konnte, die dem Charme seines Pumpgenies erlagen. Aber auch diese Lebensweise war anfällig für Konjunkturen, und im Winter 1787/ Frühjahr 1788 scheinen seine materiellen Verlegenheiten besonders groß gewesen zu sein, wie zwei Briefe an seinen Freund Vitry zeigen. In dem ersten, datiert vom 2. April, bittet er ihn darum, sein «silberbesticktes Kleid, Weste, Hose, und die Weste von Silbertuch für kleine Trauer, dazu alle meine Winterspitzen in das Pfandhaus tragen zu lassen und mir in beikommender Büchse zwanzig Taler versiegelt in das Hotel Vaudreuil zu schicken. Du begreifst wohl, dass Du, wenn Du mehr erhalten kannst, mehr annehmen musst, aber so viel muss ich schlechterdings haben.» Das zweite Schreiben ist vom 23. April 1788, mit dem er Vitrys Bitte beschied, ihm sechs Francs zu leihen: «Mein Freund, ich werde mich mit Deiner Note beschäftigen, aber um sechs Francs zu leihen, muss man sie haben, und auf meine Ehre, ich habe sie nicht.»[26]

In dieser Notlage erreichte Mirabeau die Anfrage Außenminister Montmorins, sich publizistisch in die Dienste der Regierung zu stellen. Mirabeau antwortete darauf mit einem Brief, der vom 18. April 1788 datiert ist, also genau in die Zeit der beiden Briefe an Vitry fällt.

Wenn er von den persönlichen Nachteilen einmal absehe, die der zu erwartende unstillbare Hass der *Parlements* ihm einbringen würde, was ließe sich mit einem solchen Angriff gewinnen, solange man nicht «die Nation zum Verbündeten hat? Ist das wirklich der geeignete Augenblick, gegenüber Frankreich *eine Aristokratie von Magistraten* zu entlarven, ebendieselbe, die auch der König nicht zu denunzieren wagte?

Kann man heute der Regierung mit Erfolg dienen, wenn man ihre Livree trägt? Ist das der richtige Moment, für die Autorität einzutreten, in dem man sich nicht scheut, den König eine Rede halten zu lassen, von der Frankreich nur im Gedächtnis behält, was sich als logische Folgerung daraus ergibt, *dass allein der Wille des Monarchen das Gesetz schafft?* Kann man wirklich denen zutrauen, die solche Grundsätze formulieren, dass sie ernsthaft gewillt seien, die Generalstände vorzubereiten? (...) *Ich werde niemals gegen die* Parlements *Krieg führen ohne die Gegenwart der Nation.* Dann, und nur dann können sie besiegt und auf ihre wahre Bedeutung als einfache Diener der Justiz reduziert werden. Aber wenn an Stelle der von ihnen usurpierten Rechte wir nicht eine Verfassung entstehen sehen, die sich auf unsere Zustimmung gründet, wer von den anständigen Menschen würde sich dann dazu bereitfinden, die letzten Reste unserer mit dem Tode ringenden Freiheit zu beseitigen? (...) Wenn man die Nation des Phantoms beraubt, das sie so lange Zeit für den Wächter ihrer Rechte betrachtet hat, ohne sie aufzurufen, selbst über deren Wahrung zu wachen, so wird man nicht glauben, dass man zerstört, um etwas Neues aufzubauen. Folglich gilt es zunächst den Ehrgeiz der Korporationen zu beseitigen, um dem Königreich eine Verfassung zu geben, sonst ist die Nation überzeugt, dass man sich auf den unbedingten Despotismus zubewegt (...).

Wenn man jedoch im Gegenteil die überständige Sprache einer willkürlichen Autorität durch eine wahrhaft nationale Wortwahl ersetzt, werden alle Widerstände von selbst verschwinden. Können Sie sich denn nicht ausmalen, M. le Comte, dass beim ersten feierlichen Wort, das einen genauen Zeitpunkt für den Zusammentritt der Generalstände bezeichnet, alles zur Ruhe kommen wird. (...) Kurz, alle Schwierigkeiten rühren nur daher, dass man sie sich selber macht, oder sie werden veranlasst von jener schrecklichen Krankheit der Minister, die sich niemals dazu verstehen können, schon heute zuzugestehen, was ihnen unweigerlich bereits morgen mit Gewalt entrissen wird.»[27]

Das war eine ebenso kluge wie stolze Antwort, die Mirabeau jedoch nicht daran hinderte, die Streitschrift *Réponse aux alarmes des bons citoyens* im Mai 1788 zu veröffentlichen, eine scharfe Abrechnung mit den Machtansprüchen der *Parlements*. Die «schlimmste von allen Aristokratien» heißt es etwa, sei «die der Richter, die sich gleichzeitig als Gesetzgeber aufspielten». Dem gesellten sich noch weitere Übel hinzu wie beispielsweise die Käuflichkeit der Ämter im Gerichtswesen, die sich unmittelbar auf die Höhe der Gerichtsgebühren auswirke. Schließlich wird die Frage aufgeworfen, warum die geplante Grundbesitzsteuer auf so lebhafte Proteste des *Parlements* gestoßen sei? Die Antwort: weil auch die Magistraten wie die übrigen Bürger zu dieser Steuer veranlagt worden wären. Stattdessen habe man lieber die Laufzeit einer anderen, zeitlich befristeten Steuer verlängert, deren Last alle anderen Bürger zu tragen haben.[28]

Um die *Parlements* zu entmachten und sie wieder auf ihre ursprüngliche Bedeutung zurückzustutzen, müssten die periodische Einberufung der Generalstände zum Zweck der Steuerbewilligung, die Abschaffung der Privilegien sowie die Beschlussfassung sonstiger unumgänglicher Reformen gewährleistet werden. Um all dem jedoch Dauer zu verleihen, sei die Freiheit der Presse unabdingbar. «Ohne sie könne weder die Aufklärung noch die Verfassung Bestand haben. (...) Aber, so ließe sich einwenden, die öffentliche Meinung habe noch nicht die Zeit gehabt, in Frankreich heranzuwachsen. Die Generalstände könnten die Hoffnungen der Nation enttäuschen. Dann würde es fast besser erscheinen, dass der Herrscher, der bereits so viele Beweise seiner Güte gegeben hat, über seine Untertanen die Wohltaten ausschüttet, die man von einer Nationalversammlung (assemblée nationale) erwartet. *Allein ihm steht es zu, die Wunden zu heilen, die durch den Despotismus seiner Vorgänger geschlagen wurden.*»[29] Hier wird sichtbar, was auch den Revolutionär Mirabeau stabilisierte: sein eingefleischter Monarchismus, dem er allen Enttäuschungen zum Trotz die Treue hielt.

Schnell musste er jetzt bemerken, wie richtig er den Entwicklungsstand der öffentlichen Meinung in seinem Absagebrief an Montmorin eingeschätzt hatte. In der sich verschärfenden Auseinandersetzung mit der Krone hatte das Phantom des *Parlement*, das die Öffentlichkeit irrtümlicherweise für den Wächter ihrer Rechte hielt, noch mehr an Plausibilität gewonnen. Als besonders fatal erwies sich die Entscheidung der Krone, die Registrierung von Gesetzen den *Parlements* zu nehmen und diese einer *Cour plenière* zu übertragen, deren Mitglieder vom König ernannt werden sollten. Das galt als neuerlicher Beweis für den zunehmenden Despotismus. Die *Réponse aux alarmes des bons citoyens* wurde dadurch nicht nur ihrer aufklärenden Wirkung beraubt, sondern Mirabeau sah sich auch der Kritik von Freunden ausgesetzt, er rede dem Despotismus das Wort.[30] «Seit zehn Monaten», klagte er im August in einem Brief an Mauvillon, «insbesondere aber seit sechs bin ich das Ziel aller Verleumdungen, weil ich mich nicht an dem Fanatismus, der für die *Parlements* eintritt, beteilige und ich auch keine einzige Zeile für diese Oppositionspartei geschrieben habe. Um der Wahrheit die Ehre zu geben: Ich habe auch nichts für die andere Seite geschrieben. Stets bin ich der Überzeugung gewesen, dass es zwischen dem König und dem *Parlement* noch eine arme, völlig obskure Partei gibt, die man die Nation heißt, der die ehrlichen Leute mit Verstand angehören müssen.»[31]

Mirabeau saß für eine Weile zwischen allen Stühlen, eine Situation, der er erst nach dem 8. August 1788 entrinnen konnte, als Louis XVI den mit der Ankündigung der *Cour plenière* gemachten schweren taktischen Fehler korrigierte und gleichzeitig die Einberufung der Generalstände für den 1. Mai 1789 nach Versailles verbindlich ankündigte. Das veranlasste Mirabeau, seinem Braunschweiger Freund voller Überschwang am 11. August 1788 mitzuteilen: «Die Nation hat binnen 24 Stunden den Schritt eines ganzen Jahrhunderts getan. Ach, mein Freund, Sie werden sehen, was sie sein wird an dem Tag, an dem sie sich eine Verfassung gegeben hat, an dem Tag, an dem auch das Talent eine Macht ist.»[32]

Was diese Begeisterung jedoch sofort dämpfte, war die Berufung Neckers, der unter begeisterter Zustimmung der öffentlichen Meinung Ende August 1788 wieder zum Finanzminister ernannt wurde. Aus seiner Gegnerschaft zu dem Genfer Finanzmagier hatte Mirabeau nie ein Hehl gemacht, und Necker hatte ihm dies nicht vergessen. Am 22. September schrieb er deshalb an Mauvillon, er sei sich zwar gewiss, dass die Rachsucht Neckers ihm unmittelbar nichts anhaben könne, denn dafür sei er zu bekannt. «Aber man widersetzt sich auf jede nur denkbare Weise dagegen, dass ich auf die Generalstände entsandt werde, an denen teilzunehmen ich die Anmaßung habe, mich für nützlich, wenn nicht geradezu notwendig zu erachten. Auch die Niedertracht der meisten Körperschaften, die mit ihrer Autorität oder ihrem Einfluss unsere Provinzen beherrschen, konspirieren nur allzu sehr mit der hassenswerten Untreue des Ministers. Das ist die mich vor allem plagende Besorgnis, die mit so mancher Verlegenheit verknüpft ist, die sich aus der Stagnation aller Geschäfte, dem Zerwürfnis mit allen meinen Freunden und dem Abbruch fast aller meiner Beziehungen zur Regierung ergeben hat und die mich mit einem ganzen Geflecht aus Widersprüchen und Ängsten lähmt, von dem mein Kopf überfüllt ist.»[33]

Jenseits seiner persönlichen Kümmernisse plagten Mirabeau Sorgen wegen einer von ihm lebhaft empfundenen Schwächung der Autorität des Königs. Seine Bedenken teilte er am 19. August 1788 dem Comte d'Antraigues mit, der später zum Haupt einer europaweit operierenden gegenrevolutionären Verschwörung wurde: «Die Generalstände sind ebenso unvermeidlich, wie sie notwendig geworden sind, unsere monarchische Verfassung wiederherzustellen. Dieser verrückte Erzbischof [i. e. Loménie de Brienne] ist ein vom Wahn befallener Idiot. Er wird uns die Anarchie oder die Demokratie bescheren. Wenn wir nicht auf der Hut sind, werden uns diese Leute *entmonarchisieren* und uns in einen Abgrund von Übeln stürzen. Wir bekommen jetzt wieder diesen Scharlatan von Necker, den König der Canaille. Allein diese besitzt Courage, und wenn er sich zum Meister aufschwingt, wird sie unter seiner Leitung alles vernichten.»[34]

Das war nur zu hellsichtig. Zugleich dokumentiert die Prognose aber auch die monarchische Gesinnung Mirabeaus. Nach längerem Schweigen wandte er sich am 28. September 1788 wieder an Außenminister Montmorin und schlug ihm einen Pakt vor, von dem beide, die in ihrem Bestand bedrohte Monarchie wie der um seine Existenz ringende Mirabeau, ihren sicheren Gewinn hätten: «Ich, als Bürger, zittere um die königliche Gewalt, die uns im Augenblicke, wo sie zu ihrem Sturze neigt, mehr als jemals nötig ist. Nie war eine Krise verfänglicher und bot mehr Vorwand zur Zügellosigkeit; nie war der Bund der Privilegierten so erschreckend für den König, so furchtbar für die Nation; nie drohte eine Nationalversammlung so stürmisch zu werden, als diejenige, die über das Schicksal der Monarchie entscheiden wird und bei der man so übereilt und mit so viel gegenseitigem Misstrauen anlangt. – Beschäftigt nun aber das Ministerium, das sich in diesen Engpass geworfen hat, weil es, anstatt sich auf die Generalstände vorzubereiten, sich bemühte, ihre Berufung aufzuschieben, sich mit den Mitteln, wie es ihre Kontrolle nicht zu fürchten, oder vielmehr wie es ihre Mitwirkung zu benutzen haben werde? Hat es einen festen, sicheren Plan, den die Repräsentanten der Nation nur zu genehmigen hätten? – Nun wohl! Diesen Plan, Herr Graf, habe ich. Er hängt zusammen mit dem Entwurf einer Verfassung, die uns von den Komplotten der Aristokratie, von den Ausschweifungen der Demokratie und von der bodenlosen Anarchie, worin die Staatsgewalt, weil sie absolut hat sein wollen, mit uns hineingestürzt ist, erretten würde. Kann man über die Ratschläge, die dieser Plan enthält, verschiedener Meinung sein, so ist es wenigstens unmöglich, die Grundsätze, auf denen er beruht, nicht zu achten. Wünschen Sie, dass ich ihn Ihnen mitteile? Wollen Sie ihn dem König zeigen? Werden Sie den Mut haben, einem treuen Untertanen, einem entschlossenen Mann, einem unerschrockenen Verteidiger der Gerechtigkeit und Wahrheit, endlich einmal seinen Posten als Bürger anzuweisen? – Ohne die Mitwirkung der Regierung, wenigstens nicht ohne eine geheime, kann ich nicht in die Generalstände kommen. Ich habe schon die Erfahrung gemacht, dass einer Ihrer Kollegen [i. e. Necker], vielleicht gar ohne es zu wollen und bloß weil man seine Rachsucht fürchtet, mir immer den Zugang dazu versperren wird. Verständigten wir uns, so würde es mir sehr leicht sein, den Schwierigkeiten auszuweichen oder die Hindernisse zu übersteigen; und gewiss sind drei Monate nicht zu viel, um sich vorzubereiten, seine Sache einzuleiten und sich als ein würdiger und einflussreicher Verteidiger des Thrones und der öffentlichen Sache zu bewähren.»[35]

Das war eine neue Volte: Mirabeaus Ansinnen zielte nicht mehr wie bislang darauf ab, sich einen gut bezahlten Posten im Regierungsdienst zu verschaffen, sondern er schlug vor, als Deputierter auf den Generalständen die Belange der Monarchie zu verteidigen. Dafür besitze er einen Plan, den er zwar nicht ausführt, aber mit dem Rat andeutet, die Regierung solle der absehbaren Entwicklung vorgreifen und den Generalständen konstruktive Vorschläge zur Verabschiedung unterbreiten, statt sich aufs bloße Zuwarten zu beschränken und damit die Initiative aus der Hand zu geben. Angesichts der Konstellation widerstreitender mächtiger Interessen war die Voraussetzung für ein Gelingen, wie er immer wieder betonen sollte, ein enges Bündnis der königlichen Autorität mit dem Volk gegen die Privilegierten. Am ausführlichsten hat Mirabeau diese Überlegung in einem Brief an den Straßburger Verleger Levrault ausgeführt, an den er sich mit der Bitte um Unterstützung für seine Kandidatur als Abgeordneter für die Generalstände wandte:

«An der Einberufung der Stände ist gar nicht mehr zu zweifeln. Wer sollte am 1. Mai 1789 bezahlen? Das sagen Sie mir. Es ist der Regierung widerfahren, was ich ihr so oft vorhersagte: *Wenn ihr sie nicht zu Fuße wollt, so werden sie zu Pferde kommen*. Durch den Versuch, sie weiter hinauszuschieben, haben sie die Epoche bis zur Übereilung beschleunigt; und wahrlich! Man wird es fühlen. Was werden sie tun? Gewiss viel Albernes. Aber was schadet das? Die Nationen haben, wie die Kinder, ihre Bauchschmerzen, ihre Zahnschmerzen, ihren Jammer; sie bilden sich eben so. – Die erste Versammlung der Stände wird tumultuarisch sein, sie werden vielleicht zu weit gehen; die zweite wird schon einen sichereren Schritt haben und die dritte die Konstitution vollenden. Lassen Sie uns nicht darüber streiten, dass es Bedürfnis sei, eine ganz neue zu schaffen. Wenn heute nur alles gerecht ist, so wird es morgen auch gesetzmäßig sein. (...) Bewilligung der Steuern und Anleihen, bürgerliche Freiheit, periodische Versammlungen: Das sind die drei vornehmsten Punkte, die auf eine bestimmte Erklärung der Nationalrechte gegründet sein müssen. Das Übrige kommt von selbst. – Meine besonderen Ideen betreffend, will ich Ihnen, aber auch nur Ihnen, geradeheraus sagen: *Krieg allen Privilegierten und Privilegien!* Das ist mein Wahlspruch. Die Privilegien gegen die Könige sind nützlich; die gegen das Volk abscheulich. Und unsere Nation wird nicht eher Gemeingeist haben, als bis sie davon befreit ist. Darum müssen wir auch monarchisch gesinnt bleiben, wie ich für meine Person es ganz sein werde.»[36]

Bis zu seinem Tod blieb das Mirabeaus Credo. Es verrät sich darin eine nur zu gut begründete Ahnung künftiger Gefahren, weshalb er bestrebt ist, die notwendigen Reformen maßvoll zu begrenzen. Das mutet zwar konservativ an, unterscheidet sich aber dennoch sehr von denen, die in Übereinstimmung mit den Ansichten des *Parlement* die Aufgabe der Generalstände darauf beschränkt wissen wollen, irgendwelche alten Rechtszustände zu renovieren. Von diesen Traditionen, die es angeblich nur wiederzubeleben gelte, hält er gar nichts. Was er anstrebte, ist vielmehr ein neuer Verfassungsbau, der sich als tragendes Prinzip auf eine Menschenrechtserklärung gründet, für die er einen Entwurf in seiner *Adresse aux Bataves sur le Stathoudérat* vorgelegt hatte.[37] Ein Jahr vor Beginn der Generalstände, die sich nach unvermeidlichen Anfangsschwierigkeiten zur *Assemblée constituante*, zur Verfassunggebenden Versammlung, zusammenrauften, entwickelte Mirabeau damit bereits deren Programm. Und auch darüber, wie sich die Beseitigung der Privilegien bewerkstelligen ließe, die den Dreh- und Angelpunkt dieses Programms darstellt, die aber grundlegend sind für die sehr reale politische Differenzierung der Nation in unterschiedliche Stände, hat er eine Vorstellung: «Zweifellos kann es geschehen, dass die Nationalversammlung sich als nichts anderes darstellt als eine Zusammenrottung einander feindlicher Haufen. Wenn es aber gelingt, eine Fusion der homogenen Teile zu erreichen, wird dieses Königreich Sie noch in Staunen versetzen, bevor Sie sich zu Ihren Vätern versammeln.»[38]

Das Scheitern dieser Fusion, in der Mirabeau die unabdingbare Voraussetzung für das Gelingen seines Plans sah, ist die Geschichte der Französischen Revolution, gegen deren Verlauf er sich bis zu seinem Tod stemmte.

Fünftes Kapitel

«Immer zwischen Misthaufen und Palast»

Mit seinen Ansichten stand Mirabeau keineswegs allein, denn sie wurden von einem kleinen, die öffentliche Meinung beeinflussenden Kreis von Männern geteilt, der den Nukleus für jene «Fusion der homogenen Teile» in der kommenden Versammlung der Generalstände vorstellte, von der im Brief an Mauvillon vom 22. Oktober 1788 die Rede war. Mirabeau charakterisierte diesen Zirkel, der sich im Haus des *Conseiller au Parlement* Adrien Duport versammelte, als «conspiration d'honnêtes gens», als «Verschwörung ehrenwerter Männer», die als «Club constitutionnel» firmierte. Die Aufgabe dieses Klubs sahen seine Mitglieder darin, das Gelingen des geplanten Verfassungsbaus allen virulenten ständischen Geltungsinteressen zum Trotz zu verwirklichen. Dem Duc de Lauzun, den Mirabeau mit Schreiben vom 10. November 1788 einlud, sich dazu einzufinden, verhieß er, man ginge hier gesprächsweise «weiter, als man sich das vorstellen könne, jedenfalls so weit, wie es das wohlverstandene öffentliche Interesse» erheische.[1]

Auch bekannt unter dem irreführenden Namen «Gesellschaft der Dreißig», der sich auf die Zahl seiner Mitglieder bezog, die sich aber auf wenigstens 55 belief, versammelten sich in diesem Debattierclub namhafte Vertreter der Gesellschaft. Neben Mirabeau waren das u. a. die Bankiers Clavière und Panchaud, Schöngeister und Intellektuelle wie Chamfort, Condorcet, Brissot oder Choderlos de Laclos, eminente Juristen wie die *Conseillers du Parlement* Duport, Le Peletier de Saint-Fargeau und Huguet de Sémonville oder der Advokat Target sowie liberale Adelige wie der Marquis de La Fayette, der Comte d'Antraigues oder die Ducs de Montmorency-Luxembourg, de Luynes, La Rochefoucauld-Liancourt und Castellane und schließlich sehr weltliche Kirchenmänner wie Talleyrand oder der *abbé* Sieyès. Wie in anderen Zirkeln, die nicht diesen Grad von Bekanntheit erlangten, wurde in dem Kreis ein Gedankenaustausch gepflegt, der Standesdünkel verpönte und der deshalb umso leichter die Illusion entstehen ließ, man zöge bei den großen Fragen, die von den Generalständen debattiert werden müssten, am selben Strang.

Das erwies sich schnell als ein Irrtum, den Mirabeau früh erahnte, der sich an dem großen Einfluss stieß, den Richter des *Parlement de Paris* im Club hätten. Seine einschlägigen Befürchtungen ließ er im Brief vom 4. Dezember den Duc de Lauzun wissen: «Ich werde morgen in unserer Gesellschaft mit allem Nachdruck einen Antrag auf eine Änderung des Versammlungsorts und für ein unabhängiges Domizil stellen. Wir müssen alle unsere Kräfte bündeln, um einer Beherrschung durch den *Parlement* zu entgehen, und alles tun, um zu gewährleisten, damit Leute wie wir, die sich für eine Gruppe guter Bürger halten und nicht für ein Reservecorps der *parlementaires*, vereint sind, um eine sehr gefährliche Entwicklung zu vereiteln.»[2] Zunächst waren es Nichtigkeiten, über die man sich zerstritt, die in Meinungsverschiedenheiten einmündeten, die sich bald, nachdem die Nationalversammlung ihre Arbeit aufgenommen hatte, zu regelrechten Gegnerschaften entwickelten. Das gab den Anstoß zu Parteibildungen, die jene «Fusion der homogenen Teile», auf die Mirabeau gesetzt hatte, vereiteln sollten.

Anfangs jedoch stiftete die ansteckende Begeisterung, die Avantgarde einer Bewegung zu sein, mit der die Verkrustung des *Ancien Régime* überwunden werden sollte, eine spontane Handlungseinheit. Mit Eifer machte man sich daran, die Wahlen in Frankreich nach den Vorstellungen des «Club constitutionnel» zu gestalten. Dieser Absicht dienten Pamphlete, die im ganzen Land verteilt wurden. Der *Essai sur les Privilèges* des *abbé* Sieyès, der alle Privilegien als parasitär und asozial verdammte und die Privilegierten als Bettler charakterisierte, liefert dafür ein schönes Beispiel. Zu den Aktivitäten der «conspiration d'honnêtes gens» gehörte aber auch die rege Kontaktpflege mit Gleichgesinnten in der Provinz, die in Freimaurerlogen, Lesegesellschaften oder Akademien zusammenkamen, ebenso wie die Ausarbeitung von Gebrauchsmustern für die Beschwerdehefte, in denen die Wähler im ganzen Land ihre Wünsche, Klagen und Forderungen aufschreiben sollten.[3] Dieses Treiben war nichts mehr als eine Improvisation, mit der man jenes Durcheinander vermeiden wollte, von dem nicht nur Mirabeau fürchtete, es würde zunächst das Geschehen auf den Generalständen beherrschen.

Für das Problem, das sich Mirabeau im Spätjahr 1788 stellte, war ihm die «conspiration d'honnêtes gens» keine Hilfe, denn er musste einen «Wahlkreis» finden. Als Comte de Mirabeau war er in Übereinstimmung mit den noch geltenden Bestimmungen verpflichtet, sich beim Adel zur Wahl zu stellen. Voraussetzung dafür war, dass er sich als Eigentümer eines *fief*, eines Lehensbesitzes, auswies. Naheliegend war für ihn also, in Vertretung des Vaters, mit dem er jedoch tief zerstritten war, in der Provence zu kandidieren. Umso mehr hoffte er, die Widmung des großen Werks über Preußen werde den Alten gewogen machen. Das ließ sich zunächst auch vielversprechend an, denn schon am 15. August 1788 äußerte er sich anerkennend: «M. le Comte ist durch sein *rimbombo*, durch seine Anstrengungen, seine Frechheit und durch den Vorteil, den er seinem erbärmlichen Betragen verdankt, eine Koryphäe seines Jahrhunderts geworden. (...) Wenn es diesen Herrn also gelüstet, vor der Nation eine Rolle zu spielen, so könnte er sich wohl in seiner Heimatprovinz Achtung zurückgewinnen. Sein Talent und sein Arbeitseifer werden ihm Gewicht verleihen, und mit dem Votum der Provinz wird er in die Versammlung der Nation gelangen, in der er sehr bekannt ist. Sein Vater jedoch, der nur noch seine Ruhe haben will, hat damit nichts zu schaffen.»[4]

Auch dem Bruder gegenüber bezeugte der Marquis seinen Stolz auf diesen Sohn, den er als einen «Zentauren der Arbeit» qualifizierte. Dieses Lob kam natürlich Mirabeau zu Ohren, der sogleich einer Einladung des Alten entsprach, ihn Mitte Oktober nach Jahren zum ersten Mal wieder aufzusuchen. Bei ihren insgesamt drei Begegnungen hörte er sich auch widerspruchslos dessen Einwände gegen das Werk an. Auf die Frage seiner Kandidatur in der Provence aber erhielt er keine Auskunft, was ihn zunehmend beunruhigte, wie er Mauvillon wissen ließ: «Sie zeigten sich überzeugt, dass die Versöhnung des *Ami des hommes* mit seinem Sohn Großzügigkeiten, eine irgendwie geartete Entspannung in den Verlegenheiten und Entbehrungen zur Folge hätte! Ach, da täuschen Sie sich sehr. Nach der Widmung und der Lektüre des Werks glaubte er zwar, nicht umhinzukönnen, mich zu empfangen. Er weilt auf dem Lande, was mich ab und an dazu nötigt, einen ganzen Tag zu verlieren, um ihm zuzuhören. Aber es ist zum Auswachsen, denn noch immer hat er mit keinem Wort, ich will gar nicht sagen, von meinen persönlichen, meinen pekuniären oder anderen Angelegenheiten gesprochen, geschweige von den Mitteln meiner Teilnahme an den Generalständen, die ihm reichlich zur Verfügung stehen.»[5] Als sich Mirabeau schließlich

Mitte Februar 1789 ein Herz fasste und den Vater bat, ihm das Eigentum an einem der Lehen, die er in der Provence besaß, zu überschreiben, stieß er auf dessen kategorische Ablehnung.[6]

Zuvor schon war Mirabeau mit dem parallel dazu unternommenen Versuch gescheitert, einen solchen Besitz in der Dauphiné wenigstens zum Schein zu erwerben. Es gelang ihm nicht, die dafür geforderten 4800 *livres* aufzutreiben. In seiner Not wandte er sich am 10. November 1788 an den Duc de Lauzun, sich für ihn gegenüber Minister Montmorin dafür zu verwenden, denn der habe ihm wiederholt versichert, er könne ihn als seinen «Bankier» betrachten. Die Summe bräuchte er bis zum 18. November, und es wäre ihm «über alle Maßen wichtig, wenn er ihm wenigstens einen Teil dieses Betrags leihen» könnte. Vier Tage später erneuerte er die «flehentliche Bitte» und unterstrich diese mit der Versicherung: «Aber, was nur zu wahr ist und wovon man überzeugt sein kann, ist, dass ich in der Nationalversammlung ein sehr eifriger Monarchist sein werde, weil ich zutiefst von der Überzeugung durchdrungen bin, wie notwendig es für uns ist, den ministeriellen Despotismus zu zerstören und die Autorität des Königs wiederherzustellen.» Am 16. November folgt der dritte Bittbrief. Diesmal ließ er Lauzun wissen, der Minister habe ein lebhaftes Interesse daran, ihn als Deputierten auf den Generalständen zu sehen. Zwar sei er nicht dazu bereit, seine Kandidatur offen zu beeinflussen, aber er wolle ihn wenigstens finanziell unterstützen. Wie nötig ihm eine derartige Zuwendung sei, habe er dem Minister gegenüber deutlich gemacht, sich aber gescheut, ihm die gewünschte Summe zu spezifizieren. «Es ist leichter, wenn ein anderer als man selber darüber spricht. Erweisen Sie mir also diesen Dienst. Wenn man zu den 4800 *francs* für den Erwerb des Lehens mir noch 100 oder 150 *louis* hinzufügt, sei es, um meine Reisekosten in die Provinz zu bezahlen, wo meine Wahl stattfinden soll, sei es, um meine Wähler in Laune zu versetzen, würde man mir einen unschätzbaren Dienst erweisen.»[7]

Es war alles umsonst. Mirabeau befand sich damit wieder in einer Situation, die ihm nur zu vertraut war: Mit seinem brennenden Ehrgeiz war er erneut ganz auf sich gestellt. Dem Gedanken, aufzugeben und etwas ganz anderes zu machen, der ihn gelegentlich anfiel, gab er dennoch nicht nach. Stattdessen setzte er einmal mehr darauf, sich mit der Feder die Mittel zu verschaffen, die ihm der Vater oder die Minister verweigerten.

Jacques Necker

Einen Anlass dazu bot ihm Necker, der angesichts der durch eine Missernte erheblich verschärften Krise zu einer unanfechtbaren Größe aufgestiegen war. Mirabeau wäre also gut beraten gewesen, diesen Mann zu schonen, den er sich bereits durch scharfe Polemiken gegen dessen frühere Amtsführung zum Gegner gemacht hatte, zumal Necker einflussreich und rachsüchtig genug war, um seine Teilnahme an den Generalständen zu vereiteln.

Um den drohenden Folgen der Missernte des Jahres 1788, die ein strenger Winter noch verschärft hatte, entgegenzuwirken, setzte Necker den erst im Jahr zuvor eingeführten Freihandel für Getreide wieder aus und führte weitere Handelsbeschränkungen ein. Da diese Maßnahmen allein aber unzulänglich erschienen, um Hungersnöte und Unruhen zu bannen, veranlasste er auf Staatskosten große Getreideimporte aus dem Ausland, für deren Bezahlung in den öffentlichen Kassen keine Mittel vorhanden waren. Also musste er sich seiner finanzpolitischen Zauberkünste bedienen, um durch allerlei verdeckte Operationen die fehlenden Mittel zu beschaffen. Dazu nutzte er die *Caisse d'escompte*. Das funktionierte so lange, wie diese Kasse liquide war. Darum war es aber gegen Ende der Amtszeit von Neckers Vorgänger Brienne geschehen, der sich außerstande sah, wenigstens einen Teil der geliehenen siebzig Millionen fristgerecht zurückzuzahlen. Um den drohenden Konkurs des Instituts zu vermeiden, hatte die Regierung am 18. August 1788 verfügt, die Bank zeitweilig von einer Einlösung der als Sicherheit ausgegebenen Diskontozettel in bares Geld zu entbinden. Angesichts der herrschenden Notlage, die er bei seinem Amtsantritt vorfand, sah Necker keine andere Möglichkeit, als diese befristete Ausnahmeregelung zu verlängern und sich dafür weitere Millionen auszuleihen. Durch einen neuen Beschluss des *Conseil* vom 29. Dezember 1788 wurde der Zwangskurs dieser Diskontozettel, die ein Zahlungsmittel waren, um sechs Monate, also bis zum Zusammentritt der Generalstände am 1. Mai 1789, gestreckt.

Mirabeau beobachtete das alles mit umso wacherem Argwohn, als er sich schon in seinen finanzpolitischen Polemiken von 1787 mit der Diskontokasse auseinandergesetzt hatte. In einer Korrespondenz mit dem ihm bekannten Literaten und Ex-Jesuiten Joseph-Antoine-Joachim Cerutti, bei der beide zwischen dem 2. und dem 7. Januar 1789 insgesamt elf Briefe wechselten, war Mirabeaus Kritik dieser finanztechnischen Fragen aber nur ein Aspekt. Viel interessanter sind die Einwände, die er gegen die von Necker veranlassten Änderungen am traditionellen Wahlverfahren für die Generalstände vorbrachte, die mit dem *Résultat du Conseil d'Etat* vom 27. Dezember 1788 veröffentlicht wurden. Darin wurde 1. bestimmt, dass die Vertretung des Dritten Standes dieselbe Kopfzahl haben solle wie die von Klerus und Adel zusammen; zum 2. wurde verfügt, dass die Anzahl der Deputierten einer jeden *Balliage* oder *Sénéchaussée* proportional zu deren Bevölkerungszahl und Steueraufkommen sein müsse; 3. blieb es den Wählern freigestellt, als Abgeordnete auch Angehörige anderer Stände zu wählen.[8]

Das waren drei Zugeständnisse, die Necker dem König abgerungen hatte, die aber hinter den in der Öffentlichkeit virulenten Vorstellungen zurückblieben. Um sie durchzusetzen, habe Necker immer wieder ein Argument vorgebracht, das sich wie ein Echo von Mirabeaus Ratschlag ausnimmt: Der König müsse sich mit dem Volk gegen die privilegierten Stände verbünden. Das hat Justizminister Barentin protokolliert: «Die Autorität des Königs muss von den zwei privilegierten Ständen alles befürchten, sie kann andererseits aber auch alles gewinnen, wenn sie sich mit dem Volk verbündet. Die geringste Wohltat genügt, um dieses auf die Interessen der Krone zu verpflichten.»[9]

Necker, für den die öffentliche Meinung Richtschnur seines Handelns war, plagte die Einsicht, dass er mit dem *Résultat* den Erwartungen hinterherhinkte, weshalb er seine Sicht in einer ausführlichen Begründung, dem *Rapport fait au Roi dans son Conseil, par le Ministre de ses Finances*, nachlieferte. Darin gab er zu verstehen, dass der *Résultat* sich an den Maßgaben des *Parlement de Paris* orientiere. Der *Parlement* hatte am 25. September gelegentlich der Registrierung der königlichen Order, die Generalstände einzuberufen, den Beschluss verkündet, dass dies in strikter Übereinstimmung mit den Regelungen geschehen müsse, die bei deren letzter Zusammenkunft 1614 galten und die eine nach Standeszugehörigkeit getrennte Beratung und Beschlussfassung vorsahen. Eine Änderung dieser Geschäftsordnung, so viel ließ Necker durchblicken, sei jedoch möglich, wenn die Stände gemeinsam einen entsprechenden Beschluss fassten und der König diesem zustimme.[10] Voraussetzung dafür sei, so Necker, die Beseitigung der Steuerprivilegien. Wäre das geschehen, dann würde sich eine gemeinsame Beratung und Abstimmung der Deputierten zwangsläufig ergeben, denn was könne dann noch die Interessen des Dritten Standes von denen der beiden ersten Stände unterscheiden?[11] Zunächst jedoch sei die Verdoppelung der Abgeordnetenzahl des Dritten Standes ein Gewinn, denn schließlich gelte: «Wenn der Dritte Stand in seinem Wollen geeint ist, wenn er den Prinzipien der Gerechtigkeit genügt, dann wird man das immer als den nationalen Willen ansprechen.»[12]

Darüber hinaus suchte Necker mit diesem *Rapport* den König zur Anerkennung einer Reihe von Verfassungsgrundsätzen zu verpflichten. So war die Erhebung neuer Steuern von der Zustimmung der Generalstände abhängig zu machen, was deren regelmäßige Einberufung in Zukunft erzwingen würde. Ferner sollten sich die Generalstände zur Abschaffung der *Lettres de cachet* wie zur Garantie der Pressefreiheit äußern. Schließlich wurde das große Projekt angesprochen, Provinzialstände einzuführen und die Verwaltung der einzelnen Provinzen mit der allgemeinen Gesetzgebung in Übereinstimmung zu bringen.

Neckers *Rapport* war ein fast vollständiger Katalog aller Wünsche und Forderungen, die von der Öffentlichkeit in Erwartung der Generalstände geäußert worden waren. Das legt die Vermutung nahe, dass Necker es allen «Parteien» recht machen wollte. Das gilt insbesondere auch für die viel kritisierte Halbherzigkeit, die Zahl der Deputierten des Dritten Standes zwar zu verdoppeln, aber Mehrheitsbeschlüsse, die dieses Zugeständnis wirksam gemacht hätten, einem entsprechenden Votum der Stände zu überlassen. Voraussetzung dafür war jedoch der vorherige Verzicht auf sämtliche Steuerprivilegien. Damit war so schnell nicht zu rechnen, weshalb sich die Verdoppelung des Dritten Standes nur wie ein fauler Kompromiss ausnahm, der gleichzeitig dessen Aspirationen befriedigen und die Befürchtungen der beiden anderen Stände dämpfen sollte, überstimmt zu werden.

Die Öffentlichkeit hat das politische Potential dieses *Rapport*, den Mirabeau als «battologie nébuleuse» qualifizierte, umso weniger erkannt, als der König den Ausführungen Neckers zwar nicht widersprach, sein ausdrückliches Plazet aber nur jenen drei Punkten erteilte, die im *Résultat* aufgeführt worden waren. Das war ein großes Entgegenkommen, das begeistert begrüßt wurde, jedoch nicht die Erwartungen erfüllen konnte, die Neckers *Rapport* geweckt hatte. Das sollte sich als gefährlich erweisen, denn damit wurden Mutmaßungen laut, die einander widersprechende Schlussfolgerungen provozieren mussten. Einer der Ersten, der dafür das Exempel lieferte, war Mirabeau, der einfach ohne seinen Korrespondenzpartner Cerutti um sein Einverständnis zu bitten, den hochpolitischen privaten Briefwechsel veröffentlichte und damit für gehörige Empörung in der Regierung sorgte, die diese 60 Druckseiten umfassende Schrift umgehend verbieten ließ.[13]

Lässt man die Kritik an der Finanzpolitik Neckers außer Acht, die im Wesentlichen Argumente wiederholt, die von Mirabeau schon zuvor vorgetragen worden waren, dann beschränken sich seine Einwände auf Haarspaltereien. Er übersieht geflissentlich die schwierige Situation Neckers, der mit unzulänglichen Mitteln eine schwere Finanzkrise zu meistern und den drohenden Staatsbankrott abzuwenden hatte, und der sich andererseits mit seinen die künftigen Generalstände betreffenden Reformvorstellungen gegen einen Hof und einen König durchsetzen musste, denen es am bescheidensten Verständnis für den Ernst der Lage fehlte. Ganz offenkundig erkannte Mirabeau in den Vorschlägen Neckers nicht das, was sie waren: erste, wenn auch zaghafte Schritte hin zu einer Verfassung, die zu vollenden Aufgabe der kommenden Generalstände sein würde.

Stattdessen setzte Mirabeau das Vorhandensein einer Verfassung bereits stillschweigend voraus und verwarf es von dieser Warte aus als grundsätzlich falsch, die Frage nach der Legalität der *Lettres de cachet* oder der Pressefreiheit überhaupt aufzuwerfen. Ähnlich realitätsfern erscheint auch seine Vermutung, die Regierung verfolge mit der Möglichkeit für die Wähler des Dritten Standes, sich auch für Kandidaten von Klerus oder Adel zu entscheiden, nur die Absicht, die große Diskussion darüber, ob nach Ständen oder Köpfen abgestimmt werde, von vorneherein zu vermeiden. Mit dieser Diskussion verknüpfte Mirabeau die geradezu apokalyptische Vorstellung einer Spaltung der Nation und des Bürgerkriegs.[14] In einem späteren Brief kommt Mirabeau ein weiteres Mal auf die Gefahren zu sprechen, die er mit dieser Änderung der Wahlbestimmungen verbunden sieht: «Der Dritte Stand besteht aus so vielen Leuten ohne jede geistige Befähigung, aus so vielen Landleuten, die vom Feudalismus abgestumpft sind, aus Stadtbewohnern, die nur ans Geld denken, aus bourgeoisen Geistern, die nur darauf aus sind, einige Früchte von der Protektion oder Patronage dieser oder jener Herren zu ernten … dass ich bei dem Gedanken zittere, wenn bei Eröffnung der Generalstände alle diese in derselben Kammer sich mit unseren *Seigneurs* jeglicher Art versammeln. Also drängt sich mir geradezu der Wunsch auf, dass der schwache Dritte Stand in seiner Kammer unter sich bleibt, sich erhitzt, erregt, streitet und dank der Empörung gegen das Veto der *Chambres hautes* sich ermannt und kräftigt, ehe er in eine Beratung eintritt, in der alle Stimmen gezählt werden…»[15]

Mit dem Gedanken des *Résultat*, die Wähler des Dritten Stands könnten auch Mitglieder der ersten beiden Stände als Deputierte entsenden, beschäftigte sich die öffentliche Meinung, seitdem die Krone die Einberufung der Generalstände zugesichert hatte. Die Frage hatte auch schon Anlass zu Diskussionen im «Club constitutionnel» gegeben, die La Fayette, der sich dafür aussprach, und Mirabeau, der vehement dagegenhielt, entzweiten.[16] Ironischerweise kam es dann aber so, dass La Fayette, der sein Mandat lieber den Stimmen des Dritten Stands verdankt hätte, vom Adel gewählt wurde, während Mirabeau, den seine Standesgenossen pikiert ablehnten, vom Dritten Stand von Aix-en-Provence auf die Generalstände entsandt wurde.

Mirabeaus Haltung ist in zweierlei Hinsicht schwer begreiflich, denn die Wahl von Klerikern und Adeligen durch den Dritten Stand implizierte auch, dass ihre Entsendung in die Generalstände nicht mehr mit der Bedingung verknüpft war, Eigentümer eines Lehens zu sein, was auf viele Kleinadelige zutraf. Das eröffnete diesen die unverhoffte Aussicht, bei den Wahlen zum Zuge zu kommen, was kaum absehbare Konsequenzen barg. Im Unterschied zu ihren begüterten Standesgenossen würden sie in ihrem Abstimmungsverhalten nicht in gleicher Weise von Rücksichten auf ihre Standesloyalität beeinflusst sein, die sie in Steuerfragen etwa zur Verteidigung des Status quo verpflichtete.

Mirabeaus Ablehnung dieser Wahlrechtsänderung ist auch deshalb nicht zu verstehen, weil diejenigen, die sich 1788/89 mit konkreten Vorschlägen für Reformen und eine Verfassung vernehmen ließen, so gut wie ausschließlich liberale Adelige waren. Angehörige des Adels waren es auch, welche die Meinungsführerschaft der Öffentlichkeit vor dem Zusammentritt der Generalstände behaupteten und in den ersten beiden Jahren die Verhandlungen der Nationalversammlung prägten. Sie gaben damit das Beispiel, an dem sich die nachrückenden und wesentlich radikaler gesinnten «bürgerlichen» Wortführer orientierten.

Mirabeaus rigide Haltung verwundert auch angesichts seiner gesamten politischen Publizistik, die jenseits ihrer beißenden Polemik stets politische Bildung, von Agitation getragene Aufklärung beabsichtigte. Welche «dicken Bretter» es da zu bohren galt, das hatte die anhaltend große Begeisterung der Öffentlichkeit für den *Parlement* gezeigt, der vermeintlich selbstlos dem «Despotismus» der Krone die Stirne bot. Der *Parlement* hatte sich am 25. September 1788 mit dem Beschluss selbst entlarvt, dass die kommenden Generalstände allem eingetretenen Wandel zum Trotz in genau der Form stattfinden müssten wie jene, die 1614 zum letzten Mal getagt und ergebnislos auseinandergegangen waren. Erst jetzt wurde mit einem Mal offensichtlich, dass der Widerstand des *Parlement* kein Ansatz zur Lösung, sondern ein Teil des Problems war.

Was also stiftete Mirabeau zu dieser widersprüchlichen Haltung an? War es sein waches Misstrauen gegenüber der Finanzpolitik Neckers, der mit dem Beschluss des *Conseil* vom 29. Dezember bei ihm den Verdacht geweckt hatte, der *Résultat* und *Rapport* vom 27. Dezember enthielten nur ebenso vage wie schöne Versprechungen, die gut Wetter machen und die, wenn sie diesen Zweck erfüllt hatten, wieder kassiert werden sollten? Oder war es seine unüberwindliche Abneigung gegen den Minister? Dass ausgerechnet dieser ein Programm skizzierte, das auf seiner Linie lag, muss ihn zutiefst irritiert haben. Vielleicht trieb ihn sogar die Sorge um, Necker wolle ihm die Rolle, die er für sich selbst auf den Generalständen anstrebte, streitig machen und die von einer Verfassung eingehegte Monarchie zu neuer Macht und Herrlichkeit führen.

Leicht lässt sich hingegen erklären, was Mirabeau zu der zweiten Veröffentlichung veranlasste, die fast gleichzeitig mit den Briefen von und an Cerutti erschien und die ebenso großen Ärger und Aufsehen erregte: die *Histoire secrète de la Cour de Berlin*.[17] Das Buch, das Mirabeau unter diesem reißerischen Titel Anfang Januar 1789 erscheinen ließ, verfolgte nur eine einzige Absicht: Der Verkaufserlös sollte ihm das für die Reise in die Provence, zu der er am 8. Januar aufbrach, notwendige Geld verschaffen.[18] Diese Rechnung sollte zwar aufgehen, aber Mirabeau musste dafür einen hohen Preis bezahlen, der ihm auch noch gelegentlich der Eröffnung der Generalstände im Mai zu schaffen machte, als er zu Beginn von deren Sitzungen beim namentlichen Aufruf der einzelnen Abgeordneten mit Protestrufen statt Applaus empfangen wurde.[19]

Seltsamerweise scheint Mirabeau nicht die Größe des Skandals ermessen zu haben, den die Veröffentlichung der *Histoire secrète* in Paris, Frankreich und selbst im benachbarten Ausland machte.[20] Gleich zwei Seiten, die französische wie die preußische Monarchie, wurden durch diese Publikation bloßgestellt. Das Buch war nicht mehr und nicht weniger als eine Zusammenstellung seiner teilweise chiffrierten Depeschen, die Mirabeau zeit seines Berliner Aufenthalts an Talleyrand gesandt hatte, der diese in einer von ihm bearbeiteten Form an die Minister und den König weiterleitete. Die Briefe enthielten zwar keine Staatsgeheimnisse, ließen es aber an pikantem Klatsch und Tratsch über das Leben am preußischen Hof nicht fehlen. Auch enthielten sie eine ganze Fülle wenig schmeichelhafter Schilderungen von Mitgliedern der königlichen Familie oder wichtiger Hofschranzen, deren Schwächen, Seitensprünge oder sonstige Irrwege mit beißendem Spott abgehandelt wurden. Das alles waren so gut wie ausnahmslos Mitteilungen, die keiner der von Mirabeau Erwähnten zu seinen Lebzeiten hätte veröffentlicht wissen wollen.

Eine derart ungehörige Indiskretion wurde von der Öffentlichkeit missbilligt, auch wenn diese sonst nicht auf besonderer Sittenstrenge bestand. Die Publikation der Briefe war selbst für die Adressaten ein peinliches Erlebnis, denn diese sahen sich als Voyeure bloßgestellt, denen Mirabeau gegen üppige Bezahlung aus der Staatskasse schlüpfrige

Anekdoten vom preußischen Hofleben lieferte. Die Empörung war indessen das eine; ganz anders hingegen verhielt es sich mit der Entschlossenheit, die Verbreitung des Buchs zu verhindern und gegen den Verfasser wie den Verleger vorzugehen. Wie geschwächt die staatliche Autorität war, zeigt sich daran, dass die *Histoire secrète* zwar unter der Hand, aber dennoch sehr zügig und reibungslos über drei Wochen lang abgesetzt wurde. Erst am 10. Februar erging der Beschluss, das Buch durch den Henker verbrennen zu lassen, die traditionelle Bekräftigung eines Publikationsverbots. Bis zu diesem Datum waren schon mehrere tausend Exemplare abgesetzt worden.

Die Vollstreckung des spät ausgesprochenen Urteils konnte jedoch nicht mehr verhindern, dass sich die Affäre um die *Histoire secrète* auch zu einer Belastung der französisch-preußischen Beziehungen auswuchs. Auch wollte es der Zufall, dass just zum Zeitpunkt der Veröffentlichung des zweibändigen Werks Prinz Heinrich von Preußen in Paris auf Besuch weilte. Der Prinz, bei dem Mirabeau häufig zu Gast gewesen war, hatte nun das zweifelhafte Vergnügen, dessen Urteile über sich zu lesen. Folglich dauerte es auch nicht lange, bis die preußische Regierung vorstellig wurde und eine Bestrafung Mirabeaus forderte. Ein beim *Parlement de Paris* eingeleitetes Verfahren versandete indes rasch. Auch die einst so freigiebig geübte Praxis der *Lettres de cachet* gehörte der Vergangenheit an, wie Außenminister Montmorin dem preußischen Gesandten in Frankreich von der Goltz gegenüber im März 1789 entschuldigend bemerkte: «Niemals zuvor haben der König und die Regierung es so sehr gewünscht, eine derartig peinliche Affäre durch einen *Lettre de cachet* zu ahnden, aber Sie wissen selbst um die Unmöglichkeit einer solchen Maßnahme angesichts der augenblicklichen Erregung der Geister.»[21]

Während die Empörung über ihn in Paris hochging, weilte Mirabeau fernab in Aix-en-Provence. Was er davon durch seinen Sekretär Comps erfuhr, der in Paris zurückgeblieben war, ließ ihn zunächst kalt: «Wenn sie müde geworden sind, Lärm zu schlagen, werden sie schon wieder schweigen», schrieb er diesem am 22. Januar. Die Aufregung qualifizierte er in einem anderen Schreiben an Comps «als Ausdruck des geballten Fanatismus der unbedingten Anhänger Neckers, die entzückt über eine so willkommene Gelegenheit sind, mich herunterzureißen, als die Heuchelei von übelgesinnten Ehrenwerten, die unter dieser gespielten Empörung nur ihr Ressentiment gegen etwas anderes verbergen, das sie nicht offen aussprechen können, und schließlich als die einer Herde von Schafen gemäße Gesinnung von Leuten, die wie die anderen blöken und Abwesende schmähen.» Im Übrigen habe er dank der ihm zukommenden Mitteilungen den Eindruck, die *Histoire secrète* stoße auf Zustimmung. «Manch einer wird sich vielleicht gesagt haben, dass dieses Buch, das die Mächtigen und die Höfe ins helle Licht rückt, nicht das große Verbrechen ist, als welches es die gewöhnlichen Geister hinstellen…»[22]

Da die Empörung aber anhielt und mittlerweile bis nach Aix-en-Provence geschwappt war, wo sie Mirabeaus Gegnern willkommene Argumente lieferte, und er auch noch durch Comps erfahren musste, man trage sich mit der Absicht, ihn aus dem «Club constitutionnel» auszuschließen, sah er sich zu einer öffentlichen Reaktion genötigt. Am 22. Februar 1789 druckte der *Journal de Paris* einen Brief Mirabeaus ab, mit dem er rundheraus bestritt, die von ihm stammenden Berliner Berichte seien auf sein Betreiben hin veröffentlicht worden. Auf den Titel der *Histoire secrète* bezugnehmend, der das ohne Autorennennung erschienene Werk als «ouvrage posthume» auswies, versicherte er: «Ich bin keineswegs tot, und ich habe auch keinerlei Veranlassung, meinen Namen bei Publikationen zu verschweigen, die ich veröffentlichen möchte. Meine tief empfundene Missbilligung des Buchs wie seiner Veröffentlichung ist also schon aus seinem Titel ersichtlich. (…) Vielleicht hat man es als unterhaltsam oder nützlich befunden, diese Berichte zu verstümmeln, zu verfälschen, zu vergiften und durch sträfliche Bemerkungen noch zu erweitern?»[23] Als verfolgte Unschuld gerierte sich Mirabeau auch gegenüber Mauvillon, dem er im Februar 1789 scheinheilig schrieb, er hätte doch sicherlich schon von einer *Histoire secrète de la Cour de Berlin* gehört, die hier für große Aufregung sorge. Leute, die ihm nicht wohlgesinnt seien, bezeichneten ihn als den Autor dieses Werks. Es habe Untersuchungen, ein Verfahren und einen Gerichtsbeschluss gegeben, in deren Zusammenhang sein Name indes nicht genannt worden sei. «Im Übrigen ist zu hören, das Werk sei vortrefflich; ich selbst habe es aber noch nicht gelesen.»[24]

Als Mirabeau am 13. Januar 1789 in Aix-en-Provence eintraf, bereitete ihm die Menge, die seiner Ankunft geharrt hatte, einen begeisterten Empfang. Das jedenfalls berichtete Mirabeaus Sekretär Comps am 28. Januar 1789 Mauvillon. Der *peuple* habe ihn als Triumphator gefeiert und ihm unter Hochrufen wie «*Vive le défenseur, l'ange tutélaire du peuple*» das Geleit zum Hotel gegeben.[25] Diese überschwängliche Begrüßung mutet höchst rätselhaft an und wirft die Frage auf, ob Mirabeau damit nicht sehr übertrieben hat, denn noch war er mit dem provenzalischen Adel keineswegs über Kreuz und rechnete fest darauf, durch ein Votum seiner Standesgenossen auf die Generalstände entsandt zu werden.

Diese Zuversicht zerschlug sich jedoch binnen weniger Wochen, denn Mirabeaus Erscheinen in Aix fiel zusammen mit dem Höhepunkt des hier wogenden Streits um die Zusammensetzung der Ständeversammlung in der Provence. Das Edikt von 1787, das die Einführung von repräsentativen Ständeversammlungen im ganzen Land vorsah, die ein solches Organ nicht hatten, hatte für die Provence keine Geltung, da sie zu den *Pays d'états* gerechnet wurde. Die ständische Vertretung der Provence kennzeichnete indes eine Besonderheit: Die nur alle drei Jahre tagende *Assemblée des communautés* setzte sich, wie ihr Name besagte, vor allem aus gewählten Vertretern der städtischen Notabeln zusammen, aus Angehörigen des Dritten Stands also, die unter dem Vorsitz des Erzbischofs von Aix, dem vier Magistraten des *Parlement* von Aix sowie zwei der insgesamt elf *Procureurs du pays* assistierten,[26] die Verteilung der festgelegten Steuerlast regelten, während Adel und Klerus gesonderte Versammlungen abhielten. Die Angehörigen des sehr einflussreichen provenzalischen Adels, die Eigentümer von Lehen waren, nahmen jedoch das Edikt von 1787 gestützt auf ihr Bündnis mit den Mitgliedern des *Parlement* von Aix zum willkommenen Anlass, diese *Assemblée des communautés* wieder nach dem Vorbild jener Versammlung zu restaurieren, in der sich die Vertreter aller drei Stände gemeinsam versammelten. Das gelang ihnen umso leichter, als sie in der *Assemblée des communautés* dank der zahlreichen Abhängigkeiten ihrer Mitglieder vom Adel sowieso den beherrschenden Einfluss besaßen. Als aber die Versammlung der Provinzialstände gemäß ihrer alten Form im Januar 1788 zum ersten Mal zusammentrat und man gewahrte, dass sie von 128 Adeligen, die Eigentümer eines Lehens waren, sowie 19 Mitgliedern des hohen Klerus dominiert wurde, denen 60 Abgeordnete des Dritten Standes, ausnahmslos städtische Würdenträger und Notabeln mit engen Verbindungen zum Adel, gegenüberstanden, änderte sich das schlagartig. Das eindeutige Übergewicht der Privilegierten in der Versammlung löste Unmut aus, der seinen Niederschlag in einem rasch wachsenden und landesweit organisierten Widerstand des Dritten Stands fand, der auch von den Adeligen unterstützt wurde, die nicht Eigentümer eines Lehens waren.

In dieser angespannten Situation war die Ankündigung, eine Versammlung der Generalstände einzuberufen, der Funken, der das Pulverfass zur Explosion brachte, denn Adel und Klerus erhoben sofort den Anspruch, dass es seit alters her das verbürgte Recht der Provinzialstände der Provence sei, deren Abgeordneten zu benennen. Das hätte die Elimination des Dritten Stands der Provence als einer eigenen politischen Kraft bedeutet, denn unter den 35 Konsuln der größeren Städte, die unter den 60 Vertretern des Dritten Standes in der restaurierten Provinzversammlung saßen, gehörten viele dem Adel an oder waren von diesem unmittelbar abhängig, mit dessen Interessen sie folglich weit eher übereinstimmten als mit denen der Bourgeoisie. Um die damit drohende groteske Verzerrung der provenzalischen Repräsentation auf den Generalständen zu vermeiden, wurde vom Dritten Stand der Vorschlag gemacht, die Provinzialstände als Wahlkollegium durch eine eigene, frei gewählte Versammlung von Klerus, Adel und Bürgertum zu ersetzen. Dieser Gedanke fand auch die lebhafte Unterstützung der niederen Geistlichkeit wie insbesondere der rund 500 provenzalischen Edelleute, die kein Lehen besaßen und deshalb von den Provinzialständen ausgeschlossen waren. Ab Dezember 1788 kam es zu spontanen Zusammenkünften der drei Stände zunächst in Aix, dann auch in anderen Städten der Provence, die dazu beitrugen, die Leidenschaften zu erhitzen. Trotz der prekären Situation wurde von der Regierung veranlasst, eine Provinzialversammlung nach dem vorjährigen, antiquierten Muster für Ende Januar 1789 einzuberufen. Schon im Vorfeld von deren Eröffnung, die auf den 26. Januar anberaumt wurde, fanden sich die Repräsentanten der drei Stände in Aix ein, um sich in getrennten Zusammenkünften auszutauschen.

Ungeachtet der Weigerung des Marquis, ihm eines der Lehen zu übertragen, nahm Mirabeau am 20. Januar 1789 an einer ersten dieser separaten Versammlungen des Adels teil, wie er seiner Schwester, Mme. de Saillant, noch am nämlichen Tag berichtet: «Ich traf hier wahrhaft schwierige und empörende Zustände an. Der Dritte Stand überschüttete mich mit Bekundungen seines Vertrauens und seiner Begeisterung, die im Interesse des Erfolgs seiner eigenen Sache sehr unklug sind, denn damit steigert er nur die Wut der Adeligen (...) Mir ist noch nie eine Gruppe von Adeligen unter die Augen gekommen, die so unwissend, gierig und unverschämt sind. Diese Leute bringen es noch fertig, mich gegen meinen Willen zu einem Volkstribun zu machen, wenn ich nicht sehr an mich halte. Deshalb verstelle ich mich nicht nur, sondern mache mich auch geradezu unsichtbar. Aber weder entwaffne noch bestärke ich sie, und sie bestreiten mir auch nicht unter dem Vorwand, dass ich in der vorgeschriebenen Frist nicht meine Beweise vorgelegt habe [i. e. Beweise dafür, dass er Eigentümer eines Lehens ist], die Teilnahme an der Versammlung der Stände. Das erklärt sich daraus, wie ich Dich versichere, dass sie ebenso tölpelhaft wie unverschämt und nur darauf aus sind, meinen *esprit public* einzulullen und mich vor allem verdächtig zu machen. Kurz und gut, ich wurde zur heutigen Versammlung des Adels eingeladen, zu der ich auch hingehe. Ich werde aber kein Wort sagen. Ich spare mich auf für die Tagung der Provinzialstände. Derart können sie mir zwar mein Schweigen vergiften, nicht aber meine Reden.»[27]

Entgegen dieser Ankündigung ergriff er in der vorbereitenden Versammlung des Adels zweimal das Wort. Zum einen setzte er sich vergeblich für die Repräsentation von Adeligen ein, die nicht Eigentümer eines Lehens waren, zum anderen protestierte er ebenso erfolglos gegen die Ablehnung einer Verdoppelung der Deputierten des Dritten Stands auf den Generalständen. Das waren aber nur Vorgeplänkel, die das tiefe Misstrauen verstärkten, das seine provenzalischen Standesgenossen gegen ihn hegten. Nach Eröffnung der Provinzialstände am 26. Januar 1789 protestierte der Dritte Stand sogleich gegen deren Legalität mit dem Argument, dass der Adel in ihnen das Übergewicht besäße. Damit nicht genug, kündigte er auch an, der Versammlung fernzubleiben. Dieser Streit wurde schließlich nach drei Tagen beigelegt, ohne jedoch das Problem einer völlig verzerrten Repräsentation der *Nation provençale* auf den Provinzialständen zu beseitigen. Dessen ungeachtet nahm die Ständeversammlung am 30. Januar endlich ihre Arbeit auf.[28]

Das lieferte Mirabeau den willkommenen Anlass zu einer großen Rede, mit der er die Masse der Nicht-Privilegierten agitierte, die sich einmal mehr vom Adel hatten übertölpeln lassen und ihm damit die harschen Urteile bestätigten, die er zuvor schon gegenüber Comps ausgesprochen hatte: «Der Dritte Stand hat weder einen Plan noch eine Ahnung. Er steigert sich in Wut über Nichtigkeiten, mit denen er Unrecht hat, während er sich feige über die wichtigsten Fragen ausschweigt, bei denen er im Recht ist; er besteht mehr aus kindischen Tölpeln als aus Männern.»[29]

Mirabeau war angesichts der herrschenden Zustände zu der Einsicht gekommen, er müsse in die Rolle eines «Volkstribuns» schlüpfen, um auf die Generalstände als Abgeordneter entsandt zu werden. Seine Eignung für diese Rolle bewies er mit der Rede, die er am 30. Januar auf der Ständeversammlung hielt und unter dem Titel *Sur la Répresentation illégale de la Nation provençale* veröffentlichte.[30] Durchaus maßvoll in der Form, aber umso entschiedener in der Argumentation legte Mirabeau in dieser Rede dar, die Ständeversammlung der Provence beschränke sich lediglich auf einen kleinen Teil aller wahlberechtigten Bürger, wie sie der Wille des Königs zuletzt im *Résultat du Conseil* vom 27. Dezember 1788 definiert habe. Ebendas weise sie als illegal aus. Die Rede gipfelte in dem Antrag, eine allgemeine Versammlung von gewählten Repräsentanten eines jeden Standes einzuberufen, um die Deputierten für die Generalstände zu benennen.

Das Ergebnis war ein Aufruhr in der Versammlung, in der die Adeligen ihre Mehrheit dazu nutzten, eine Abstimmung darüber zu verhindern, was die Wirkung von Mirabeaus Ausführungen aber nicht schmälerte. So ermannten sich die Vertreter des Dritten Standes, noch in dieser Sitzung einen Verzicht der Privilegierten auf ihre Steuerbefreiung zu fordern, und wiederholten den Protest gegen die Legalität der Ständeversammlung in ihrer bestehenden Form. Klerus und Adel hingegen verwahrten sich entschieden gegen Mirabeaus Rede, der damit den Frieden in der Provinz gefährde und alle Grundsätze ihrer traditionellen Verfassung zerstören wolle. Mirabeau seinerseits kündigte an, sich erneut zum Thema zu äußern. Was von der Rede Mirabeaus wie von dem von Tumulten geprägten Verlauf der Versammlung nach außen drang, fand dort einen umso lebhafteren Widerhall, als am darauffolgenden Tag, einem Samstag, die Bauern aus der Umgebung zum Markt nach Aix kamen, wo sie Mirabeau erneut lauthals akklamierten. Das beunruhigte die lokalen Autoritäten so sehr, dass man übereinkam, die Fortsetzung der Ständeversammlung bis zum 10. März zu vertagen.[31]

Die Vorsichtsmaßnahme verhinderte aber nicht, dass die von Mirabeau angestoßene Kontroverse nun in getrennten Versammlungen der Stände und mit Druckschriften fortgesetzt wurde. Zunächst veröffentlichte Mirabeau seine Rede vom 30. Januar und ließ dieser seine angekündigte Erwiderung auf die dagegen erhobenen Einwände folgen, die mit den berühmten Worten endete: «Beschimpfungen werden mich nicht schwankend machen. Ich war, bin und werde bis zum Grab der Mann der Freiheit, der Mann der Verfassung sein. Wehe den privilegierten Ständen, wenn man dadurch mehr zum Mann des Volkes wird, als ein Mann des Adels zu bleiben, denn die Privilegien werden enden, das Volk aber ist ewig!»[32] Das war den empörten Standesgenossen zu viel. Für den 8. Februar 1789 bestellten sie ihn zur Versammlung des Adels und eröffneten ihm seinen Ausschluss aus ihrer Repräsentanz mit der Begründung, dass er lediglich der Besitzer, aber nicht der Eigentümer eines Lehens sei.[33] Seinen Protest gegen diesen Ausschluss goss er in eine weitere Druckschrift, die am 11. Februar erschien. Sie begann mit dem programmatischen Eingeständnis, dass ihm das Recht herzlich gleichgültig sei, im Kreis der Eigentümer eines Lehens abzustimmen, denn «es ist keineswegs die Qualität eines *possédant-fief*, die mir das Recht gibt, meinem Land von Nutzen zu sein. Provenzale, Mensch, Bürger: Das sind meine Titel, andere beanspruche ich nicht.»[34] Damit signalisierte Mirabeau unmissverständlich seine Entschlossenheit, für ein Abgeordnetenmandat des Dritten Stands für die *Etats Généraux* bereitzustehen.

Was die Realisierung dieses Entschlusses entschieden erleichterte, war die Entscheidung der Regierung vom 24. Januar 1789, die Wahl der Deputierten nicht wie ursprünglich vorgesehen in den *Pays d'états* durch die dortigen Ständeversammlungen vornehmen zu lassen, sondern diese nach den in den *Pays d'élection* geltenden Bestimmungen abzuhalten. Das bedeutete, dass ausnahmslos alle Adeligen zur Wahl zugelassen waren und nicht nur diejenigen, die Eigentümer eines Lehens waren. Zum Weiteren sollten die Abgeordneten des Dritten Stands die gleiche Kopfzahl aufweisen wie die Vertreter der beiden anderen Stände zusammen. Schließlich wurden als «Wahlkreise» die einzelnen Verwaltungsbezirke der *Bailliages* und *Sénéchaussées* bestimmt.[35] In Reaktion auf die lebhaften Streitigkeiten, die in der Provence gelegentlich der Ankündigung einer Einberufung der Generalstände aufgetreten waren, und insbesondere um den Wünschen des Dritten Stands entgegenzukommen, erging am 2. März 1789 noch ein spezielles *Règlement*, mit dem der Ablauf der Wahlen in der *Comté de Provence* detailliert festgelegt wurde.[36]

Zunächst jedoch sah sich Mirabeau mit einer rasch wachsenden Verlegenheit konfrontiert, die ihm aus der Veröffentlichung der *Histoire secrète* und der *Correspondance entre* M. C*** erwuchsen: «Sie machen sich keine Vorstellung von den schrecklichen Anschuldigungen, die hier wegen der Veröffentlichung der zwei Bücher über mich ausgeschüttet werden», schrieb er Ende Januar an Comps. «Ich bin nichts weniger als ein tollwütiger Hund, dem die Provenzalen nicht das mindeste Vertrauen schenken sollen. Denjenigen, die mir das sagten, habe ich entgegnet: *Wenn ich ein tollwütiger Hund bin, ist das ein sehr vernünftiger Grund, mich zu wählen, denn der Despotismus und die Privilegien werden an meinem Biss verenden.*»[37] Das änderte jedoch nichts daran, dass ihn die Furcht beschlich, man würde ihm wegen der beiden Bücher den Prozess machen und ein Urteil gegen ihn verhängen, das seine Kandidatur für die Generalstände unmöglich machte. Am 12. Februar teilte er Comps mit, dass er umgehend nach Paris kommen werde, «denn in meiner Abwesenheit erheben sich viele Häupter, die sich, sobald sie meiner ansichtig werden, senken, und man macht mir zu viel Boden abspenstig, solange ich nicht zur Stelle bin, um meinen verzagten Verteidigern beizustehen.»[38]

Als er am 21. Februar in Paris anlangte, sich vorsichtshalber aber erst einmal in einem Dorf an der Marne versteckte, verflogen diese Befürchtungen schnell, denn der *Lettre de cachet*, mit dem er insgeheim gerechnet hatte, blieb aus. Die Erleichterung, die er deshalb empfand, verrät ein Brief an Mauvillon: «Ich bin zurück, mein lieber Mauvillon, zurück für einen kurzen Augenblick, denn die Ständeversammlung wurde vertagt, und in diesen feierlichen Tagen des Sturms und der Erneuerung gilt es auf seinem Posten zu sein, aber, um sich auf diesem zu behaupten, muss ich auch private Angelegenheiten regeln, und diese nötigten mich dazu, 800 Meilen binnen eines Monats zurückzulegen, um nicht von der Bürde meiner öffentlichen Beanspruchung erdrückt zu werden. Was ist mir doch für ein seltsames Geschick beschieden, immer die bewegende Kraft einer Revolution zu sein und immer zwischen einem Misthaufen und einem Palast zu stehen.»[39]

Schon nach einer Woche verließ Mirabeau Paris und traf am 6. März wieder in der Provence ein. Die einheitliche Regelung des Wahlverfahrens für die Generalstände vom 24. Januar hatte für ihn eine völlig neue Situation geschaffen: Der Nachweis, Eigentümer eines Lehens zu sein, war nicht mehr erforderlich, und die Wahl würde von einer Versammlung der drei Stände auf Grundlage des allgemeinen Wahlrechts in den *Sénéchaussées* vorgenommen werden. Diese Regelung erlaubte auch die simultane Kandidatur in zwei oder mehr Wahlbezirken. Außerdem scheint Mirabeau bereits jetzt entschlossen gewesen zu sein, sich um ein Mandat des Dritten Stands zu bewerben. Das änderte aber nichts daran, dass der stürmische Empfang, den ihm *peuple* und Bourgeoisie bereiteten, irritiert haben dürfte. Schon vor Lambesc, einem Städtchen auf dem Weg nach Aix, erwarteten ihn die Mitglieder der Stadtverwaltung, um ihn zu begrüßen. Seine Kutsche wurde von Landbewohnern umringt, die Lorbeerzweige schwenkten und ihn beim Läuten aller Glocken mit den Rufen «*Vive le comte de Mirabeau! Vive le père de la patrie*» willkommen hießen. In Saint-Cannat, einer Poststation zwei Meilen vor Aix, war es dasselbe Bild, und als seine Kutsche auf dem letzten Hügel vor Aix angelangt war, konnte er gewahren, dass mehrere tausend Bürger die Chaussee säumten, um ihm das Geleit zu geben, die mit seiner Kutsche in die Stadt zurückfluteten und das Haus in der Rue des Trois-Ormeaux, in dem er sein Quartier nahm, dicht umlagerten.[40]

Die Begeisterung, die sein Erscheinen weckte und die er vergeblich zu dämpfen suchte, scheint Mirabeau mehr verwirrt als beglückt zu haben, denn unschwer ließ sich daran erkennen, wie leicht entzündlich die Masse war, deren religiöser Wunderglaube den Funken schlagen konnte, der in Aufruhr und Unruhen hell aufloderte. Zunder dafür war reichlich vorhanden, zumal durch die miserable Ernte auch in der Provence die Nahrungsmittel knapp geworden und die Preise gestiegen waren. Vermutlich beschlich Mirabeau deshalb die Ahnung, dass der Jubel über sein Kommen keineswegs vom Wissen um sein politisches Wollen ausgelöst wurde, von dem der zumeist des Lesens und Schreibens unkundige *peuple* keinerlei Vorstellung hatte, sondern von der magischen Vorstellung, er sei der ersehnte Retter, der alle diffusen Wünsche und Erwartungen erfüllen könne.

Dieser Glaube der Massen war gegen jegliche Einrede immun, wie er erkennen musste, als er vom Balkon seiner Herberge zur Menge sprach. Ein ähnlicher Jubel wie dort umbrandete ihn, als er am 16. März in Marseille, der mit rund 100 000 Einwohnern bevölkerungsreichsten Stadt der Provence, seinen Einzug hielt.[41] Mirabeau hatte sich nach Marseille aufgemacht, weil tags zuvor mit den Vorbereitungen für die Wahlen zu den Generalständen begonnen worden war und er die Absicht hatte, sich sowohl in Aix wie in Marseille zur Wahl zu stellen. Schon sechs Tage später schlug die Begeisterung der Menge für ihn in Aufruhr um, der sich über Teuerung und Lebensmittelknappheit empörte. Das Palais des Bischofs wurde gestürmt und geplündert, dann das Rathaus und schließlich auch die Residenz des königlichen Intendanten de la Tour. Der Militärbefehlshaber, Comte de Caraman, der von Aix herbeigeeilt war, verließ die Stadt unverrichteter Dinge fluchtartig und appellierte an Mirabeau, seine Popularität dazu zu verwenden, die Ruhe wiederherzustellen.[42] Ein ähnliches Ansinnen richtete auch der Advokat Brémont-Julien an Mirabeau: «Alles ist verloren, wenn man sich genötigt sieht, dem *peuple* nachzugeben, alles ist zerstört, wenn man Gewalt anwendet. Ihre Gegenwart beruhigt vielleicht den Aufruhr. (...) Wenn man von den Menschen nichts mehr erwarten kann, muss man seine Zuflucht bei den Göttern nehmen.»[43]

Mirabeau sah sich damit endlich in der Situation, die er sich immer erhofft hatte: Die Autoritäten wussten weder ein noch aus und mussten ihm eine Lösung anvertrauen. Diese einmalige Chance, mitten in den Wahlen für die Generalstände die eigenen staatsmännischen Fähigkeiten unter Beweis zu stellen, war für ihn eine umso unwiderstehlichere Verlockung, als seine Popularität Gewähr für den Erfolg der Mission bot. Was Mirabeau vollends entzückte, war, dass ihm der Comte de Caraman nach dem Vorbild des Pontius Pilatus völlige Handlungsfreiheit zusicherte: «Was soll ich Ihnen raten, Monsieur le Comte, als das zu tun, was Ihnen Ihr Herz und Ihre Macht im Interesse des öffentlichen Wohls bestimmt? Das ist wahrhaftig ein entscheidender Moment, und Ihr Erfolg wird der Preis für die Bedeutung dieser Aufgabe sein.»[44]

Tatsächlich scheint Mirabeau entscheidend dazu beigetragen zu haben, den Unruhen ein rasches Ende zu machen. Das Geheimnis seines Erfolgs war schlicht, dass er sich die Forderungen der Empörer zu eigen machte, die eine Ermäßigung der Preise für Brot und Fleisch verlangten, aber auch die Wünsche der Bourgeoisie der Stadt beherzigte, indem er das Machtmonopol der städtischen Oligarchie, die mit den als «Wucherern» verschrienen Großkaufleuten unter einer Decke steckten, beseitigte. Das gelang, weil auf seinen Vorschlag hin am 25. März der Stadtrat um die Delegierten der drei Stände erweitert wurde, die beauftragt waren, die Wahl für die Generalstände zu organisieren. Ausschlaggebend für den Erfolg war jedoch zunächst, dass es gelang, Plünderungen zu verhindern. Die öffentliche Ordnung wurde wiederhergestellt und deren Einhaltung gewährleistet. Diese Aufgabe übernahm eine Bürgergarde aus Schauerleuten vom Hafen und Angehörigen der Bourgeoisie, die sich spontan gebildet hatte und mit Einverständnis der Stadtverwaltung unbewaffnet überall in den Straßen patrouillierte.[45]

Nachdem die Ruhe fürs Erste wiederhergestellt war, gelang Mirabeau ein Meisterstück politischer Pädagogik. Überall in Marseille wurde jetzt der *Avis de Mirabeau au peuple de Marseille* angeschlagen. In diesem Manifest erklärte er geduldig und in Wendungen, die jedermann verständlich waren, Vorräte an Mehl und Fleisch seien vorhanden und weitere Lieferungen unterwegs. Um diese Fülle vorweisen zu können, sei es jedoch notwendig, den per Schiff von weither aus dem Ausland herangeschafften Nachschub an Nahrungsmitteln auch zu bezahlen. Die Preise für Weizen seien augenblicklich überall hoch. Das eben habe zur Folge, dass man in Marseille Weizen und Mehl nicht billiger verkaufen könne, als man bei seinem Einkauf dafür bezahlt habe. Das wiederum bedeute, dass auch die Preise für Brot sich entsprechend verteuerten, weshalb von der Kommune subventionierte Brotpreise letzten Endes von allen bezahlt werden müssten.[46]

Das Manifest dokumentiert sehr schön, wie Mirabeau die erfolgreiche Vermittlung und Durchsetzung politischer Entscheidungen auffasste. Zunächst galt es, ohne jede Übertreibung dem *peuple* zu zeigen, dass man im Besitz der Machtmittel sei. Danach musste man sich geduldig um dessen Zustimmung bemühen, indem man die Absichten plausibel darstellte. Schließlich blieb nur noch, gestützt auf den solchermaßen erzielten Konsens, das umzusetzen, was man für notwendig und richtig ansah. An diesen Maßgaben orientierte sich Mirabeau in Marseille und hatte damit den verdienten Erfolg, von dem er am 27. März in einem Schreiben Brémont-Julien unterrichtete: «Der *peuple* rechnete mit dem Steigen der Preise, die sich der höhere Dritte Stand ersehnte. Die bürgerlichen Patrouillen hatten auf alles ein waches Auge. Eine riesige Menschenmenge umlagerte den Saal, in dem der Stadtrat tagte, zeigte aber hinsichtlich der Beschlüsse, die bei dieser Beratung gefasst werden würden, keinerlei Furcht, sondern erwartete nur deren Veröffentlichung. Überall waren Claqueure unterwegs, die zu Freudenausbrüchen den Anstoß geben sollten. Ich hatte außerdem die kluge Vorsicht walten lassen, die Verkündigung der Stadtratsbeschlüsse den Anführern der Bürgerpatrouillen anzuvertrauen. (...) Die Proklamation der Beschlüsse wurde also in den Abendstunden bei Fackelschein vorgenommen, überall in den Straßen, auf den Balkons, in den Fenstern wurde applaudiert, und der *peuple* zeigte sich weitaus dankbarer dafür, dass ihm ein mäßiger Preis, will sagen, der reale Preis für die Sache verkündet wurde, als wenn ihm eine Preissenkung verheißen worden wäre, von der er wusste, dass mit dieser sowieso nicht zu rechnen war. Dem Volk darf man sich nur mit Dingen nahen, die ihm einleuchten, und die Regierungen würden einen großen Fortschritt machen, wenn sie das wüssten.»[47]

Als es nach dem 25. März in Aix ebenfalls zu Unruhen wegen der

Preissteigerungen kam, gelang es Mirabeau auch hier, auf jene in Marseille so erfolgreich erprobte Weise die erregten Gemüter zu dämpfen. Ohne zu Gewaltmaßnahmen zu greifen, wurden binnen einer Woche Aufstandsbewegungen in den beiden wichtigsten Städten der Provence schon im Ansatz erstickt. Das war nichts weniger als eine staatsmännische Leistung, die von den Wählern auf unterschiedliche Weise honoriert wurde: In Aix, wo er sich dem Dritten Stand zur Wahl stellte, erzielte er mit 290 von 344 Stimmen von vier Kandidaten das beste Ergebnis; in Marseille wurde er zwar auch gewählt, erreichte er aber nur den vierten und letzten Platz. Das veranlasste ihn dazu, die Wahl in Aix anzunehmen.

Von seinen Erfolgen setzte Mirabeau den Freund Mauvillon in Braunschweig am 20. April 1789 mit vergleichsweise dürren Worten in Kenntnis: «Ich hatte in der Provence große, verblüffende Erfolge, und ich habe die einmalige Ehre, in Frankreich den Dritten Stand dieser Provinz in der Nationalversammlung zu repräsentieren. Die *Sénéchaussée* von Marseille hat mich zum Abgeordneten gewählt; ebenfalls die von Aix mit einer wahrhaft anrührenden Einmütigkeit. Um es geradeaus zu sagen, ich hatte das Glück, dass ich außer den guten Grundsätzen, zu denen ich mich bekannte, dort auch bedeutende Dienste vollbrachte. Aix und Marseille bewahrte ich vor Unruhen, die dort wie anderswo im ganzen Königreich von denen angezettelt wurden, welche die Generalstände ablehnen. Auch ist es mir mit Taktik und Festigkeit gelungen, die privilegierten Stände dazu zu nötigen, den für alle geltenden und proportionalen Steuern zuzustimmen.»[48]

Drittes Buch

Richelieu der Revolution

Erstes Kapitel

Die Mühen der Ebene

Die Überzeugung, der einzige adelige Abgeordnete Frankreichs zu sein, der sein Mandat dem Votum des Dritten Standes verdankte, wie Mirabeau mit spürbarem Stolz Mauvillon mitteilte, erwies sich als Irrtum. In diese Besonderheit teilte er sich mit 25 weiteren Abgeordneten. In der Behauptung seiner vermeintlichen Besonderheit spricht sich der selbstbewusste Anspruch aus, ihm sei es beschieden, die unbestrittene Führungsrolle innerhalb der Vertretung des *Tiers Etat* zu spielen. Was dieser Erwartung Substanz verlieh, war die keineswegs übertriebene Selbsteinschätzung, für die glimpfliche Beilegung der Aufstände in Marseille und Aix verantwortlich gewesen zu sein. Dieser Erfolg bescheinigte ihm politisches Geschick, das ihn in Verbindung mit seinem publizistischen Wirken allen anderen Abgeordneten als überlegen auswies. Jedenfalls konnte Mirabeau für sich damit eine Bedeutung beanspruchen, die andere erst beweisen mussten.

Das war jedoch eine Illusion, die ihn in ein Dilemma stürzte, das zu überwinden ihm bis zu seinem Tod nicht gelang. Dieses Scheitern, das seiner Selbstwahrnehmung geschuldet war, kennzeichnet die Tragik Mirabeaus. Seine Rolle in Marseille und Aix hatte ihm keineswegs den Ruf verschafft, auf den Mirabeau gerechnet hatte. Wie sehr er sich darin täuschte, hätte ihm bereits sein Abschneiden bei der Wahl zu den Generalständen in Marseille zeigen können. Wenn er dort als vierter und letzter Abgeordneter erfolgreich gewesen war, dann verdankte er dies allein der massiven Wahlbeeinflussung, die von den Mitgliedern der Bürgermiliz ausgeübt wurde. Die *bons citoyens* der Marseiller Bourgeoisie hingegen waren weit davon entfernt, ihm dafür zu danken, vor Plünderungen und Schaden bewahrt worden zu sein. Was diese an ihm abstieß, war der revolutionäre Schwefelgeruch eines Volkstribuns, der ihm andererseits den Zuspruch der Massen verschaffte.

Erst recht enttäuscht musste Mirabeau hinsichtlich einer landesweiten Ausstrahlung seiner Person sein. Die Unruhen in Aix und Marseille waren verglichen mit vielen anderen, zu denen es überall in Frankreich im Umfeld der Wahlen kam, völlig unspektakulär. Allein in der Provence manifestierte sich die «anarchie spontanée», wie sie von Hippolyte Taine apostrophiert wurde, in rund 50 Aufständen, die sich zwischen dem 23. März und dem 15. April 1789 ereigneten.[1] Die Provence war aber nur eine unter mehreren anderen Provinzen oder Landesteilen, in denen es im Frühjahr 1789 zu solchen Unruhen kam, die Vorboten einer in ganz Frankreich während des Sommers 1789 grassierenden «grande peur» waren.[2]

Am 5. Mai 1789 wurden die Generalstände eröffnet. Tags zuvor, einem Sonntag, hatte sich Louis XVI an der Spitze einer Prozession, der sich die Deputierten nach Standeszugehörigkeit gegliedert anschlossen, in der Kirche Saint-Louis von Versailles zu einem Gottesdienst eingefunden. Unter den zahlreichen Schaulustigen, die dieses Spektakel anlockte, war auch die Tochter Neckers, Germaine de Staël, die ihre Eindrücke in ihren Betrachtungen über die Französische Revolution schilderte: «Einige Adelige hatten sich als Abgeordnete des Dritten Standes wählen lassen, unter denen vor allem der Comte de Mirabeau auffiel: Die Meinung, die man von seinem *esprit* hatte, wurde vor allem von der Furcht beherrscht, die man sich wegen seiner Immoralität machte; und konsequenterweise war es ebendiese Immoralität, die den Einfluss minderte, den ihm seine erstaunlichen Fähigkeiten hätte verschaffen müssen. Es war unmöglich, kaum dass man ihn gewahrt hatte, den Blick von ihm zu wenden; seine immense Haarpracht unterschied ihn von allen; fast war man versucht zu vermuten, dass wie bei Samson seine Stärke davon abhängig sei. Sein Gesicht war der Ausdruck von Hässlichkeit schlechthin, und seine ganze Erscheinung strahlte eine unbändige Kraft aus, ebenjene, wie man sie sich vorstellt, dass sie einem Volkstribun eigentümlich ist.»[3]

Natürlich sind in die Schilderung dieser Eindrücke spätere Reflexionen eingeflossen. Mirabeau, der sich wie viele andere Abgeordnete seit Mitte April in Versailles aufhielt, konnte sich Aufschluss verschaffen, welche Wertschätzung er besaß. Deshalb wird es ihn nicht sonderlich überrascht haben, als gelegentlich des Einzugs der Abgeordneten in die *Salle des Menus Plaisirs* bei seinem Erscheinen die Zuschauer ein missfälliges Murren vernehmen ließen, während andere mit Beifall und Zustimmung begrüßt wurden.[4] Wollte er sich seinen Ehrgeiz erfüllen, dann musste er den nachteiligen Eindruck, den er machte, schleunigst beseitigen. Dafür eignete sich am besten eine spektakuläre Aktion, die etwa den König dazu nötigte, die nicht länger zu vermeidende Frage zu entscheiden, ob die Versammlung nach Ständen getrennt oder gemeinsam beraten und abstimmen sollte. Im Widerspruch zum Protokoll, das während der *Séance royale* Wortmeldungen nur zuließ, wenn der König dem zugestimmt hatte, war Mirabeau entschlossen, den Monarchen mit dieser Entscheidung zu konfrontieren.[5] Solche unerhörte Kühnheit hätte, gleichgültig wie Louis XVI darauf reagierte, sofort seinen Anspruch unterstrichen, die Führungsfigur in der Versammlung zu sein. Darin sah er sich aber enttäuscht, weil die Sitzung nach dem langatmigen Rechenschaftsbericht Neckers in aller Hast beendet wurde.

Wie sehr Mirabeaus Ego in der nächsten Zeit darunter litt, diese glänzende Gelegenheit verpasst zu haben, hat sein Vertrauter Etienne Dumont geschildert. Als er bei den nach Ständen getrennten Beratungen der Abgeordneten, die in den darauffolgenden Tagen stattfanden, zwei- oder dreimal das Wort ergreifen wollte, sah er sich durch die laut werdende Missbilligung der anderen Abgeordneten daran gehindert. Diese Ächtung habe seine Eigenliebe empört. «Ich wurde Ohrenzeuge aller seiner Klagen und Beschwerden über die Versammlung. Er bediente sich, wenn er über ihre Mitglieder sprach, aller Ausdrücke der Verachtung und verstieg sich zu der Vorhersage, dass sie durch ihre Einbildung und ihre Eifersucht gegen das, was sich irgendwie als etwas Besonderes ankündige, alles verderben würden. Er glaubte oder tat zumindest so, als wenn er davon überzeugt wäre, man wolle ihn mittels einer Verfemung jeglichen Talents ausschließen, aber er werde es ihnen schon zeigen, wie sehr sie mit ihm zu rechnen hätten, denn er besitze im Unterschied zu ihnen den Zuspruch der Nation, und er werde sein Gewicht schon zur Geltung bringen. Inmitten all dieser Wutausbrüche und Redereien von Rache ließ sich jedoch unschwer ein sehr schmerzlicher Ton vernehmen, und ich gewahrte, wie einige Tränen des Verdrusses in seinen entzündeten Augen glänzten.»[6]

Der Absicht, seine wahre Bedeutung zur Geltung zu bringen, diente das Blättchen mit dem Titel *Etats-Généraux*, das Mirabeau ohne Erlaubnis der Zensurbehörde redigierte und herausgab. In der ersten Nummer erschien ein Bericht über den feierlichen Gottesdienst zur Eröffnung vom 4. Mai. Darin mokierte sich Mirabeau über die Predigt des Bischofs von Nancy, «in der alle Gemeinplätze von der Taufe von Clovis bis zur

Erkrankung von *Louis le Bien-Aimé* [i. e. Louis XVI] in Metz, von der Verurteilung des Luxus bis zu den Unverschämtheiten der Philosophie» aufgeführt worden seien.[7] In der zweiten Nummer war die Eröffnung der Generalstände der Gegenstand der Berichterstattung. Die in einem dunklen Korridor zusammengedrängten und lange auf ihren Einlass wartenden Deputierten des Dritten Standes hätten «den Anblick einer Börse von Kaufleuten geboten». Derart leitete Mirabeau seine kritische Würdigung der rund dreistündigen Rede Neckers ein, die er auch dazu nutzte, die wichtigsten Argumente öffentlich zu machen, die er in der an diesem Tag nicht gehaltenen Rede hatte ausführen wollen.[8]

Auf Beschluss des *Conseil* vom 7. Mai wurde ein weiteres Erscheinen des Blättchens verboten,[9] was Mirabeau jedoch nicht davon abhielt, die Publikation unter dem neuen Titel *Lettres du comte de Mirabeau à ses commettans* in alter Schärfe fortzusetzen. Wie der Titel dieser Publikation verrät, verschanzte er sich diesmal hinter seiner Rolle als Deputierter, dem es ein Anliegen sei, die Wähler auf dem Laufenden zu halten. An dieser lauteren Absicht, so sein Kalkül, könne ihn die Regierung nicht hindern. Das ging auch auf, denn wenige Tage später ließ der Zensor verlauten, alle Zeitungen dürften über das Geschehen auf den Generalständen berichten. Das war aber nur insofern ein Verdienst von Mirabeaus Kühnheit, als er damit die Verwirklichung eines königlichen Versprechens, die Pressefreiheit zu gewähren, allenfalls beschleunigte.

Darin wie auch in manchen anderen Ungereimtheiten, die das Geschehen in den ersten Tagen und Wochen nach dem Zusammentritt der Generalversammlung der Stände kennzeichneten, verriet sich eine tiefe Verunsicherung aller Akteure. Hof und Regierung hatten mit wachsendem Schrecken die Unruhen registriert, die während des Frühjahrs überall im Land ausgebrochen waren, und starrten gebannt auf das aufgeregte Gewimmel, das seinen Herd in dem mitten in Paris gelegenen Palais-Royal hatte. Der Gebäudekomplex, der einen großen Garten umschloss, war der Besitz des Duc d'Orléans, eines Vetters des Königs, der damit ein lukratives Geschäft aufzuziehen verstand, dessen Florieren eine eigene, liberale Hausordnung garantierte, die von der königlichen Polizeigewalt toleriert werden musste. Das schuf ein Biotop der Sittenlosigkeit, in dem Prostitution, Spielhöllen, Cafés und Restaurants, aber auch Clubs, Läden, die Luxuswaren feilboten, und der Handel mit verbotenen politischen Büchern oder Pornographie prächtig gediehen. Diese Mischung erwies sich als ein unwiderstehlicher Publikumsmagnet. In dem Maße, wie sich die politische, wirtschaftliche und soziale Krise des *Ancien Régime* zuspitzte und die Legitimität seiner Grundlagen in Frage stellte, wurde der Palais-Royal gleichsam zu einem Brennspiegel, von dem alle virulenten politischen Meinungen und Strömungen fokussiert und reflektiert wurden. Die Börsenspekulanten, Kokotten, Künstler, Literaten, Advokaten, Projektschmiede, Weltverbesserer, kurz die ganze Fülle sozial steckengebliebener und frei schwebender Intellektueller, die hier miteinander umgingen, formierte sich zu einer vielstimmig lärmenden und kritischen Öffentlichkeit, die den Prozess gegen den *Ancien Régime* vorbereitete.

Die Unruhen im Land wie das wüste Treiben im Palais-Royal waren gleichsam die bunt leuchtenden, aber giftigen Farbflecken auf dem düsteren Erwartungshorizont, der von der ungelöst fortdauernden Finanzkrise auf den Hintergrund der Bühne projiziert wurde, auf der sich die Abgeordneten der Generalstände als Akteure versammelten. Welche Handlung das Stück haben würde, das hier zur Aufführung gelangen sollte, ließ sich unschwer aus den Anweisungen der Beschwerdehefte entnehmen, die von den Deputierten aller Stände mitgeführt wurden und in denen die Wünsche und Erwartungen ihrer Wähler aufgezeichnet waren. Deren auch nur kursorische Lektüre hatte die Mächtigen in Entsetzen gestürzt, denn von allen Ständen wurde eine Änderung des Regimes gefordert und das Verlangen nach einer Verfassung geäußert. Insbesondere der Dritte Stand bekundete seine Entschlossenheit, allen Privilegien ein Ende zu machen. Diese Generalstände, die der Hof immer mit tiefem Misstrauen betrachtet und denen er nur aus Not und Ratlosigkeit stattgegeben hatte, indem er sich einredete, sie seien nur eine irgendwie erweiterte Notabelnversammlung, die widerspruchslos den Opfern zustimmen würde, die er ihr zumutete, um die Finanzkrise zu bannen, erwies sich als eine wahre Büchse der Pandora.

Um dem drohenden Chaos zu begegnen, war rasches Handeln erforderlich. Aber was tun? Sichere Gewähr schien zu bieten, die Regierung Necker, die wie ein Korken auf den immer höher gehenden Wogen der öffentlichen Meinung tanzte, durch eine Mannschaft zu ersetzen, die ohne falsche Rücksichten das Schiff der Monarchie unbeirrt auf Kurs hielt. Doch bei der Verwirklichung dieser Absicht scheiterte man an der entschlossenen Unentschlossenheit des Monarchen, der sich an den verzweifelten Wunsch klammerte, dem Ruf eines *bien aimé* gerecht zu werden, mit dem man ihm seit seiner Thronbesteigung schmeichelte.

Es blieb also nur, der Versammlung die Zähne zu ziehen, um sie dann ungnädig zu entlassen. Allein schon deshalb galt es zu verhindern, dass sich die Abgeordneten vereinten und auf gemeinsame Ziele und Absichten verständigten. Käme es dazu, dann stellten sie einen Machtfaktor dar, der im Bündnis mit der öffentlichen Meinung der Krone derart zusetzen konnte, dass dieser nur noch die Gewalt als Ausweg blieb.

Nach dem Willen der Krone sollten die Abgeordneten zwar vereint tagen, aber nach Standeszugehörigkeit getrennt abstimmen. Das machte es notwendig, dass sich die Vertreter der drei Stände zunächst in getrennten Fraktionen konstituierten und ihre Mandate verifizierten. Dagegen opponierte nur der Dritte Stand, der damit die Durchsetzung der von ihm geforderten Abstimmung nach Köpfen in Frage gestellt sah, die ihm wegen der doppelten Anzahl seiner Repräsentanten ein wesentlich größeres Gewicht verhieß. Daraus erklärt sich auch die zunächst unerbittliche Intransigenz der beiden privilegierten Stände, die darauf beharrten, sich jeweils getrennt zu konstituieren und die Mandate ihrer Abgeordneten zu überprüfen. Während die Abgeordneten des Adels zügig zur Tat schritten, die des Klerus sie mit spürbar geringerem Eifer nachahmten, klammerten sich die des Dritten Stands an eine Änderung der Geschäftsgrundlage.

Tatsächlich war der Frontverlauf zwischen der Kammer des Dritten Stands und den beiden Kammern der privilegierten Stände keineswegs so eindeutig, wie es den Anschein hatte. Unter den Abgeordneten des Klerus hatten Gemeindepfarrer die Mehrheit, die nach Herkommen und Gesinnung mit dem Dritten Stand übereinstimmten und sich nur aus hierarchischer Disziplin den Anschauungen der Prälaten unterwarfen. Weitgefächert war auch das Meinungsspektrum in dieser Frage unter den Deputierten des Adels, von denen eine Mehrheit keinen diesbezüglich eindeutigen Auftrag von ihren Wählern erhalten hatte.[10] Für den Anschein der Geschlossenheit sorgte deshalb zunächst die adelige Standesloyalität, die von einer strikt konservativ gesinnten Peer-Gruppe hochgehalten wurde. Ein Auftrag, für oder gegen eine Abstimmung nach Köpfen oder Ständen einzutreten, sei in seinem Beschwerdeheft gar nicht enthalten, schrieb beispielsweise der Marquis de Ferrières am 28. Juni 1789 seiner Frau. Ihm sei diese Frage im Übrigen auch herzlich gleichgültig, «aber ich bin überzeugt, dass ich meinen Stand in der kritischen Situation, in der er sich augenblicklich befindet, nicht im Stich lassen darf.»[11]

Die «kritische Situation», auf die Ferrières anspielte, bezeichnete die sich ankündigende Erosion der Geschlossenheit in der Abstimmungsfrage, die den König schließlich dazu bestimmte, die beiden Kammern der Privilegierten anzuweisen, sich ab dem 30. Juni gemeinsam mit den Deputierten des Dritten Stands zu versammeln. Damit erfüllte sich glänzend die Strategie, zu der Mirabeau dem Dritten Stand geraten hatte.[12] Um an dieses Ziel zu gelangen, musste er einen langen, bitteren, mit vielen Anfeindungen und manchen Niederlagen übersäten Weg einschlagen. Besonders schwer wog für ihn dabei die Enttäuschung, nicht der Leithammel dieser vielköpfigen Herde von Abgeordneten des *Tiers Etat* zu sein. Um sich dieses Ansehen zu erwerben, benötigte er rund zwei Monate. Auch dafür brauchte es ebenjene Geduld, die er als politische Tugend in den *Lettres à ses commettans* dem Dritten Stand wie der Öffentlichkeit predigte. «In diesem Augenblick», schreibt er im *Seconde Lettre*, «besteht eure Kunst des Handelns darin, die Ruhe zu bewahren; eure Armee steht in einer vollkommenen Stellung; hütet euch vor jeglicher Bewegung; meidet jedes Verlangen, zu handeln: Zuwarten heißt nicht, Zeit zu verlieren, sondern zu gewinnen. Frankreich, Europa betrachten euch mit Aufmerksamkeit, aber nicht mit Ungeduld. Werdet also nur nicht unruhig; befasst euch zunächst damit, ein Konzept zu entwickeln; verständigt euch über die Regeln, unter denen ihr handeln und debattieren wollt; wendet, wenn nötig, vierzehn Tage an die Regelung dieser Präliminarien; vierzehn Tage sind ein Nichts angesichts der Geschichte von Jahrhunderten, mit der ihr es zu tun habt.»[13]

Der Rat war klug: abwarten, bis die anderen, die privilegierten Stände unruhig wurden, vorpreschten und unweigerlich die Fehler machten, über die von der öffentlichen Meinung das Urteil gesprochen werden würde. Das käme dem Dritten Stand zugute und würde sein Ansehen und seine Autorität stärken. Es würde sich auch positiv auf seine Handlungsfähigkeit auswirken, der man Recht und Billigkeit zuspräche, während Klerus und Adel als diejenigen diskreditiert würden, die spalteten und sich als Feinde des Friedens und Gegner der Nation erwiesen. Diese Entwicklung werde schließlich auch die Gutgesinnten unter den beiden ersten Ständen zum Nachdenken bringen und sie davon überzeugen, sich dem Dritten Stand anzuschließen. Das war Mirabeaus Konzept einer umfassenden Politisierung, die aus der Herde von Provinzlern eine Versammlung von verantwortlichen Männern machte, deren Beschlüsse in der Verfassung ihren Niederschlag finden sollten.

Diese Vorstellung auch nur annähernd zu verwirklichen war ein gehöriges Stück Arbeit, zumal sich Mirabeau dabei gewissermaßen selbst im Wege stand. Sein von allerlei Skandalen umwittertes Vorleben und seine ständige Schuldenmacherei, die geradezu legendär war, lieferten Stoff genug für pikante Nachreden und für reichlich Klatsch, der in Umlauf gebracht wurde, um ihm zu schaden und seine Reputation zu mindern. Das Motiv dafür war weniger Neid als Angst vor seiner turmhohen Überlegenheit, die in der Adelskammer der Comte de La Gallissonnière einmal mit den Worten beschrieb, Mirabeau sei ein Mann «mit den meisten Einfällen, mit dem umfangreichsten Ausdrucksvermögen, der größten Befähigung für Intrigen und vielleicht der Einzige, der imstande ist, einen großen Plan zu entwickeln und auszuführen».[14] Auch unter den Deputierten des Dritten Stands gab es viele, die ihm nicht über den Weg trauten, die ihm aus Ehrgeiz den Verrat seines Standes unterstellten oder in seinen von Pocken entstellten Gesichtszügen den Widerschein seiner moralischen Verderbtheit zu erkennen glaubten. Einer von diesen war der Abgeordnete Adrien Duquesnoy, der Mirabeau erst am 6. Mai in Versailles begegnete, als der sich in zwei Wortmeldungen gegen den Vorschlag von Pierre-Victor Malouet wandte, den beiden privilegierten Ständen eine Abordnung zu senden, die sie auffordern sollte, sich mit dem Dritten Stand zu einer gemeinsamen Verifikation ihrer Mandate zu versammeln. Der Wortlaut seines zweiten Einwurfs, der offenbar Duquesnoys Empörung auslöste, ist nur als knappes Regest mit der einleitenden Bemerkung überliefert, Mirabeau habe dem Antrag «fortement» widersprochen.[15]

«Dieser Mann ist eine wütende Bestie, ein Besessener», notierte Duquesnoy am 7. Mai 1789. «Er hat die Gestalt eines Tigers. Er spricht nur unter Zuckungen, sein Körper verkrampft sich und lässt ein wütendes Fauchen vernehmen. Im Übrigen kann er sich nur ungenügend ausdrücken: Er spricht ein abscheuliches Französisch, zieht falsche Schlussfolgerungen, verstrickt sich in Widersprüche und hat eine schlechte Gesinnung. Mir und allen Anständigen scheint es evident, dass er entschlossen ist, nachdem M. Necker es ablehnte, ihn für sein Schweigen oder seine Unterstützung zu bezahlen, die Auflösung der Ständeversammlung zu provozieren, um den Minister in deren Sturz mitzureißen. Unglücklicherweise verfügt er über zahlreiche Anhänger. Alle Bretonen halten zu ihm: Diese Leute sehen in der Ständeversammlung nur ein willkommenes Mittel, den Adel zu vernichten, gegen den sie eine besinnungslose Wut hegen, weshalb es ihnen wenig bedeutet, ob die Nation frei und glücklich ist, sofern sie nur den Adel erniedrigen können. Die Provenzalen, die etwas weniger wütig sind, erweisen sich gleichwohl auch als glühende Anhänger des Comte de Mirabeau.»[16]

Zweifellos machten solche Anfeindungen Mirabeau zu schaffen. Mitte Mai 1789 schüttete er Mauvillon gegenüber sein Herz aus: «Die Abgeordneten des Dritten Stands haben bislang an dem System ihrer Unbeweglichkeit festgehalten, das sie dank der Allmacht, die der Kraft des Beharrens eigentümlich ist, über alles und jeden triumphieren lassen wird. Bei den privilegierten Ständen wird die Behauptung herumgereicht, meine *heimtückische und schädliche Beredsamkeit* stachle den Dritten Stand auf; bei diesem hingegen heißt es, *ich würde durch zu großen Eifer der öffentlichen Sache nachhaltig schaden*. Dort ergeht man sich in Kabalen, hier in Intrigen. Allüberall aber bin ich die Zielscheibe von Verleumdungen, aber ich gehe unbeirrt meines Weges.»[17]

Dieser Entschlossenheit ungeachtet sah sich aber auch Mirabeau gelegentlich genötigt, Haken zu schlagen und von der geraden Linie abzuweichen. Die Adelsfraktion ging mit einem Tempo und einer Entschlossenheit voran, die ein Funktionieren der Generalstände zu beeinträchtigen drohte. Am 11. Mai ließ sie verlauten, so weit konstituiert zu sein, um in einem nächsten Schritt die Mandate ihrer Mitglieder zu verifizieren. Am 13. Mai machte der Adel den Vertretern der beiden anderen Stände den Vorschlag, Kommissare zu benennen, die sich über die weitere, gemeinsame Vorgehensweise verständigen sollten, um das Plenum der Generalstände zügig zu konstituieren. Die Gefahr, die er damit heraufziehen sah, geißelte Mirabeau mit scharfer Ironie, denn käme es dazu, dass die Abgeordneten des Adels sich ohne Zustimmung der anderen Stände als handlungsfähig erklärten, dann könne sie auch nichts mehr daran hindern, weiter voranzuschreiten, «eine Verfassung zu entwerfen, die Finanzen zu ordnen und Gesetze zu erlassen. Ist der Adel nicht in Wahrheit ganz Frankreich? Was bedeutet angesichts dessen schon ein Verband aus 24 Millionen Individuen [i. e. die Bevölkerungsmehrheit des Dritten Stands]? Bedeuteten die denn unter diesen Umständen überhaupt noch irgendetwas? Ich weiß nicht, was unsere politischen Schriftsteller damit sagen wollen, wenn sie behaupten, dass das die Nation sei, wenn doch die Adeligen ebendiese *par excellence* sind? Wenn sie also dazu bereit sind, auch die 24 Millionen nicht-adeligen Individuen als einen Dritten im Bunde zuzulassen, dann ist das von ihrer Seite lediglich ein großzügiges und völlig freiwilliges Zugeständnis, das einzufordern niemand das Recht hat.»[18]

Angesichts dieser durchaus realen Gefahr war es wenig erfolgversprechend, an dem bislang bewährten System des sturen Abwartens festzuhalten. Um die Absichten des Adels zu durchkreuzen, musste man sich bewegen. Das ließ sich auch deshalb nicht vermeiden, weil immer mehr Abgeordnete, die von ihrer Untätigkeit genervt waren, auf Verhandlungen mit den anderen Ständen drängten. Ein entsprechender Antrag wurde am 18. Mai 1789 von Rabaud de Saint-Etienne eingebracht. Der Advokat Le Chapelier, ein Mitglied der «conjuration d'honnêtes gens», stellte einen Gegenantrag, der Mirabeaus bisherige Linie konsequent verfocht: Die Versammlung des Dritten Stands solle sich endlich ermannen, die Illegalität im Verhalten der Privilegierten zu brandmarken und sie ultimativ dazu auffordern, sich entweder mit dem *Tiers Etat* in einer Versammlung zu vereinen oder ihr Nichterscheinen förmlich zu erklären.

Auch wenn Mirabeau entschieden mehr dem Antrag von Le Chapelier zuneigte, sah er darin einen geeigneten Vorwand für die Krone, um die ungeliebte und ihr höchst lästig gewordene Versammlung der Stände einfach aufzulösen. Deshalb unterbreitete er einen Kompromissvorschlag: Da mit dem Adel augenblicklich eine Verständigung aussichtslos zu sein scheine und dieser sich vielmehr anschicke, eigenmächtig eine Verfassung zu entwerfen, sei es wesentlich sinnvoller, nur eine Verständigung mit dem geistlichen Stand anzustreben, den die christlichen Doktrinen zum Ausgleich verpflichteten. Gelinge dies, bewirkte man damit vielleicht einen Sinneswandel beim Adel. Scheitere man aber auch damit, dann hindere die Abgeordneten des Dritten Standes nichts mehr daran, «ihren Pflichten zu genügen, die Wünsche ihrer Wähler zu erfüllen und ihrerseits die ewigen Prinzipien der Gerechtigkeit und die unabänderlichen Rechte der Nation zu proklamieren». So vorzugehen habe mehrere Vorteile. Zum einen könne man sich in Ruhe darüber klar werden, wie man auf die Herausforderungen des Adels angemessen reagiere; zum Weiteren liefere dies einen plausiblen Grund, weiterhin stillzuhalten. Zudem eröffnete es auch den Abgeordneten des Klerus, die sich der Sache des Volkes verbunden wüssten, die Möglichkeit, sich dem Dritten Stand anzuschließen; das schließlich verschaffe auch der Minderheit in der Adelsfraktion, die den Wünschen des Dritten Stands nicht völlig abgeneigt sei, neuen Auftrieb. So bewahre man sich alle Vorteile, ohne die bisherige Haltung zu kompromittieren.[19]

Das war ein politisch durchdachter Vorschlag, den die Abgeordneten vielleicht deshalb nicht akzeptierten, weil er von Mirabeau gemacht wurde. Die Mehrheit verabschiedete stattdessen den Antrag von Rabaud de Saint-Etienne, der die sofortige Aufnahme von Verhandlungen vorsah, die erwartungsgemäß an der intransigenten Haltung des Adels scheiterten. Am 27. Mai verkündete der Adel daraufhin den Beschluss, die Stände sollten getrennt die Mandate ihrer Abgeordneten verifizieren. Das gab Mirabeau die Gelegenheit, den zuvor abgelehnten Vorschlag zu wiederholen und die Adelsfraktion zu isolieren, indem man die Kirchenmänner aufforderte, sich mit dem Dritten Stand zu vereinen. Solchermaßen verstärkt könne man dann dem Adel mit einem letzten Verständigungsangebot gegenübertreten.[20]

Jetzt hatte Mirabeaus Vorschlag Erfolg, und das nötigte die Regierung zum Handeln. Am 28. Mai forderte der König die drei Stände auf, die Verhandlungen in Gegenwart des Justizministers wiederaufzunehmen. Wieder war es Mirabeau, der die Ambivalenz der königlichen Anweisung durchschaute, die er als eine «von den Druiden gestellte Falle» qualifizierte, die, gleichgültig, ob man sich diesmal einige oder nicht, zuschnappe. Geschähe das Erste, gerieten die Generalstände unter das Diktat der Regierung, und ein Beschluss des *Conseil du Roi* würde nach dem Willen des Adels gegen die vom Dritten Stand angestrebte Mehrheitsabstimmung entscheiden. Im zweiten Fall werde es heißen, der Dritte Stand sei darauf aus, die Autorität des Königs zu beseitigen. Um diesem Dilemma zu entgehen, riet er, dem Vorschlag des Königs zu entsprechen; zugleich müsste ihm aber eine Botschaft übermittelt werden, die ihn der Ergebenheit des Dritten Stands versicherte und zugleich darauf bestand, dass zur Verifikation der Mandate allein die ungeteilte «Nationalversammlung» berechtigt sei.[21]

Vermutlich rechnete Mirabeau mit dem Auftrag, diese Adresse selbst zu formulieren. Auf diese Weise hätte er sein schwankendes und von der Parteien Hass und Gunst verzerrtes Ansehen vorteilhaft stabilisieren und außerdem Hof und Regierung gegenüber eine unerschütterliche monarchische Loyalität demonstrieren können. In dieser Erwartung wurde er aber ein weiteres Mal enttäuscht, denn nach langer Debatte fiel zwar der Beschluss, an der Konferenz teilzunehmen, aber die Adresse an den König, die zugleich auch ein auf öffentliche Wirkung berechnetes Manifest war, wurde abgelehnt. Stattdessen sollte eine Abordnung des Dritten Stands dem König Huldigung und Dank bezeugen.

Kaum überraschend endete die Konferenz mit den Vertretern der drei Stände in Anwesenheit des Justizministers am 9. Juni ergebnislos. Damit steckte man noch tiefer als zuvor in einer Sackgasse. Umso größer wurde die Gefahr, dass der König die in Versailles versammelten Ständevertreter ungnädig entließ. Unterdessen erkannte auch Mirabeau, dass weiteres untätiges Zuwarten nicht länger opportun war. Deshalb verständigte er sich mit *abbé* Joseph Sieyès, der am 10. Juni den Antrag stellte, eine letzte Aufforderung an Adel und Klerus zur gemeinsamen Verifikation der Mandate zu richten. Fänden sich diese dazu nicht bereit, sollte der Dritte Stand allein damit beginnen.[22] Der Antrag wurde mit großer Mehrheit gebilligt, dessen Text am folgenden Tag den beiden anderen Ständen mitgeteilt. Nachdem diese darauf nicht reagierten, wurde mit der Verifikation der Mandate begonnen. Das war ein revolutionärer Akt, denn dass sich der Dritte Stand unabhängig von den anderen beiden Ständen zur alleinigen legitimen Versammlung von Repräsentanten der Nation erklärte, bedeutete nichts anderes, als das Gesetz des Handelns in die eigenen Hände nehmen zu wollen.

Das war ein Signal, das sofort Folgen zeitigte. Am 13. Mai erschienen drei Gemeindepriester in der Versammlung des Dritten Stands, um ihre Mandate verifizieren zu lassen. Dem Beispiel folgten in den nächsten Tagen 16 weitere Kleriker. Damit stellte sich sofort das Problem, wen alle diese Abgeordneten repräsentierten, sprachen sie doch für mehr als nur den Dritten Stand. Die Frage, welchen Namen die Versammlung also künftig tragen sollte, löste eine kuriose, zwei Tage andauernde Debatte aus, die schließlich damit endete, dass man sich für den zuvor schon oft gebrauchten Begriff «Nationalversammlung» entschied. Mirabeau meldete sich in diesen Diskussionen zweimal mit großen Reden zu Wort: Trotz der in Gang gekommenen Erosion der ständischen Blöcke riet er zur Vorsicht und brachte die Formel *Répresentants du peuple français* in Vorschlag. An ihr könne niemand Anstoß nehmen, sie werde sich geschmeidig allen künftigen Entwicklungen bis zu dem Augenblick anpassen, an dem wir «tiefe Wurzeln geschlagen haben».[23]

Mirabeau war kein Revolutionär, sondern ein Pragmatiker. Deshalb bedachte sein Antrag auch die Rolle des Königs. Diese gelte es bei der Wahl der Bezeichnung zu berücksichtigen. Also stellte er jetzt Fragen, die er in der Rede vom 18. Mai nur angedeutet hatte: Werden wir die Sanktion des Königs dafür erhalten? Können wir sie umgehen? Wird er, wenn er die erste unserer Entscheidungen nicht anerkennt, nicht auch gegen alle weiteren Beschlüsse sein Veto einlegen? Können wir uns dessen gewiss sein, dass die Wähler unsere Beschlüsse verstehen und billigen? «Glauben Sie nur nicht, dass sich die Wähler für die metaphysischen Diskussionen interessieren, die wir bislang geführt haben.» Diese seien zwar zweifellos wichtig, denn sie stünden in einem unmittelbaren Zusammenhang mit dem Prinzip der Nationalrepräsentation, das die Voraussetzung für jegliche Verfassung sei. «Aber der *peuple* ist immer noch weit davon entfernt, das System seiner Rechte und die vernünftige Theorie der Freiheit zu erkennen. Der *peuple* wünscht sich Erleichterungen, denn er besitzt nicht mehr die Kraft, weiterhin zu leiden; (...) er verlangt lediglich, nur das zu bezahlen, zu dem er imstande ist, um dann ohne weiteres Murren sein Elend zu ertragen. Selbstverständlich müssen wir weiter blicken und Wünsche aussprechen, die Menschen, welche die Freiheit anstreben, weitaus würdiger sind; aber wir sind auch gehalten, die Umstände zu berücksichtigen und uns der Werkzeuge zu bedienen, die das Schicksal uns an die Hand gibt.»[24]

Das war der eine Aspekt, den es nach Mirabeau zu bedenken galt. Der andere war, dass der *Tiers Etat* nach wie vor Teil einer Versammlung der Generalstände war, die der König einberufen hatte. Das würde sich sicherlich in Zukunft ändern, wenn man erst einmal mit der Arbeit begann. Aber könne man damit schon heute anfangen? Müsse man sich dafür nicht zunächst erst konstituieren? Was aber berechtigte dazu, dies von sich aus zu tun, sähen doch die Mandate die gemeinsame Beratung der drei Stände vor? Wenn sich diese Voraussetzung aber nicht verwirklichen ließe, genüge es dann, dass man sich selbst diese Berechtigung zuspreche, um sie auch tatsächlich und in Übereinstimmung mit den Gesetzen ausüben zu können? «Was aber wird geschehen, wenn Sie damit scheitern, wenn der König Ihnen seine Sanktion verweigert, die anderen Stände an seine Autorität appellieren? Auflösung oder Vertagung. Die logische Folge von all dem wird die Entfesselung aller Rachegelüste sein, die Koalition aller aristokratischen Gewalten und furchtbare Anarchie, die stets in Despotismus einmündet.»[25]

Das war Mirabeaus stetes Adagio, nichts zu überhasten, immer darauf bedacht zu sein, dass die Nation Einsicht und Verständnis haben müsse, um dem Wollen ihrer aufgeklärten Repräsentanten folgen zu können, die sich anschickten, die Monarchie auf neue Grundlagen zu stellen. Immer auch klammerte er sich dabei an die Fiktion eines Bündnisses von *peuple* und König, die in einer Front gegen die Privilegierten vereint seien. Mit dieser Haltung geriet er von nun an immer häufiger in Konflikt mit den radikalen Abgeordneten, die sich einfach deshalb durchsetzten, weil sie den Beifall des Publikums im Saal oder auch im Palais-Royal hatten, von dem sich die Masse der orientierungslosen Abgeordneten beeindrucken ließ. Mirabeau ahnte, dass er mit seinem Vorschlag *Répresentants du peuple français*, den er treffend als «nom magique et à tiroir» charakterisierte, in der Abstimmung unterliegen würde, der er deshalb wohlweislich fernblieb. Mit 491 zu 90 Stimmen wurde die Bezeichnung «Assemblée nationale» gebilligt, die von Sieyès zur Abstimmung vorgeschlagen worden war. Bezeichnend für die aufgepeitschte Stimmung in der Versammlung war, dass die 90 Abgeordneten, die dagegen votiert hatten, als «Verräter» gebrandmarkt wurden.[26] Auch das sollte Schule machen: Diejenigen, die sich zu einer anderen Ansicht bekannten als die jeweilige Mehrheit, sahen sich zunehmend denunziert und geächtet.

Unbeschadet seines bisweilen unbeherrschten Vokabulars war Mirabeau ein zutiefst pädagogisch gesinnter Reformer, der sich damit immer wieder in Widerspruch zur großen Mehrheit seiner Kollegen setzte, die schon jetzt alle Umstände, von denen die politische und soziale Wirklichkeit bestimmt wurde, revolutionär verändern wollten. Sie galten ihm als «Metaphysiker», die wie der *abbé* Sieyès in ein System vernarrt waren oder einer Handlungsanweisung folgten und «auf einer Weltkarte herumreisen, alle Hindernisse mühelos überwinden und die weder Berge, Wüsten, Flüsse oder Abgründe aufhalten können. Aber, wenn man diese Reise wirklich unternehmen will, wenn man ans Ziel zu gelangen sucht, dann wird man unaufhörlich daran erinnert, dass man sich auf der Erde fortbewegen muss und nicht in einer idealen Welt.»[27] In einem Bericht an Mauvillon schrieb er: «Die herrschende Erregtheit ist im Übrigen ganz unbeschreiblich, und ich bin zutiefst darüber irritiert, dass ich immer den Gemäßigten zugerechnet werde. (...) Auch bin ich mir dessen sehr gewiss, dass es das beste Mittel ist, die Revolution scheitern zu lassen, wenn man zu viel auf einmal verlangt.»[28]

Die Furcht, dass die Revolution scheitern werde, wenn man maßlose Forderungen stelle, gab für Mirabeau den Ausschlag, nichts zu übereilen und die nach wie vor gültigen Regeln zu achten. Angesichts der Stim-

Die Verfassunggebende Nationalversammlung

mungslage war eine solche Haltung Anlass zu vielfältigen Missverständnissen, die sich in Angriffen niederschlugen, gegen die er sich zur Wehr setzen musste. Verdächtigungen hinsichtlich seiner Loyalität wurden laut. So erging es Mirabeau mit dem Hinweis, der König könne die Selbstermächtigung des Dritten Stands mit einem Veto ahnden und die Versammlung auflösen, was Gefahren heraufbeschwöre, die er drastisch ausmalte. Das wurde ihm in der Debatte kritisch vorgehalten, was er nicht unwidersprochen hinnehmen konnte. In seiner zweiten Rede in dieser Debatte, die er am 16. Juni hielt, rechtfertigte Mirabeau deshalb das königliche Veto in einer Weise, die seine Widersacher bis aufs Blut reizen musste. «Was mich betrifft, *Messieurs*, halte ich das Veto des Königs für so notwendig, dass ich lieber in Konstantinopel als in Frankreich leben möchte, wenn man es nicht hätte: Ja, ich bekenne es geradezu, ich kennte nichts Schrecklicheres als die souveräne Aristokratie von sechshundert Personen [i. e. die Versammlung des Dritten Stands] die sich morgen für unabsetzbar, übermorgen für erblich erklären könnte und die wie die Aristokratien aller Länder der Erde damit enden würde, alle Macht an sich zu reißen.»[29]

Das war zwar hellsichtig, was den weiteren Fortgang der Revolution anbelangte. Für die Abgeordneten des Dritten Stands jedoch, die sich anschickten, unter der neuen selbstbewussten Adresse «Nationalversammlung» die souveräne Allmacht der Legislative auszuüben, war das nichts weniger als eine Verleumdung, die sie Mirabeau mit gleicher Münze umgehend zurückzahlten, nachdem sie schon seine Rede wiederholt mit feindlichem Lärmen massiv gestört hatten und ihn damit nötigten, den Sitzungssaal fluchtartig zu verlassen. Duquesnoy bemerkte in seinem Tagebuch: «Das alles bestärkt mich nachdrücklich in der Überzeugung, dass dieser Mann nichts anderes als ein Schurke ist, der im Sold der Regierung steht.»[30] Mirabeau blieb natürlich nicht verborgen, welche Verleumdungen über ihn in Umlauf waren, wie er Mauvillon wissen ließ, dem er zugleich aber auch zu erkennen gab, dass ihn das alles nicht sonderlich berühre: «Man ist mit dem Gedanken umgegangen, mich vierzuteilen, und streut allenthalben aus, ich sei der Mann der Regierung. – In Wahrheit habe ich mich an so viele Leute verdingt, dass ich selbst nicht begreifen kann, warum ich noch nicht die Universalmonarchie erworben habe.»[31]

Tatsächlich mutet die heftige Kontroverse, in die Mirabeau mit den Abgeordneten geriet, wie ein großes Missverständnis an, das sich an der nebensächlichen Frage entzündete, ob man künftig als *Répresentants du peuple français* firmieren solle oder als *Assemblée nationale*. Dieser Eindruck wird noch dadurch verstärkt, dass die Nationalversammlung dem von ihr erhobenen Anspruch, die souveräne Allmacht der Legislative darzustellen, sofort selbstbewusst dadurch Substanz verlieh, dass sie alle Steuern für illegal erklärte, die nicht von ihr gebilligt worden waren. Dessen ungeachtet wurde mit Rücksicht auf die herrschende Notlage eine weitere Einnahme der Steuern für die Sitzungsdauer der Nationalversammlung genehmigt. Zugleich wurde eine Bürgschaft für alle Staatsschulden verkündet. Das war ein sehr geschickter Schachzug, der dem König die Drohung aus der Hand nahm, die Mirabeau beschworen hatte, um seinen Vorschlag durchzusetzen. Löste Louis XVI jetzt die Nationalversammlung auf, zu der sich die Abgeordneten des Dritten Stands eigenmächtig proklamiert hatten, dann drohte ein Staatsbankrott, den die Monarchie nicht überdauern konnte. König und Regierung blieb keine andere Wahl, als die Nationalversammlung zu akzeptieren und zu versuchen, sich mit dieser irgendwie zu arrangieren.

Die Ironie dabei war, dass es Mirabeau gewesen war, der die sofortige

Aufhebung der Steuerpflicht, die nur ausnahmsweise für die Sitzungsdauer der Versammlung provisorisch weiter in Geltung bleiben sollte, und auch die nationale Bürgschaft für die Staatsschulden in der von ihm am 15. Juni zur Abstimmung eingebrachten Vorlage über seinen Vorschlag *Répresentants du peuple français* ausführlich dargelegt und erläutert hatte![32] Warum also beharrte er mit solchem Nachdruck auf seinem Namensvorschlag, warum verstieg er sich zu der Drohung, andernfalls verfüge der König eine Auflösung der Versammlung, die wirksam zu vereiteln er selbst den Weg gewiesen hatte? Die Antwort darauf findet sich ganz am Ende dieser Rede vom 15. Juni: «Wer kann uns daran hindern, das zu sein, was wir sind? Ebendeshalb braucht es diese Bezeichnung, die so wenig beunruhigend, so unprätentiös, so unersetzbar ist, die alles enthält, alles umfasst, alles beantwortet; sie ist leicht mit den Wünschen des Throns zu vermitteln, schlägt unseren Gegnern alle Vorwände aus der Hand, mutet uns keinerlei Kämpfe zu, setzt uns auch nicht gefährlichen Überraschungen aus in Zeiten, die uns in der Verfassung, in der wir uns noch befinden, und bis wir tiefe Wurzeln geschlagen haben, bedrohlich werden könnten. Diese Bezeichnung ist der Stunde unserer Geburt gemäß, und sie wird es auch noch in unserem reiferen Alter sein, denn sie wird wie wir im selben Maße an Bedeutung wachsen.»[33]

Der in dieser rhetorischen Kaskade versteckte Hinweis, die von ihm vorgeschlagene Bezeichnung *Répresentants du peuple français* sei leicht mit den Wünschen des Throns zu vermitteln, liefert den Schlüssel. Die zügige evolutionäre, aber in der Sache geradezu revolutionäre Reform Frankreichs, seine umfassende Modernisierung, der die Privilegierten und deren Privilegien sämtlich zum Opfer fallen mussten, sollte und konnte nach der Vorstellung Mirabeaus nur im engen Schulterschluss zwischen *peuple* und Krone realisiert werden. Nur so entsprach der angestrebte Wandel passgenau den wohlverstandenen Interessen beider. Außer Frage stand dabei, dass neben dem Monarchen er, Mirabeau, als Repräsentant und Präzeptor des *peuple* derjenige sei, der bei diesem Schulterschluss die neue Ordnung als Sachwalter der Nation und deren Interessen stemmte. Auf die gegenwärtige Situation bezogen bedeutete das, sofort mit dem Monarchen in Verhandlungen über die Finanzen einzutreten, ihm unter der Maßgabe einer vollständigen Abänderung des gesamten Steuerwesens eine lediglich provisorische Erhebung der Abgaben zu gestatten, die Staatsschuld der Bürgschaft durch die Nation zu überantworten und damit die Privilegierten zu entmachten und ins Abseits zu stellen, während die Reform ohne ihre Einreden zügig voranging. Mit dem Gelingen dieses Plans wäre Mirabeau in die Rolle Richelieus geschlüpft. Die Absicht hat Madame de Staël durchschaut: «Mirabeau, der alles wusste und vorhersah, wollte sich seiner mitreißenden Eloquenz nur bedienen, um sich einen Platz auf dem ersten Rang zu verschaffen, der ihm durch seine Unmoral verwehrt war.»[34] Dieser Traum war jetzt fürs Erste gescheitert, denn, so ließ er Mauvillon wissen: «Es steht außer Frage, dass die Nation noch nicht reif ist. Die ganz außerordentliche Unfähigkeit der Regierung hat die Revolution mit heißen Hufen beschlagen, die unsere Fähigkeit und unser Wissen überfordert. Dementsprechend ist auch mein Verhalten.»[35]

Mirabeau vermochte nicht zu erkennen, dass die Nationalversammlung sofort den längeren Hebel in der Hand hielt, wenn sie sich seines Einfalls bediente, die Steuern prinzipiell für illegal zu erklären, deren weitere Erhebung nur provisorisch zu gestatten und gleichzeitig die Bürgschaft für die Staatsschuld zu übernehmen. König und Regierung war damit die Drohung genommen, ihr Veto zu gebrauchen und die lästige Versammlung aufzulösen. Die Souveränität war der Krone entglitten und lag in den Händen der Deputierten des vormaligen Dritten Stands, die jetzt beanspruchten, die Nationalversammlung zu sein. Das Dekret, mit dem die Abgeordneten sich selbst diesen Status gaben, war, wie Mme. de Staël zu Recht bemerkte, «la révolution elle-même», die Revolution schlechthin.[36] Die gleiche Finanzkrise, die Louis XVI genötigt hatte, die Generalstände einzuberufen, bewahrte nun die Nationalversammlung davor, einfach aufgelöst zu werden. Das Erlebnis der bitteren Niederlage verstellte Mirabeau augenscheinlich diese so naheliegende Einsicht. Erst Wochen später erkannte er diese Ironie, als er am 27. August 1789 beiläufig bemerkte: «Le déficit est le trésor de la nation.»[37]

Als am 17. Juni *abbé* Sieyès in der Nationalversammlung erschien, erhoben sich die Abgeordneten, um ihm stehend zu applaudieren. «Welche Armseligkeit», soll Mirabeau aus diesem Anlass zu Etienne Dumont bemerkt haben, «sie bilden sich ein, dass alles erledigt sei; mich hingegen würde es nicht überraschen, wenn ein Bürgerkrieg die Frucht ihres schönen Beschlusses sein würde.»[38] Dazu kam es allein schon deswegen nicht, weil weder Louis XVI noch die Regierung das Risiko einer solchen Machtprobe laufen wollten. Deshalb entschied man sich zur Halbheit einer impotenten Machtdemonstration, die alles nur schlimmer machen und die angeschlagene Autorität der Krone noch zusätzlich beschädigen musste. Im Gespräch mit dem Abgeordneten Malouet kündigte Necker diese mit den Worten an: «Indem sie sich die alleinige Verfügung über die legislative Macht durch eine Entscheidung angeeignet haben, die sich auf keinerlei Rechtsanspruch gründet, haben sie diese missbraucht. Es ist nun Sache des Königs, die Ausübung dieser Macht wieder in die Hand zu nehmen und sie alle auf ihre Plätze zu verweisen.»[39]

Neckers Plan gründete sich auf der Illusion, noch sei nichts verloren. Der König müsse nur vor die Deputierten treten und ihnen von sich aus einige Konzessionen anbieten wie das Recht, die Steuern zu bewilligen, und eine Geschäftsordnung, die ihre gemeinsamen Beratungen bestimmte. Hätte man damit Erfolg, wäre der König wieder unangefochten Herr des Verfahrens. Mit beidem war jedoch nicht mehr zu rechnen, denn die Nationalversammlung schwelgte in einem Siegesrausch, in dem sie solche Zugeständnisse nicht mehr beeindruckten, da diese für sie bereits vollzogene Tatsachen darstellten: Bereits am 19. Juni beschloss die Versammlung des Klerus, sich in der Nationalversammlung einzufinden, eine Absicht, zu der sich am selben Tag auch 47 liberale Adelige, darunter der Duc d'Orléans, bekannten. Damit geriet endgültig alles ins Rutschen, und der huldvolle Pomp, den Necker inszenieren wollte, um die Autorität der Krone zu festigen, drohte zu einer lächerlichen Farce zu werden. Aber es kam noch schlimmer, denn bei Hofe setzten sich die Kräfte unbedingten Beharrens, die Verteidiger des *Ancien Régime* wie der Bruder des Königs, der Comte d'Artois, und der ihm treu ergebene Kreis von Hochadeligen durch, denen sich auch Königin Marie Antoinette anschloss. Sie verwarfen die von der Entwicklung überholten Konzessionen, zu denen Necker geraten hatte, in Bausch und Bogen. Stattdessen sollte der König den Abgeordneten in einer *Séance royale* gegenübertreten, die ganz in den Formen eines *Lit de justice* ablief, bei dem der Monarch nicht Zugeständnisse anbot, sondern Befehle erteilte.

Was man am Hof insgeheim plante, wurde allenfalls gerüchteweise bekannt und gab zu übertriebenen Mutmaßungen Anlass, die sich am Morgen des 20. Juni zu bestätigen schienen, als die Abgeordneten der Nationalversammlung vor dem verschlossenen und bewachten Eingang ihres Sitzungssaals standen. Das Tagungslokal müsse, so wurde ihnen bedeutet, für eine geplante königliche Sitzung instand gesetzt und ausgeschmückt werden. Das verletzte den Stolz der Abgeordneten nicht wenig und weckte sofort düstere Ahnungen, wie Mirabeau im Dreizehnten Brief an seine Wähler schrieb.[40] Am Betreten des Sitzungssaals gehindert zu sein, ließ sich unschwer als Menetekel für die bevorstehende Auflösung derVersammlung verstehen. Um dem vorzubeugen, begab man sich in den nahe gelegenen *Jeu de Paume*. Das war ein spontaner und auch selbstverständlicher Entschluss, denn die Nationalversammlung war es sich schuldig, nicht vor der Gewalt in die Knie zu gehen. Dieses Bewusstsein wurde bestärkt durch den kahlen, unmöblierten Saal mit den hohen Fenstern, in dem sich Mitglieder der Hofgesellschaft gelegentlich zu einem Tennismatch einfanden und in dem jetzt die Abgeordneten Aufstellung nahmen, umringt von Zuschauern, die wie stets den Sitzungen beiwohnten und diese mit Bekundungen von Zustimmung oder Missfallen begleiteten. Die Szene hatte etwas Pathetisches. Das übertrug sich auch auf den von der Versammlung hier gefassten feierlichen Beschluss, der als «Ballhausschwur» in die Revolutionsgeschichte einging. Der Abgeordnete aus Grenoble Jean-Joseph Mounier und nicht Mirabeau, der bei dieser Gelegenheit lediglich eine Komparsenrolle spielte, wurde beauftragt, den Wortlaut des Schwurs zu formulieren. Ihm verdankt sich die bekannte, liturgisch anmutende Wendung: «Überall, wo sich ihre Mitglieder versammeln, dort ist die Nationalversammlung.» Er endet mit der Aufforderung, «dass alle Mitglieder dieser Versammlung ohne Umschweife den Eid ablegen, sich niemals zu trennen, überall zusammenzukommen, wo immer es die Umstände erfordern, bis die Verfassung des Königreichs vollendet und durch solide Grundlagen gesichert ist».[41]

Der «Ballhausschwur» steht am Beginn der während der gesamten Revolutionszeit grassierenden Mode von Eidesleistungen, bei denen oft das genaue Gegenteil dessen beeidet wurde, was man zuvor feierlich geschworen hatte. Was später zynische Routine wurde, war jetzt noch ein feierlicher Akt, der Emotionen weckte. Der Abgeordnete Jacques-Antoine Creuzé-Latouche vermerkte in seinem Tagebuch, dass einige Mitglieder der Versammlung zu Tränen gerührt gewesen seien, während andere mit «heroischer Freude die feierliche Verpflichtung» auf sich genommen hätten, «ihr Heim, ihre Frauen und ihre Kinder so lange nicht wiederzusehen, wie sie nicht durch die Erfüllung der Pflichten gegenüber dem Vaterland dessen würdig seien».[42]

Der Ballhausschwur

Der «Ballhausschwur» war nach der Konstituierung als Nationalversammlung und dem Beschluss, künftig die Steuergesetzgebung auszuüben, der dritte schwere Affront gegen die königliche Autorität binnen drei Tagen, denn er sprach dem Monarchen ausdrücklich das Recht ab, die Versammlung aufzulösen, die seine Autorität in Frage stellte. Er war damit ein symbolischer Akt revolutionären Selbstbewusstseins, mit dem zugleich der Wählerwillen bekräftigt wurde, der die Abgeordneten beauftragt hatte, eine Verfassung zu entwerfen. Konkret machte er es den Abgeordneten damit zur Pflicht, auch am kommenden Tag, einem Montag – die ursprünglich auf diesen Tag angesetzte *Séance royale* war auf den Dienstag verschoben worden –, ihre Sitzung abzuhalten. Jetzt wurde ihnen aber auch der Zutritt zum *Jeu de Paume* mit der fragwürdigen Begründung verwehrt, der Comte d'Artois habe sich die Halle für eine Tennispartie reserviert. Also suchte man Zuflucht in der Kirche Saint-Louis, in der schon der feierliche Eröffnungsgottesdienst der Generalstände am 4. Mai zelebriert worden war. Zu dieser Sitzung fanden sich auch die meisten Abgeordneten des Klerus ein. Außerdem erschienen drei Adelige aus der Dauphiné. Sie waren die ersten Überläufer aus der *Chambre de la Noblesse*, die sich der Nationalversammlung anschlossen.

Entsprechend wurden Selbstbewusstsein und *Esprit de corps* der Nationalversammlung gestärkt, was für die *Séance royale* nichts Gutes erwarten ließ, deren Verlauf diese Ahnungen noch übertraf. Als der König, wie bei einem *Lit de justice*, die Sitzung damit eröffnete, die Beschlüsse der Nationalversammlung für null und nicht zu erklären, mussten deren Mitglieder sich in ihren schlimmsten Erwartungen bestätigt sehen. Daran änderte auch die in 35 Punkte gegliederte Erklärung Louis' XVI nichts, die das Versprechen enthielt, künftig Steuern und Anleihen nur nach vorheriger Zustimmung der Generalstände zu veranlassen, sowie die Abschaffung einiger besonders verhasster Steuerarten, der *Lettres de cachet* sowie der Wegfronden in Aussicht stellte. Das waren Zugeständnisse, die bei der Eröffnung der Generalstände im Mai noch mit großer Begeisterung aufgenommen worden wären. Jetzt jedoch kamen sie zu spät und zeitigten keinerlei Wirkung.

Eine entscheidende Rolle spielte, dass der König die Gliederung in drei Stände für sakrosankt erklärte. Zwar wurden die beiden privilegierten Stände von ihm aufgefordert, zusammen mit den Deputierten des Dritten Standes Fragen gemeinsamen Interesses zu diskutieren, aber Klerus und Adel erhielten in allen Fragen, die ihre besonderen Interessen berührten, ein Veto zugesprochen. Zudem könne nichts von dem, was die Stände beschlössen, ohne königliche Zustimmung Gültigkeit beanspruchen. Wenn sie sich dem nicht beugen wollten, dann werde er allein sich um das Wohlergehen seiner Völker kümmern, zumal er deren einziger wirklicher Repräsentant sei. Abschließend gab Louis XVI den Abgeordneten Weisung, umgehend den Saal zu verlassen und am nächsten Tag in getrennten Sitzungen ihre Beratungen fortzusetzen.[43] Im Unterschied zu Adel und Klerus, die der Aufforderung sofort Folge leisteten, verharrten die Mitglieder der Nationalversammlung auf ihren Plätzen. Als sich daraufhin der königliche Zeremonienmeister, der Marquis de Dreux-Brézé, an Jean-Sylvain Bailly, den Präsidenten der *Assemblée Nationale*, wandte und den Befehl des Königs wiederholte, versetzte dieser nur zaghaft, er könne die Versammlung nicht ohne deren vorherige Zustimmung auflösen. Das lieferte Mirabeau den willkommenen Anlass, dem Zeremonienmeister mit seinem mächtigen Organ eine wahre Standpauke zu halten, die das Selbstbewusstsein der Nationalversammlung ins schönste Licht rückte: «Ja, Monsieur, wir haben die Absichten vernommen, die man dem König aufgetragen hat, verlauten zu lassen; Sie aber haben keinerlei Recht, sich in seinem Auftrag an die Generalstände zu wenden, Sie haben hier weder Sitz oder Stimme noch das Recht zu sprechen, Sie sind nicht einmal qualifiziert dafür, uns seiner Worte zu erinnern. Um jedoch alle Missverständnisse und jegliche Zeitverschwendung zu vermeiden, erkläre ich Ihnen, dass, wenn Sie den Auftrag erhalten haben, uns zum Aufbruch von hier zu veranlassen, Sie sich Befehle erbitten müssen, um Gewalt anzuwenden, denn wir werden unsere Plätze nur verlassen, wenn wir von Bajonetten dazu gezwungen werden.»[44]

Damit entschied Mirabeau nicht nur die Situation, sondern er stärkte auch den Selbstbehauptungswillen der Abgeordneten, die sich noch immer tief beeindruckt von der Ehrfurcht gebietenden Aura des Königs davonschleichen wollten. Kaum dass er geendet hatte, entlockte er ihnen die vielstimmig wiederholte Bekräftigung seiner Worte: «Das ist der Wille der Versammlung.» Die Wirkung war eindeutig, denn der sichtlich verdatterte Dreux-Brézé wich unter Verbeugungen rückwärts gehend aus dem Saal. Mit seinen Worten, in denen sich offener Widerstand gegen einen königlichen Befehl aussprach, verschaffte Mirabeau auch allen Handlungen, die von der Nationalversammlung seit dem 17. Juni vorgenommen worden waren, gewissermaßen das Plazet revolutionärer Gültigkeit. Von diesem Tag an beherrschte die Nationalversammlung das politische Spielfeld, und Mirabeau avancierte zum Symbol einer Revolution, die sich von nun an ihres Sieges gewiss wähnte. Das jedoch war ein Ausgang, den er sich so nicht gewünscht hatte. Die Borniertheit des Königs wie des Hofes machte seinen insgeheim gehegten Plan zunichte, der Regisseur eines gleitenden Übergangs von der absoluten zur parlamentarischen, konstitutionell eingehegten Monarchie zu sein. Seinem Zorn und seiner Enttäuschung machte er gegenüber Dumont in den prophetischen Worten Luft: «Auf diese Weise führt man die Könige aufs Schafott.»[45]

Zweites Kapitel

Der *Ancien Régime* implodiert

Der Versuch des Hofes, die königliche Handlungsvollmacht gegenüber der Nationalversammlung durchzusetzen, war eklatant gescheitert. Schon am 24. Juni schloss sich fast die gesamte Vertretung des Klerus der Nationalversammlung an. Am Tag darauf folgten auch 47 liberale Adelige diesem Beispiel. Diese Erosion nötigte die Krone dazu, am 27. Juni den Abgeordneten der beiden privilegierten Stände zu befehlen, sich dem Dritten Stand anzuschließen, um die gemeinsame Verifizierung der Mandate vorzunehmen. Damit wurde die Nationalversammlung durch Louis XVI de facto anerkannt.

Die Anzeichen für eine Auflösung der monarchischen Autorität machten sich sofort überall bemerkbar. Als der Inhalt des königlichen Diktats in der Nacht des 23. auf den 24. Juni bruchstückhaft in Paris bekannt wurde, löste das unter der Menge, die sich im Palais-Royal aufhielt, Empörung aus, wie der englische Reisende Arthur Young berichtet: «Die in Paris herrschende Unruhe entzieht sich jeglicher Vorstellungskraft; 10 000 Menschen wogten den ganzen Tag über im Palais-Royal; ein detaillierter Bericht über das gestrige Geschehen langte an diesem Morgen ein und wurde von vielen Wortführern kleiner Parteiungen mit Kommentaren garniert dem Volk zur Kenntnis gebracht. Zu meiner Überraschung stießen die Vorschläge des Königs auf einhellige Ablehnung. (…) Aber statt auf weitere Zugeständnisse zu hoffen, um sie mit den allgemein geäußerten Wünschen in Übereinstimmung zu bringen, scheint das Volk von einer Art Wahnsinn befallen jeden Gedanken an Kompromiss weit von sich zu weisen. Stattdessen beharrt man auf der Notwendigkeit, dass sich die Stände vereinen, dass die Versammlung des Dritten Stands alle Macht besitzt, um, wie sie es nennen, die Erneuerung des Königreichs zu gewährleisten. Das ist eine häufig gebrauchte Vorstellung, mit der keine präzise Idee verknüpft ist, sondern nur die vage Erklärung einer umfassenden Reform aller Missbräuche.

(…) Aus vielen Unterredungen, die ich führte, und den Ansprachen, denen ich beiwohnte, wurde mir klar, dass die permanenten Versammlungen, die im Palais-Royal mit einem kaum vorstellbaren Ausmaß an Zügellosigkeit und Freiheitswut abgehalten werden, zusammen mit den zahllosen aufrührerischen Schriften, die seit dem Zusammentritt der Stände stündlich erscheinen, die Erwartungen des Volkes derart erhitzt und ihm die Vorstellung eines so umfassenden Wandels eingegeben haben, dass König oder Hof nichts mehr tun können, diese jetzt noch zu zügeln.»[1]

Noch alarmierender als dieses Treiben war, dass zwei Kompanien der bei Paris konzentrierten Truppen den Befehl verweigerten. «Die *Gardes françaises* aus der Vorstadt von St. Marceau», schrieb der Verleger Nicolas Ruault am 25. Juni seinem Bruder, «die nach Versailles befohlen worden waren, haben ihre Kaserne verlassen und sich in der Stadt mit dem Volk verbrüdert. Damit rebellieren sie gegen die Befehle des Königs. Ich überlasse es Ihnen, sich auszumalen, wohin das alles noch führen wird, wenn die Truppen sich weigern, ein Volk in Zaum zu halten, das in seiner freudigen Erregung ebenso zu fürchten ist wie in seinem Zorn.»[2]

Mirabeau registrierte alle diese Anzeichen und suchte den Kontakt mit dem Comte de La Marck,[3] mit dem ihn der königliche Intendant in der Provinz Hainault, dem Hennegau, Gabriel Sénac de Meilhan, im Jahr zuvor in Versailles bekannt gemacht hatte.[4] Wenige Tage später trafen sich beide Herren zu einem Essen. Mit den Worten: «Sie sind sehr unzufrieden mit mir, nicht wahr?», eröffnete Mirabeau die Unterredung, worauf de La Marck versetzte: «Mit Ihnen und mit vielen Anderen.» Darauf Mirabeau: «Wenn das so ist, dann müssen Sie mit denen anfangen, die im Schloss wohnen. Das Staatsschiff wird von dem heftigsten Sturm geschüttelt, und niemand ist am Steuerruder.» In diesem Ton fuhr Mirabeau noch eine ganze Weile fort, bis ihm de La Marck schließlich versetzte: «Aber worauf wollen Sie denn hinaus mit Ihrem brandstifterischen Weg, den Sie in der Versammlung wie auch außerhalb dieser eingeschlagen haben?» Mirabeaus Antwort: «Frankreichs Schicksal ist entschieden! Die Worte *Freiheit, vom Volk bewilligte Steuern* fanden im ganzen Königreich Widerhall. Daran lässt sich nichts mehr ändern ohne eine Regierung, die der englischen mehr oder weniger ähnelt.»[5]

Das war die Überzeugung, die sein Agieren bestimmte. Der König habe keine andere Wahl, als sich dieser Entwicklung zu unterwerfen, gegen die Widerstand sinnlos sei, weil man damit nur die Monarchie gefährde. Stelle man es hingegen klug an, dann könne man diese Entwicklung lenken und müsse sie nicht erleiden. Das sei aber nur in vertrauensvoller Zusammenarbeit mit der Nationalversammlung zu erreichen, der gegenüber weiterhin in Ablehnung zu verharren und stattdessen überholten Träumen von uneingeschränkter Macht nachzujagen unweigerlich in den Untergang Frankreichs führen werde. «Will man das Land jedoch retten, darf man keinen Augenblick zögern, die einzigen Mittel zu ergreifen, die dazu geeignet sind. Das System, das man jetzt verfolgt, ist absurd. Man überlässt die Versammlung sich selbst und schmeichelt sich, sie entweder mit Gewalt zu unterwerfen, wie es die aristokratische Partei vorhat, oder sie mit den hohlen und redundanten Phrasen eines M. Necker zu beschwichtigen. Stattdessen müsste sich die Regierung vielmehr darum bemühen, aus den Männern, die wegen ihres Einflusses stark sind, eine Partei zu formen, welche die Versammlung beruhigt und mit sich fortreißt.»[6]

Seit Beginn der Revolution war dies das Konzept Mirabeaus, das de La Marck deshalb überraschte, weil er in ihm nur den Revolutionär sah und nicht den Anhänger der konstitutionellen Monarchie – ein Missverständnis, das Mirabeau allerdings nach Kräften gefördert hatte. Wollte er sich die Chance wahren und das Ziel erreichen, auf das sein Ehrgeiz brannte, musste er sich den Anschein eines Radikalen geben. Das fiel ihm leicht, weil er viel an dem Unverständnis zu kritisieren fand, mit dem Regierung und König auf die Forderungen der Nationalversammlung reagierten. Das suchte er de La Marck zu vermitteln, dem er mit Nachdruck wiederholte, dass es nicht sein Fehler sei, wenn man ihn zurückstoße und seiner eigenen Sicherheit wegen dazu nötige, gewissermaßen den Chef der populären Partei zu spielen. «Die Zeit ist gekommen», so betonte er, «in der es gilt, die Menschen danach einzuschätzen und zu beurteilen, was sie in dem kleinen Zwischenraum von Stirn und Brauen tragen.»[7] Um ganz sicherzugehen, dass er richtig verstanden worden sei, verabschiedete Mirabeau einige Tage später nach einem weiteren Treffen de La Marck mit den bedeutungsvollen Worten: «Sorgen Sie dafür, dass man bei Hofe weiß, dass ich mehr für als gegen ihn eingestellt bin.»[8]

Die Unterhaltungen, die Mirabeau mit de La Marck führte, fanden in einer kurzen Zeitspanne trügerischer Ruhe statt, denn kaum wurde die Aufforderung des Königs an die privilegierten Stände vom 27. Juni bekannt, sich der Nationalversammlung anzuschließen, wandelte sich die zuvor herrschende Unruhe in Freudenbekundungen der Menge. Das Königspaar, das sich auf einem Balkon des Schlosses zeigte, wurde begeistert akklamiert. Arthur Young, der Unterhaltungen mit Abgeordneten aller Stände führte, notierte sein Erstaunen darüber, dass seine Gesprächspartner die königliche Weisung so interpretierten, dass es jetzt lediglich gelte, die Mandate gemeinsam zu verifizieren. Sei dies geschehen, müsse man nur noch «*eine Verfassung machen*, wie ein neuer vielgebrauchter Terminus lautet, dessen man sich genau so bedient, als wenn eine Verfassung ein Pudding wäre, den man nach einem Rezept herstellt». Das war auch die Ansicht vieler Abgeordneter, von denen nicht zuletzt die des Dritten Stands der Aufregungen und Unruhen der letzten beiden Wochen überdrüssig waren und sich jetzt dem Geschäft zuwenden wollten, den «Pudding» anzusetzen. Das jedoch war ein Trugschluss, wie Arthur Young wusste, der das Resümee zog: «Was das für Folgen haben wird, lässt sich unschwer vorhersagen: die gesamte wirkliche Macht gehört künftig dem Dritten Stand, die nur mit Maßen zu gebrauchen ihm unmöglich sein wird, nachdem er den *peuple* für deren Ausübung so begeistert hat.»[9]

Was die trügerische Ruhe zerstörte, war die Angst des Hofs, der um seine Sicherheit besorgt war. Als man nach der Befehlsverweigerung der *Gardes françaises* einige der Meuternden inhaftierte, die am 30. Juni von einer Menschenmenge wieder aus ihrem Gefängnis befreit wurden, war das der Anlass, weitere zehn Regimenter nach Paris und Versailles zu beordern. Diese Truppenkonzentration blieb nicht unbemerkt und sorgte für wachsende Beunruhigung. Am 8. Juli ergriff Mirabeau das Wort, um auf diese Gefahr aufmerksam zu machen, die «gleichermaßen den Frieden des Königreichs und die Nationalversammlung wie auch die Sicherheit des Monarchen bedroht». Das Szenario, das er entwarf, war nichts weniger als furchterregend: «Wir sind bereits von einer großen Anzahl von Truppen umstellt. Viele sind schon eingetroffen, weitere kommen täglich dazu; sie werden aus allen Landesteilen zusammengezogen. 35 000 Mann haben bereits zwischen Paris und Versailles Aufstellung genommen. Zwanzigtausend weitere werden noch erwartet. Artillerie ist auch im Anmarsch. Stellungen für die Geschützbatterien sind bereits ausgewiesen. Alle Kommunikationslinien sind gesichert. Alle Verbindungen werden unterbrochen; unsere Straßen, Brücken und

Promenaden sind mit Militärposten besetzt. (...) Mit einem Wort, die Vorbereitungen für einen Krieg fallen jedermann ins Auge und erfüllen alle Herzen mit Unmut.»

Dieses ganze bedrohliche Treiben sei durch nichts gerechtfertigt. Gelte es der Nationalversammlung, schicke man sich damit an, freien Menschen befehlen zu wollen. Dann sei es «höchste Zeit, diese hassenswerten Zurüstungen, diese beleidigenden Maßnahmen zu unterbinden, von deren Wirksamkeit nur diejenigen leichtfertig überzeugt sind, die zur Umgebung des Königs gehören und die wähnen, dass die Majestät des Monarchen nur in dem entwürdigenden Verhältnis von Gebieter und Sklave zum Ausdruck kommt.» Auch der *peuple* käme im Übrigen nicht als Vorwand in Frage, denn dessen Unruhe würde nur durch die Konzentration der Soldaten provoziert. «Haben diejenigen, die zu diesen Maßnahmen rieten, bedacht, wie sehr sie damit die Sicherheit des Throns selbst gefährden? Haben sie in der Geschichte der Völker nachgesehen, wie Revolutionen entstanden, wie sie verlaufen sind? Haben sie nicht die fatale Verknüpfung der Ereignisse bemerkt, die selbst die klügsten Köpfe dazu veranlasst, die Schranken der Mäßigung zu missachten, und unter deren schrecklichem Einfluss ein verstörtes Volk sich zu Exzessen hinreißen lässt, vor denen es sonst beim ersten Gedanken erzittert? Haben sie nicht im Herzen unseres guten Königs gelesen? Wissen sie nicht, mit welchem Entsetzen er diejenigen betrachtete, die als Erste die Flamme eines Aufruhrs, einer Revolte entzündeten?»[10]

Die mit Verve vorgetragene Rede, die Mirabeau nutzte, um das Credo einer Handlungseinheit von König, *peuple* und Nationalversammlung herauszustellen, die durch diese Truppenkonzentration bedroht würde und für die allein die Entourage des Monarchen, dessen Brüder, der reaktionäre Hofadel und die Regierung die Verantwortung trügen, fand die begeisterte Zustimmung der Abgeordneten. Daran zeigte sich, dass der mit der *Séance royale* unternommene Versuch, die Uhren zurückzustellen, weder auf Mirabeau noch auf die überwiegende Mehrheit der Abgeordneten den mindesten Eindruck gemacht hatte. Dessen ungeachtet war die Monarchie noch immer das politische Maß aller Dinge. Deshalb sprach sich die Versammlung auch einhellig dafür aus, von Louis XVI den Befehl zum Abzug der Truppen zu erwirken. Zu diesem Zweck sollte eine Adresse aufgesetzt werden, mit deren Redaktion Mirabeau beauftragt wurde. Womit er sich aber nicht durchsetzen konnte, war sein Vorschlag, zu dem ihn die in Marseille und Aix gemachten Erfahrungen inspirierten, in Paris und Versailles eine eigene Bürgergarde zum Schutz von Ruhe und Ordnung aufzustellen.

Die Adresse an den König, deren Text der Nationalversammlung am 9. Juli vorgelegt wurde, folgte dem gleichen Argumentationsmuster wie die Rede Mirabeaus. Sie behauptete die Fiktion einer prinzipiellen Übereinstimmung des Wollens von Louis XVI, Volk und Nationalversammlung als unumstößliche Tatsache: «Frankreich wird es nicht dulden, dass man den Besten aller Könige missbraucht und ihn mittels finsterer Absichten von der noblen Absicht abzubringen sucht, die er selber gefasst hat. Sie haben uns einberufen, um in Übereinstimmung mit Ihnen eine Verfassung zu schaffen, die das Königreich auf neue Grundlagen stellt. Die Nationalversammlung versichert Ihnen feierlich, dass Ihre Wünsche erfüllt werden, Ihre Versprechen nicht vergeblich waren, die Fallen, Schwierigkeiten und Schrecken ihren Vollzug nicht hindern, ihren Mut nicht einschüchtern werden. (...) Sire, im Namen des Vaterlands, im Namen Ihres Glücks wie Ihres Ruhmes beschwören wir Sie, schicken Sie Ihre Soldaten wieder dorthin zurück, von wo sie Ihre Ratgeber abgezogen haben.»[11]

Es war umsonst. Louis XVI verweigerte sich nicht nur diesem ihm mit Beteuerungen monarchischer Loyalität angetragenen Wunsch, sondern drohte der Nationalversammlung auch damit, sie wie ein unbotmäßiges *Parlement* in einen Ort in der Provinz zu verbannen. Das war mehr als eine Brüskierung; für Mirabeau war es eine Niederlage, die er sich nicht eingestehen konnte, denn sein Ehrgeiz machte es ihm gewissermaßen zur Pflicht, an der Fiktion des Schulterschlusses von Nation und König festzuhalten. Darin unterschied er sich von der Mehrheit seiner Kollegen, die freilich nicht etwa realistischer waren als er, sondern lediglich verzagter und noch weit davon entfernt, das ganze Handlungspotential zu erkennen, das ihnen mit ihrer Proklamation zur Nationalversammlung zugefallen war. Um ihnen diese Einsicht zu verschaffen und ihre Niedergeschlagenheit zu zerstreuen, hielt Mirabeau am 11. Juli eine weitere Rede. Jetzt galt es, die Abgeordneten in ihrer wohligen Resignation und dem blinden Vertrauen aufzustören, in dem sie sich in ihrer Verehrung des Königs noch immer wiegten: «Messieurs, zweifelsohne ist das Wort des Königs allen Vertrauens würdig. Wir verdanken alles der Güte des Königs, wir können uns seinen Tugenden anheimgeben. – Allein, Messieurs, das Wort des Königs, so beherzigenswert es auch ist, ist gleichwohl nur eine schlechte Garantie für das Betragen einer Regierung, die nie davon abgelassen hat, seine Überzeugungen zu überspielen. – Uns allen ist bewusst, dass wir mit größerer Zurückhaltung eine größere Unordnung vermieden hätten. Zugleich wissen wir auch alle, dass es sich bei dem gewohnheitsmäßigen Vertrauen der Franzosen in ihren König weniger um ein Tugend als um ein Laster handelt. Das gilt vor allem dann, wenn sich dieses Vertrauen auf alle Bereiche des Regierungshandelns erstreckt.» Deshalb müsse man wachsam sein und dürfe nicht nachlassen, mit Nachdruck auf den Forderungen zu bestehen. «Wir haben den Rückzug der Truppen verlangt. Das war der Gegenstand unserer Adresse. Wir haben nicht gefordert, vor diesen Truppen die Flucht zu ergreifen, sondern sie sollten sich von der Kapitale entfernen.» Diese Forderung sei keineswegs aus freien Stücken erhoben, sondern vielmehr von der Furcht diktiert worden, die sich auf das öffentliche Wohl nachteilig auswirke. Für die öffentliche Ruhe und Ordnung sei die Anwesenheit von Truppen kontraproduktiv, denn sie könne gefährliche Folgen zeitigen. Diese Folgen würden auch nicht dadurch gebannt, dass man den Sitz der Nationalversammlung verlege, sondern im Gegenteil vergrößert. «Wir müssen in Übereinstimmung mit uns selbst konsequent handeln, und deswegen haben wir keine andere Wahl, als weiterhin mit allem Nachdruck auf dem Abzug der Truppen zu beharren. Das ist das einzige unfehlbare Mittel, Erfolg zu haben.»[12] Im Protokoll der Nationalversammlung ist vermerkt, dass keiner der anwesenden Abgeordneten sich erhoben habe, um Zustimmung mit diesen Ausführungen Mirabeaus zu bekunden.[13]

Was Mirabeau zwar ahnte, aber nicht wahrhaben wollte, bereitete sich unterdessen insgeheim vor. Seine Rede vom 8. Juli war der Auslöser dafür, dass die Kreise am Hof, die entschlossen waren, die Entwicklung der letzten Wochen durch einen Gewaltstreich rückgängig zu machen, zur Tat schritten. Als Erstes wurde Necker am Nachmittag des 11. Juli entlassen. Zugleich wurde ihm befohlen, sich sofort außer Landes zu begeben. Am folgenden Tag wurde die gesamte Regierung umgebildet und Baron de Breteuil, ein ausgewiesener Sturkopf, zum Chef des *Conseil* ernannt, während der alte Haudegen Marschall de Broglie Kriegsminister wurde. Nur zu offensichtlich war: Diese neue Mannschaft sollte alle Maßnahmen ergreifen, den von der Monarchie verlorenen Boden zurückzugewinnen. Der Zeitpunkt für den geplanten Putsch war indes denkbar schlecht gewählt. Seit mehr als zwei Wochen war Paris wegen der mysteriösen Truppenbewegungen in heller Aufregung. Hinzu

Der Redner Mirabeau

kamen Nahrungsmittelmangel und steigende Preise. Beides waren Entwicklungen, die seit der schlechten Ernte des Vorjahres absehbar waren und die jetzt ihrem Höhepunkt zustrebten, denn die Vorräte waren weitgehend erschöpft, aber die neue Ernte noch nicht eingebracht. Necker, der für den Getreidehandel zuständig war und den Brotpreis subventionierte, war das Frühjahr über damit beschäftigt, wenigstens die Versorgung der Hauptstadt zu sichern. Eine gravierende Folge davon war, dass sich das Angebot in Nordfrankreich bedenklich verknappte, wo es im Mai 1789 in einem Bogen von Flandern bis in die Normandie zu Brotaufständen kam, die unterdessen auch in Regionen aufflammten, die der Hauptstadt näher gelegen waren. Auch in Paris kletterten die Brotpreise unaufhörlich und erreichten am 14. Juli ihren höchsten

Stand seit Menschengedenken. Die Gefahren, die sich damit zusammenballten, hatte die Nationalversammlung zwar erkannt, aber ihre zwischen dem 4. und 7. Juli deswegen geführten Debatten blieben ohne konkretes Ergebnis.

In dieser angespannten Situation war die Nachricht von Neckers Entlassung, die am Nachmittag des 12. Juli in Paris bekannt wurde, der Auslöser für ein Geschehen, das zwei Tage später, am 14. Juli, mit dem Sturm auf die Bastille seinen Höhepunkt erlebte. Das war keine Revolte, keine Empörung, sondern die Revolution, wie der Duc de La Rochefoucauld-Liancourt dem begriffsstutzigen Monarchen gesagt haben soll. Unterdessen hatte das Beispiel der Meuterei der *Gardes françaises* auch andere Regimenter beeinflusst. Jedenfalls traute sich kein Kommandeur mehr, den Befehlsgehorsam seiner Soldaten zu erproben und diese auf unbewaffnete Patrioten feuern zu lassen. Also waren die Truppen, die in Paris zusammengezogen worden waren und die hier für so viel Unruhe gesorgt hatten, nur eine leere Drohung. Louis XVI begann die ganze Tragweite der Ereignisse vermutlich erst zu dämmern, als Kriegsminister Broglie ihm eröffnete, er könne sich nicht mehr auf seine Armee verlassen. Als der König diesen Hinweis widerspruchslos akzeptierte, ließ er den Anspruch fahren, die höchste Autorität zu sein. Es war die stillschweigende Anerkenntnis, nicht mehr die Macht zu besitzen, dem Willen des Königs Geltung zu verschaffen. Louis XVI sah sich folglich dazu genötigt, all das zu akzeptieren, was von der Nationalversammlung seit Mitte Juni an Tatsachen geschaffen worden war.

Es war aber nicht nur der König, der von den sich überstürzenden Ereignissen in Paris überrollt wurde, sondern auch die Nationalversammlung, die schreckensstarr die Nachrichten zur Kenntnis nahm. Immerhin raffte sie sich am 13. Juli zu dem Beschluss auf, mit dem die Minister und ihre militärischen Befehlsempfänger für alle Handlungen verantwortlich gemacht wurden, die sie im Widerspruch zu den Beschlüssen der Nationalversammlung fassten. Auch wurden die Mitglieder des neuen Ministeriums für die gegenwärtigen Unruhen und alle weiteren, die noch folgten, persönlich in Haftung genommen. Damit wurde *en passant* der *Ancien Régime* durch ein konstitutionelles Regime ersetzt. Mirabeau hatte daran keinen Anteil, denn am Abend des 12. Juli war sein Vater gestorben. Er wohnte der Beerdigung am 13. Juli bei, von der er am Morgen des 14. Juli wieder nach Versailles zurückkehrte. Als am späten Nachmittag die Nationalversammlung vom Sturm und Fall der Bastille erfuhr und ihr gleichzeitig bekannt wurde, dass d'Artois und die Königin am Tag zuvor die ausländischen Regimenter, die in Versailles lagerten, mit einem Bankett bewirtet hatten, löste dies einhellige Empörung aus. Auf Mirabeaus Antrag sollte sofort eine neue Abordnung bei Louis XVI vorstellig werden, den Rückzug der Truppen fordern und dem König eine Adresse überreichen, deren Diktat seine ganze Entrüstung über das Geschehen in Versailles widerspiegelt: «Nun gut, sagen Sie dem König, dass die ausländischen Horden, von denen wir belagert sind, gestern den Besuch der Prinzen und Prinzessinnen, der *favoris* und *favorites* sowie deren Schmeicheleien, Ruhmreden und Geschenke empfingen; sagen Sie ihm, dass während der ganzen Nacht diese ausländischen Satelliten, gesättigt mit Gold und Wein mit ihren schändlichen Gesängen die Unterwerfung Frankreichs ankündigten und dass sie mit ihren brutalen Wünschen die Zerstörung der Nationalversammlung beschworen; sagen Sie ihm, dass in seinem Palast die Hofleute zu dieser barbarischen Musik tanzten und dass solchermaßen das Vorspiel der Bartholomäusnacht gewesen sei.»[14]

Diese Adresse gelangte jedoch nie zur Kenntnis Louis XVI, denn als die Deputation aufbrechen wollte, erfuhr die Versammlung, dass der König zu ihr unterwegs sei. Das löste Erleichterung und Freude aus, die Mirabeau sogleich mit der Bemerkung zu dämpfen suchte: «Warten Sie erst einmal ab, ob der König tatsächlich mit den guten Entscheidungen aufwartet, die man uns ankündigt. Ein düsterer Respekt ziemt sich für den Empfang des Monarchen in diesem Augenblick des Schmerzes… Das Schweigen des Volkes ist die Lektion der Könige.»[15]

Tatsächlich erschien der König als Büßer ohne Gefolge und nur begleitet von seinen beiden Brüdern in der Versammlung, der er versicherte, dass er mit ihr eins sei. «Helfen Sie mir, unter den obwaltenden Umständen das Heil des Staates zu gewährleisten; das erwarte ich mir von der Nationalversammlung; dafür gibt mir der Eifer der Repräsentanten meines Volkes, die sich für das gemeinsame Wohl versammelt haben, hinlänglich Gewähr. Im Vertrauen auf die Ergebenheit meiner Untertanen habe ich den Truppen den Befehl erteilt, aus Paris und Versailles abzurücken. Ich ermächtige Sie und fordere Sie dazu auf, meine Entscheidungen der Hauptstadt bekannt zu machen.»[16]

Im Unterschied zum historischen Vorbild endete dieser «Canossa-Gang» nicht mit einem Sieg des Büßers. Die kurze Ansprache war das Eingeständnis seiner Niederlage. Der Sieger war auch nicht die Natio-

Louis XVI

nalversammlung, deren Mitglieder die Ausführungen des Königs wiederholt mit Beifall und Jubel unterbrachen, statt jenes Schweigen zu beobachten, zu dem Mirabeau geraten hatte. Der Sieger war der *peuple de Paris*, der den Putsch des Hofs vereitelt, den König gedemütigt und die Nationalversammlung vor ihrer sicheren Auflösung gerettet hatte. Das hatte seinen Preis, der etwas mehr als zwei Monate später Anfang Oktober 1789 eingefordert wurde. Bis es so weit war, schwelgte die Nationalversammlung in der Illusion, im Besitz uneingeschränkter Handlungsautorität zu sein. Das zeigte sich bereits am nächsten Tag, als Mirabeau gestützt auf den drei Tage zuvor gefassten Beschluss, mit dem de facto die Schaffung eines konstitutionellen Regimes verkündet wurde, eine Eingabe an den König anregte, die Regierung Breteuil zu entlassen, der lebhaft applaudiert wurde. Das wiederum veranlasste andere Mitglieder

der Versammlung, die Rückberufung Neckers zu verlangen. Dagegen sprach sich der Abgeordnete Mounier aus, der den Beschluss vom 13. Juli, mit dem das Prinzip der Ministerverantwortlichkeit gegenüber der Nationalversammlung festgestellt worden war, aus grundsätzlichen Erwägungen bestritt und deshalb verlangte, dass die Forderung nach einer Rückberufung Neckers nur ein den König nicht bindender Ratschlag sein solle.

Damit begannen die endlosen Debatten darüber, wie die Theorie der Gewaltenteilung in der geplanten Verfassung praktisch gehandhabt werden solle. Mirabeau, dem klar sein musste, dass eine zu rigide Interpretation von deren Grundsätzen ihm bei der Erfüllung seines Ehrgeizes hinderlich sein könne, nahm vehement dagegen Stellung: «Wäre eine unwürdige und verachtenswerte Maxime vorstellbar, dann diese, die es der Nationalversammlung untersagte, dem König mit der Erklärung gegenüberzutreten, man habe kein Vertrauen in seine Minister. Diese Ansicht ist gleichermaßen im Widerspruch zu den Gegebenheiten, den essentiellen Rechten des Volkes wie zu dem Gesetz über die Ministerverantwortlichkeit, das wir verabschiedet haben.» Das Gesetz sei umso wichtiger, denn sobald es nur der König handhaben könne, sei dessen Geltung eingeschränkt, und die Repräsentanten des Volkes wären daran gehindert, ihr Misstrauen gegenüber den Ministern auszusprechen. Eine Legislative, die keinerlei Einfluss auf die Exekutive habe, sei Selbstbetrug, und diejenigen, die der Nationalversammlung jegliches Recht auf die Kontrolle der Regierung absprechen wollten, übersähen das Wesentliche: «Sie vergessen, dass ebendas Volk, dem Sie die strikte Begrenzung der drei Gewalten [i. e. Legislative, Judikative und Exekutive] vorstellen, die Quelle aller dieser Gewalten ist und dass allein ihm es obliegt, diese zu übertragen.»[17]

Die Abgeordneten konnten einer Entscheidung in dieser Kontroverse umso leichter ausweichen, als der König ihrem Verlangen entsprach, die Regierung entließ und Necker zurückberief. Entscheidend dafür war aber keineswegs das Gewicht der Nationalversammlung, sondern allein der Druck von Paris. Dank der Stadtverwaltung, zu der sich die Wahlmännerkollegien des Dritten Stands aus den sechzig Distrikten konstituierten, die sich nach getaner Arbeit nicht aufgelöst hatten und eine Bürgerwehr aufstellten, war aus Paris ein neuer Machtfaktor mit einem eigenen politischen Selbstbewusstsein geworden. Das zeigte sich nicht zuletzt daran, dass am 16. Juli einer der Abgeordneten der Stadt in der Nationalversammlung, der Astronom Jean-Sylvain Bailly, zum Bürgermeister gewählt wurde. Das begriff Louis XVI schneller als die Nationalversammlung, der seiner Hauptstadt die Reverenz erwies und sie am 17. Juli mit seinem Besuch beehrte. Diese Visite war zweierlei: eine Anerkennung der geschaffenen Tatsachen und auch eine Geste der Unterwerfung. Mirabeau verstand das sofort: «Derjenige, der dem König dazu geraten hat, ist ein tollkühner Kerl, denn ohne diesen Schritt wäre ihm Paris abhandengekommen. Zwei oder drei Tage später wäre er möglicherweise gar nicht mehr in der Lage gewesen, die Stadt überhaupt zu betreten.»[18]

Die anhaltende Furcht vor einem Versorgungsengpass ließ Paris nicht zur Ruhe kommen. Am 23. Juli wurden der königliche Intendant Bertier und dessen Schwiegersohn Foullon, die beide des Getreidewuchers verdächtigt wurden, auf offener Straße von der Menge gelyncht. Das war ein unheilvolles Symptom für die in der Stadt herrschende latente Gewaltbereitschaft, das neue Ängste schürte, die der Abgeordnete Antoine Barnave aus der Dauphiné mit den berüchtigten Worten zu beruhigen suchte: «War denn das Blut so unschuldig, das da vergossen wurde?»

Auch Mirabeau suchte diese Exzesstat im 19. *Lettre à ses commettans* zu rechtfertigen, indem er den Lynchmord in eine Beziehung setzte zu dem Unrecht, das zahlreiche Unschuldige durch willkürliche Urteile der Gerichte oder ministerielle Rache erlitten hätten. Erst danach möge man entscheiden, wen man der Barbarei beschuldige. «Wenn die Wut des *peuple* schrecklich ist, dann ist die Kaltblütigkeit, die der Despotismus walten lässt, erst recht abscheulich; seine systematischen Grausamkeiten sind an einem Tag für mehr Unheil verantwortlich, als Volksaufstände in Jahren an Opfern fordern. (...) Der *peuple* hat nur einige wenige jener gestraft, die ihm das Geschrei der Öffentlichkeit als die Urheber seiner Leiden bezeichnet hatte. Man male sich aber nicht aus, wie viel mehr Blut geflossen wäre, wenn unsere Feinde obsiegt hätten.» Auch wenn sich Mirabeau bemühte, die Tat damit zu entschuldigen, dass solche Verbrechen angesichts der herrschenden Umstände unvermeidlich seien, vielleicht sogar gerechtfertigt, so verhehlte er dennoch nicht seine Besorgnis. Sollten sich solche Ausschreitungen häufiger ereignen und zu einer gängigen Form der Auseinandersetzung werden, dann werde das fürchterliche Folgen für die Sache der Freiheit haben. Deshalb müssten als Gebot der Klugheit wie auch mit Rücksicht auf das

Gelingen der begonnenen Revolution derartige Exzesse künftig vermieden werden, «*denn die Gesellschaft wird sich bald auflösen*, wenn die Menge, die sich ans Blutvergießen und an die Unordnung gewöhnt hat, sich über die Magistraten erhebt und die Autorität der Gesetze missachtet. Statt der Freiheit entgegenzueilen, wird sich der *peuple* bald in den Abgrund der Sklaverei stürzen, denn oft genug provoziert die Gefahr die uneingeschränkte Herrschaft, und inmitten der Anarchie tritt ein Despot in Erscheinung, der als Retter gilt.»[19]

Damit ließ Mirabeau eine Beunruhigung anklingen, die ihn jetzt mehr und mehr beschäftigte, während er zugleich bemüht war, das begonnene Verfassungswerk zügig zu vollenden. Als dessen wichtigste Aufgabe galt ihm, zwischen der von der Nationalversammlung ausgeübten Macht der Legislative und der vom König wie der Regierung repräsentierten Exekutive ein Gleichgewicht herzustellen, durch das die eine Gewalt die andere kontrollierte, ohne sie zu dominieren. Also musste verhindert werden, dass der Einfluss der Versammlung, der durch die eklatanten Niederlagen der Krone seit dem Juni enorm gewachsen war, sich weiter verfestigte und die Verfassung normativ präjudizierte. Damit drohte, wie Mirabeau vorhersah, eine Diktatur der Nationalversammlung, die ihrerseits unter den Einfluss von Paris geriete, dessen *peuple* eine Masse mit ebenso unberechenbarem wie schwer beherrschbarem Willen darstellte. Um das zu verhindern, musste die Exekutivgewalt der Krone gestärkt werden und gemeinsam mit der Legislative ein konstitutionelles Regime bilden. So konnte die Krone die Nationalversammlung einerseits daran hindern, über die Stränge zu schlagen, während andererseits diese den König vor einem Rückfall in den alten ministeriellen Despotismus bewahrte.

Das war eine einsichtige und plausible Konzeption, deren Verwirklichung jedoch der Nationalversammlung unüberwindliche Schwierigkeiten bereitete. Bis zu Mirabeaus Tod wurden alle seine Bemühungen vereitelt, denn stets scheiterte er daran, diejenigen als Verbündete zu gewinnen, auf die er nicht verzichten zu können glaubte. So erging es ihm Anfang August 1789, als er durch die Vermittlung des Comte de La Marck wieder einmal in Verbindung zur Regierung zu treten suchte. Das scheiterte, wie vorhersehbar, am Widerstand Neckers. Kaum wurde ihm dies mitgeteilt, äußerte Mirabeau de La Marck gegenüber tiefe Enttäuschung in Worten, die diesen sehr erstaunten und zu der Bemerkung veranlassten, er führe jetzt eine Sprache und nenne Argumente, die sich sehr von dem unterschieden, was er in der Nationalversammlung oder im Jakobinerclub vernehmen ließe. Mirabeau hörte sich diesen Vorwurf an, gestand auch zu, dass er berechtigt sei, versetzte darauf jedoch: «Welche Haltung kann ich füglich einnehmen? Die Regierung stößt mich zurück, weshalb ich mich nur auf die Seite der Opposition schlagen kann, die sich revolutionär geriert, oder ich riskierte meine Popularität zu verlieren, die meine ganze Stärke ist. Die Armeen stehen in Front zueinander; es gilt zu verhandeln oder sich zu schlagen. Die Regierung, die sich weder zum einen noch zum anderen aufrafft, spielt ein sehr gefährliches Spiel.»[20]

Das war Mirabeaus stetes Dilemma: Um sein großes Ansehen in der Öffentlichkeit wie auch den wachsenden Respekt, der ihm von der Nationalversammlung gezollt wurde, zu behaupten, musste er sich revolutionär gebärden und einschlägige Brandreden halten, durch die er sich zugleich Regierung und Hof unannehmbar machte. Der Versuch, es den einen wie den anderen recht zu machen, seine revolutionäre Glaubwürdigkeit zu behaupten und zugleich der Krone unmissverständlich zu signalisieren, dass er ihre Belange im Interesse der von ihm anvisierten Fusion beider Gewalten mit aller Entschiedenheit verteidigte, nötigte Mirabeau zu einem Drahtseilakt, der ihn, je länger er ihn absolvierte, desto mehr dem Verdacht aussetzte, sich dem Hof verkauft zu haben. Auch um dieser Ambivalenz zu entrinnen, war es ihm so wichtig, dass man sich schnell auf eine Verfassung verständigte.

Die Verfassung zügig zu vollenden lag auch im Interesse der Nationalversammlung. Allerdings verknüpfte diese damit Prioritäten, die von Mirabeau nicht geteilt wurden. Der Widerspruch, den er dagegen wiederholt geltend machte, war nicht nur vergebens, sondern trug dazu bei, sein Ansehen als Revolutionär weiter zu beschädigen. Am 7. Juli wurde ein Verfassungsausschuss gebildet, der einen ersten Entwurf ausarbeiten sollte. Zunächst jedoch, so der mehrheitlich geäußerte Wunsch der Nationalversammlung, sollte eine Erklärung der Menschenrechte vorgelegt werden. Damit entsprach man Forderungen, die verschiedentlich in den Beschwerdeheften erhoben worden waren, die sich am Vorbild der Amerikanischen Revolution orientierten. Einen ersten Entwurf für eine solche Erklärung brachte La Fayette am 11. Juli zur Sprache, der mit großem Beifall begrüßt wurde, Mirabeau aber missfiel. Die Bedenken, die er gegen dieses Vorhaben trug, formulierte er mit Vorsicht im 19. und letzten *Lettre à ses commettans*: «Die Erklärung proklamiert feierlich die Prinzipien der Freiheit, sie destilliert diese aus metaphysischen Abstraktionen und lässt sie aus den Studierstuben der Philosophen entweichen, um sie dem Volk zu überantworten, indem man sie in dessen Augen durch eine nationale Beschlussfassung weiht: Gleichzeitig dient sie auch dazu, die Arbeiten der Repräsentanten der Nation anzuleiten, die durch sie bei ihrer Arbeit, den wahren *Esprit des lois* zu kodifizieren, zu der sie berufen wurden, unablässig mit der Quelle des Natur- und Gesellschaftsrechts konfrontiert werden.»[21]

La Fayettes Entwurf war nur der erste einer ganzen Reihe von Katalogen der Grundrechte, die in rascher Folge auch von einer Reihe weiterer Abgeordneter vorgelegt wurden. Einige davon reflektierten deutlich die Ängste, die durch das Geschehen in der zweiten Julihälfte geweckt worden waren. Malouet etwa warnte vor den Gefahren, die sich aus einer Erklärung des abstrakten Gleichheitsgrundsatzes in einer Gesellschaft ergeben könnten, deren soziale Wirklichkeit durch so viele Ungleichheiten gekennzeichnet seien, während der Abgeordnete Armand-Gaston Camus eine Erklärung in Vorschlag brachte, die sowohl Rechte wie Pflichten betonte. Einen letzten Entwurf für einen Katalog der Grundrechte präsentierte am 27. Juli Mounier, der eine Fassung ausgearbeitet hatte, die alle Vorschläge bei gleichzeitiger Betonung der Rechte und Pflichten zusammenzuführen suchte. Anstatt diesen Kompromiss zu akzeptieren, beauftragte die Nationalversammlung ein fünfköpfiges Komitee unter dem Vorsitz Mirabeaus, auf der Basis der gemachten Vorschläge einen verbindlichen Entwurf auszuarbeiten, über den abgestimmt werden sollte.

Mirabeau hatte sich vergebens gegen diesen Auftrag mit dem Argument zur Wehr gesetzt, dass man damit das Pferd am Schwanz aufzäume und erst die Verfassung vorliegen müsse, bevor man darangehen könne, die Grundrechte zu definieren. In der 28. Lieferung des *Courrier de Provence*, der beginnend mit der Nummer 20 die *Lettres à ses commettans* fortsetzte, wurde dieser zentrale Einwand ausführlich erörtert. Es sei «für ein in Vorurteilen alt gewordenes Volk» von höchst zweifelhaftem Wert, eine allgemeine Erklärung der Menschenrechte zu proklamieren. Der Gedanke an sich sei zwar erhaben, aber dessen Ausführung mit erheblichen Schwierigkeiten verbunden. «Die Wahrheit gebietet, alles zu sagen, die Klugheit indes mahnt zum Maßhalten.» Um diese Maxime zu illustrieren, bedient sich Mirabeau des Vergleichs eines Philosophen mit einem Staatsmann: «Der Philosoph arbeitet für die Zukunft und wendet sich nicht an die Menge seiner Zeit, (...) während der Staatsmann auf alle und im jetzigen Augenblick einwirkt.» Was bei jenem unverzeihliche Feigheit und Schwäche wäre, könnte bei diesem unverzeihlicher Leichtsinn sein. «Deshalb ist es unabdingbar notwendig, dass eine Erklärung der Rechte nicht vor Fertigstellung der Verfassung, für die jene die Grundlage ist, proklamiert wird, damit die Prinzipien der Freiheit, die begleitet werden von Gesetzen, die ihre Ausübung anleiten, vom Volk als eine Wohltat und nicht als eine Falle oder Verlockung erlebt werden.»[22]

So deutlich wie gegenüber den Lesern des *Courrier de Provence* konnte Mirabeau sich in seiner Rede am 17. August nicht äußern, als er in der Nationalversammlung den Entwurf der Grundrechte vorstellte, den er ausgearbeitet und dem die von ihm geleitete Kommission zugestimmt hatte. Aus seinen einleitenden Worten konnte man aber deutlich heraushören, mit wie viel innerem Widerstand er sich diesem Auftrag unterzogen hatte, indem er auf die großen Schwierigkeiten einer auf den ersten Blick vermeintlich einfachen Aufgabe hinwies, die noch dadurch vergrößert würden, dass die Erklärung der Menschenrechte einer erst noch zu schaffenden Verfassung vorausgeschickt werden sollte. Die Amerikaner hätten es dabei vergleichsweise leicht gehabt, denn im Unterschied zu diesen gelte es hier vor allem darauf zu achten, «sich nicht vom Widerwillen gegen die Missbräuche des Despotismus derart beeinflussen zu lassen, dass man weniger eine Erklärung der Menschenrechte ausarbeitet als eine Kriegserklärung an Tyrannen». Angesichts aller Umstände und Zwänge sei der Entwurf, den man vorlege, gewiss kein Muster an Perfektion, sondern ein «sehr schwacher Versuch, den Sie sicherlich verbessern werden, aber ohne dabei zu vergessen, dass der wahrhaftige Mut der Klugheit darin besteht, selbst wenn man sich anschickt, Gutes zu tun, *un juste milieu* einzuhalten.»[23]

Diese Mahnung verhallte indes ungehört, denn Mirabeaus Fassung der Menschenrechte, in der Freiheit als Herrschaft des Gesetzes, Gleichheit als gleiche Pflicht aller Bürger, sich dem Gesetz unterzuordnen, wie auch als für alle gleiches Recht auf Schutz durch die Gesetze definiert wurde, stieß auf heftige Kritik der Abgeordneten, die sich am darauffolgenden Sitzungstag entlud. In der Verteidigung seines Entwurfs, den er gewissermaßen als den besten Notbehelf qualifizierte, rekurrierte Mirabeau ein weiteres Mal auf die Unvergleichbarkeit der Situation in Amerika mit der in Frankreich. Dort habe man, frei von allen Traditionen, einen Grundrechtskatalog verabschieden können. In Frankreich jedoch habe es ungeachtet des Absolutismus ein Rechtssystem gegeben, das auch Freiheitsrechte enthielt, deren Existenz es zu berücksichtigen gelte. Deshalb stelle sich für ihn die Frage, «welchen praktischen Nutzen eine Erklärung der Rechte aufweist, die niemals die Konsequenzen der Prinzipien ausführt, die von ihr verkündet werden, sondern nur deren Gültigkeit, was unweigerlich zur Folge hat, dass ein jeder auf seine Weise die Maximen versteht, aus denen die je privaten Interessen ganz nach ihrem Belieben völlig falsche Schlüsse ziehen.»[24]

Aber auch dieser nur zu berechtigte Einwand verfing nicht. Schnell wurde klar, dass die Mehrheit der Nationalversammlung nicht bereit war, Mirabeaus Entwurf auch nur als Diskussionsgrundlage zu akzeptieren. Schließlich wurde der Antrag gestellt, die Nationalversammlung solle sich qua Abstimmung über alle 30 ihr vorliegenden Entwürfe auf einen verständigen, den man dann nach vorheriger redaktioneller Bearbeitung verabschieden könne. Daraufhin ergriff Mirabeau erneut das Wort und plädierte dafür, dass die Erklärung der Grundrechte zwar das erste Kapitel der Verfassung sein, man ihre abschließende Formulierung und Verabschiedung aber der Ausarbeitung der Verfassung nachstellen solle, um nicht noch mehr Zeit zu verlieren.[25] Mit diesem Vorschlag löste Mirabeau nun erst recht einen Sturm der Entrüstung aus, den einige Redner dazu nutzten, die Lauterkeit seiner Motive wie auch seine Integrität in Frage zu stellen. Mirabeau antwortete darauf mit einer persönlichen Erklärung, mit der die lautesten Gegner fürs Erste zum Schweigen gebracht wurden: «Zweifellos habe ich während einer sehr stürmischen Jugend durch die Schuld anderer, vor allem jedoch durch eigene Schuld eine Fülle von Verfehlungen begangen, und wenige Menschen haben in ihrem Privatleben mehr Vorwände für Verleumdungen geliefert als ich. Aber ich fordere Sie alle auf zu bezeugen, dass kein Schriftsteller, kein Mann des öffentlichen Lebens mehr als ich das Recht hat, sich mutiger Gesinnungen, uneigennütziger Ansichten, einer stolzen Unabhängigkeit und unbeugsamer Grundsätze zu rühmen. *Meine angebliche Überlegenheit in der Kunst, Sie zu völlig diametralen Zielen zu führen*, ist also eine unzutreffende Beleidigung, ein Schlag unter die Gürtellinie, den dreißig Bände, die ich geschrieben habe, derart auffangen, dass ich mich nicht weiter damit auseinandersetzen muss. (...) Aber, *Messieurs*, ob ich mit meinen Ansichten bei Ihnen recht habe oder nicht, ist ohne weiteren Belang und kümmert nur meine Eigenliebe. Aber seine Ansichten in einer politischen Versammlung verspottet oder verdächtigt zu erleben, in der man seine Proben abgelegt hat, lässt nur einen Mann ungerührt, der das Empfinden seiner eigenen Würde nicht kennt.»[26]

Das alles änderte aber nichts daran, dass sein Entwurf abgelehnt wurde. Stattdessen entschied man sich für den Vorschlag des sechsten von dreißig Ausschüssen der Nationalversammlung, der als Diskussionsgrundlage der Erklärung der Menschen- und Bürgerrechte dienen sollte. Dieser Vorschlag war eine Synthese der von La Fayette und Mounier gemachten Anregungen. Die Redaktion des Textes dieser Erklärung, an der sich auch Mirabeau lebhaft beteiligte,[27] dauerte eine Woche, und am 26. August wurde die 17 Artikel umfassende Deklaration von der Nationalversammlung verabschiedet. Welchen Einfluss Mirabeau auf die Formulierung des Textes nahm, lässt sich nur schwer ausmachen. Anteil dürfte er im Wesentlichen daran gehabt haben, die Tendenzen zurückzudrängen, die darauf abzielten, dem Katalog der Grundrechte eine überragende normative Bedeutung für den Prozess der Gesetzgebung zu verschaffen. Um den Preis ihrer zeitlosen Gültigkeit wurde damit der Erklärung der Bürger- und Menschenrechte der Charakter eines Glaubensbekenntnisses zugebilligt, das lediglich Veränderungen in Aussicht stellte, die es durch die Verfassung selbst wie die Gesetze erst noch zu implementieren galt, ein Prozess, der notwendig deren Reichweite und praktische Bedeutung definierte.

Das jedoch war ein Erfolg, der seine Grenzen in dem neuen Selbstbewusstsein der Nationalversammlung fand, die mit der Abschaffung aller Privilegien,[28] die von ihr vom 4. bis 11. August beschlossen worden war, wie der Verabschiedung des Katalogs der Grundrechte, den Nachweis ihrer revolutionären Selbstermächtigung erbrachte. «Frankreich glich», wie der Pastor Rabaut Saint-Etienne schrieb, «einem ungeheuren Chaos, in dem zwar alle Elemente der Ordnung vorhanden waren, aber auf die Hand eines Schöpfers warteten.»[29] Das war eine gewaltige Herausforderung, deren Dimensionen sofort offenbar wurden, als sich die Nationalversammlung nach der Verabschiedung der Menschen- und Bürgerrechte der Ausarbeitung der Verfassung zuwandte. Am 31. August legte Mounier namens des Verfassungsausschusses einen Bericht vor, der sich mit der Organisation der legislativen Gewalt befasste. Von besonderer Bedeutung waren die Artikel 54 bis 79, die sich mit den Grundsätzen und den Verfahrensregeln hinsichtlich der Beteiligung des Königs an der Gesetzgebung befassten. Konkret ging es dabei um die Regelung der Frage des königlichen Vetorechts.

Mirabeau eröffnete die Debatte am 1. September mit einer langen Rede, in der er nicht nur dem König in Fragen der Gesetzgebung ein unbedingtes Vetorecht zusprach, also die Geltung der Gesetze von dessen Zustimmung abhängig machte, sondern die er auch dazu nutzte, seine Anschauungen über das Gleichgewicht der Gewalten und das zu schaffende konstitutionelle Regime darzulegen. In der Veto-Frage hatte Mirabeau bereits am 16. Juni öffentlich unmissverständlich Stellung bezogen. Davon wich er auch in dieser Rede nicht ab, die alles andere als ein rhetorisches Meisterwerk ist und für deren Abfassung er ein kaum bekanntes Werk des Marquis Alexandre de Caseaux hemmungslos plagiierte.[30] Damit strapazierte er die Geduld seiner Zuhörerschaft entschieden, weshalb er wiederholt von seinem Text abwich und deren Aufmerksamkeit durch revolutionäre Gemeinplätze und wohlfeile Ausfälle gegen den Despotismus zu gewinnen suchte.[31]

Bezeichnend ist in diesem Zusammenhang eine Anekdote, die von Dumont mitgeteilt wird, der sich mit Mirabeau in den Tagen, an denen die Veto-Frage debattiert wurde, nach Paris begeben hatte. Vor dem Buchladen von Mirabeaus Verleger Lejay hätte eine große Menschenmenge auf den Wagen Mirabeaus gewartet. Kaum dass sie seiner ansichtig wurde, sei man weinend vor ihm auf den Boden gesunken und habe Mirabeau «als Vater des Volkes» beschworen, sie vor dem «Veto» zu bewahren, das sie unweigerlich einer neuen Sklaverei überantworten würde.[32]

Das zeigt zugleich, dass Mirabeaus Image eines Revolutionärs in Paris noch weitgehend intakt war. Seine monarchische Gesinnung wurde, so scheint es, in der Öffentlichkeit ebenso wenig wahrgenommen wie in den Kreisen des Hofes, die ihn abblitzen ließen, sobald er diskret mit ihnen Kontakt aufzunehmen suchte. Daran änderte auch die scharfe Auseinandersetzung am 10. September mit Guy Le Chapelier nichts, der eine an die Nationalversammlung gerichtete Adresse der Stadt Rennes verteidigte, in der die Forderung erhoben wurde, alle Abgeordneten, die für ein Veto stimmten, schon im Voraus als «Feinde des Vaterlands» zu denunzieren.[33] Mirabeau empörte sich über ein derartiges Ansinnen, das unter der Würde der Versammlung sei. Sein damit verknüpfter Antrag, das Schreiben nicht zur Kenntnis zu nehmen und es kommentarlos an den Absender zurückzusenden, wurde von der Nationalversammlung ohne weitere Aussprache angenommen.[34]

Tatsächlich jedoch hatte das in der breiteren Öffentlichkeit grassierende Missverständnis bezüglich des königlichen Vetos Ängste geschürt, die sich in allerhand Drohungen Luft machten. Der Befehlshaber der Nationalgarde von Versailles Comte d'Estaing informierte die Abgeordneten darüber, dass er Maßnahmen ergriffen habe, um die Sicherheit ihrer Beratungen zu gewährleisten.[35] Von diesen Drohungen ließ sich auch Necker beeindrucken, der um seine Popularität zu bangen begann und sich deshalb dazu entschloss, mit Rücksicht auf diese lieber das Veto des Königs zu opfern. Unter Hinweis auf andernfalls drohende Unruhen überzeugte er Louis XVI davon, von sich aus auf ein absolutes Veto zu verzichten. Stattdessen solle er sich mit einem lediglich aufschiebenden Veto mit einer auf zwei oder drei Jahre befristeten Gültigkeit begnügen, zumal das seiner praktischen Wirkung nach nicht viel weniger sei als das absolute Veto. Das sei ein Zugeständnis, das die Rechte des Königs nicht beeinträchtige, gleichzeitig aber die Aussicht verbürge, die drohenden Unruhen zu bannen. In dieser fatalen Ansicht wurde Necker vor allem von Außenminister Montmorin unterstützt, den Schreiben von La Fayette alarmierten, der berichtete, dass die Pariser Massen sich nach Versailles aufzumachen drohten.[36]

Die Entscheidung des Königs, von sich aus auf das absolute Veto zu verzichten, beeilte sich Necker in einem Schreiben vom 11. September an die Nationalversammlung mitzuteilen, die an ebendiesem Tag zur Abstimmung über die Veto-Frage schreiten wollte. Zwar gelang es Mirabeau, dem Mounier und andere Abgeordnete beisprangen, die Verlesung dieses Schreibens in der Versammlung zu verhindern,[37] doch das war vergebens, denn dessen Inhalt war längst durchgesickert und sorgte dafür, dass bei der Abstimmung das absolute Veto, auf das der König zuvor von sich aus Verzicht geleistet hatte, mit überwältigender Mehrheit von 573 gegen 325 Stimmen abgelehnt wurde.[38]

Der Ausgang der Abstimmung besiegelte das Scheitern von Mirabeaus Konzept einer konstitutionellen Monarchie, die auf das Gleichgewicht von Legislative und Exekutive ausgerichtet war. Dieses Gleichgewicht war für Mirabeau nur dann gewährleistet, wenn die Beteiligung des Königs an der Gesetzgebung derart geregelt war, dass er nicht nur die Pflicht hatte, die von der Nationalversammlung votierten Gesetze zu sanktionieren, damit diese in Geltung traten, sondern auch das Recht, einem Gesetz diese Sanktion zu verweigern.

Doch der von seinen Ministern schlecht beratene König ging einen anderen Weg, und damit präjudizierte er auch die Entscheidung der von ihrem Selbstbewusstsein geblendeten Nationalversammlung, die nicht die Gefahr erkannte, die ihr Mirabeau hellsichtig in seiner Rede vom 1. September aufgezeigt hatte, als er vor einer Verfassung warnte, die dem König das Veto verweigerte: «Ist der Herrscher schwach, braucht es nur wenig Zeit und Entschlossenheit, um ganz *legal* die Herrschaft von 1200 Aristokraten zu etablieren, von der die Autorität des Königs auf ein passives Werkzeug ihres Wollens reduziert und von der das Volk in einen Zustand der Erniedrigung gestürzt wird, der stets mit der Knechtschaft des Prinzen Hand in Hand geht.»[39] Die Verfassung, die ihm vorschwebte, fasste Mirabeau ganz am Schluss dieser Rede noch einmal stichwortartig zusammen: «Befristung der Nationalversammlung, der Armee, der Steuerlast auf jeweils ein Jahr sowie Verantwortlichkeit der Minister; das alles in Verbindung mit dem Veto-Recht des Königs, das nicht durch eine geschriebene Verfassungsregel eingeschränkt wird, sondern perfekt begrenzt ist durch die Umstände seiner Ausübung, das wird das *Palladium* der nationalen Freiheit und die wertvollste Übung für die Freiheit des Volkes sein.»[40]

Das alles war in den Wind gesprochen. Es wurde zermahlen von der Dynamik der revolutionären Entwicklung. Mirabeau, der sich mit seinen Anschauungen exponiert hatte, sah sich einmal mehr bitter enttäuscht. Ihm blieb jetzt nur, den seiner Reputation drohenden Schaden zu begrenzen, indem er sich nicht mit der Niederlage, die er erlitten hatte, identifizierte. Deshalb blieb er der Abstimmung über die Veto-Frage fern und vermied damit das höchst sinnlose neuerliche Bekenntnis seiner wahren Absichten,[41] mit denen er zuvor schon nicht hinterm Berg gehalten hatte. Jetzt blieb ihm nur, im Schutz seiner Reputation geduldig auf eine neue Chance zu warten. So jedenfalls ist die Mitteilung zu verstehen, die er Mitte September 1789 an Mauvillon sandte: «Das Wesen meiner Geschäfte, meiner Projekte und meiner Perspektiven ist derart beschaffen, mein lieber Major, dass es mir absolut unmöglich ist, mich darüber schriftlich zu äußern. Sie müssten sich auf eine Reise machen und, was das anbelangt, auf die Reise eines Geheimagenten. Dann würde Ihnen klar, dass ich weit mehr als jeder andere Sterbliche Nachdruck darangesetzt habe, eine Revolution am Laufen zu halten, sie zu verbessern und auszuweiten, die mehr als jede andere das Menschengeschlecht voranbringen wird.»[42]

Drittes Kapitel

Der große Anlauf

Während die Abgeordneten noch mit den Menschenrechten beschäftigt waren, spitzte sich die Finanzkrise zu. Die Revolution hatte die Steuereinnahmen versiegen lassen. Gleichzeitig mussten immer mehr Mittel aufgewendet werden, um die Versorgung von Paris mit erschwinglichen Nahrungsmitteln zu gewährleisten. Die dadurch verschärfte Geldnot des Staates hatte ein Ausmaß erreicht, das die Minister dazu nötigte, die katastrophale Lage mit ihrem Erscheinen in der Nationalversammlung am 7. August zu offenbaren. Das düstere Bild, das von Finanzminister Necker entworfen wurde, ließ sich durch nichts mehr beschönigen. Vor allem stürzte Necker die Abgeordneten mit seiner fast flehentlich vorgetragenen Bitte in Verlegenheit, sofort eine Anleihe von 30 Millionen zu bewilligen, die für die dringendsten Ausgaben gebraucht würden: «Retten Sie den Staat, retten Sie das Vaterland! Sie sind für unsere Ruhe, unser Glück verantwortlich. Und das gilt umso mehr jetzt, meine Herren, da die Regierung nichts mehr zu tun vermag und allein Sie noch über ein Mittel verfügen, dem Sturm Widerstand zu leisten!»[1]

Die Verlegenheit des von ihm verachteten Finanzmagiers Necker, der in der Nationalversammlung als Bittsteller erschien, bot Mirabeau die Gelegenheit, sich in der Rolle des verantwortlichen Staatsmanns zu profilieren. Er wusste, die Abgeordneten würden neue Steuern und Anleihen bis zur Verabschiedung der Verfassung ablehnen. Andererseits sah er aber auch ein, dass rasches Handeln geboten war, wollte man einen Staatsbankrott verhindern. Neckers Verlegenheit ließ sich durch Kritik vertiefen und so sein großes Ansehen in der Öffentlichkeit mindern; zugleich war es jedoch ein Gebot der Klugheit, einen eigenen Vorschlag zu machen, wie der Krise zu begegnen sei. Die Lösung, die Mirabeau unterbreitete, entbehrt angesichts seiner eigenen heillos zerrütteten Vermögensverhältnisse nicht der Ironie: Die Abgeordneten sollten durch «patriotische und freiwillige Gaben, die sie sich selber und der *chose publique* schuldig» seien, den von Necker gewünschten Betrag finanzieren. Reichte diese Opferbereitschaft nicht aus, müsse man sich an die Wähler wenden und diese um ihre Zustimmung bitten, den fehlenden Betrag zu bewilligen. Im Übrigen gelte es, die Provinzialversammlungen einzuberufen, damit diese die Eintreibung der Steuern veranlassten und für Ruhe im Lande sorgten.[2]

Am folgenden Tag ergriff Mirabeau erneut das Wort, um seinen Vorschlag zu erläutern. Jedes Mitglied der Nationalversammlung sollte entsprechend seinem Vermögen eine Summe zeichnen, die in einer Liste dokumentiert werde. So zu verfahren habe verschiedene Vorteile, denn dadurch würden die Wünsche der Wähler erfüllt. Außerdem hätten diese die Gewähr, dass man damit nicht politischen Machenschaften Vorschub leiste, die nur darauf abgestellt seien, Zeit zu gewinnen. Das werde allein schon dadurch verhindert, dass man die Abgeordneten nicht zweimal für eine solche Bürgschaft gewinnen könne. Auch gebe man den Mitbürgern ein Vorbild für die freiwillige Unterordnung, die den freien Menschen, den wahren Bürger kennzeichne. Die Versammlung bewiese im Übrigen damit auch, im Besitz der moralischen Macht zu sein, die notwendig sei, um die Erhebung der Steuern und die Achtung der Gesetze durchzusetzen. Schließlich werde auch der König aus dieser Opferbereitschaft jene Kraft zu gewinnen wissen, die er brauche, um die Verschwender zu zügeln, die seinen Thron umwimmelten.[3]

Mirabeaus Vorschläge wurden zwar zunächst begeistert akklamiert, aber der opferwillige Rausch der Abgeordneten währte nicht lange. Hinzu kam bei manchen ein tiefes Misstrauen hinsichtlich der Lauterkeit von Mirabeaus Vorschlägen. Was auch immer den Ausschlag gab, die von Necker gewünschte Anleihe wurde ohne Bürgschaft der Abgeordneten und damit unter Verletzung des Wählerwillens von einer Mehrheit bewilligt.[4]

Mirabeau dürfte diese Schlappe kaum geschmerzt haben. Was für ihn zählte, war das beschädigte Ansehen Neckers wie der Gewinn an Ansehen, den er mit der geschickten Begründung seines Vorschlags erzielt hatte. Er rechnete auch damit, dass die Anleihe gar nicht erst gezeichnet werden würde. Dafür sprach, dass die Nationalversammlung deren Verzinsung, die Necker mit 5 Prozent angesetzt hatte, auf 4,5 Prozent reduzierte, was sie umso weniger attraktiv machte, als die älteren Staatspapiere mehr als 6 Prozent abwarfen.[5]

Mirabeaus Vorhersage erfüllte sich schnell, denn schon am 19. August sah sich Necker genötigt, der Nationalversammlung einzugestehen, dass die Anleihe gerade zweieinhalb Millionen eingebracht habe. Dafür machte er die Abgeordneten verantwortlich, die den Erfolg seines Plans durch Zinsminderung durchkreuzt hätten. Das verführte ihn zur Kritik an der finanzpolitischen Unbedarftheit der Versammlung, die ohne Rücksprache mit ihm einen anderen Kurs eingeschlagen habe, als ihr von ihm, dem ausgewiesenen Fachmann, nahegelegt worden sei. In der Sache war das zwar sicherlich zutreffend, doch die Verbitterung Neckers über das Scheitern der Anleihe ließ ihn seine Kritik in einer Weise vortragen, die viele Abgeordnete gegen den Minister empörte. Das waren keine guten Voraussetzungen für die Bewilligung einer neuen Anleihe im Umfang von 80 Millionen, die mit 5 Prozent verzinst eine Laufzeit von zehn Jahren haben sollte. Dieses Ansinnen versah Necker noch mit einer umfangreichen Denkschrift, die den Deputierten der Nationalversammlung gewissermaßen Nachhilfeunterricht über die Komplexität der Materie erteilte.[6]

Damit beeindruckte er sicherlich nicht nur André-Boniface-Louis de Riquetti Vicomte de Mirabeau, auch genannt «Mirabeau-Tonneau», der als Deputierter der *Noblesse* von Limoges der Versammlung angehörte, in der er als politischer Widersacher seines älteren Bruders auftrat. «Wir können nicht bestreiten», ließ sich der Vicomte vernehmen, «dass unsere Kenntnisse in Finanzfragen sehr beschränkt sind. Diese Versammlung setzt sich vor allem zusammen aus Grundbesitzern, Magistraten und Militärs. Sollte es unter uns auch einige Leute aus dem Bereich der Finanzen geben, so ist deren Zahl verschwindend gering. Daraus ziehe ich den Schluss, dass wir uns ganz den Ratschlüssen des Ministers anheimgeben sollten.»[7] Dem schloss sich auch Talleyrand insoweit an, als er die Versammlung aufforderte, die neue Anleihe umgehend zu bewilligen, deren Konditionen allein der Minister festlegen solle. Er verknüpfte dies aber mit der Bedingung, dass die Nationalversammlung sich gegenüber den Gläubigern dazu verpflichte, diese Konditionen nicht nachträglich abzuändern. Außerdem unterstützte er den Vorschlag, die Provinzialstände einzuberufen, damit diese für die Sitzungsperiode der Nationalversammlung die Steuerverwaltung in den Provinzen in die Hand nähmen und dazu beitrügen, dort für einen regelmäßigen Eingang der Abgaben zu sorgen.[8]

Das war ein geschickter Schachzug, denn mit der von ihm geforderten Erklärung der Nationalversammlung wurde der Handlungsspielraum Neckers beschnitten, dem andererseits die alleinige Verantwortung für den Erfolg der neuen Anleihe aufgehalst wurde. Für Mirabeau waren die Vorschläge eine willkommene Vorlage, sein seit der Veröffentlichung der *Histoire secrète de la Cour de Berlin* völlig zerrüttetes Verhältnis mit seinem einstigen Vertrauten Talleyrand neu anzuknüpfen. Deshalb beeilte er sich, diesem jetzt übereifrig beizupflichten, obwohl Talleyrand im Wesentlichen nur Anregungen gegeben hatte, mit denen sich Mirabeau schon zuvor hatte vernehmen lassen: «Hätte ich die Ehre gehabt, als erster Redner zu dieser Versammlung zu sprechen, hätte ich mich vielleicht darauf beschränkt, die Vorschläge des Finanzministers einfach gutzuheißen. Die Anmerkungen jedoch, die der Bischof von Autun [i. e. Talleyrand] mit diesen verknüpfte, sind derart, dass man die größten Gefahren liefe, wenn man sie nicht beherzigte ...»[9]

Dem schlossen sich auch die Abgeordneten an, die unter Berücksichtigung der Vorschläge Talleyrands den Antrag Neckers auf eine neue Anleihe von 80 Millionen verabschiedeten. Aber auch diesmal wurden die Erwartungen enttäuscht, denn nur wenige Franzosen fanden sich bereit, angesichts der prekären Lage die Anleihe zu zeichnen. Darauf machte bereits am 19. September der Deputierte von Saint-Domingue [i. e. das heutige Haiti] und Mitglied des Finanzausschusses der Nationalversammlung Louis-Marthe Marquis de Gouy-d'Arsy aufmerksam, der unter Hinweis auf den unweigerlich drohenden Staatsbankrott die Forderung stellte, die Beratung der Verfassung zu unterbrechen und sich ausschließlich einer Erörterung der Finanzfragen zu widmen. Als Grundlage dafür brachte er ein von ihm ausgearbeitetes Memorandum ein, an dessen Vortrag er aber durch wütende Proteste seiner Kollegen gehindert wurde, die ihn als Schwarzseher verunglimpften und die Rede mit wiederholten lautstarken Protesten unterbrachen.[10] Der Umstand, dass der Marquis de Gouy-d'Arsy die Kassandra gab und den ganzen Unmut der Versammlung auf sich zog, kam Mirabeau entgegen. Er konnte dem Marquis nicht nur in der Sache zur Seite zu springen, sondern seine Unterstützung gleichzeitig auch dazu nutzen, die Reputation Neckers weiter zu beschädigen und sich einen neuerlichen Beweis seiner staatsmännischen Fähigkeiten auszustellen:

«Es kann als ausgemacht gelten, dass der Finanzminister bald vor uns mit der Erklärung erscheinen wird, dass er sich gezwungen sieht, uns vielleicht verantwortlich für den Bankrott zu erklären, ganz sicher aber für die Einstellung aller Zahlungen und die daraus sich ergebenden unvorhersehbaren Folgen. Ganz sicher aber steht fest, dass die Verfassung nicht ohne ordentliche Finanzen funktionieren kann, noch die Finanzen ohne die Verfassung. – Ja, meine Herren, es ist umsonst, dass wir uns anschicken, eine gute Verfassung und kluge Gesetze zu verabschieden. Wenn der Schlussstein für die Kuppel des Gesellschaftsbaus fehlt, wenn die Steuereinnahmen sich nicht wiederherstellen lassen, wenn die schützende Autorität ohne Mittel und Kraft ist, wenn der in Unordnung geratene Staat sich den Franzosen nur als eine ausgehungerte und von der herrschenden Anarchie blutbesudelte Arena präsentiert, dann sind unsere Arbeiten, all unsere Anstrengungen umsonst. Eine Regierung, die nicht mehr imstande ist, die Gesellschaft zu ernähren, über die sie herrscht, ist ebenso zum Untergang bestimmt, wie die Gesellschaft sich auflöst, die nicht mehr in Frieden unter dem Schutzschild der *autorité tutélaire* arbeiten und leben kann. Deshalb appelliere ich an Sie, wenigstens zwei Sitzungstage pro Woche den finanziellen Angelegenheiten zu widmen und diesen vor allem die ganze Aufmerksamkeit und Inbrunst eines gleichermaßen nimmermüden und nicht korrumpierbaren Patriotismus zuzuwenden.»[11]

Erneut war es die Rede Mirabeaus, von der die Abgeordneten mitgerissen wurden, die sich nun einstimmig dafür aussprachen, sich jeweils am Freitag und Samstag nur mit der Finanzkrise zu befassen. Das war ein Erfolg, der Mirabeau in seinem Glauben stärken musste, Thema und Tonlage gefunden zu haben. Der nächste entscheidende Schritt würde folgen, sobald Necker wieder vor der Nationalversammlung erschien. Schon am 24. September enthüllte ein sichtlich kleinlauter Finanzminister den Abgeordneten, in der Staatskasse befänden sich zu Beginn des Oktober nur noch drei bis vier Millionen *livres*, während die Ausgaben für diesen Monat allein auf 30 Millionen und für den Rest des Jahres auf wenigstens 70 Millionen veranschlagt seien.[12]

Das Rezept, das Necker in einer ausführlichen Denkschrift vorschlug, um die Krise zu bewältigen, war eine lange Liste teils bekannter, teils neuer Vorschläge, von denen die wichtigsten das Versprechen einer umfassenden Reduzierung der Ausgaben und eine beschleunigte Wiederinstandsetzung des Steuersystems waren. Nur teilweise neu war auch sein Plan, die von Mirabeau wiederholt angegriffene Diskontokasse, die er in eine nationale Zentralbank umzuwandeln versprach, solle durch die Ausgabe von Schuldscheinen die herrschende Geldnot vermindern.

Dazu könne ein jeder sein Scherflein beitragen, indem er Schmuck und Tafelsilber in die königliche Münze trage. Davon versprach er sich eine Beseitigung des Mangels an Münzgeld, dessen Umlauf in Frankreich stark zurückgegangen war, weil die wachsende Zahl von Emigranten oder solchen, die um ihren Geldbesitz bangten, Gold- und Silbermünzen in großen Mengen ins Ausland schafften. Da aber alle diese Maßnahmen entweder nicht sofort anschlagen oder nicht die benötigten Summen abwerfen würden und eine weitere Anleihe nach den gemachten Erfahrungen sinnlos sei, blieb nur, was bereits Gouy-d'Arsy vorgeschlagen hatte, nämlich die Einführung einer einmaligen patriotischen Sondersteuer. Zu dieser sollten alle Wohlhabenden veranlagt werden, die ein Viertel ihres Vermögens dafür aufwenden mussten. Für das blinde Vertrauen, das er in die Steuerehrlichkeit der Bürger setzte, spricht Neckers Überzeugung, dafür genüge seitens der Steuerpflichtigen nur eine einfache Erklärung ihres Vermögensstands! Das galt auch für seine in diesem Zusammenhang geäußerte Gewissheit, dass nicht wenige sich sogar dazu bereitfänden, aus purem Patriotismus wesentlich mehr als dieses Viertel zu geben. Ihnen machte er das wenig vertrauenerweckende Versprechen, ihren freiwilligen Beitrag zu der geplanten Sondersteuer nach Möglichkeit zu verzinsen und ihnen in besseren Zeiten auch wieder zurückzuerstatten.[13]

Alle diese Vorschläge Neckers wurden an den Finanzausschuss zur Prüfung überwiesen, der seinen Bericht darüber am 26. September der Nationalversammlung erstatten sollte. Die ganze Entwicklung gestaltete sich für Mirabeau zu einer willkommenen Herausforderung, denn die langatmigen und wenig originellen Ausführungen Neckers hatten ihm die Gewissheit verschafft, dass dieser mit seinem Latein am Ende sei.

Wie nicht anders zu erwarten, wusste sich auch das Finanzkomitee der Nationalversammlung keinen besseren Rat, als die Vorschläge des Finanzministers zu billigen. Möglicherweise nur um seinen Sachverstand unter Beweis zu stellen, regte das Komitee für den Fall, dass die geplante patriotische Sondersteuer nicht den erwarteten Ertrag einbrächte, den Zugriff auf eine dingliche Sicherheit an, mit deren Verflüssigung sich die Differenz ohne weitere Umstände ausgleichen ließe. Worauf man in diesem Fall reflektierte, war der immense Grundbesitz des Klerus, der davon nur einen Bruchteil zur Bestreitung seiner Bedürfnisse benötige, während er von dem verbleibenden großen Rest sicherlich bereitwillig das opfern würde, was dem Staat fehle ...[14]

Auch dieses Gutachten des Finanzausschusses war für Mirabeau eine vorzügliche Vorlage, die er sich zu eigen machte und mit einer auf vier Akte konzipierten Dramaturgie im Sinne seiner Absichten umzusetzen suchte. Mit dem ersten Akt verblüffte er seine Zuhörer, indem er zunächst einmal aussprach, was sie alle so oder ähnlich empfanden, als er sagte, es fehle an den dazu notwendigen Unterlagen, um dem Minister einen eigenen Plan vorzulegen. Auch eine genaue Überprüfung seiner Vorschläge erübrige sich, weil allein das Durchrechnen der ihnen gemachten Zahlenangaben Monate in Anspruch nehmen würde. Deshalb plädiere er dafür, dass «das grenzenlose Vertrauen, das die Nation dem Finanzminister immer bewiesen hat, sie jetzt dazu ermächtigt, ihm auch unter den gegenwärtigen Umständen ebenjenes Vertrauen in unbeschränkter Form erneut zu schenken. Akzeptieren Sie seine Vorschläge, ohne aber die Gewährleistung dafür zu übernehmen, da Ihnen die Zeit für deren genaue Prüfung fehlt. Nehmen Sie sie an im Vertrauen auf den Minister, und seien Sie überzeugt, dass Sie damit Ihre Pflichten als Bürger und Repräsentanten der Nation erfüllen, wenn Sie ihm diese Art von provisorischer Diktatur übertragen. – Sollte Herrn Necker das Vorhaben gelingen, so werden wir seinen Erfolg segnen, zu dem wir umso mehr beigetragen haben werden, je mehr wir uns selbst beschieden und mit unserem Vertrauen nicht gegeizt haben. Scheitert der Finanzminister jedoch, was Gott verhüten möge, mit seinem schwierigen Vorhaben, so wird das Staatsschiff gewiss hart auf die Klippe auflaufen, an die es sein verehrter Lotse gesteuert hat. Aber dieser Aufprall wird uns nicht erschüttern, Sie werden, meine Herren, zur Stelle sein, Ihr Kredit wäre weiterhin intakt, die *chose publique* bliebe ohne jeden Schaden bestehen …»[15]

Erneut sprach damit Mirabeau der gesamten Versammlung aus dem Herzen, die ihn mit stürmischem Beifall überschüttete und sogleich die vom Sitzungspräsidenten vorgeschlagene Beschlussvorlage verabschieden wollte. Das vereitelte Mirabeau, der den Vorschlag machte, umgehend eine eigene Vorlage auszuarbeiten, über die dann abgestimmt werden könne. Mirabeau wurde daraufhin der einschlägige Auftrag mehrheitlich erteilt. Das war der zweite Akt, der eine knappe Stunde später über die Bühne ging, als Mirabeau wieder in der Versammlung erschien, um die von ihm ausgearbeitete Beschlussvorlage vorzutragen. Mit dieser hatte er sich absichtsvoll keinerlei Mühe gemacht, denn sie wiederholte Wort für Wort das, was er zuvor schon ausgeführt hatte. Die ganze Nation habe Necker stets grenzenloses Vertrauen bezeugt. Unter dem Drang der gegenwärtigen Umstände leite sich daraus für die Versammlung die Pflicht ab, sich völlig der Einsicht des Ministers zu überlassen und seine Vorschläge ohne Wenn und Aber gutzuheißen.[16]

Diese Verkürzung seiner zuvor mit großem Beifall aufgenommenen Ausführungen hatte die Wirkung einer «Emser Depesche» *avant la lettre.* Die Abgeordneten schäumten vor Empörung, und einer seiner parlamentarischen Widersacher, Jean-Jacques Duval d'Eprémesnil, bemerkte, es sei schon sehr erstaunlich, ausgerechnet aus dem Munde Mirabeaus eine solche Eloge auf Necker zu vernehmen.[17] Mit diesen heftigen Reaktionen hatte Mirabeau gerechnet, der nun den dritten Akt folgen ließ: «Ich habe keineswegs die Ehre, der Freund des Finanzministers zu sein. (....) Tatsächlich bin ich nicht davon überzeugt, der Kredit der Nationalversammlung müsse mit dem des Finanzministers in eine Waagschale geworfen werden; ebenso wenig glaube ich, dass das Heil der Monarchie vom Kopf irgendeines Sterblichen abhängig ist. Schon gar nicht bin ich der Überzeugung, das Königreich sei in Gefahr, sollte sich Herr Necker irren. Allerdings bin ich jedoch der Meinung, dass das öffentliche Wohl erheblich beeinträchtigt ist, wenn ein wahrhaft nationales Bestreben gekappt und wenn die Versammlung ihren Kredit einbüßte und deshalb zu einer entscheidenden Operation nicht fähig wäre.»[18]

Deshalb müsse man jetzt dem Minister freie Hand geben, sich gleichzeitig aber davor hüten, die Verantwortung für ein Vorhaben zu übernehmen, das genau zu prüfen man wegen der herrschenden Notlage nicht imstande sei. Ginge es nur nach ihm, so betonte Mirabeau, dann hätte er in dieser Situation einer Sondersteuer den Vorzug gegeben. Aber seine persönlichen Vorlieben täten jetzt nichts zur Sache, da eine Lösung keinen Aufschub mehr dulde. Aber auch dieser Appell überzeugte nicht; die Versammlung war sich weiterhin zutiefst uneins, und zahlreiche Stimmen forderten, das Finanzkomitee erneut zu befassen.

Auch das kam Mirabeau wiederum sehr entgegen, der nun erneut das Wort ergriff und den vierten Akt zu einem Monolog nutzte, der eine seiner größten rhetorischen Leistungen ist. Er malte den Abgeordneten ein wahres Schreckensbild, das sich ihnen unweigerlich binnen kurzem böte, wenn sie weiterhin in ihrem Zögern fortführen, obwohl der Finanzminister sie eindringlich auf den dramatischen Ernst der Lage hingewiesen und zu raschem Handeln aufgefordert habe. Wer sich von den

Abgeordneten im Stillen vielleicht damit abgefunden hätte, aus Angst vor übertriebenen Opfern oder neuen Steuern einfach die Hände in den Schoß zu legen und den Dingen ihren Lauf zu lassen, der erliege einem schrecklichen Irrtum: «Denn was ist ein Bankrott anderes, wenn nicht die grausamste, ungerechteste, unbilligste und am meisten verheerende Steuer von allen? (....) Zwei Jahrhunderte mit Verschwendungen und Räubereien haben die Grube geschaufelt, die das Königreich zu verschlingen droht. Diese fürchterliche Grube gilt es schleunigst zu schließen. Wohlan! Hier ist die Liste der französischen Landbesitzer. Treffen Sie Ihre Wahl unter den Reichsten, um weniger Bürgern ein Opfer zuzumuten, aber entscheiden Sie sich, denn sollten nicht lieber einige wenige zugrunde gehen, um die Masse des Volkes zu retten? Nur zu. Diese allenfalls zweitausend Notabeln besitzen genug, um das Defizit zu stopfen. Bringen Sie die Finanzen in Ordnung, sorgen Sie für Frieden und Wohlstand im Königreich. Sie sind feige, inkonsequente Männer! Begreifen Sie denn nicht, dass Sie sich, wenn Sie für den Bankrott votieren, oder, was noch viel verwerflicher ist, wenn Sie ihn auch ohne einen Beschluss unvermeidlich machen, mit einem noch weitaus kriminelleren Akt beschmutzen (....). Ich sage Ihnen nicht, wie schon einmal: Werden Sie als Erste den Nationen das Schauspiel einer Volksversammlung geben, die das in sie gesetzte Vertrauen enttäuscht? Ich rufe Ihnen auch nicht zu, welchen Rechtsanspruch erheben Sie noch auf die Freiheit, über welche Mittel werden Sie noch gebieten, um sie zu gewährleisten, wenn Sie bereits mit Ihrem ersten Handeln die Schandtaten der am meisten verdorbenen Regierungen noch übertreffen? Wenn das Ziel Ihres Handelns und Ihrer Umsicht nicht die Garantie Ihrer Verfassung ist? ... Bewilligen Sie also diese außerordentliche Abgabe. Möge sie ausreichend sein! Stimmen Sie ihr zu, denn auch wenn Sie hinsichtlich ihrer Legalität Zweifel hegen, so können Sie diese nicht hinsichtlich ihrer Notwendigkeit oder unserer Ohnmacht geltend machen. Bewilligen Sie die Abgabe, denn die öffentlichen Finanzen dulden keinen Aufschub, aber wir sind verantwortlich für jede Verzögerung. Hüten Sie sich also davor, mehr Zeit zu verlangen, die vom drohenden Unglück niemals gewährt wird ...»[19]

Diese Standpauke Mirabeaus hatte eine geradezu magische Wirkung, wie der Marquis Charles-Elie de Ferrières bemerkte: «Mirabeau sprach mit einer Begeisterung, die Urteilsvermögen und Willen beherrscht. Das andächtige Schweigen schien die Gedanken aller an die großen und schrecklichen Wahrheiten zu fesseln. Dieses erste Empfinden wich einem anderen noch gebieterischen und es war, als ob jeder Abgeordnete die schreckliche Verantwortung auf seinem Haupt lasten spürte, mit der ihn Mirabeau drohend konfrontierte, und er plötzlich den Abgrund des Defizits sich auftun sah, das seine Opfer verlangte, so dass sich die gesamte Versammlung erhob, die Abstimmung forderte und das Dekret einstimmig verabschiedete.»[20] Ähnlich äußerte sich die Tochter Neckers, die zwar Mirabeau die guten Absichten absprach, aber dennoch bekannte, dass er mit dieser Rede zwei Stunden lang ihre ganze Bewunderung erregt habe. «Nichts war beeindruckender als seine Stimme (...) Die Gesten und die scharfen Worte, derer er sich zu bedienen verstand, kündeten vielleicht nicht so sehr von seinem Gewissen oder von seiner inneren Erregung, aber man verspürte gleichwohl eine Lebenskraft in seinen Ausführungen, deren Wirkung überwältigend war.»[21]

Mme. de Staëls Urteil gibt deutlich zu erkennen, dass sie Mirabeaus nachdrücklicher Unterstützung zutiefst misstraute; was sich ihr aber nicht erschloss, war dessen Kalkül: Schlug die Kur nicht an, schadete das dem Patienten nichts, wohl aber dem großen Ruf des Arztes. Mirabeau verfolgte an diesem 28. September 1789 ein doppeltes Ziel: Necker als Finanzminister zu kompromittieren, ihn als einen überschätzten Versager zu erweisen, ein Nachweis, der dessen Entlassung wie den Sturz der gesamten Regierung erzwingen sollte. In der neuen Regierung, die dann berufen werden musste, würde er unweigerlich als einer der neuen Minister figurieren. Für ein solches Amt qualifizierte er sich, so sah es jedenfalls Mirabeau, durch die herausragende Stellung, die er sich unbeschadet der Anfeindungen von der Rechten wie der Linken in der Nationalversammlung erworben hatte.

Dieser Plan krankte allerdings an einem Denkfehler, weil er die Psychologie der meisten Abgeordneten nicht berücksichtigte. Mirabeau verdankte seine parlamentarische Bedeutung wie auch den Ruf, einer der großen Führer der Revolution zu sein, nicht allein der biographisch verbürgten Lauterkeit seiner Motive oder der Vorbildlichkeit seiner Ansichten, sondern vor allem auch dem Umstand, dass er ein Aristokrat reinsten Wassers war, dem im Verständnis der damaligen Gesellschaft eine große öffentliche Rolle und Wirkung gleichsam in die Wiege gelegt waren. Diesen aristokratischen Bonus teilte er mit manchen seiner Kollegen, die wie Talleyrand oder La Fayette die politischen Beschränktheiten ihrer Standeszugehörigkeit überwunden und sich von Anfang an der Revolution angeschlossen hatten, ohne andererseits jedoch auf ihren ererbten sozialen Status zu verzichten. Diese Adeligen, die den Standesdünkel als politische Haltung überwunden hatten und sich den «fortschrittlich» oder «patriotisch» gesinnten Bürgerlichen anschlossen, von denen die Mehrheit der Abgeordneten gestellt wurde, wurden gewissermaßen automatisch als Leitfiguren akklamiert.

Das war eine vor dem Hintergrund der im *Ancien Régime* seit Jahrhunderten eingelebten sozialen Ordnung sehr verständliche Reaktion, an der jedoch mancher Abgeordnete wie etwa Adrien Duquesnoy Anstoß zu nehmen begann. Ein Anlass dazu war für ihn die an jenem 28. September ebenfalls stattfindende Wahl des Abgeordneten Jean-Joseph Mounier ins Amt eines Sitzungspräsidenten der Nationalversammlung, das alle zwei Wochen neu besetzt wurde. Der aus Grenoble in der Dauphiné stammende Mounier hatte sich vor der Revolution in seiner Heimatprovinz profiliert. Seither war er eine der führenden Persönlichkeiten in der Nationalversammlung, auch wenn er in den Debatten über die Verfassung mit seinen Ansichten stets zu denen gehörte, die überstimmt wurden. Als Mounier sich bei der Wahl zum Präsidenten der Versammlung gegen drei Konkurrenten durchsetzte, stellte ihm Duquesnoy im Tagebuch ein aufschlussreiches Urteil aus: «Es ist sehr misslich, sich einzugestehen, aber es ist dennoch wahr: Kein einziger der Männer der *communes* [i. e. der früheren Deputierten des Dritten Stands] wird während der gesamten Dauer der aktuellen Legislatur befähigt sein, angemessen das Präsidentenamt auszuüben. Wir sind noch nicht stark genug, wir besitzen noch nicht den zuverlässigen Esprit, um die Menschen nach ihrem Wert einzuschätzen und völlig unabhängig von ihren frivolen und lächerlichen äußeren Auszeichnungen. Ein blaues Ordensband beeindruckt uns noch immer, so einfältig wie wir sind, und einer von den *communes*, der zum Präsidenten gewählt wurde, vermag es nicht, dem Anspruch, den dieses Amt an ihn stellt, zu entsprechen. Völlig betäubt von dem Rang, in den er aufgestiegen ist, ist es ihm unmöglich, alle Männer, denen er präsidiert, in gleicher Weise zu begegnen. Es braucht noch ein wenig mehr Zeit, um die Revolution zu vollenden, welche die Menschen auf das ihnen gemäße Niveau stellt.»[22]

Was den Comte de Mirabeau von einem La Fayette oder einem Talleyrand in der öffentlichen Wahrnehmung jedoch unterschied, war die Fähigkeit, trotz seines Herkommens Empathie für die Bedrückungen und Ängste der «kleinen Leute» zu bezeugen, die das damit vergalten, dass sie ihn lauthals als «notre petite mère de Mirabeau» apostrophierten, wann immer sie seiner ansichtig wurden. Solche Popularität war ein Pfund, mit dem Mirabeau wuchern konnte, um sich in der Konkurrenz mit anderen zu positionieren.

Wegen seiner Volksnähe war Mirabeau einer der wenigen, die sich darauf verstanden, Paris gewissermaßen den Puls zu fühlen. Deshalb blieb ihm nicht verborgen, dass mit der Finanzkrise eine Versorgungskrise einherging. Sie wurde von den Pariser Unterschichten mit rasch wachsender Besorgnis registriert und legte den Schluss nahe, dass die Revolution, verkörpert durch die Nationalversammlung, sich sträflich an ihrem Versprechen versündigte, das materielle Los der Massen zu verbessern. Damit war eine Anklage formuliert, die nicht nur der fiebrigen Agitation im Palais-Royal neuen Stoff gab, sondern auch in den permanent tagenden 60 Distriktsversammlungen in Paris die Gemüter erhitzte. Der schwedische Botschafter in Paris, Baron de Staël-Holstein, berichtete seinem Hof am 17. September 1789: «In Paris mangelt es jeden zweiten Tag an Brot. Dieses Übel wäre sicherlich nicht zu gewahren – zumal die Ernte sehr gut ausgefallen ist –, wenn die Exekutivgewalt in den Händen des Königs läge; so aber kann der Mangel eine zweite Revolution in Paris heraufführen und beschleunigen. Tatsächlich ist es wahrhaft schwierig, die täglich hier herrschende Unsicherheit genau zu beurteilen. Die augenblicklich zu gewahrenden Anzeichen verheißen jedoch weder für die Allgemeinheit noch für den Einzelnen sonderlich Gutes. Man befindet sich in der Situation der Bewohner an den Abhängen des Ätna oder des Vesuv, sobald das Rumoren im Innern des Vulkans ihnen ankündigt, sich auf dessen bevorstehenden Ausbruch gefasst zu machen.»[23]

Mirabeau hatte genauere Aufschlüsse über das, was sich in Paris zusammenbraute, die er mit Blick auf den Hof Ende September in der drastischen Warnung zusammenfasste: «Woran denken diese Leute dort eigentlich? Sehen sie denn nicht die Abgründe, die sich unter ihnen auftun? (...) Alles ist verloren; der König und die Königin werden dabei zu Tode kommen, und Sie werden es gewahren: Der Pöbel wird ihre Kadaver mit Füßen treten.»[24] Auch wenn sie sich so buchstäblich nicht erfüllte, war diese Warnung nichts weniger als prophetisch: Am Morgen des 5. Oktober brach gleichzeitig im Hallenviertel und im *Faubourg* Saint-Antoine ein Aufstand aus. Im Unterschied zum 14. Juli waren es diesmal überwiegend Frauen, die den unterschiedlichsten Schichten entstammten.[25] Mit von der Partie waren in großer Zahl aber auch Männer, die am Sturm auf die Bastille beteiligt gewesen waren, erprobte Aufrührer sozusagen, die der Menge, die von der Sorge um das tägliche Brot in Bewegung gesetzt wurde, das Ziel wiesen. Was dieser Empörung den Zusammenhalt verschaffte, war nicht der Zorn auf das Versagen der Nationalversammlung, sondern der jahrhundertealte Glaube an die Güte des Königs, dem nur das Elend seines Volks vor Augen geführt werden müsse, damit er für sofortige Abhilfe sorge.

Diese noch sehr lebendige Magie machten sich auch einige Agitatoren zunutze, die, wie immer vermutet wurde, im Sold des Duc d'Orléans standen, der angeblich einen Dynastiewechsel anstrebte, der ihm den Thron verschaffte. Dafür wie auch für den weiteren Verdacht, der auf Mirabeau fiel, einer der Hauptdrahtzieher dieser *journée révolutionnaire* gewesen zu sein, wurden aber bis heute keine stichhaltigen Beweise beigebracht. Tatsächlich hatte Mirabeau nach dem glaubwürdigen Zeugnis de La Marcks stets Distanz gegenüber der Person des Duc d'Orléans gewahrt.[26] Gleichwohl schmälerte diese Nachrede ganz erheblich Mirabeaus Aussichten, in eine verantwortliche Position aufzusteigen.

Verlauf und Ausgang dieser Aufstandsbewegung vom 5. und 6. Oktober, in deren Folge König und Hof wie auch die Nationalversammlung zur Übersiedelung nach Paris genötigt wurden, sind schon häufig ausführlich geschildert worden. In unserem Zusammenhang von Belang ist der neuartige Charakter, der diese Pariser «Oktoberrevolution» auszeichnete. Bislang hatte die Revolution eine Entwicklung genommen, die mit den Absichten der Eliten weitgehend übereinstimmte. Der 14. Juli hatte die Ohnmacht der Krone erwiesen und zugleich die Autorität der Nationalversammlung erheblich gestärkt. Ebenso stellte die im Sommer 1789 grassierende *grande peur* gleichsam die Wehen dar, mit denen die Beschlüsse vom 4. August eingeleitet wurden, welche die feudalen Bindungen des Besitzes von Grund und Boden beseitigten und damit dessen Überführung in frei verkäufliches Eigentum einleiteten. In beiden Fällen blieb die Beteiligung, die von den revolutionären Massen auf den Ausgang des Geschehens genommen wurden, darauf beschränkt, die notwendige Wucht zu erzeugen, die für die Durchsetzung bürgerlicher Interessen genutzt wurde. Davon konnte beim Geschehen des 5. und 6. Oktober nicht mehr die Rede sein. Diese *journées* waren eine autonome Bewegung, die der Dynamik der Revolution eine neue Richtung wies, insofern mit ihnen das bisherige informelle Zweckbündnis zwischen der Nationalversammlung und den Pariser Massen aufgekündigt wurde: Die Pariser Unterschichten begannen ein politisches Selbstbewusstsein zu entwickeln, das immer deutlicher in Widerspruch zum Wollen der Nationalversammlung trat.

Das mit den Oktobertagen 1789 sich ankündigende Menetekel wurde von vielen Abgeordneten, die der Rechten oder den *Monarchiens* in der Nationalversammlung angehörten, zutreffend erkannt. In einem verzweifelten Manöver versuchten rund 300 Abgeordnete die Nationalversammlung zu paralysieren, indem sie beim Präsidium die Ausstellung von Pässen beantragten, um nach Hause zurückzukehren.[27] Diese Absicht durchkreuzte Mirabeau, der am 9. Oktober den mit großer Mehrheit gebilligten Antrag stellte, dass «kein Pass seitens der Nationalversammlung den ihr angehörenden Abgeordneten ausgestellt wird, wenn die Antragsteller nicht zuvor vor dem Plenum Rechenschaft über ihre Motive abgelegt haben».[28] Das Dekret errichtete eine Barriere, die zwischen dem 10. Oktober und dem Endes des Jahres 1789 nur 31 Abgeordnete zu nehmen wagten.[29] Ihre Flucht markierte die erste eindeutig politisch motivierte «Häutung» der Nationalversammlung, die der schwedische Botschafter als ein sicheres Anzeichen für den bevorstehenden Ausbruch eines Bürgerkriegs wertete.[30]

Ein Bürgerkrieg war in Mirabeaus Überlegungen die *ultima ratio*, um dem König, der seit seiner erzwungenen Übersiedelung nach Paris der Gefangene der dort herrschenden *fureurs populaires* war, wieder die Handlungsfreiheit zu verschaffen. Im Gespräch versicherte er, wie de La Marck berichtet, der Bürgerkrieg sei das einzige Mittel, um an dieses Ziel zu gelangen, denn dessen Schrecken beeindruckten ihn weit weniger als die Scheußlichkeiten, die ansonsten zu gewärtigen seien. Als de La Marck dagegen einwandte, dass der König außerstande sei, einen solchen Krieg ohne Geld zu führen, versetzte Mirabeau ungerührt: «Um einen Bürgerkrieg zu führen, braucht es kein Geld; außerdem wird dieser Krieg angesichts der gegenwärtigen Umstände auch nicht von langer Dauer sein. Alle Franzosen streben nur nach einer Verwendung im Herrschaftsapparat oder nach Geld; also macht man ihnen Versprechungen und dann werden Sie bald gewahren, dass die Partei des Königs überall das Geschehen beherrscht.»[31]

Man ist immer versucht, solche Aussagen für eine böswillige Erfindung zu halten, doch Mirabeau sah im Risiko eines Bürgerkriegs allen

Ernstes eine Chance für den König, sich aus der Umklammerung von Paris zu befreien. Dabei ging es ihm aber nicht nur um das weitere Schicksal der Monarchie, sondern vor allem auch darum, die von der Nationalversammlung verkörperte bürgerliche Revolution vor den drohenden Interventionen der Pariser Unterschichten zu bewahren, die diese nur von ihrem Kurs abbringen konnten. Also waren der König und die Nationalversammlung in ihrem eigenen Interesse dazu verdammt, eng miteinander zu kooperieren, um äußerstenfalls in einem Bürgerkrieg, der beide zu einer Partei vereinte, den Sieg zu erringen. Bei dieser Vernunftehe von König und Nationalversammlung, von Monarchie und Volk, würde Mirabeau selbst die Rolle des Vermittlers spielen.

Darauf war auch der umfangreiche Plan abgestellt, den Mirabeau ausarbeitete und durch de La Marcks Vermittlung in die Hand des Königs gelangen lassen wollte. «Wenn Sie irgendeine Möglichkeit sehen, sich beim König und der Königin Gehör zu verschaffen, dann überzeugen Sie diese davon, dass Frankreich und sie beide verloren sind, wenn die königliche Familie Paris nicht verlässt. Ich arbeite an einem Plan, der ihr Entweichen gewährleistet. Sehen Sie sich dazu in der Lage, ihnen zu versichern, dass sie auf mich zählen können?»[32] Das musste jedoch schon daran scheitern, dass die Königin de La Marck erst wenige Tage zuvor versichert hatte: «Wir werden niemals so unglücklich sein, meine ich, um uns zu der *pénible extrémité* zu resignieren, uns von Mirabeau helfen zu lassen.»[33]

Vom Bürgerkrieg war im Memorandum, das de La Marck am 15. Oktober *Monsieur*, dem Bruder des Königs, überreichte, explizit zwar keine Rede. Tatsächlich jedoch musste mit einem solchen Konflikt gerechnet werden, wenn Mirabeaus Plan verwirklicht wurde, auch wenn dieser darauf drang, sich jeglichen gegenrevolutionären Versuchungen energisch zu widersetzen. Kernstück von Mirabeaus Memorandum war der Rat an den König, Paris sofort zu verlassen, um sich dem Druck der radikalen Revolution zu entziehen und zugleich den gegenrevolutionären Kräften den Vorwand zu nehmen, sich zu seinem Schutz zu organisieren. «Das einzige Mittel, um den Staat und die in Arbeit befindliche Verfassung zu retten, besteht darin, den König in eine Position zu bringen, die es ihm gestattet, sich sofort mit seinen Völkern zu verbünden.» Zunächst jedoch gelte es, den Ort, an den sich der König zurückziehen sollte, mit Bedacht zu wählen. «Sich nach Metz oder irgendeine andere Stadt in Nähe der Grenze zu wenden bedeutete, der Nation den Krieg zu erklären und auf den Thron zu verzichten. (...) Sich in das Innere des Königreichs zurückzuziehen und den gesamten Adel um sich zu versammeln, wäre eine nicht weniger gefährliche Entscheidung.»

Ebenso unklug aber wäre, wenn sich der König aus Paris absetzte, um seine Handlungsfreiheit wiederzugewinnen, und diese dann dazu nutzen würde, «die Nationalversammlung seinen Völkern gegenüber zu denunzieren und jegliche Verbindung zu ihr abzubrechen. Das wäre gewiss eine weit weniger gewalttätige Maßnahme als die beiden anderen Optionen, aber sie ist keineswegs weniger gefährlich, denn sie riskierte die Sicherheit des Königs und machte zugleich den Ausbruch eines Bürgerkriegs einfach deshalb wahrscheinlich, weil eine große Anzahl der Provinzen die Dekrete der Versammlung unterstützen. (...) Allein ein Nationalkonvent kann die Erneuerung Frankreichs bewerkstelligen; die Nationalversammlung hat bereits eine ganze Reihe von Gesetzen verabschiedet, die dafür unabdingbar sind, und es gibt weder für den König noch für den Staat irgendeine Sicherheit ohne die engste Koalition zwischen dem Fürsten und dem Volk.» Auch wenn Mirabeau damit in Widerspruch zu den Wünschen und Erwartungen der Pariser Unterschichten trat, deren Idol er nach wie vor war, hielt er sich selbst und seinen Prinzipien unverändert die Treue, wie er dies Mauvillon bereits Mitte September nachdrücklich versichert hatte.

Was ihm als Lösung vorschwebte, ließ sich nicht ohne Risiko ins Werk setzen. «Allein, es ist nicht vorstellbar, gefahrlos einer großen Gefahr zu entrinnen.» Deshalb müssten jetzt die Staatsmänner alle Kräfte aufbieten, um die Krise zu begrenzen, aber keineswegs zu verhindern, denn das sei völlig unmöglich. Auch könne man nicht vor ihr zurückweichen; das steigere nur ihre Heftigkeit. Der Plan Mirabeaus lief darauf hinaus, das unbehelligte Entweichen des Königs nach Rouen zu ermöglichen. Für diese Stadt sprach, dass sie in der Mitte Frankreichs lag, wo sie eine vorzügliche strategische Position einnahm, denn von ihr aus könne man auf den Zuspruch von Normandie, Bretagne und Anjou rechnen. Dank ihres großen Seine-Hafens beherrsche man zudem wichtige Verkehrsadern, die es erlaubten, Paris zu versorgen.

Für Rouen spräche zum Weiteren, so Mirabeau, dass die Stadt sich nicht mit irgendwelchen Fluchtabsichten in Verbindung bringen ließe, sondern der König mit ihrer Wahl nur die größere Nähe zum provinziellen Frankreich suche. Um das zu unterstreichen, solle der König noch von Paris aus eine Proklamation an alle Provinzen seines Reichs aussenden, er verlasse keineswegs als Flüchtling Paris, sondern er habe sich nur entschlossen, sich in die Arme seines Volkes zu begeben. In Versailles sei auf ihn Zwang ausgeübt worden, und in Paris habe man ihn inhaftiert und seine Bewegungsfreiheit, die jedem Bürger zustehe, eingeschränkt. Dieses Regime hätten manche Unzufriedene zum Vorwand genommen, um sich den von ihm sanktionierten Gesetzen der Nationalversammlung zu verweigern. Das könne nur die Konsequenz haben, eine Revolution zu diskreditieren, an deren Erfolg er ein ebenso großes Interesse habe wie die Freunde der Freiheit. Außerdem solle der König sich zu einer Garantie der Staatsschuld verpflichten und seine Erwartung aussprechen, dass die Nationalversammlung in Übereinstimmung mit ihren einschlägigen Beschlüssen ebenfalls nach Rouen übersiedele und hier ihre Beratungen fortsetze.[34]

Das Vorhaben Mirabeaus mutet reichlich phantastisch an, und allein schon wegen des phlegmatischen Naturells Louis XVI konnte es sich kaum realisieren lassen. Das muss auch Mirabeau gewusst haben, weshalb er mit seinem Vorschlag zweifellos noch andere Absichten verfolgte. Einmal kam es ihm darauf an, den Hof endlich von seiner monarchischen Gesinnung und Loyalität zu überzeugen. Zum anderen wollte er dem König sein Credo vermitteln, die Monarchie habe in Frankreich nur dann eine Zukunft, wenn sie sich mit der bürgerlichen Revolution verbünde. Nur wenn sie deren weitere Entwicklung maßgeblich beeinflusste, sei ihr Fortbestand gewährleistet.

Tatsächlich scheiterte Mirabeaus Plan schon daran, dass de La Marck das Memorandum nicht Louis XVI aushändigte, sondern es dessen Bruder mit der Bitte überreichte, es an den König weiterzuleiten. *Monsieur* versagte sich diesem Ansinnen jedoch unter Hinweis auf den bekannt schwachen Charakter des Königs, der es nicht über sich bringe, einen Entschluss zu fassen und auch auszuführen. «Die Schwäche und die Unentschiedenheit des Königs», versicherte *Monsieur* dem Comte de La Marck gesprächsweise, «lassen sich kaum in Worte fassen. Um Ihnen aber wenigstens eine Vorstellung von seinem Charakter zu geben, stellen Sie sich geölte Elfenbeinkugeln vor, die sie vergebens zusammenzuhalten versuchen.»[35] Damit wurde Mirabeaus Hoffnung enttäuscht, die Vorlage dieses hochriskanten Plans verschaffe ihm die Stellung eines Ersten Ministers. Das Scheitern brachte ihn jedoch nicht von seinem Ziel ab, das er nun auf anderem Wege zu erreichen suchte. Die Lösung, die er jetzt favorisierte, war die Bildung einer neuen und quasi parlamentarischen Regierung, deren Minister sich aus den einflussreichsten Mitgliedern der Nationalversammlung rekrutieren sollten.

Dieser Plan ließ sich nicht im Alleingang verwirklichen. Dafür brauchte er Bundesgenossen. Vor allem musste es Mirabeau gelingen, den starken Mann der Stunde, La Fayette, der als Befehlshaber der Pariser Nationalgarde über die einzige wirkliche Macht im Staate gebot und sich in seiner Rolle als Beschützer der Krone gefiel, für sein Vorhaben zu gewinnen. Das Problem war nur, dass beide Männer einander in herzlicher Abneigung zugetan waren. Diese sollte bei einer Unterredung ausgeräumt werden, die durch Vermittlung von Alexandre Lameth, Barnave und Duport, die in der Nationalversammlung als das «Triumvirat» bekannt waren und zu den parlamentarischen Widersachern Mirabeaus zählten, im Haus der Marquise d'Aragon in Passy bei Paris am 15. Oktober organisiert wurde.[36]

Den Anlass dazu gaben also keineswegs die Absichten Mirabeaus, sondern die Überlegung des «Triumvirats», dass es angesichts des bevorstehenden Umzugs der Nationalversammlung von Versailles nach Paris für diese von schwerwiegendem Nachteil sei, wenn die beiden Streithähne dort in eine offene Auseinandersetzung gerieten, denn das konnte La Fayette nur schwächen, weil sein Gegner das Idol der hauptstädtischen Unterschichten war. Die wichtigste Voraussetzung, um einen solchen Ausgang zu vermeiden, war, dass man zu einem tragfähigen Konsens gelangte, der alle virulenten Interessen in einem klugen Kompromiss bündelte.

Das war durchaus im Sinne Mirabeaus, der aber nicht der Versuchung widerstehen konnte, das Gespräch mit einer vermutlich erfundenen Anekdote aus der Zeit seiner Wahl zu den Generalständen in der Provence zu eröffnen, die er wohl nur erzählte, um La Fayette zu demonstrieren, dass er zu allem fähig sei. Er habe sich damals der Unterstützung durch einen populären Volksredner versichert, dem er, weil er ihm nicht restlos vertraute, einen Mann zur Seite gestellt habe, der ihn nicht aus den Augen lassen sollte und den Auftrag hatte, diesen sofort zu erdolchen, sobald er von seiner Verpflichtung abwiche. «Wie! Ihr Mann hätte ihn erstochen?», fragte die von dieser Mitteilung entsetzte Runde. «Ja, natürlich, getötet, wie man eben jemanden umbringt.» – «Aber das wäre eine schreckliche Mordtat gewesen!» – «Ach», versetzte Mirabeau darauf seelenruhig, «in den Revolutionen tötet die kleine Moral die große.»[37]

Trotz dieser von Mirabeau provozierten Irritation kam die Runde auf die gegenwärtige Regierung zu sprechen. Die Anwesenden stimmten überein, dass sie unfähig sei, die Anforderungen zu meistern, die sich ihr stellten. Neben persönlichen Unzulänglichkeiten wurde der Hauptgrund einvernehmlich darin erkannt, dass die Minister zwar keine enragierten Anhänger des Absolutismus seien, aber alle schon zu lange im Dienst stünden, um sich von den Praktiken des *Ancien Régime* lösen zu können. Allein schon, weil sie nicht wirklich Gewähr dafür böten, auf der Höhe der Umstände zu sein, seien sie als Minister nicht länger tragbar. Das legte den Gedanken nahe, dem König als Mitglieder der neuen Regierung Abgeordnete der Nationalversammlung zur Ernennung vorzuschlagen. Allerdings, so kam man sofort überein, könne keiner der Anwesenden dafür in Betracht kommen. Das war der schamhafte Versuch, der Zusammenkunft den Anstrich einer Verschwörung zu nehmen. Dem widersprach selbst Mirabeau nicht, der sogar so weit ging, seinen Ehrgeiz rundweg abzuleugnen: «Ich kann mir hier nicht die Ehre eines Opfers anmaßen, denn mir ist nur zu sehr bewusst, dass ich einen ganzen Damm von Vorurteilen vor mir errichtet habe, den erst die Zeit abtragen muss.»[38] Das dürfte Mirabeau nicht wenig Überwindung gekostet haben, denn damit unterwarf er sich einem Mann, den er für eine Null hielt: La Fayette, der sich, ohne davon wirklich überzeugt zu sein, dazu bereiterklärte, im Sinne der gefundenen Übereinkunft tätig zu werden und den Sturz der Regierung herbeizuführen.

Dazu kam es jedoch nicht, entweder weil La Fayette der Lösung misstraute oder weil er noch immer auf das Zusammenspiel mit Necker vertraute. Möglicherweise gab aber auch seine Abneigung gegen Mirabeau den Ausschlag. Auch das hektische Treiben hinter den Kulissen, bei dem verschiedene Kabinettslisten zusammengestellt und wieder verworfen wurden, führte zu nichts. Um diese Ohnmacht zu überwinden, hatte La Fayette schließlich den aberwitzigen Einfall, eine Versöhnung zwischen Mirabeau und Necker zu bewerkstelligen. Am 17. Oktober kam es zu einer mehrstündigen Unterredung zwischen beiden, deren Scheitern die selbstgefällige Erklärung dokumentiert, mit der Necker das Gespräch beendete: «Meine ganze Kraft besteht in der Moral. Sie hingegen haben viel zu viel Esprit, um nicht eines Tages die Notwendigkeit dieser Stütze zu verspüren. Bis es so weit ist, mag es dem König unter den augenblicklichen Umständen möglicherweise einleuchten, Sie als Minister zu berufen, ausgeschlossen aber ist, dass wir das gemeinsam sind.»[39]

Die hochmütige Abfuhr erbitterte Mirabeau verständlicherweise, dem jetzt endgültig klar wurde, dass er mit Selbstverleugnung nicht zum Ziel kommen würde. Voraussetzung blieb jedoch der vorherige Sturz Neckers, für den er auf die Unterstützung von La Fayette angewiesen war, dem er deshalb am 19. Oktober 1789 schrieb: «Was auch immer kommen mag, ich werde bis zum Ende der Ihrige sein, weil mich Ihre großen Qualitäten unwiderstehlich anziehen und es mir unmöglich ist, das lebhafte Interesse an einem so schönen Ziel preiszugeben, das so eng mit der Revolution verknüpft ist, von der die Nation zur Freiheit geführt wird. – Wenn Sie aber das perfide Einverständnis der Minister mit dem brutalen oder vielmehr delirierenden Dünkel des verächtlichen Scharlatans [i. e. Necker] überdenken, der den Thron und Frankreich bis hart an den Abgrund geführt hat und der verbissen darauf beharrt, diesen Verlust lieber zu vollenden, als sich seine eigene Unfähigkeit einzugestehen, werden Sie zu der Einsicht kommen, dass ich um keinen Preis der Welt mehr deren Verbündeter sein kann.»[40]

Mirabeau war jetzt zum Äußersten entschlossen. Alle insgeheim getroffenen Verabredungen und Intrigen hatten nichts bewirkt. Nun wollte er mit offenem Visier in der Nationalversammlung die Regierung angreifen und ihren Sturz erzwingen. Makulatur war damit auch jene Kabinettsliste, die er zuvor aufgeschrieben hatte, auf der Necker noch als Premierminister figurierte. Das wurde von ihm mit dem Kommentar gerechtfertigt, es gelte, Necker aus Rücksicht auf die große Wertschätzung seitens des Königs als «ebenso machtlos wie unfähig vorzuführen». Talleyrand hingegen sei wegen seines Vorschlags, den Kirchenbesitz zu verstaatlichen, wie kein anderer für den Posten des Finanzministers geeignet, während er selbst, der Comte de Mirabeau, als Minister ohne Geschäftsbereich der Regierung angehören müsse mit der schönen Begründung, dass «les petits scrupules du respect humain ne sont plus de saison». Außerdem solle die Regierung es ganz deutlich machen, «dass ihre wichtigsten Hilfsmittel künftig vortreffliche Grundsätze, der Charakter und das Talent sind». Auch La Fayette, zum *Maréchal de France* ernannt, solle der Regierung angehören und als «Généralissime *à terme*» für eine umfassende Neuorganisation der Armee zuständig sein.[41] Das sei, so wähnte er, eine Verlockung für die Eitelkeit La Fayettes, die ihn dazu veranlassen werde, sich seinerseits energisch für den Sturz der Regierung einzusetzen.

Während diese Fäden von Mirabeau gesponnen wurden, war seine finanzielle Lage katastrophal. Ständig sah er sich von einer Schar von Gläubigern verfolgt, derer er sich erwehren musste. Hinzu kamen die nicht unbeträchtlichen Summen, die er aufzubringen hatte, um die zahlreichen Mitarbeiter seines «Ateliers», die Redenschreiber, Sekretäre und Kopisten zu besolden, die ihm zur Hand gingen und einen erheblichen Teil der Last seines parlamentarischen Pensums schulterten.[42] Schließlich brauchte er auch Geld für den eigenen Lebenswandel. Die dreihundert *Louis d'or* aus seiner Privatschatulle, mit denen ihn de La Marck wiederholt aus Freundschaft unterstützte, waren angesichts seiner Ausgaben nur ein Tropfen auf den heißen Stein. Auch war de La Marcks briefliche Versicherung vom 21. Oktober 1789: «Es verlangt mich sehr, Sie für lange Zeit frei von subalternen Verlegenheiten zu sehen, zumal das Übrige dann unfehlbar nachfolgt», keineswegs ein Wechsel, auf den sich Mirabeau verlassen wollte.[43] Tatsächlich scheint de La Marck sich an La Fayette gewandt zu haben, um Mirabeau eine substantielle Zuwendung des Königs zu verschaffen, ein Ansinnen, das von ihm aber mit Empörung zurückgewiesen wurde. «Ich habe mit allem erforderlichen Stolz», schrieb er an de La Marck, nachdem La Fayette ihm diesen Vorschlag unterbreitet hatte, «alles, was sich auf Geld bezog, zurückgewiesen. Unter uns gestehe ich Ihnen jedoch ein, dass das der kritische Punkt meiner Angelegenheiten ist. Ich stecke in einer grausamen Klemme, werde erstickt von subalternen Verlegenheiten, die in ihrer Massierung einen nicht unbedeutenden Widerstand bilden. Sind meine Angelegenheiten aber erst einmal bereinigt, werde ich der Unabhängigste aller Sterblichen sein (....). Eine große Unterstützung anzunehmen ist mir ohne eine Stelle, die diese rechtfertigte, unmöglich, während eine kleine Zuwendung mich nur unnötigerweise kompromittierte.»[44]

Damit beschrieb Mirabeau die tragische Verlegenheit, in der er steckte. Es war nicht nur sein politischer Ehrgeiz, der ihn nach einem Ministerposten streben ließ, sondern auch die Gewissheit, sich damit eine von Sorgen freie materielle Unabhängigkeit zu verschaffen. Das war natürlich ein Motiv, dem seine Gegner, die über seine Schulden und seine verzweifelte finanzielle Lage Bescheid wussten, erstrangige Bedeutung zumaßen und das ihnen Möglichkeiten bot, seinen Ehrgeiz zu vereiteln. Diese Gefahr scheint Mirabeau nicht erkannt zu haben, wie die stolze Haltung verrät, die er gegenüber de La Marck bekundete, der ihm darauf versetzte: «Ich empfinde durchaus die Verlegenheit Ihrer

Lage, aber zwischen der Unannehmlichkeit, etwas zu empfangen und der, nichts anzunehmen, muss es einen mittleren Weg geben. Zumindest sollte man diesen in Erwägung ziehen. Zwischenzeitlich verfügen Sie für Ihre laufenden Ausgaben über mich; ich habe stets 300 *Louis d'or* für Sie bereit, um Ihre materielle Unabhängigkeit zu gewährleisten.»[45]

Dem Rat des Freundes scheint Mirabeau in seiner Not gefolgt zu sein, denn La Fayette konnte ihm über de La Marck eine einmalige Zuwendung von 50 000 *francs* in Aussicht stellen, ohne auf seinen Protest zu stoßen.[46] Diese großzügige Spende, für die der König aufkommen sollte, war mit der Aussicht auf den lukrativen Botschafterposten in Konstantinopel garniert, auf den Mirabeau berufen werden sollte.[47] Zwar konkretisierte sich weder das eine noch das andere Versprechen, aber unter den sich deswegen hinziehenden Verhandlungen scheint Mirabeau verschiedentlich in den Genuss kleinerer Zuwendungen gekommen zu sein, die von ihm nicht abgelehnt wurden, über deren Dürftigkeit er sich aber gegenüber de La Marck beklagte: «La Fayette hat mir heute Morgen», schrieb er dem Freund am 28. Oktober, «einen lächerlichen und unmotivierten Geldbetrag zukommen lassen, der mich nicht einmal instand setzt, meine Verpflichtungen Ihnen gegenüber zu erfüllen. Wozu soll das also gut sein? – Es erlaubt mir noch nicht einmal umzuziehen, was nicht nur notwendig, sondern auch aus schierem Anstand geboten ist.»[48]

Auch wenn alle diese Manöver, halben Versprechen und vagen Aussichten offenkundig nur dazu dienten, Mirabeau ruhigzustellen und ihn von Angriffen auf die Regierung abzuhalten, riet ihm de La Marck dazu, alles anzunehmen, was man ihm anbiete: «Mein lieber Comte, denken Sie mehr daran, sich eine unabhängige Stellung zu verschaffen, als um ein Ministerium zu kämpfen. Ihre Unabhängigkeit wird Sie unweigerlich zum Ziel führen, während ein Misserfolg bei der anderen Unternehmung Sie weit zurückwerfen würde. Ich weiß sehr wohl, dass Sie mir darauf versetzen werden, dass Sie sie damit in große Verlegenheit brächten, aber was hätten Sie damit für sich gewonnen?»[49] Das war ein kluger Rat, der das Dilemma, in dem Mirabeau steckte, ausleuchtete: Von der schieren Not gezwungen, die Almosen, die man ihm zusteckte, nicht zurückweisen zu können, gleichzeitig aber zu erkennen, welche fatale Blöße er sich gab, diese durch La Fayettes Vermittlung zu akzeptieren, der ihn bei seinem Kampf, ein Ministeramt zu erlangen, nur halbherzig unterstützte, geriet er in eine Verzweiflung, die ihn dazu anstiftete, die

Regierung bei jeder sich nur bietenden Gelegenheit in der Nationalversammlung anzugreifen, um sich und den anderen zu beweisen, dass man ihm seinen Schneid nicht abkaufen könne.

Am 20. Oktober beschuldigte Mirabeau die Minister, die Bekanntmachung der Dekrete des 4. August in der Provinz zu verzögern, mit denen das Feudalwesen beseitigt worden war.[50] Einen Tag später forderte er die Regierung aus gegebenem Anlass – ein Bäcker war in Paris von einer wütenden Menge gelyncht worden – ultimativ dazu auf, alle Erfordernisse genau zu spezifizieren, die erfüllt sein müssten, um die Versorgung der Hauptstadt zu garantieren.[51] Am 5. November schließlich waren ihm in Marseille ausbrechende Unruhen ein willkommener Vorwand, der Regierung den Vorwurf zu machen, sie habe ein Gesetz, das die Kriminalgerichtsbarkeit neu regelte, nicht in der gebotenen Eile den zuständigen Instanzen mitgeteilt. Statt die Legislative zu unterstützen, erweise sich die Exekutive damit als deren Gegnerin. Auf seinen Antrag hin beschloss deshalb die Versammlung, den Justizminister und die Staatssekretäre auf den Nachweis zu verpflichten, die einschlägigen Gesetze an die Gerichtsinstanzen übermittelt zu haben. Sehr zustatten kam Mirabeau dabei, dass ihm zahlreiche Abgeordnete beisprangen, die aus ihren Wahlkreisen entsprechende Beschwerden zu Protokoll gaben.[52]

Das war ein Erfolg, der Mirabeaus Hoffnungen beflügelte. Das zeigt sein Schreiben an de La Marck am Morgen des 6. November: «Machen Sie sich meine gestern gegen die Regierung für die Provence gewonnene Schlacht zunutze und, ohne dass Sie sich des Weiteren darüber auslassen, auch die große Schlacht, deren ersten Angriff ich heute mit einer lediglich taktischen Evolution einleite. Sagen Sie ihm [i. e. La Fayette], er habe jetzt keine andere Wahl mehr als ein Ministerium erster Stärke, das bar jeglicher Nachsicht sei, denn dieses Ministerium müsse die Erschütterungen von Neckers Entlassung auffangen. Sollte ich ihm eine Regierung vorschlagen, deren Talente und Festigkeit er anerkenne und die auch für diese Herausforderung einstehe, dann müsse er mir für deren Bildung freie Hand lassen. Von Montag an wird die Regierung keinen Taler mehr haben, und spätestens ab Mittwoch wird es zur Explosion kommen. Da er sich dank meiner mir eigenen Treue des Verdienstes rühmen könne, ein solches Ministerium vorzuschlagen, so müsse er sich gleichzeitig aber auch davor hüten zu vergessen, dass dessen Bildung, wenn es Spitz auf Knopf kommt, auch ohne ihn zustande käme.»[53]

Die «taktische Evolution», auf die Mirabeau anspielte, war eine Rede vor der Nationalversammlung vom gleichen Tag, in der er die Krise beschrieb, die aus dem chronischen Geldmangel, der immer wieder stockenden Versorgung mit Lebensmitteln, dem galoppierenden Verfall des Kredits wie der zunehmenden Überschwemmung des Landes mit Papieren, deren Ausstellung man auf Betreiben Neckers der *Caisse d'escompte* erlaubt hatte, herrührte. Die Pointe seiner Ausführungen sparte er sich für den Schluss auf, als er auf die «traurigen Missverständnisse» zwischen der Versammlung und den Ministern zu sprechen kam. Diese dauerten so lange fort, «wie die Minister des Königs nicht in der Versammlung zugegen sind». Tatsächlich ließe sich die *force publique* nur wiederherstellen, wenn Legislative und Exekutive einander nicht länger als Feinde ansähen, sondern gemeinsam die Belange der *chose publique* erörterten. Dann sei auch eine bessere Unterrichtung der Versammlung gewährleistet, und die Minister unterlägen einer größeren Kontrolle: «Wo könnten die Minister mit weniger Aussicht auf Erfolg sich für die Beschneidungen der Freiheiten des Volkes einsetzen? Wo fiele es ihnen schwerer, ihre Einwände gegen Gesetzesvorhaben zu formulieren? Wo, wenn nicht in der Nationalversammlung, könnten ihre Vorurteile, Irrtümer und ihr Ehrgeiz mit größerem Nachdruck aufgedeckt werden? Wo trügen sie nicht besser zur Stabilität der Gesetze bei? Wo müssten sie sich nicht feierlicher zu deren Anwendung verpflichten? Wo, wenn nicht hier in der Nationalversammlung?» Auf diese Fragen gab der letzte von drei Punkten eines von Mirabeau eingebrachten Gesetzesentwurfs die Antwort, der vorsah, die Minister so lange beratend an der Nationalversammlung teilnehmen zu lassen, bis die Verfassung dafür Regelungen geschaffen hatte.[54]

Der Vorschlag war allenfalls die Andeutung einer parlamentarischen Regierungsform, die Mirabeau vorschwebte, und schien zunächst allgemein mit Beifall aufgenommen zu werden. Das war aber nur eine weitere Illusion, die schon am folgenden Tag zerplatzte, als die Einwände von nur zwei Abgeordneten genügten, um den Antrag Mirabeaus abzulehnen. Der eine davon, Jean-Denis Lanjuinais, verwies auf das Prinzip der Gewaltenteilung, das es genau zu beachten gelte und das durch den Vorschlag Mirabeaus verletzt werde. Ausdrücklich warnte er die Abgeordneten davor, das Spielzeug ehrgeiziger Männer zu werden, die sich in der Versammlung ein Stelldichein gäben. Das zielte eindeutig auf Mirabeau, weshalb Lanjuinais für den Fall, dass dessen Antrag stattgegeben werde, ankündigte, seinerseits einen Gesetzentwurf vorzuschlagen, der wörtlich dem Willen seiner Wähler entspreche und geeignet sei, den begangenen Irrtum ein Stück weit zu korrigieren: Die Mitglieder der Legislative dürften sowohl während ihrer Wahlperiode wie auch noch in einer Frist von drei Jahren nach deren Ende kein Ministeramt antreten. Der zweite Abgeordnete, Pierre-François Blin, sprach sich gegen Mirabeaus Vorschlag mit dem Hinweis darauf aus, die Minister seien im Unterschied zu den Abgeordneten «unverantwortlich», also nicht wie diese gegenüber ihren Wählern verantwortlich. Falls der Antrag aber dennoch eine Mehrheit fände, kündigte er wie Lanjuinais einen Zusatz an, der ausschloss, ein Mitglied der Nationalversammlung während der Wahlperiode in ein Ministeramt zu berufen.[55]

Blins Ausführungen wurden mit lebhaftem Beifall und Rufen quittiert, die eine sofortige Abstimmung über den Antrag Mirabeaus verlangten. Dem wurde ebenso wie einem Votum über den von Blin gestellten Zusatzantrag stattgegeben. Es hatte Mirabeau nichts genützt, seine wahren Absichten hinter dem harmlos anmutenden Vorschlag zu verbergen, den Ministern die Möglichkeit zu eröffnen, bei den Beratungen der Nationalversammlung zugegen zu sein; seine eigentlichen Motive wurden durchschaut, und sein Ehrgeiz war vielen ein offenes Geheimnis.

Mit einer Rede, die von bitterer Ironie getränkt war, hielt Mirabeau noch einmal dagegen. Die Unvereinbarkeit eines Abgeordnetenmandats mit einem Ministeramt sei nirgendwo festgestellt. Könne man sich eine überzeugendere Lösung ausmalen als eine Berufung von Ministern, die, aus den Mitgliedern der Versammlung ausgewählt, deren Maßgaben umsetzten und deren Prinzipien teilten? Wem könne im Übrigen der König vor jenen den Vorzug geben, die von seinem Volk gewählt wurden? Man stelle sich doch nur vor, dass selbst ein Necker nicht hätte Minister werden können, wenn er auch Abgeordneter gewesen wäre! Am Ende bot er sogar an, dass die Regelung nur für ihn selbst gelten solle.[56] So stichhaltig seine Argumente auch waren, die Versammlung verabschiedete die Beschlussvorlage, wonach kein Mitglied der Nationalversammlung für die Dauer der laufenden Sitzungsperiode das Amt eines Ministers bekleiden dürfe. Damit nahm das Unheil, das den weiteren Gang der Revolution beeinflussen sollte, seinen Lauf. Die Nationalversammlung gewann in ebendem Maße an Macht und Einfluss auf das Geschehen, wie die Regierung und der König diesen verloren. Dafür gaben viele Faktoren den Ausschlag: die parlamentarische Unerfahrenheit der Abgeordneten, die gepaart war mit einer übersteigerten Selbsteinschätzung, die sich bei den einen mit Ängsten und Eifersüchteleien vermischte, bei den anderen mit Abneigung und blankem Hass auf einen Mann, der allen Bewunderung wegen seiner rhetorischen Fähigkeiten abnötigte und den man eben deswegen fürchtete. Aber auch Mirabeau selber ist erheblicher Anteil an seinem Scheitern zuzurechnen. Er begriff nicht, wie viel Antipathie in der Begeisterung mitschwang, mit der seinen Reden applaudiert wurde, mit denen er die notorisch verhasste Regierung kritisierte und seine intellektuelle Überlegenheit unter Beweis stellte. Mirabeaus Unglück war nicht seine «unmoralische» Vergangenheit, die er mit vielen Größen der Revolution gemeinsam hatte, als vielmehr seine Zukunft, die ihm seine zahlreichen Talente verhießen. Ebendieses Versprechen, das ihn von den meisten anderen Abgeordneten unterschied, wurde ihm zum Verhängnis.

Den letzten Anstoß dazu gab er mit seiner großen Rede vom 6. November, in der er einmal mehr die Nationalversammlung in einen Zustand sprachloser Bewunderung versetzte. Als die Abgeordneten danach wieder zur Besinnung kamen, dämmerte ihnen, dass es die eigentliche Absicht dieser Rede gewesen war, die Kandidatur Mirabeaus und seiner Freunde für eine neue Regierung als die einzig denkbare Lösung für alle anstehenden Probleme zu empfehlen. Dagegen mussten sie sich mit Rücksicht auf die eigene übersteigerte Selbsteinschätzung verwahren. Das erklärt das Scheitern Mirabeaus am 7. November, das ihm die Erfüllung seines Ehrgeizes vereitelte, Minister zu werden. Dieses Motiv, von dem sich die Mehrheit der Nationalversammlung leiten ließ, hat Adrien Duquesnoy in schöner Deutlichkeit geschildert:

«Für das Verständnis unvoreingenommener Männer lässt sich das, was Mirabeau im dritten Teil seiner Rede ausführte (...) wie folgt resümieren: *dass die Minister unfähige und talentlose Leute sind; sobald sie in der Versammlung erscheinen, stellen wir ihnen, die wir weitaus mehr Fähigkeiten, viel mehr Möglichkeiten und Esprit als sie besitzen, Fragen, auf die sie keine Antworten geben können. Ganz Frankreich und auch der König sehen, dass wir weitaus mehr Ahnung als sie haben. Also werden sie entlassen werden und wir nehmen ihre Plätze ein.* Diese kleinliche von Ehrgeiz diktierte Absicht wurde von den meisten Mitgliedern der Nationalversammlung auf Anhieb durchschaut, und selbst der Abgeordnete, der nach Verstand und Gewissen die Anwesenheit der Minister in der Versammlung für außerordentlich wichtig angesehen hätte, würde den Antrag Mirabeaus allein wegen des Motivs, das dafür den Ausschlag gab, abschlägig beschieden haben, zumal es mir selber ganz genauso gegangen ist.» Dass ebendieser Verdacht den Hauptgrund für die Ablehnung von Mirabeaus Vorschlag war und nicht die parlamentarische Einbindung der Minister schlechthin, betonte Duquesnoy ausdrücklich: «Es kann als nur zu gewiss gelten, dass die Anwesenheit der Minister in der Versammlung für die *chose publique* von unendlichem Nutzen wäre. Dafür spricht nicht nur die Leichtigkeit, sich auf der Stelle Aufschlüsse verschaffen zu können, eine genaue Kenntnis der Umstände zu erhalten, die so notwendig sind. Diese Präsenz wäre selbst für die Minister, wie ich überzeugt bin, von Nutzen, insofern sie vielen einen Anhaltspunkt verschaffte und sie instand setzte, sich für etwas zu engagieren, dem sie zwar zuneigen, das aber noch nicht so deutlich umrissen ist, dass man wagte, es mit Nachdruck zu unterstützen.»[57]

Die Abstimmung vom 7. November, mit der die Unvereinbarkeit von Abgeordnetensitz und Ministeramt festgestellt wurde, kommentierte Duquesnoy: «Ich halte dieses Dekret für in sich schlecht, insofern es die Wahlmöglichkeiten des Königs einschränkt und es vereitelt, Leute in die Regierung zu berufen, die von der Nation gewählt wurden, um sie zu repräsentieren. Allein, die Umstände sind, wie sie nun einmal sind, und die Männer, die sich anschickten, in die Regierung einzutreten, könnten so gefährlich sein, weshalb es notwendig war, die gegenwärtigen Minister gegen die Machenschaften der Intrige und des Ehrgeizes in Schutz zu nehmen, weshalb es in Tat und Wahrheit unmöglich ist, sich über eine Entscheidung zu beklagen, die gute Wirkungen zeitigen muss.»[58] Das entbehrt nicht einer gewissen Tragik, denn die Abgeordneten, die nicht ihre Vorurteile und Verdächtigungen zu überwinden vermochten, stellten sich mit ihrem Votum, wie Duquesnoy richtig erkannte, selber ein Bein. Das würde fatale Folgen haben, die sich niemand ausmalte, zumal die Genugtuung darüber, Mirabeaus Aufstieg zur Macht vereitelt zu haben, alle Bedenken verstummen ließ. Der Befriedigung dieser kleinlichen Rachsucht willen opferte die Versammlung die Chance eines politischen Systems, für das Mirabeau seit Beginn der Generalstände unermüdlich eingetreten war und das ein parlamentarisches Regime auf der Grundlage vertrauensvoller und effizienter Zusammenarbeit zwischen Legislative und Exekutive, zwischen Nationalversammlung und königlicher Regierung vorsah.

Mirabeau sah sich jetzt darauf verwiesen, im Dunkeln zu agieren, durch allerlei Intrigen vielleicht doch noch zum Ziel zu gelangen. Die Aussichten, auf verborgenen Wegen Erfolg zu haben, mussten sich in seiner Wahrnehmung in dem Maße verbessern, wie die Revolution aus dem Ruder lief. Zwar hat ihn seine Niederlage umso mehr geschmerzt, als er sich seines Triumphs allzu gewiss war, aber sie raubte ihm nicht den Optimismus. Wie es um seine Befindlichkeit bestellt war, verrät der Brief, den Mirabeau am 3. Dezember 1789 an Mauvillon schrieb: «Die Monarchie ist mehr dadurch in Gefahr, dass man nicht regiert, als dass man konspiriert. Wenn sich kein Steuermann findet, wird es immer wahrscheinlicher, dass das Schiff auf Grund läuft. Wenn jedoch die Macht der Umstände es erzwingt, einen verständigen Mann zu berufen, der den Mut hat, alle menschlichen Rücksichten hintanzustellen und den subalternen Neid zu besiegen, die beide nicht mit ihrem Widerstand von sich aus aufhören, so werden Sie es nicht für möglich halten, wie leicht es sein wird, das Staatsschiff wieder flottzumachen. Die Hilfsquellen dieses Landes, ja selbst die Beweglichkeit dieser Nation, die ihr Hauptlaster ist, stellt so viele Mittel und Erleichterungen bereit, dass man in Frankreich weder große Hoffnungen schöpfen kann noch in Verzweiflung versinken muss.»[59]

Viertes Kapitel

Im Sold des Königs

Was bleibt jetzt noch zu tun?», rekapitulierte Mirabeau die Lage kurz nach dem 7. November in einem Schreiben, das seine Schwester, die Marquise du Saillant, an die Comtesse de Mirabeau sandte, die jetzt, da der von ihr verstoßene Gatte zu einer politischen Berühmtheit geworden war, mit einer Aussöhnung liebäugelte. «Es gilt der Exekutive neues Leben einzuflößen, die Autorität des Königs zu regenerieren und sie mit der Freiheit der Nation in Übereinstimmung zu bringen. Ohne eine neue Regierung wird das aber nicht möglich sein, und das Vorhaben ist ebenso schön wie schwierig, um nicht den Wunsch zu hegen, daran Anteil zu haben. Ein neues Ministerium wird aber immer unzulänglich komponiert sein, solange die Minister nicht auch Mitglieder der Gesetzgebenden Versammlung sind. Deshalb muss das Dekret über die Minister widerrufen werden. Wenn es nicht dazu kommen sollte, wird die Revolution niemals konsolidiert werden können.»[1]

Trotz seiner Niederlage hielt Mirabeau an der Überzeugung fest, nur eine parlamentarische Regierung würde Gewähr bieten, die Revolution zu vollenden. Als Voraussetzung dafür galt ihm die Entlassung Neckers. Erst dessen Sturz würde der Mehrheit der Nationalversammlung die Augen für die von ihm vorgeschlagene Lösung öffnen. Um das zu erreichen, nahm Mirabeau jetzt seine Zuflucht zu verdeckten Manövern, deren Schlüsselfigur *Monsieur*, der Comte de Provence, der jüngere Bruder des Königs, war. Allem Anschein nach hat Mirabeau, der mit *Monsieur* seit dem Oktober in Kontakt stand, dessen eigenen Ehrgeiz angestachelt und zu lenken gesucht. In den vertraulichen Gesprächen, die er mit dem Comte de Provence führte, blieb Mirabeau nicht verborgen, wie sehr dieser darauf brannte, den erwiesenermaßen unfähigen älteren Bruder zu verdrängen und sich selber auf den Thron zu setzen. Diesen Absichten scheint Mirabeau entschieden widerraten zu haben, wie ein Brief an *Monsieur* nahelegt, den Louis Blanc in seiner *Histoire de la Ré-*

volution Française zitiert: «Mäßigen Sie, ich beschwöre Sie, eine Ungeduld, die alles aufs Spiels setzen wird. Eben weil Sie Ihre Geburt dem Thron so nah gestellt hat, ist es für Sie schwierig, die letzte Stufe, die Sie davon trennt, zu überwinden. Wir sind weder im Orient noch in Russland, um die Dinge so leichtfertig anzugehen... In Frankreich jedenfalls würde man sich einer Serail-Revolution nicht unterwerfen.»[2]

Die durchaus dilettantischen Pläne *Monsieurs* waren aber schon zu weit gediehen und wurden erst durch die Aufdeckung der *affaire Favras* zunichtegemacht. Nach diesen Plänen sollte der König aus Paris nach Peronne verbracht werden und dort eine Erklärung zur Auflösung der Nationalversammlung und der Annullierung aller ihrer Gesetze bekanntgeben. Zu diesem Zweck hatte der Marquis de Favras zwei Werber engagiert, die eine Truppe von Söldnern anwerben und in Paris auf ihren Einsatzbefehl warten sollten. Der Auftrag wurde dem Untersuchungsausschuss der Stadt Paris angezeigt, der für die Aufdeckung von Verschwörungen eingerichtet worden war und seinen Informanten lukrative Geldprämien versprach. In der Nacht vom 23. auf den 24. Dezember 1789 wurde der Marquis de Favras verhaftet. Am nächsten Tag tauchte ein Flugblatt auf, in dem behauptet wurde, der Plan sei gewesen, 30 000 Mann aufzubieten, um La Fayette und den Bürgermeister zu ermorden und anschließend Paris von der Versorgung mit Lebensmitteln abzuschneiden. Haupt dieser Verschwörung sei *Monsieur*, der Bruder des Königs.[3]

Diese Beschuldigung stürzte *Monsieur* in Panik, aus der ihn Mirabeau rettete, der ihm den Rat gab, gegenüber dem Untersuchungsausschuss seine Unschuld zu beteuern. Das erschien auch deshalb glaubwürdig, weil in den Papieren, die man bei Favras' Verhaftung beschlagnahmt hatte, sein Name nicht auftauchte. Mirabeau war es auch, der ihm die Erklärung redigierte, mit der er sich bei dieser Gelegenheit am 26. Dezember vernehmen ließ. Um seine Gesinnung zu unterstreichen, erinnerte er daran, dass er als Mitglied der Notabelnversammlung für eine Verdoppelung der Deputierten des Dritten Standes auf den Generalständen gestimmt habe. Das schien Mirabeau jedoch als Argument zu schwach zu sein, weshalb er ihm einfach sein eigenes politisches Konzept als Bekenntnis unterschob: «Seit diesem Tag», beteuerte der Bruder des Königs, «war ich überzeugt, dass eine große Revolution bevorstünde; dass der König in Übereinstimmung mit seinen Absichten seiner Tugenden und seiner übergeordneten Stellung wegen deren Führer sein müsse, denn nur dann könne diese Revolution gleichermaßen vorteilhaft für die Nation und den Monarchen ausschlagen. Schließlich müsse die königliche Autorität das Bollwerk der nationalen Freiheit und diese die Grundlage der königlichen Autorität sein.»[4] Diese Ausführungen taten ihre Wirkung. Bürgermeister Bailly apostrophierte *Monsieur* als den «premier fondateur de l'égalité politique», eine Bewertung, die ihn von jeglicher Verstrickung in die Verschwörung freisprach, für die allein der Marquis de Favras verantwortlich gemacht und gehenkt wurde, ohne in dem vorausgegangenen Prozess seine Hintermänner verraten zu haben.

Dank der Hilfe Mirabeaus hatte *Monsieur* seinen Kopf aus der Schlinge gezogen; der wahre Gewinner der Affäre war jedoch La Fayette, dem der amerikanische Botschafter Morris versicherte, dass er nach dem Auftritt von *Monsieur* vor dem Untersuchungsausschuss alle Karten auf der Hand habe. Der Bruder des Königs habe sich damit selbst an die Spitze der Revolution gestellt, eine Position, in der man ihn unbedingt halten müsse, «denn wenn sich», so Morris, «irgendeine Gegenrevolution ereignen sollte, dann würde er die Köpfe aller anderen davor bewahren zu fallen; wenn die Revolution sich aber vollendet, dann wird die Nichtigkeit seines Charakters ihn folgerichtig jeglicher Bedeutung und Autorität berauben».[5] Die Voraussage des Botschafters hat sich nur für La Fayette erfüllt, der von nun an für eine geraume Weile die dominierende Figur war, nicht aber für *Monsieur*, der nach der Revolution und der Herrschaft Napoleons 1814 als Louis XVIII den französischen Thron bestieg.

Mirabeau gelangte damals zu einem ganz anderen Urteil. Wenn es ihm unmöglich gemacht werde, den Richelieu der Revolution zu geben, so sollte diese Rolle der Bruder des Königs übernehmen, dem er als vertrauter Berater zur Seite stünde. Das war die Quintessenz einer Denkschrift, die er dem Prinzen damals zuleitete. «Der König muss», so heißt es darin, «sein Eintreten für die Revolution unter der einzigen Bedingung, dass er ihr Haupt und Lenker sei, offen bekennen. Er muss dem Egoismus seiner Minister einen Repräsentanten aus seiner großen Familie gegenüberstellen, der nicht er selber sein kann, weil sein Amt als König jeglichem *esprit de famille* abhold ist und sein muss, der aber zugleich eine Bürgschaft für diese Familie, gleichsam ihre Geisel und nicht das ministerielle Organ des Oberhaupts der Nation darstellt. Dann wird man bald gewahren, wie das Vertrauen oder wenigstens die Hoffnung erweckt werden, der monarchische Sinn wiedererwacht; auch die Parteien, die keine Auflösung des Reichs wollen, oder die bestrebt sind zu verhindern, dass es nicht für ein halbes Jahrhundert der Schauplatz blutiger Spiele wird, die einige ehrgeizige Subalterne oder gewissenlose Demagogen veranstalten, werden sich um den Bourbonen scharen, der Berater des Königs und Anführer der Freunde königlicher Autorität ist und der als solcher die Meinung lenkt und die Ansprüche der Parteien im Zaum hält.»[6]

Welche Illusionen Mirabeau damals hegte, verrät der Brief vom 26. Dezember, den er an den in den österreichischen Niederlanden weilenden Comte de La Marck schrieb: «Der Erfolg der beiliegenden Rede [i. e. die Ausführungen *Monsieurs* vor dem Untersuchungsausschuss], die man noch dazu verdorben hat, war enorm. Versteht er es, diese Linie beizubehalten, wird er den größten Einfluss gewinnen und de facto der erste Minister sein.»[7]

Um diesen Optimismus war es aber bald geschehen. Im Schreiben vom 27. Januar 1790 an de La Marck war es Mirabeau nicht mehr möglich, Ärger und Enttäuschung noch länger zu verschweigen: «Was den Hof anbetrifft, oh, welche Baumwollballen! Welche entschlusslosen Trödler! Welche Zaghaftigkeit! Welcher Leichtsinn! Welche groteske Zusammenstellung von alten Ideen und neuen Projekten, von kleinlichem Widerwillen und kindlichen Wünschen, von Wollen und Nichtwollen, von unterdrückter Liebe und verdrücktem Hass! – Was all dem den Gipfel aufsetzt, das ist *Monsieur*. Stellen Sie sich vor, dass man willens war, ihm solche Geldmittel an die Hand zu geben, dass Ihr Kammerdiener, wenn sie ihm zu Gebote ständen, in die Regierung eintreten könnte, sobald er dies wünschte, aber dieser *Monsieur* wird sich wahrscheinlich nie dazu aufraffen… Das ist wahrhaft jammernswert. Und nachdem sie keinen meiner Ratschläge befolgten, aus keiner meiner Eroberungen Gewinn gezogen haben, keines meiner Manöver gewinnbringend zu nutzen verstanden, beklagen sie sich, behaupten sie, ich hätte an ihrer Stellung nichts geändert, man könne nicht wirklich auf mich zählen, und das alles nur, weil ich mich nicht mutwillig zugrunde richte, um Ratschläge, Sachen und Menschen zu unterstützen, deren Erfolg sie unweigerlich ins Verderben stürzen würde …»[8]

Die düsteren Ahnungen, die Mirabeau hinsichtlich des Comte de Provence hegte, der nicht das Zeug hatte, um als Werkzeug für seine Pläne zu dienen, wurden ihm am 4. Februar 1790 eklatant bestätigt. An diesem Tag erschien Louis XVI, dem La Fayette und Necker zu diesem

Comte de La Marck

Schritt geraten hatten, in der Nationalversammlung. Ohne *Monsieur* oder dessen geheimen Ratgeber Mirabeau beim Namen zu nennen, entzog der König deren Absichten mit seiner Ansprache den Boden, indem er sich uneingeschränkt zur Revolution und zur Verfassung bekannte. Diese so von niemandem erwartete Rede des Monarchen löste einen wahren Sturm der Begeisterung aus, der sich in der spontanen Ableistung eines Treueides der Nationalversammlung und der Besucher auf die Nation, das Gesetz und den König niederschlug.[9] Der Pakt des Monarchen mit der Revolution, den Louis XVI unter der Maßgabe feierlich gelobte, deren Führer zu sein, erfüllte zwar einen wichtigen Teil des von Mirabeau verfolgten Programms. Das war jedoch nur ein Pyrrhussieg, weil die für dessen Gelingen notwendige andere Hälfte, dass der Regierung mit dem Comte de Provence auch ein Mitglied der königlichen Familie angehörte, stillschweigend verweigert wurde.

Die ganze Bitterkeit, die Mirabeau deswegen verspürte, schlug sich in dem an de La Marck gerichteten Brief vom 6. Februar nieder: «Sie werden von dem Schritt des Königs gehört haben, seiner höchstseltsamen Rede, dem Schwur, der Pantomime und der wahren Wirkung dieser ganzen Erregung. Hätten Sie es nicht ohnehin gewusst, so hätten Sie es unschwer erraten. *Monsieur* hat sich selbst in Feigheit, der König in Phrasen und Saint-Priest [i. e. der Innenminister François-Emmanuel Comte de Saint-Priest] in Verschlagenheit übertroffen. Alle Parteien haben um die Wette Komödie gespielt, und La Fayette selbst ist dabei übertölpelt worden.»[10]

Das erneute Scheitern Mirabeaus fasste der schwedische Botschafter im Bericht an seinen Hof vom 7. Februar 1791 in den nüchternen Worten zusammen: «*Monsieur,* der Bruder des Königs, der mit Mirabeau eine kleine Intrige einzufädeln suchte, um in die Regierung einzutreten und sich zum Chef des *parti populaire* zu machen, ist geschickt beiseitegeschoben worden. Der König und selbst die Königin scheinen in diesem Augenblick ihr ganzes Vertrauen in Necker zu setzen. Der Einfluss von M. de La Fayette ist sehr groß, denn er ist der Befehlshaber von 30 000 Mann in der Stadt, in der sich der König und die Nationalversammlung befinden, weil der *parti populaire* in der Versammlung ihm vertraut und man sich überdies von ihm gewiss ist, dass er zu keiner verwerflichen Handlung fähig sei. Necker und La Fayette sind augenblicklich eng miteinander verbündet und können als die einzigen Stützen der Regierung betrachtet werden, wenn man derart den Schatten von Autorität und Macht ansprechen kann, der Frankreich noch geblieben ist.»[11]

Mit der Absicht, sich seinen politischen Ehrgeiz zu erfüllen und die Revolution nach seinen Vorstellungen zu lenken, war Mirabeau einmal mehr gescheitert. Noch immer behaupteten dieselben Männer, Necker und La Fayette, die ihm zutiefst misstrauten und den Weg an die Macht verlegten, die entscheidenden Positionen. Schlimmer noch: Beide erfreuten sich auch des uneingeschränkten Vertrauens des Hofes, den für sich einzunehmen Mirabeau zahlreiche Anstrengungen unternommen hatte. Das nüchterne Fazit aus all diesen Enttäuschungen wäre Resignation gewesen, in die sich Mirabeau aus zwei Gründen aber nicht flüchten wollte oder konnte: Zum einen war sein ganzes Naturell durch einschlägige Erfahrungen gehärtet, über die er bislang stets triumphiert hatte. Das verschaffte ihm die Zuversicht, auch diesmal alle Widerstände überwinden zu können, zumal er mit seinen parlamentarischen Erfolgen und seiner großen Popularität bei den Pariser Massen an Handlungssicherheit gewonnen hatte. Zum anderen verwehrten es ihm seine drückenden Schulden, sich wie ein Mounier oder ein Lally-Tolendal, die beide in den Anfängen der Revolution eine große Rolle in der Nationalversammlung gespielt hatten, aus dem politischen Geschehen zurückzuziehen und in die Emigration zu gehen. Das ließ ihm keine andere Wahl, als auf seinem Posten in der Nationalversammlung auszuharren und hier aus seinem nach wie vor großen Ansehen und seinen rednerischen Fähigkeiten Kapital zu schlagen.

Vor allem, dessen war sich Mirabeau seit den spektakulären Folgen nur zu sehr bewusst, die der Auftritt des Königs in der Nationalversammlung am 4. Februar nach sich zog, galt es darauf zu achten, dass nicht andere sein Spiel usurpierten und den König einzuspannen suchten, um die Revolution in die Richtung ihrer Interessen zu lenken. Von seinen noch vagen Befürchtungen unterrichtete er de La Marck im Brief vom 16. Februar 1790: «Was uns anbelangt, so behaupte ich, dass wir uns im gefahrvollsten Augenblick der Revolution befinden, in demjenigen, in dem wir vor der Ungeduld und der Ermüdung der Nation wie unserer eigenen auf der Hut sein müssen und in dem man sich unseren Hang zu Gefühlsregungen und Begeisterung zunutze macht, um in jedem großen oder kleinen Ereignis den Wunsch, die Gelegenheit oder die vermeintliche Notwendigkeit zu gewahren, die exekutive Gewalt durch provisorische Mittel zu verstärken, will sagen, ihr alle notwendigen Werkzeuge zu verschaffen, die sie braucht, um die Vollendung der Verfassung zu verhindern. Besser wäre es gewesen, mit der Verfassung gar nicht erst begonnen zu haben, als sie in dem Zustand zu lassen, in dem sie jetzt ist, denn es bliebe dann nichts von ihr übrig als die Übel, die sie verursacht hat. – La Fayette konspiriert für die Monarchie aus Galanterie; unsere Virtuosen konspirieren für den Royalismus, weil sie korrupt sind; unsere Demokraten konspirieren für das Königtum, weil sie zerstritten sind, und wegen des Kleinklein ihrer je besonderen Interessen. Der Krieg der Wahlen, der Krieg der Schmuggler, der Krieg wegen der Steuern wie der aus Gründen der Religion sind im Keim in zwanzig Kantonen des Landes vorhanden, das nur noch den Anschein einer großen Masse hat; aber das ist auch schon alles, und es ist unmöglich, sich den Ausgang der herrschenden Krise auszumalen.»[12]

Die Ahnungen, die Mirabeau umtrieben, wurden bald bestätigt. Das Gesetz, das die Gemeinden ermächtigte, bei Unruhen den Ausnahmezustand zu verhängen, erwies sich als wenig tauglich, weil sich die Gemeindeverwaltungen scheuten, es entschlossen anzuwenden. Das Geschehen im südfranzösischen Béziers, wo fünf Steuerbeamte, die Salzschmuggler verhaftet hatten, von der Menge gelyncht wurden, war nur ein Vorfall unter anderen, die den Anstoß dazu gaben, in der Nationalversammlung über eine Verschärfung des Gesetzes zu debattieren. Das von der Rechten propagierte Vorgehen bestand darin, dem König für eine befristete Zeit diktatorische Vollmachten zu geben.

Gegen diese Bestrebungen bezog Mirabeau am 22. Februar 1790 entschieden Stellung. Sicher war es auch ihm um eine Stärkung der königlichen Autorität zu tun, die aber durch Garantien eingehegt sein sollte, damit die Exekutive diese Macht niemals einsetzen konnte, um der Nation die durch die Revolution erworbenen Freiheiten wieder streitig zu machen. Eben darauf zielte aber im Kern die Absicht der Rechten ab, die ganz Frankreich von Aufständen erschüttert sahen und deshalb in einer Diktatur des Königs das einzige Mittel erkannten, wie Mirabeau ausführte, um die Errungenschaften der Revolution abzuräumen. «Tatsächlich macht sich eine Stadtverwaltung, die sich unter gewichtigen Umständen nicht der ihr zur Verfügung stehenden Machtmittel bedient, eines großen Verbrechens schuldig. Dieses Verbrechen gilt es namhaft zu machen, die dafür zu verhängende Strafe und das zuständige Gericht zu bezeichnen. Das allein braucht es. Aber anstatt die ganze Angelegenheit auf eine derart einfache Frage zu reduzieren, alarmiert man uns mit dem Ruf, die Republik sei in Gefahr. (...) Man hat uns ein erschreckendes Bild von dem Unglück gemalt, das Frankreich heimsucht; man hat behauptet, der Staat sei in völliger Unordnung, die Monarchie schwebe in derartiger Gefahr, dass man zu größten Rettungsanstrengungen genötigt sei; folglich wurde die Forderung nach einer Diktatur laut! Die Diktatur über ein Land mit 24 Millionen Einwohnern; die Diktatur eines Mannes über ein Land, das mit der Formulierung seiner Verfassung befasst ist, dessen Repräsentanten versammelt sind, und dann die Diktatur eines Einzelnen!»[13]

Mirabeaus Intervention verhinderte jedoch nicht, dass eine ganze Reihe von Vorschlägen eingebracht wurden, mit denen das Gesetz über den Ausnahmezustand verschärft werden sollte. Dagegen wandte sich Mirabeau mit einer weiteren Rede am 23. Februar, mit der er die These vertrat, dass erst, wenn die Verfassung von der Nationalversammlung vollendet sei, sich auch die Exekutive im Besitz der Machtmittel befände, derer sie bedürfe. Glaubten denn noch immer einige Abgeordnete, fragte er mit beißender Ironie, «wir lebten in den Zeiten von Theseus und Herkules, in denen ein Einzelner die Nationen wie die Ungeheuer zähmte? Können wir denn wirklich der Überzeugung sein, dass der König allein die exekutive Macht handhabt? (...) Sobald die Verfassung fertiggestellt ist, wird eben dadurch auch die Exekutive geschaffen sein. Alle zusätzlichen Regelungen, die darauf hinauslaufen, außerordentliche Mittel und Befugnisse zu schaffen, die nicht von der Verfassung gedeckt sind, müssen deshalb unter allen Umständen abgelehnt werden.»[14]

Solche und andere kleine parlamentarische Scharmützel vereitelten allenfalls einige revolutionäre Exzesse. Sie änderten aber nichts daran, dass der Fortgang, den die Revolution seit dem Oktober 1789 nahm, Mirabeau Anlass zu wachsender Beunruhigung gab. Die Befugnisse des Königs wie der Exekutive wurden zunehmend beschnitten, was die Monarchie mehr und mehr ihrer Substanz beraubte, so dass von ihr am Ende nur noch eine konstitutionelle Attrappe stehenblieb. Zugleich wuchs damit die Gefahr, dass die Nationalversammlung immer mächtiger wurde, ein Prozess, der den Partei- und Fraktionskämpfen neuen Auftrieb geben musste, die ihrerseits die Dynamik der Revolution unmittelbar beeinflussten und damit deren mäßigende Kontrolle zunehmend unmöglich machten.

Diese Entwicklung kam aber auch Mirabeau entgegen, denn im Frühjahr begann dem Hof zu dämmern, dass Necker nicht mehr der Mann war, die sich stetig verschlechternde finanzielle Situation zu meistern und damit die grassierende Erosion der königlichen Macht aufzuhalten. Was die Entlassung des Finanzministers verhinderte, war angesichts von dessen großer Popularität die Furcht vor einem neuen revolutionären Ausbruch, dessen Folgen sich umso weniger absehen ließen, als der König jetzt buchstäblich als Gefangener mitten im Hexenkessel von Paris saß. Das gab den Anstoß zu Überlegungen, die man bislang stets weit von sich gewiesen hatte. Damit geriet unweigerlich

Mirabeau in den Blick, der wiederholt für eine starke Stellung des Königs innerhalb der Verfassung eingetreten war. Gegen ihn sprach jedoch, dass ihn vor allem die Königin im Verdacht hatte, einer der Drahtzieher des revolutionären Geschehens der Oktobertage gewesen zu sein, dem die königliche Familie ihre jetzige missliche Situation zu verdanken hatte. Dem Verdacht hatte de La Marck, der das Ohr der Königin hatte, schon verschiedentlich energisch widersprochen und ihr Mirabeau als einen Mann empfohlen, dessen großes Ansehen in der Öffentlichkeit wie in der Nationalversammlung, dessen Unerschrockenheit, Energie und monarchische Gesinnung ihn als einen wertvollen Bundesgenossen auswiesen. Den Ausschlag gab schließlich der entschiedene Rat des österreichischen Botschafters Graf Mercy-Argenteau, der ein vertrauter Berater von Marie Antoinette war und die große Bedeutung Mirabeaus für die Interessen des Königs erkannte.

Um eine Verbindung zu Mirabeau unter Wahrung größtmöglicher Diskretion anzubahnen, erhielt Graf Mercy den Auftrag, de La Marck, der noch immer auf seinen Besitzungen in den österreichischen Niederlanden weilte, aufzufordern, unverzüglich nach Paris zurückzukehren.[15] Als Freund Mirabeaus wie als Person, die das Vertrauen des Hofs genoss, war er der ideale Kontaktmann. De La Marck erklärte sich auch bereit, diese Rolle zu übernehmen. Die Eröffnungen, die de La Marck ihm machte, nahm Mirabeau mit großer Begeisterung auf, denn ihm schienen sich jetzt endlich ebenjene Türen zu öffnen, an die er bislang immer nur vergeblich geklopft hatte. Auch fühlte er sich sehr geschmeichelt, als de La Marck von seiner Unterredung mit dem Königspaar berichtete, dass beide «großes Vertrauen in seine Gesinnungen, in seine monarchischen Ansichten und Grundsätze» hätten, der König aber gleichwohl wünschte, «von ihm selbst zu erfahren, welche Dienste er ihnen glaube leisten zu können».[16] Da er sich aber dennoch nicht sicher sein konnte, der Einzige zu sein, dessen vertraulichen Rat der König sich erbat, machte er gegenüber de La Marck die Forderungen geltend, dass man ihm unbegrenztes Vertrauen schenke und eine baldige Aufnahme in die Regierung zusichere. Diese Bedingungen waren in der Tat die entscheidende Voraussetzung für den Erfolg von Mirabeaus Mission.

Aber schon hier gab es Schwierigkeiten, denn de La Marck, der davon den Erzbischof von Toulouse, Monseigneur de Fontanges, in Kenntnis setzte, der als früherer Beichtvater Marie Antoinettes als ein weiterer Vermittler ins Vertrauen gezogen worden war, erhielt von diesem am

3. Mai zur Antwort: «Mir scheint es, die Zeit ist noch nicht gekommen, Ihre Ideen [i. e. die von Mirabeau geforderten Bedingungen] so vorzutragen, wie sie von Ihnen aufgeschrieben wurden. Was Sie von einem Vertrauen *sans réserve* sagen, dürfte schwerlich Akzeptanz finden; es überhaupt vorzuschlagen, könnte durchaus von Nachteil sein. Dasselbe gilt, wie mir scheint, auch dafür, selbst nur indirekt einen Sitz im *Conseil* zu verlangen. Mit einem Wort, ich werde Ihre Vorschläge so vortragen, wie ich, nach meiner Kenntnis der Örtlichkeit glaube, dass sie Erfolg haben werden. Ich bin ebenso wie Sie davon überzeugt, dass der Comte de Mirabeau das Werkzeug ist, dessen man sich unter den gegenwärtigen Umständen bedienen muss; zugleich glaube ich aber auch, dass die Art und Weise, ihn dafür vorzuschlagen, einige Behutsamkeit erfordert, zumal sie einigen Einfluss darauf haben wird, wie man sich seiner bedient.»[17]

Das Schreiben des Erzbischofs zeigt, dass die Einwände, die am Hof gegen Mirabeau gehegt wurden, keineswegs überwunden waren. Eine höchst ernüchternde Auskunft hatte de La Marck zuvor bereits von Louis XVI bei einer Audienz in den Tuilerien erhalten, bei der ihm der König als Erstes eröffnete, dass die geplante Beratertätigkeit Mirabeaus den Ministern nicht bekannt werden dürfe. Diese Auskunft habe ihn, so de La Marck, niedergeschmettert. «Ich begriff nicht, wie der König daran denken konnte, ohne Wissen der Minister einen Mann wie Mirabeau als seinen Ratgeber zu gebrauchen, zumal dessen Ratschläge und Handlungen unweigerlich in direkten Widerspruch zu denen der Regierungsmitglieder stehen könnten, und was ließe sich dann noch Nützliches von einem solchen Widerspruch erwarten?»[18]

Das war der springende Punkt. Er konterkarierte die Beratertätigkeit Mirabeaus, weil sie damit von vorneherein jeglicher Wirksamkeit beraubt wurde. Also klammerte er sich an die Hoffnung, dass der König und die Königin ihr Misstrauen noch überwinden und sich dann bereitfinden würden, seinen Wünschen zu entsprechen, «entweder eine starke Koalition zwischen ihm und den Ministern zu bilden oder, wenn sich diese dem verweigerten, die Regierung zu entlassen».[19] Von der Bedingung des Königs wie auch von den eigenen Bedenken ließ de La Marck aber kein Sterbenswörtchen verlauten, als er Mirabeau vom Verlauf der Audienz unterrichtete. Das hatte die beabsichtigte Wirkung, denn für Mirabeau war die Mitteilung, dass sich der Hof endlich entschlossen zeigte, seinen Rat zu erbitten, das Fundament, auf dem er ein neues Kartenhaus seiner Illusionen errichtete. Es hielt auch der Enttäuschung stand, dass die Krone die Bedingungen, die er mit dieser Beratertätigkeit verknüpfte, nicht anerkannte. Sie wurde nicht zuletzt durch das üppige Honorar gedämpft, das ihm nun monatlich aus der königlichen Schatulle zufließen sollte.

Von der Aussicht betört, vom König als vertraulicher Berater herangezogen zu werden, sann Mirabeau darauf, die eigene Stellung durch den Gewinn von einflussreichen Bundesgenossen zu verstärken. So musste er nun alles daransetzen, sein Verhältnis zur größten Potenz im Machtgefüge, dem Kommandanten der Pariser Nationalgarde, zu verbessern. La Fayette war der starke Mann des von der Revolution zunehmend bedrängten Regimes. Er wachte über die Sicherheit in der Hauptstadt und spielte gleichzeitig bei Hofe die Rolle eines politischen Vormunds, dessen Ratschlägen das von seiner prekären Situation überforderte Königspaar blindlings folgte und der eng mit Necker verbunden war, den er in seinem Amt stützte. Die Annäherung an den von ihm für eitel und dumm gehaltenen französischen Helden des amerikanischen Unabhängigkeitskriegs, die Mirabeau im Herbst 1789 eher halbherzig unternommen hatte, war im Zuge seines Arrangements mit *Monsieur* vollends gescheitert. Also musste er ein weiteres Mal versuchen, diese überschätzte und sich selbst überschätzende Figur auf dem zunehmend unübersichtlich werdenden Schachbrett der Revolution für sich zu gewinnen und für ein Ziel einzuspannen, das sie nur gemeinsam erreichen konnten. Das war Sinn und Zweck des Schreibens, das Mirabeau sicherlich zur maßlosen Überraschung des Adressaten am 28. April 1790 an La Fayette abgehen ließ.

Der vierseitige Brief war eine wahrhaft diabolische Mischung aus Schmeicheleien und rücksichtsloser Aufrichtigkeit. La Fayette sah sich durch Mirabeau in seinem Selbstbild versichert, sich allein schon durch seine ruhmreiche Vergangenheit den unbestreitbaren Anspruch darauf erworben zu haben, der erste Mann Frankreichs zu sein. Für sich selbst nahm Mirabeau dagegen in Anspruch, als Mann «mit dem Ungestüm seines Talents, der Kraft seines Mutes, mit dem Verlangen nach Ruhm wie mit dem Namen, den er sich gemacht» habe, «nicht neutral und untätig bleiben» zu können, zumal auf ihm die Blicke vieler ruhten, weswegen sein «Schweigen allein schon als ein Verbrechen» gelte. «Aber ohne La Fayette handeln? Was könnte ich schon machen, das nicht möglicherweise eine nutzlose Anstrengung für die *chose publique* wäre, ein gleichermaßen für mich höchst gefährliches Unterfangen?» Wenn sie beide die drohenden Gefahren gleich einschätzten, warum nicht die ihnen zur Verfügung stehenden Machtmittel und ihre Anhängerschaft miteinander vereinen? «Niemand überschaut so gut wie ich die Elemente der Furcht und der Hoffnung, die den gesündesten Teil der Nation zu Ihnen ziehen; niemand verspürt deutlicher die ganze Bedeutung, sich Ihnen für immer anzuschließen, um wenigstens einen Sammelpunkt inmitten aller Spaltungen zu bilden, die uns entzweien, um derart die Meinungen durch die Menschen zu einen, da man die Menschen nicht durch Meinungen vereinigen kann.» Für ihn, Mirabeau, bedeute ein solches Bündnis nur, «mit gesteigertem Mut eine Karriere zu beschreiten, auf der ich bereits einige Lorbeeren eingesammelt habe», zumal er nach reiflicher Überlegung zu dem Schluss gekommen sei, jegliche Aussicht auf Erfolg abzuschreiben, der nicht auch La Fayettes Erfolg sei. Sollte La Fayette jedoch dieses Bündnis ablehnen, so verlange er von ihm als Ehrenmann, über diesen Vorschlag Stillschweigen zu bewahren und ihm diesen Brief wieder auszuhändigen. Schlage er jedoch ein, dann seien alle Mittel gemeinsam aufzubieten, um erfolgreich zu sein.[20]

La Fayette verweigerte sich jedoch aus Eitelkeit oder Misstrauen diesem Ansinnen. Zwar widersprach er nicht offen, betonte aber die Ablehnung durch sein Betragen deutlich, indem er sich nicht an Absprachen hielt und Mirabeau auch stets sehr von oben herab behandelte. Das zeigen die beiden Briefe, die ihm Mirabeau am 13. Mai und 1. Juni schrieb und in denen er sich über La Fayettes Verhalten beklagte.[21] Seine Enttäuschung über diesen «Verrat» dürfte sich allerdings in Grenzen gehalten haben, denn inzwischen hatte Mirabeau seinen Kontakt zum Hof fest geknüpft.

Vom 10. Mai 1790 ist das politische «Glaubensbekenntnis» datiert, das Louis XVI von Mirabeau verlangt hatte und das über de La Marck und den Grafen Mercy in die Hände des Königs gelangte. Darin gab Mirabeau sich unumwunden als überzeugter Royalist zu erkennen, äußerte seine tiefe Beunruhigung wegen der stetig wachsenden Anarchie, verurteilte aber gleichzeitig jeden Versuch, eine Gegenrevolution anzuzetteln, als verbrecherisch. Er verpflichtete sich dazu, «seinen ganzen Einfluss für die wahren Interessen des Königs aufzubieten» und alles daranzusetzen, «dass die Exekutive im Rahmen der Verfassung unbeschränkt und ungeteilt in der Hand des Königs» liege. Um dahin zu gelangen, schlug er zwei Mittel vor. Zum einen wolle er den König fortlaufend über die jeweils herrschende Lage informieren und ihm Ratschläge geben, wie er am besten darauf reagieren solle. Zum Weiteren machte er sich anheischig, auf die öffentliche Meinung einzuwirken, «die Bürger der Vernunft wiederzugewinnen». Zu diesem Zweck wolle er in den Départements ein Netz von geheimen Korrespondenzbüros aufziehen, für dessen Aufbau er zwei Monate veranschlagte. Da ihm Misstrauen und Schwanken des Königs nur zu bekannt waren, bestand er auch darauf, sein Agieren in der Nationalversammlung wie auch seine Reden nicht isoliert zu betrachten, sondern im großen Zusammenhang zu beurteilen, denn nur so könne er seinen Einfluss wirklich geltend machen, zumal es «unmöglich ist, den Staat an jedem einzelnen Tag zu retten».[22]

Dieses politische «Glaubensbekenntnis» überzeugte die Majestäten. Jetzt galt es, sich der geschäftlichen Seite der Zusammenarbeit zu widmen und sich über Mirabeaus Bezahlung zu verständigen. Die Erledigung dieser Angelegenheit überwies Graf Mercy an de La Marck, dem er bedeutete, dass es seiner Meinung nach angemessen sei, wenn der König für die Schulden Mirabeaus aufkäme. Das war auch die Meinung de La Marcks, der Mirabeau darum bat, seinen Schuldenstand genau zu beziffern, der ihm darauf zunächst erwiderte, dass er diesen selbst nicht kenne, dieser aber eine beträchtliche Höhe haben müsse. Im Übrigen sei er damit zufrieden, wenn ihm der Hof monatlich 100 *louis d'or* für seinen Rat anweise. Das war gemessen an den Versprechungen, die Mirabeau dem König gemacht hatte und deren Realisierung einige Mittel verschlingen würden, eine allzu lächerliche Forderung, wie ihm selber aufging, denn einige Tage später legte er de La Marck eine umfassende Aufstellung aller gegen ihn anhängigen Forderungen vor. «Es befanden sich», schreibt de La Marck, «einige Schulden von wenigstens burlesker Art darunter, die nur zu deutlich die Wechselfälle eines so traurig bewegten Lebens dokumentierten. So war er beispielsweise seinen Hochzeitsanzug noch schuldig geblieben.» Mirabeaus Schuldenstand belief sich auf insgesamt 208 000 *francs*. «Für jemand», kommentierte de La Marck dieses Eingeständnis, «der einen Besitz antreten würde, der mehr als 50 000 *livres* an Grundrenten abwarf, wäre es, wie man sieht, leicht gewesen, diese Schulden abzutragen, wenn er denn die Muße gehabt hätte, sich um seine Angelegenheiten zu bekümmern.»[23]

Als de La Marck den Grafen Mercy über die Schulden Mirabeaus in

Kenntnis setzte, kam der zu dem naheliegenden Schluss, der König sei gut beraten, den gesamten Betrag aus seiner Schatulle zu bezahlen. Louis XVI erklärte sich auch bereit, die Forderungen der Gläubiger an Mirabeau vollständig zu befriedigen. Da man aber eine derartige Geldsumme Mirabeau nicht anvertrauen wollte, weil man mit guten Gründen fürchten musste, er würde diese für andere Zwecke verschwenden, wurde der Erzbischof von Toulouse mit der Abwicklung betraut. Das war ein Verfahren, das sofort Misstrauen erregen musste, denn damit, dass ausgerechnet Monseigneur de Fontanges, von dem bekannt war, dass er bei Hofe ständig aus- und einging, die Schulden Mirabeaus regulierte, verriet man unweigerlich die verborgene Quelle des plötzlichen Geldflusses. Der König stellte auch vier Wechsel zu je 250 000 *livres* aus, die Mirabeau nach dem Ende der Nationalversammlung ausgehändigt werden sollten, wenn er seine im «Glaubensbekenntnis» gemachten Versprechungen erfüllt habe. Unabhängig davon wurde ihm außerdem ein monatliches Salär von 6000 *livres* zur Bestreitung aller Unkosten bewilligt und noch zusätzlich je 300 *francs*, mit denen das Stillschweigen des Kopisten erkauft werden sollte, der die von Mirabeau zu verfassenden Ratschläge abschrieb, die dem Hof zugeleitet wurden.

Mirabeau war über diesen unverhofften Geldsegen «vor Freude trunken», wie de La Marck schrieb, «deren Übermaß, ich gestehe es, mich nicht wenig verblüffte, die sich für mich aber mit seiner Befriedigung erklärte, einem gedrückten und unsicheren Leben zu entrinnen, das er bis dahin geführt hatte, und auch dem gerechtfertigten Stolz darauf, endlich die ihm gebührende Anerkennung zu finden. Seine Freude war geradezu grenzenlos, und er sprach dem König alle Eigenschaften zu, die einen Souverän auszeichnen müssten; wenn der König dafür bislang noch keinen Beweis erbracht habe, so war die Ursache dafür, sagte er, allein die unbedarften und ungeschickten Minister, die es nicht verstanden, der Nation alle seine Qualitäten zu offenbaren; damit werde es künftig jedoch vorbei sein, und bald werde man erkennen, dass der König eine seinem großherzigen Charakter gemäße Stellung einnehme.»[24]

Kaum ein halbes Jahr zuvor hatte Mirabeau noch voller Stolz erklärt, dass er eine große Unterstützung – in Rede stand damals die Summe von 50 000 *livres* – ohne ein Amt, das diese rechtfertigen könne, nicht annehmen werde. Jetzt bekleidete Mirabeau mit seiner Tätigkeit als Berater und Lobbyist des Königs ein Amt, dessen üppige Dotierung ihn in Bekundungen ausgelassener Freude ausbrechen ließ. Das Geheimnis, das diese Tätigkeit verbergen sollte, war gewiss ein Makel, aber zugleich auch die Bedingung der Möglichkeit dafür, entscheidenden Einfluss auf das politische Geschehen nehmen zu können, wie er glaubte, nachdem ihm ein Ministerposten verwehrt worden war. Der Lohn, den er dafür akzeptierte, ist überdies geeignet, jenen Makel noch zu vergrößern. Außer Zweifel kann jedoch auch stehen, dass Mirabeau dafür keine seiner Überzeugungen preisgab. Wie damals, als er sich gegen den Vorwurf verwahrte, seine Meinung für das Geld geopfert zu haben, das ihm Calonne zahlte, konnte er jetzt wieder von sich sagen: «Man kann mich zwar kaufen, aber ich verkaufe mich nicht.»

Mirabeaus bezahlte und geheime Beratertätigkeit für die Krone ist, seitdem sie zweifelsfrei bekannt wurde, stets verurteilt worden und hat dessen Ansehen großen, bis heute fortdauernden Schaden zugefügt. Diese Sicht spiegelt die Parteimeinung seiner politischen Gegner, der Jakobiner, wider, die größtes Interesse daran haben mussten, eine politische Potenz wie Mirabeau zu vernichten. Sie brandmarkten seine bezahlte Beratertätigkeit für den Hof als Verrat, was ein fragwürdiger Vorwurf ist, denn der König war bis zu seinem Fluchtversuch im Sommer 1791 ein unangefochtenes Verfassungsorgan und keine feindliche Macht. Mit anderen Worten: Mirabeaus Tätigkeit als Berater der Krone war weder ein Verfassungsverstoß noch illegitim und schon gar nicht aus gegenrevolutionären Absichten veranlasst. Dem widerspricht auch nicht ihre Geheimhaltung, die umständehalber allein notwendig war, um deren beabsichtigten Erfolg nicht zu gefährden. Schließlich ließ sich Mirabeau auf den ganzen Handel auch nicht deshalb ein, weil er dafür üppig bezahlt wurde, sondern weil sich ihm damit die lang erstrebte Möglichkeit zu bieten schien, den Hof im Sinne seines politischen Wollens zu beeinflussen und Monarchie und Revolution in einer handlungsfähigen Symbiose zu vereinigen. Das war ein ehrenwertes Motiv, mit dessen Erfolg die Revolution vermutlich eine andere, für Frankreich wesentlich glücklicher verlaufende Entwicklung genommen hätte und die ebenso sinnlose wie blutige Phase der Schreckensherrschaft vermieden worden wäre.

Das sind zwar Spekulationen und kontrafaktische Überlegungen, die aber aufgerufen werden müssen, um die Verzerrungen und Verleumdungen, mit denen Mirabeaus Handeln bis heute verurteilt wird, zu korrigieren. Letztlich verdankt sich dieses historisch fragwürdige Urteil der bis heute sich behauptenden Anschauung, die in der Diktatur des

Wohlfahrtsausschusses das wahre Telos der Revolution identifiziert. Für den Amok laufenden revolutionären Tugendwahn war Mirabeau gleichsam der Judas oder gefallene Engel, durch dessen Verachtung man sich der eigenen politischen Rechtschaffenheit versichern konnte.

Mirabeaus politische Gegner, denen schnell Gerüchte von seiner üppig belohnten geheimen Beratertätigkeit zu Ohren kamen, leiteten daraus den Vorwurf ab, er habe sich an den «Hof verkauft». Der einschlägige Verdacht, der immer wieder öffentlich laut wurde, ohne ihn jedoch zu Lebzeiten Mirabeaus durch zweifelsfreie Beweise belegen zu können, beschädigte seine Glaubwürdigkeit und damit auch die von ihm erwartete Fähigkeit, die Interessen der Krone wirksam zu verteidigen. Am Aufkommen dieses Verdachts, in dessen Schatten er von nun an agieren musste und dem er durch spektakuläre Demonstrationen seiner revolutionären Gesinnung zu entkommen suchte, die nur die Wirkung hatten, bei Hofe Zweifel an seiner Gesinnung zu wecken, hatte Mirabeau selbst den größten Anteil. Sein plötzlicher Reichtum verführte ihn zu Leichtsinn und gestattete ihm mit einem Mal einen üppigen Lebensstil, der in einem allzu auffälligen Kontrast zu seiner bisherigen dürftigen und von Schulden geplagten Existenz stand.

Die Verschwendungssucht, der Mirabeau jetzt verfiel, hat de La Marck geschildert: «Inmitten seiner öffentlichen wie privaten Verlegenheiten vergaß Mirabeau die Genüsse nicht, die ihm sein ungestümes Naturell diktierte. Sein Streben war, sie im gleichen Schritt wie seine Geschäfte vonstattengehen zu lassen, und so viel er auch von seinem Ruf und Ruhm sprach, auf den er bei der Nachwelt rechnete, war er dennoch nicht dazu geneigt, die Gegenwart ganz für diese Zukunft aufzuopfern. (...) Anstatt sich damit zu bescheiden, eine lediglich geräumigere Wohnung als die zu nehmen, die er bislang bewohnte, musste er ein ganzes Haus für sich allein haben; anstatt des einen Dieners, den er bislang beschäftigte, nahm er sich einen Kammerdiener, einen Koch, einen Kutscher, Pferde etc. etc., und das, obwohl jeder wusste, dass er noch zuvor in größter Geldnot gesteckt hatte. Ich hielt ihm das Unnütze, ja das Gefährliche dieser Ausgaben vor, die in der Öffentlichkeit, die ihr Augenmerk beständig auf ihn gerichtet hatte, die übelsten Wirkungen provozieren konnten. Ich machte ihm klar, dass seine Feinde unweigerlich nach der Quelle dieser neuen Üppigkeit forschen und diese auf eine für ihn höchst verfängliche Art deuten würden. Alle meine Bemerkungen, ja selbst meine Vorwürfe ertrug er mit großer Gelassenheit und versprach mir, sich bei seinen Ausgaben künftig mäßigen zu wollen. War es ihm aber angesichts seines Charakters möglich, solche Versprechungen einzuhalten?»[25]

Kaum war Mirabeau als geheimer Berater in den Sold des Königs eingetreten, bot sich ihm eine Gelegenheit, sich im Sinne seiner Verpflichtungen zu bewähren. Die seit längerem bestehenden Spannungen zwischen Spanien und England wegen eines zwischen beiden Mächten umstrittenen Gebiets an der Küste Kaliforniens drohten in einen bewaffneten Konflikt umzuschlagen. Frankreich war mit den in Spanien herrschenden Bourbonen durch einen Familienvertrag verbunden, der es zu einer Bündnisleistung verpflichtete. Eine solche Eventualität lag durchaus im Interesse der französischen Regierung, die darauf spekulierte, dass eine kriegerische Auseinandersetzung mit dem traditionellen Gegner England den Patriotismus in Wallung bringen würde, der die Parteien dazu zwänge, sich einmütig um den Thron zu scharen. Um für alle Fälle gewappnet zu sein, sollten, wie Außenminister de Montmorin am 14. Mai der Nationalversammlung mitteilte, vierzehn Linienschiffe armiert werden. Zwar rechne er nicht damit, dass der Bündnisfall akut werde, aber Europa solle dennoch wissen, dass die Arbeit an der Verfassung Frankreichs Stärke keineswegs mindere.[26] Die Versammlung bewilligte zwar ohne Umstände die Mittel für die Ausrüstung der Schiffe, stellte aber sofort die damit zusammenhängende Frage, wer das Recht habe, über Krieg und Frieden zu entscheiden – der König oder die Nationalversammlung? Während die Rechte diese Befugnis allein für den König forderte, vertrat die Linke die Auffassung, dass dieses Recht nur der Nationalversammlung zustehen könnte. Dieser Gegensatz gab den Anstoß zu einer leidenschaftlichen Debatte, die über mehrere Tage geführt wurde und in die Mirabeau am 20. Mai erstmals mit einer langen Rede eingriff.

Mirabeau nutzte die entschiedene Polarisierung der Meinungen in dieser Frage, dazu, den Nachweis zu führen, dass in einer konstitutionellen Monarchie eine vollkommene Trennung der legislativen von der exekutiven Gewalt in einer für den Bestand von Staat und Gesellschaft derart existentiellen Frage wie der von Krieg und Frieden, unmöglich sei. Er beschied sich nicht nur damit, diese Unmöglichkeit mit einer Fülle von Beispielen zu illustrieren, sondern warnte auch vor der verführerischen Überzeugung, dass eine Versammlung der Repräsentanten des Volkes in ebendieser fundamentalen Frage stets mehrheitlich die richtige Entscheidung treffe. «Wird man sich denn sicher sein, nur gerechte und gerechtfertigte Kriege zu führen, indem man einer Versammlung von siebenhundert Personen das alleinige Recht zuspricht, den Krieg zu erklären? Haben die, die das vorschlagen, eine Vorstellung davon, bis wohin leidenschaftliche Erregungen, die Aufwallungen des Muts und eines falsch verstandenen Ehrgefühls führen und eine schiere Unklugheit rechtfertigen können? (...) Während eines der Mitglieder dieser Versammlung noch vorschlägt zu beraten, wird draußen ein lautes Kriegsgeschrei sich vernehmen lassen, und ein ganzes Heer von Bürgern wird Sie bedrängen. Sie werden dann nicht von Ministern, sondern ausschließlich von sich selber betrogen werden.»[27]

Mirabeau sah damit eine Kriegsbegeisterung voraus, wie sie nach 1792 in Frankreich aufbrandete und die Nationalversammlung in der Auseinandersetzung zwischen der Revolution und dem alten, dem monarchischen Europa mit sich fortriss. Nicht genug damit, enthüllte er in dieser Rede auch eine Vision, die sich in der Gestalt des erfolgreichen Revolutionsgenerals Napoleon Bonaparte erfüllen sollte: «Schließlich geht bei Ihnen die Furcht vor einem König um, der seine despotischen Pläne mit dem Anschein eines notwendigen Krieges tarnt und der mit einem siegreichen Heer ins Königreich zurückkehrt, nicht um sein Amt eines *roi-citoyen* wieder aufzunehmen, sondern um sich zum Tyrannen aufzuschwingen. (...) Diesen Einwand beantworte ich mit der Behauptung, dass er auf alle Regierungssysteme zutrifft. Die Konsequenz daraus wäre also, dass wir nie eine große militärische Macht haben dürfen, weil allein die Legislative die Befugnis hätte, Krieg zu führen. Zugleich will ich wissen, ob Sie mit diesem Einwand nicht genau den Nachteil, den Republiken aufweisen, einer Monarchie ansinnen, denn es sind vor allem die *états populaires*, in denen man solche Erfolge fürchten muss. Es kommt just bei Nationen vor, die keinen König haben, dass derartige Triumphe ihnen einen König bescheren. So geschah es in Karthago wie in Rom, dass Bürger wie Hannibal oder Caesar zu einer Gefahr werden konnten. Bringen Sie also Ihren Ehrgeiz zum Verstummen. Sorgen Sie dafür, dass es einen König nicht nach etwas verlangt, das ihm das Gesetz nicht gewährt; setzen Sie sich also dafür ein, dass das Amt eines Monarchen die Machtfülle hat, die es haben muss, und fürchten Sie sich nicht vor einem rebellischen König, der selbst seiner Krone entsagt, wenn er vom Sieg zum Schafott eilt.»[28]

Wie wenig die Abgeordneten den Sinn dieser Ausführungen verstanden, zeigte sich an der wachsenden Unruhe im Saal, die einen Abgeordneten zu dem Tadelsantrag veranlasste, Mirabeau habe mit seinen Ausführungen gegen das Verfassungsgebot der Unverletzlichkeit des Königs verstoßen, was dieser zu der ihm willkommenen Replik veranlasste, er sei lediglich von der Annahme eines *roi despote et revolté* ausgegangen, der an der Spitze einer siegreichen französischen Armee zurückkehre, um die Rolle eines Tyrannen zu spielen: In diesem Falle sei aber ein König, der so manifest gegen die Verfassung verstieße, kein König mehr, eine Erläuterung, der stürmisch applaudiert wurde. Mirabeau beendete seine Rede mit der Vorlage eines in elf Artikel untergliederten Gesetzentwurfs, von dem er selber zugestand, er sei «nicht gut, weil unvollständig». Die Frage, wer die Kompetenz habe, über Krieg und Frieden zu entscheiden, sollte danach zwischen Legislative und Exekutive einvernehmlich entschieden werden.

Mirabeaus Gesetzentwurf bot am nächsten Tag neuen Anlass für heftige Auseinandersetzungen. Der Linken zumal fiel es nicht schwer, den Schwachpunkt in der Vorlage zu identifizieren, dass Mirabeau den entscheidenden Aspekt, welche der beiden Gewalten die Kompetenz haben sollte, tatsächlich die Kriegserklärung auszusprechen, mit Schweigen übergangen habe. Das hatte seinen einsichtigen Grund darin, dass es seiner Meinung nach untunlich war, die prompte Reaktion auf unvorhersehbare außenpolitische Änderungen durch verfassungsrechtliche Hürden zu beschneiden. Praktisch hatte dies aber zur Folge, dass allein die Exekutive über die Kriegserklärung entschiede, während sich die Kompetenz der Nationalversammlung auf die Bewilligung der für diesen Fall notwendigen Kredite beschränkte. Auf diesen Schwachpunkt konzentrierte der Hauptredner der Linken, der Abgeordnete Antoine Barnave, seine Attacken, der Mirabeaus Entwurf mit dem Urteil charakterisierte, er führe zur «konstitutionellen Anarchie». Barnave verlangte, dass die Entscheidung über Krieg und Frieden durch einen nationalen Akt beglaubigt werden müsse, mit dem die Verantwortlichkeit für einen solchen Beschluss aller Welt dargelegt werde. Das bedeutete in der Sache nichts anderes, als dass allein die Legislative die Kompetenz habe, diese Frage zu entscheiden, da nur diese die «volonté générale» ausdrücken und vollziehen könne, während der König sich mit dieser Entscheidung gemäßen Vorlagen und Ratschlägen bescheiden müsse. Im Unklaren ließ er dabei, ob die vom König gemachten Vorstellungen lediglich erlaubt oder unerlässlich seien. Ebenso unausgesprochen blieb

Antoine Pierre Barnave

auch, ob die von der Nationalversammlung gefällte Entscheidung der Sanktion des Königs bedürfe. Barnave bannte damit zwar die von ihm denunzierte «konstitutionelle Anarchie», auf die für ihn die Gesetzesvorlage Mirabeaus hinauslief, aber der Preis dafür war die stillschweigende Beseitigung der konstitutionellen Monarchie, die den König nur noch als eine Art von gekröntem Frühstücksdirektor gelten ließ.

Die Rede Barnaves machte großen Eindruck, weshalb Mirabeau einige Mühe hatte, die Forderung nach sofortiger Abstimmung auf den folgenden Tag zu verschieben. Das verschaffte ihm die Möglichkeit, noch einmal das Wort zu ergreifen, um das Abstimmungsergebnis zu vereiteln, das nach diesen Ausführungen bereits festzustehen schien. Wie groß diese Herausforderung sein würde, wurde schon am Abend beim Verlassen der Versammlung klar, als auf der Straße die Menge Barnave als Retter des Vaterlands hochleben ließ, während Mirabeau die

Drohung «an die Laterne» in den Ohren gellte und er sich den Zudringlichkeiten der Menge nur mit einiger Mühe entziehen konnte.[29] Wie zuvor schon in der Veto-Frage erregte diese auch jetzt ein Verfassungsproblem, das von ihr kaum verstanden wurde, und wieder waren es Schlagworte, die für ihre Mobilisierung sorgten. Am Vormittag des 22. Mai waren Tausende auf den Beinen, die sich auf dem Platz und in den Straßen um die Nationalversammlung drängten. Ein achtseitiges Pamphlet mit dem Titel *Trahison découverte du Comte de Mirabeau* wurde verteilt, das Mirabeau als falschen Freund der Freiheit und des Vaterlandes an den Pranger stellte und ihn beschuldigte, ein durchtriebener Heuchler zu sein.

Als Mirabeau in der Versammlung das Wort ergreifen wollte, rief ihm ein Abgeordneter beim Betreten der Rednerbühne zu: «Wohlan, Mirabeau, gestern noch auf dem Capitol, heute auf dem Tarpejischen Felsen!»[30], ein Zuruf, den er sofort mit Geschick in die fulminante Einleitung seiner Rede einflocht: «Seit acht Tagen wird die Behauptung verbreitet, dass jener Teil der Nationalversammlung, der auf einer Mitsprache des Königs bei der Frage von Krieg und Frieden beharrt, die öffentliche Freiheit ermorden will. Man spricht in diesem Zusammenhang von Verrat und Bestechung, appelliert an die Racheinstinkte des Volkes, um die Tyrannei der Meinungen aufrechtzuerhalten. Man behauptet, man könne nicht, ohne eines Verbrechens schuldig zu werden, zwei Ratschläge für eine der delikatesten und schwierigsten Fragen der gesellschaftlichen Ordnung machen. Es gibt keine seltsamere Manie, keine bedauernswertere Blindheit als jene, die derart die einen gegen die anderen aufbringt, die sich inmitten der schärfsten Auseinandersetzungen stets einander annähern, sich immer auf dasselbe Ziel hin vereinigen und durch ein unzerstörbares Verständnis miteinander verbunden sein sollten. (...) Auch mich wollte man noch vor ein paar Tagen im Triumph herumtragen; und jetzt lärmt man in den Straßen vom *großen Verrat des Comte de Mirabeau.* Ich brauchte diese Lektion nicht, um zu wissen, wie gering die Entfernung des Capitols vom Tarpejischen Felsen ist. Allein ein Mann, der für die Vernunft, für das Vaterland kämpft, gibt sich nicht so schnell geschlagen», denn schließlich sei er es, der seit zwanzig Jahren gegen alle Bedrückungen den Franzosen Freiheit, Verfassung und Widerstand predigte, als seine abscheulichen Verleumder noch gemäß aller herrschenden Vorurteile lebten. «Was schert mich das? Diese Tiefschläge hindern mich nicht daran, meine Laufbahn fortzusetzen. Denen, die sie austeilen, rufe ich zu: Antworten Sie, wenn Sie können, und verleumden Sie mich danach, soviel Sie nur immer wollen.»[31]

Nach diesen einleitenden Erklärungen ging Mirabeau zu einer detaillierten Kritik an Barnaves Deutung der Lehre von der Gewaltenteilung über. Barnaves Weigerung, sich mit dem eigentlichen Kern der Frage auseinanderzusetzen, zerpflückte Mirabeau mit argumentativem Geschick und konfrontierte diesen mit der Frage: «Wollen Sie, weil die Monarchie, wie jedes andere Herrschaftssystem auch, Gefahren des Missbrauchs birgt, dass wir auf ihre Vorteile verzichten? Sagen Sie es geradeheraus. Dann wird es an uns sein zu entscheiden, ob, weil das Feuer brennt, wir der Wärme des Lichts entsagen müssen, das wir von ihm empfangen. Alles lässt sich mit Erfolg vertreten, nur nicht die Inkonsequenz. Sagen Sie also: Wir brauchen keinen König, aber nicht: Wir brauchen einen ohnmächtigen, einen unnützen König.»[32]

Das war der springende Punkt. Seit der Ablegung seines monarchischen «Glaubensbekenntnisses» vom 10. Mai war es Mirabeau verboten, eine Abschaffung der Monarchie auch nur zu erwägen. Jetzt hatte er sich dazu verpflichtet, von der Macht des Königs zu retten, was noch irgend zu retten war. Insbesondere in Anbetracht der Person Louis XVI war das eine äußerst delikate Aufgabe, die Mirabeau keineswegs offen mit seinem Image als Revolutionär, von dem sein Einfluss in der Versammlung wie in der breiten Öffentlichkeit abhing, vereinbaren konnte. Also musste er lavieren und stets darauf bedacht sein, sich ein Hintertürchen offenzuhalten, um seine politische Glaubwürdigkeit nicht einzubüßen. Dieses Hintertürchen war das für ihn überraschende Eingeständnis in seiner ersten Rede gewesen, dass der von ihm vorgelegte Entwurf ihn selber nicht recht befriedigen könne, weshalb er darum bat, ihn zu verbessern. Zwei Tage zuvor hatte er Sieyès als denjenigen bezeichnet, der dafür das größte Talent besitze. Sieyès jedoch zog es vor, das Schweigen nicht zu brechen, in das er sich seit Beginn der Revolution hüllte, weshalb es der bretonische Abgeordnete Isaac Le Chapelier unternahm, am 22. Mai Mirabeaus Entwurf zu unterstützen, zu dem er auch einige Verbesserungsvorschläge beisteuerte, die von diesem akzeptiert wurden.

Sobald es sich jedoch abzeichnete, dass selbst mit diesen Präzisierungen Mirabeaus Gesetzentwurf zu scheitern drohte, weil seine Widersacher darauf beharrten, dass der König erst nach einem entsprechenden Dekret der Nationalversammlung eine Kriegserklärung aussprechen dürfe, entschloss er sich zu einer jähen Volte. Ebendas, so führte er jetzt aus, sei auch seine ursprüngliche Meinung gewesen, die seine Gegner entstellt hätten. Er habe von Anfang an nichts gegen ein solches Dekret eingewandt, sofern nur dem König auch das Recht auf eine entsprechende Initiative ebenso zugestanden wurde wie dessen Sanktion. Das war der Kompromiss, der seiner Vorlage die Zustimmung der Mehrheit sicherte.

Mirabeau war zwar mit seinem Bestreben gescheitert, allein der Exekutive, also dem König, das Recht auf Krieg und Frieden zuzusprechen, das er unmissverständlich mit seiner Rede vom 20. Mai eingefordert hatte, aber er konnte sich dennoch als Sieger fühlen, weil sein Entwurf akzeptiert wurde, der dem König wenigstens eine Beteiligung an dieser Entscheidung zusicherte, der seine Gegner ursprünglich auch in dieser Form nicht stattgeben wollten. Mit weitaus mehr Recht aber beanspruchten die Anhänger Barnaves diesen Ausgang als einen Sieg für sich, denn damit hatten sie als Prinzip durchgesetzt, dass die Nationalversammlung allein für eine Kriegserklärung zuständig sei. Ebendas hatte Mirabeau in seinem ersten Gesetzentwurf mit aller Entschiedenheit bestritten. Um sein Einknicken in dieser entscheidenden Frage zu bemänteln, wartete Mirabeau nicht nur mit der von ihm nachgeschobenen Behauptung auf, die gefundene Kompromisslösung sei von Anfang an seine Absicht gewesen, sondern er schreckte auch nicht davor zurück, den eigenen Redetext vom 20. Mai nachträglich in diesem Sinne abzuändern, bevor er diesen an die Départements aussandte. Dumm für ihn war nur, dass der *Moniteur* den Text der eigentlichen Rede, wie er sie vor der Nationalversammlung am 20. Mai gehalten hatte, veröffentlichte, aber das war ein Malheur, das sich den meisten Zeitgenossen nicht erschloss.

Der Kompromiss war nicht einmal ein halber Erfolg für Mirabeau, wie die weitere Entwicklung der Revolution rasch zeigen sollte. Denn die Formel, die dem König eine Beteiligung an der Entscheidung über eine Kriegserklärung wie deren nachträgliche Sanktion zusicherte, war ohne ein absolutes Veto, das dem Monarchen schon zuvor von der Nationalversammlung versagt worden war, nur Schall und Rauch. Die Macht hatte allein der, der den Krieg erklärte, und das war die Nationalversammlung, die mit ihrem Votum die Exekutive beherrschte. Solange dieser Fall aber nicht eintrat, konnte sich Mirabeau in der Illusion wiegen, seiner Louis XVI gegebenen Verpflichtung genügt zu haben, alles in seinen Kräften Stehende zu tun, um eine weitere Erosion der monarchischen Macht zu verhindern. Dem Freund Mauvillon konnte er deshalb voller Stolz im Juni 1790 vermelden: «Hier gibt es viele Leute, die nur Unruhe stiften wollen. Ihre freche Umtriebigkeit beeindruckt die Furchtsamen, erschreckt die Klugen, schlägt die Hitzigen in ihren Bann und vereint die vom Parteigeist Erfüllten. Ich habe also eine wahrhaft monarchische Partei bilden, anführen und zum Erfolg führen müssen, und das war keine leichte Sache bei einer so unsteten Nation, die nur ihren Regungen oder der Mode folgt. Gegenwärtig sind Zügellosigkeit und Anarchie die Mode.»[33]

Fünftes Kapitel

Als Frosch im Milchtopf

Die Ende Mai 1790 geführte Debatte hatte Mirabeau die Gelegenheit geboten, offen für die Belange des Königs einzutreten. Damit beschädigte er zwar sein Ansehen als Revolutionär, aber für diesen Verlust glaubte er durch das Vertrauen Louis' XVI entschädigt zu sein. Dieses Empfinden verrät die erste Botschaft, die Mirabeau am 1. Juni 1790 dem König zugehen ließ: «Ich habe mich zu monarchischen Grundsätzen bekannt, als ich im Hofe nur seine Schwäche erkannte (...) Ich habe für die Rechte des Thrones gekämpft, als ich damit nur Misstrauen erregte (...) Ich habe dem Monarchen Dienste geleistet, als ich wohl wusste, dass ich von einem gerechten, aber getäuschten König weder Wohltaten noch Belohnungen zu erwarten hatte. Was aber werde ich jetzt tun, da das Vertrauen meinen Mut wieder gehoben, da Dankbarkeit meine Grundsätze zu Pflichten gemacht hat? – Ich werde einfach sein, was ich schon immer war: der Verteidiger der durch Gesetze geregelten monarchischen Gewalt, der Apostel der von königlicher Autorität garantierten Freiheit.» Damit formulierte er aber nur eine Wunschvorstellung, der vor allem die engen Beziehungen des Hofes mit einem Mann im Weg standen, «dem Idol des Tages, dem angeblichen General der Verfassung, dem Rivalen des Königs, kurz mit M. de La Fayette».[1]

Einen letzten Versuch, den großen Einfluss La Fayettes für sich zu nutzen, der gestützt auf seine Befehlsgewalt über die Pariser Nationalgarden dem Hof wie der Pariser Öffentlichkeit das Gesetz des Handelns diktierte, hatte Mirabeau mit dem vom 1. Juni datierten Schreiben unternommen: «Ich bin Ihnen viel notwendiger als alle diese Leute, mit denen Sie sich sonst austauschen, und auch wenn Sie mir nicht geradewegs misstrauen, so haben Sie andererseits aber auch kein Vertrauen zu mir.» Diese Ambivalenz müsse er im eigenen wie im Interesse der Monarchie überwinden. «Seien Sie Richelieu über den Hof für die Nation, dann werden Sie die Monarchie durch Erweiterung und Festigung der

Marie-Joseph Motier, Marquis de La Fayette

öffentlichen Freiheit wieder aufrichten. Richelieu aber hatte seinen vertrauten Kapuziner Joseph; legen auch Sie sich eine graue Eminenz zu, andernfalls werden Sie sich ins Unglück stürzen, ohne uns zu retten. Ihre großen Eigenschaften bedürfen meines Anstoßes; mein Anstoß bedarf Ihrer großen Eigenschaften; aber Sie setzen Ihr Vertrauen in Kleingeister, die aus kleinlichen Erwägungen, kleinlichen Umtrieben und mit kleinlichen Absichten uns einander unnütz machen wollen, und Sie sehen nicht ein, dass wir gemeinsame Sache machen und Sie mir umso mehr Vertrauen schenken müssen, je mehr Ihre einfältigen Parteigänger mich verleumden und auf Distanz zu Ihnen zu halten suchen! – Eben damit verraten Sie Ihre Bestimmung!»[2]

Bislang war Mirabeau mit diesem Ansinnen an der Intransigenz La Fayettes gescheitert, der keinerlei Vision hatte, wie der wachsenden Anarchie zu begegnen sei, in der Frankreich zu versinken drohte. Ihm kam es darauf an, seine augenblicklich beherrschende Machtstellung auf Dauer zu stellen. Das nötigte ihn zu einem ständigen Lavieren und führte zwangsläufig in einen unüberbrückbaren Gegensatz zu Mirabeau, der wiederholt sein klar umrissenes Konzept verfochten hatte, wie die Krise zu bannen sei. Mirabeau hatte nie einen Zweifel daran gelassen, dass die Exekutive in die Lage versetzt werden müsste, ihrem Handeln Nachdruck und Erfolg zu verschaffen. Je tiefer die Revolution jedoch die Leidenschaften aufwühlte und die Meinungsgegensätze verschärfte, die in der Nationalversammlung, in Paris und bis weit in die Provinz die Atmosphäre bestimmten, desto schwieriger wurde es, diesem Rat überhaupt noch Gehör zu verschaffen. Wenn Mirabeau darauf beharrte, die Verfassung sei erst vollendet und ihr reibungsloses Funktionieren gewährleistet, wenn die Gewaltenteilung rückhaltlos respektiert werde und eine gegenüber der Nationalversammlung verantwortliche Exekutive die Regierungsgeschäfte effizient und unangefochten wahrnehme, stieß er auf den erbitterten Widerspruch seitens der Linken wie der Rechten. Während der Linken der König als die immerwährende Bedrohung der Freiheit galt, dessen von der Verfassung verbürgte Rolle deshalb aufs bloß Dekorative und Protokollarische beschränkt sein müsse, schwelgte die Rechte in Illusionen, den *Ancien Régime* in wesentlichen Teilen zu retten und betrachtete Mirabeau als Verräter ihrer Sache. Das war eine Konstellation, die Mirabeaus Einfluss auf Dauer gefährlich werden musste.

Mirabeau konnte zwar bis zuletzt seinen großen Ruf als Revolutionär behaupten, aber das änderte nichts daran, dass es ihm spätestens seit Oktober 1789 nur noch in belanglosen Angelegenheiten gelang, sich in der Nationalversammlung durchzusetzen. Ein Bündnis mit La Fayette, dem er *pro forma* sogar die Hauptrolle zugestehen wollte, während er sich mit der eines diskreten Ratgebers begnügte, war deshalb für ihn die Option, seinen zunehmenden politischen Bedeutungsverlust nicht nur aufzuhalten, sondern in neue Stärke zu verwandeln. Wie fixiert Mirabeau auf diese Lösung war, zeigt nicht nur seine Bereitschaft, sich La Fayette unterordnen zu wollen, sondern auch, dass er ein solches Bündnisangebot wiederholte, obwohl er damit zuvor schon abgeblitzt war. Noch bemerkenswerter daran ist freilich, dass er dieses Ansinnen am gleichen Tag vortrug, an dem er Louis XVI den ersten geheimen Bericht zuleitete, der nach den einleitenden Beteuerungen seiner monarchischen Gesinnung darauf abzielte, La Fayette in den Augen des Monarchen nach Kräften schlechtzumachen.

In dieser Doppelzüngigkeit verrät sich die ganze Verzweiflung von Mirabeaus Lage, denn er konnte gewiss sein, dass er La Fayette nach Verlauf und Ausgang der Debatte von Ende November nichts anbieten konnte, das ihn einem Bündnis gewogener machte. Das Gegenteil war der Fall, denn trotz aller Beredsamkeit war es Mirabeau nur mit knapper Not gelungen, wenigstens vor der Öffentlichkeit den Anschein einer Niederlage zu vermeiden. Davon würde sich La Fayette aber nicht täuschen lassen, der sich durch diesen Ausgang in seinem Opportunismus bestätigt sehen musste. Mirabeau setzte deshalb alles auf die andere Option, die sich ihm mit der geheimen Beratertätigkeit für die Krone bot, indem er Louis XVI die Augen für das Spiel zu öffnen suchte, das La Fayette mit ihm trieb. Dessen großer Einfluss auf das revolutionäre Geschehen beruhe nur darauf, dass er «dem Strom der Menge» folge. Deshalb rate er dringend davon ab, dass der Hof sich mit La Fayette über die Berufung neuer Minister verständige, zumal die derzeitige Regierung nicht mehr lange zu halten sei. Schließlich stelle sich auch die bedenkliche Frage nach der Machtbasis, auf die sich La Fayette stützen könne.

«Der Augenblick rückt heran, zu dem diese Prüfung unvermeidlich wird, und das Schicksal des Königreichs, das Schicksal der monarchischen Regierung hängen in gewisser Weise von der Entscheidung ab, die man trifft. Was wird aus diesem Mann noch werden, der mit einem Mal von einem anpassungsfähigen Intriganten, einem unterwürfigen Höfling zum Wächter der Könige wird, wenn ihn nichts mehr aufhält oder seine weitere Karriere behindert? – Chef der Pariser Armee, dank dieser von ganz Paris und wegen dieser Position auch eines großen Teils der Nationalgarden im ganzen Königreich. Dergestalt beherrscht er auch die Exekutive, wenn die Auswahl der Minister ihm obliegt und zugleich damit auch das Heer und die Gesetzgebung. Wird er nicht, wenn die seinem Ehrgeiz ergebenen Minister ihm kein Mittel verweigern, seinen Einfluss auszuüben, der mit Abstand absoluteste, der fürchterlichste Diktator werden? (...) Die Stärke von M. de La Fayette rührt von dem Vertrauen her, das er seiner Armee einflößt. Dieses Vertrauen übt er nur aus, weil er die Meinungen der Menge zu teilen scheint. Da er aber nicht derjenige ist, der diese Ansichten diktiert, sondern die Stadt Paris unter allen Städten des gesamten Königreichs diejenige ist, in der die öffentliche Meinung von einer großen Zahl von Schriftstellern und einer noch größeren Menge von Intellektuellen geleitet und damit am allerwenigsten von einem einzelnen Mann beeinflusst wird, folgt daraus zwingend, dass M. de La Fayette zu seinem Einfluss nur dadurch gelangt ist, dass er mit der in Paris jeweils vorherrschenden Meinung stets übereinstimmt und dass er, wenn er diesen Einfluss behalten will, stets dazu genötigt ist, im Strom der Mehrheitsmeinung mitzuschwimmen. (...) Angesichts dessen ist leicht vorherzusehen, wie er sich jeweils verhalten wird. Den *peuple* fürchten und ihm schmeicheln; aus purer Heuchelei oder Anteilnahme seine Irrtümer teilen; völlig gleichgültig, ob sie recht oder unrecht hat, die jeweilige Mehrheitsmeinung unterstützen; den Hof durch von ihm angezettelte Unruhen ängstigen oder deren Ausbruch beschwören, um sich unverzichtbar zu machen; der öffentlichen Meinung von Paris der des übrigen Frankreich den Vorzug geben, denn seine Stärke bezieht er nicht aus der Unterstützung durch die Provinz; das ist der oft mit Schuld behaftete und immer gefährliche Kreis, aus dem herauszutreten ihm unmöglich sein wird; das ist all sein Geschick!»[3]

Die schonungslose Analyse wurde begleitet von einem dringenden Ratschlag: Nicht nur widerriet er Louis XVI entschieden, mit La Fayette die Auswahl der neuen Minister abzustimmen, sondern er forderte den König auch dazu auf, ihn in seiner Funktion als Oberbefehlshaber der Pariser Nationalgarden durch einen anderen General und ausgewiesenen Monarchisten wie den Marquis de Bouillé zu ersetzen, den Befehlshaber der in Nordostfrankreich stationierten Truppen mit Sitz in Metz. Wie Louis XVI dieses Revirement bewerkstelligen sollte, dem der populäre La Fayette zum Opfer fallen würde, und wie es dem König möglich sein würde, eine der Mehrheit der Nationalversammlung genehme neue Regierung zu berufen, darüber hüllte sich Mirabeau jedoch in Schweigen. Louis XVI jedenfalls war der Letzte, der ohne eine überzeugende Gebrauchsanweisung auch nur versuchen würde, diesen Ratschlag zu verwirklichen.

In einem zweiten Schreiben vom 20. Juni betonte Mirabeau deshalb, dass ein entsprechender Plan zwar bereits in allen Einzelheiten entworfen sei, aber «es wäre eine unverantwortliche Voreiligkeit, versuchte man ihn umzusetzen oder jemanden deswegen ins Vertrauen zu ziehen, solange man die Mittel, die seinen Erfolg garantierten, nicht in Händen hat.»[4] Eine nicht direkt angesprochene Voraussetzung dafür war, das Vertrauen des Königs in La Fayette nachdrücklich zu erschüttern, dessen Feigheit und Illoyalität Louis XVI aus schierer Geistesträgheit nicht durchschaue. Deshalb war der eigentliche Adressat dieses zweiten Ratschlags nicht der König, sondern die Königin, die er mit den Worten apostrophierte: «Der König hat nur einen Mann, seine Frau. Für sie gibt es nur Sicherheit in der Wiederherstellung der königlichen Autorität. Ich bin geneigt zu glauben, dass sie das Leben ohne ihre Krone nicht akzeptierte; ganz sicher bin ich mir aber des Umstands, dass sie ihr Leben nicht behalten wird, wenn sie die Krone nicht behält. (...) Sobald der König gehörig vorbereitet und mit allem einverstanden ist, muss sich die Königin in seiner Gegenwart an La Fayette wenden und ihm sagen:

Ihre beruflichen Pflichten beanspruchen alle Ihre persönlichen Fähigkeiten vollständig, und das einfach deshalb, weil die physischen Kräfte eines Menschen doch nur die eines Menschen sind, während die herrschende Gefahr jederzeit den Aufwand aller Ihrer persönlichen Kräfte wie Ihrer Zeit verlangt. Wegen der politischen Geschäfte wie der Angelegenheiten der Regierung im Allgemeinen sind Sie dazu genötigt, sich auf Ihre Vertrauten zu verlassen, die jedoch schwach sind, weshalb Sie, um an Stärke zu gewinnen, auf eine neue Regierung warten, aber in diesem Zuwarten liegt unser Untergang. Also gilt es, Ihnen auf andere Weise Durchsetzungskraft zu verschaffen. Sie und wir sind der Überzeugung, dass außer seiner Fähigkeit M. de Mirabeau der einzige wirkliche Staatsmann in diesem Lande ist, dass kein anderer seinen Überblick, seinen Mut und seine Charakterfestigkeit besitzt. Es liegt auf der Hand, dass er nicht zu unserem Verderben gesonnen ist, und man muss nicht das Risiko laufen, dass ihn die Umstände dazu nötigen, dies zu wollen. Er muss unser Verbündeter sein. Damit er das ist, müssen wir auch zu ihm stehen. Er muss einen großen Zweck, eine große Gefahr, große Mittel und das Versprechen großen Ruhmes vor Augen haben. Was uns anbelangt, haben wir uns dazu resigniert und sind aus schierer Verzweiflung dazu entschlossen, ihm zu vertrauen. Ich fordere Sie deshalb dazu auf, verlange es gebieterisch von Ihnen, dass Sie sich mit M. de Mirabeau eng verbinden, rückhaltlos, täglich, offen und in allen Fragen. Wir brauchen seinen Rat in Verbindung mit dem Ihrigen. Wir müssen uns sagen können: Diese zwei Männer sind in Wahrheit nur ein einziger. Was Sie beide überlegt und beschlossen haben, ist unser Wille, und wir werden untergehen, oder dieser Wille wird vollzogen.»[5]

Mirabeau glaubte allen Ernstes, mit einer zügigen Entmachtung La

Fayettes ans Ziel zu kommen, der als bloßer Pappkamerad paradieren sollte, während er selbst die Strippen zog und die öffentliche Meinung im monarchischen Sinne beeinflusste. Damit nicht genug, beanspruchte er für sich entscheidenden Einfluss bei der Ernennung neuer Minister, unter denen sich ein Konfident befinden müsse, der ihn über alles, was in der Regierung vorgehe, unterrichte. Schließlich wünschte er, in unmittelbarer Nähe zum König «einen völlig unauffälligen Mann zu haben, wie etwa dessen Privatbibliothekar oder jemanden ohne jeden Titel, der aber fähig sei, jederzeit der Dolmetscher und der Interpret von M. de Mirabeau zu sein. Das, bitteschön, sind die ersten Elemente, ohne die M. de Mirabeau nichts anderes vermöchte, als seine Fähigkeiten zu verschleudern oder zu paralysieren, und das in einem Augenblick, in dem seine ganze Stärke mit seiner Existenz in eins fällt. Das sind zum Weiteren auch die ersten Voraussetzungen, ohne die er von keinem Nutzen wäre, auch wenn er fortführe, ebendas zu wollen, selbst wenn die Partie allem Anschein nach verloren ist. Mit einem Wort, die Krise ist auf ihrem Höhepunkt; von nun an keine Halbheiten mehr, denn diese sind nur gefährliche Schwächen.»[6]

Das war ein kaum verhülltes Ultimatum. Es dokumentierte aber keineswegs Stärke, sondern Schwäche. Das zeigte sich daran, dass er an die von ihm als «ganzer Kerl» eingeschätzte Frau eines in politischer Ohnmacht dahindämmernden Monarchen appellierte, die nach der Verfassung aber keinerlei Bedeutung hatte. Warum auch hätte Marie Antoinette im Vertrauen auf seine Fähigkeit und Gesinnung einen Konkurrenten entmachten sollen? Verräterisch war zum Weiteren, dass er behauptete, ohne diese Vorleistung die Monarchie nicht vor einem Versinken in den Strudeln der Revolution bewahren zu können. Wie sehr Mirabeau vom Erfolg seiner Intrige überzeugt war, kommt auch darin zum Vorschein, dass er sogar so weit ging, den Monarchen einen Entwurf für ein Schreiben aufzusetzen, das diese an La Fayette senden sollten und das fast wortwörtlich jene Worte wiederholte, die bereits in der geheimen Note als mündliche Mitteilung vorgeschlagen worden waren.[7]

Dass der König sich auf all das einlassen würde, kann Mirabeau nicht ernsthaft geglaubt haben. Deshalb setzte er nun all seine Hoffnungen auf die Königin, von der er sich einredete, sie sei ihm ein verlässlicherer Partner. Das war aber nur eine weitere Illusion, denn Marie Antoinette hegte eine unüberwindliche Abneigung gegen Mirabeau, hinter dem sie die treibende Kraft des Zugs der Pariser Marktweiber nach Versailles im Oktober 1789 vermutete. Damit sprach sie ihm die Hauptverantwortung für ihre missliche Lage zu, die das Königspaar zu Gefangenen der in revolutionärer Unruhe gärenden Hauptstadt machte. Dessen scheint sich Mirabeau aber nicht bewusst gewesen zu sein, denn sonst wäre er kaum auf den Gedanken verfallen, ausgerechnet in der Königin eine geeignete Komplizin für seine Intrige zu sehen. Umso mehr drängte er auf ein diskretes Zusammentreffen mit der Königin. Mirabeau war sich seiner Beredsamkeit bewusst und konnte deshalb darauf vertrauen, dass es ihm mit einer Unterredung besser als mit ausführlichen Denkschriften gelingen würde, die Königin für sein politisches Konzept einzunehmen.

Mirabeaus Wunsch ließ sich vergleichsweise rasch erfüllen, weil bei der Königin die Neugierde auf ihn spätestens nach Kenntnis jener zweiten Denkschrift die Abneigung überwog. Eine solche Begegnung musste beiden auch deshalb umso dringlicher erscheinen, als das auf den 14. Juli in Paris anberaumte nationale Föderationsfest ein Ereignis zu werden versprach, das zumindest in symbolpolitischer Hinsicht einige Festlegungen verhieß. Außerdem weilte der Hof zur Sommerfrische im Schloss von St.-Cloud, wo sich ein solches Treffen, das im Interesse der beiden Beteiligten unter allen Umständen geheim bleiben musste, leichter als in den Tuilerien arrangieren ließ. Für den Morgen des 3. Juli wurde ein verschwiegener Ort im Park des Schlosses für dieses Rendezvous des Monarchenpaars mit dem gefürchteten Revolutionär Mirabeau verabredet, der durch eine verborgene Pforte in der Parkmauer schlüpfen und sich dort einfinden sollte. Das Zusammentreffen, von dem nur wenige Einzelheiten bekannt sind, muss reichlich bizarr gewesen sein. Mirabeau, der die Nacht zuvor bei seiner Schwester Caroline du Saillant im nahen Passy verbracht hatte und sich am Morgen von seinem als Kutscher verkleideten Neffen zu jener Pforte fahren ließ, hatte sich verschwenderisch parfümiert und kostümiert, als gelte es ein galantes Stelldichein zu absolvieren: um die Hüfte einen mächtigen Zierdegen mit aus Seide geflochtenen goldenen Eicheln und auf dem Kopf einen Hut, der einer Wolke von Federn und bunten Bändern glich.

Über den Inhalt des Gesprächs ist nichts Verlässliches überliefert. Mirabeau wird vermutlich auf einschlägige Fragen der Königin seine in der Note vom 20. Juni enthaltenen Ratschläge *viva voce* noch einmal vorgetragen und vielleicht auch schon einige Überlegungen darüber angestellt haben, wie die Sicherheit der Monarchen zu vergrößern sei,

Marie Antoinette

die er erst in seiner Denkschrift vom 17. Juli detailliert ausführte. Die Königin ließ sich durch Mirabeaus Auftritt und Persönlichkeit indessen nicht in ihrem Urteil beirren. Auch musste ihm, wie ihre Fragen wohl unschwer verrieten, der Verdacht kommen, dass sie zwar seine Noten mit Aufmerksamkeit las, seine Analysen und Ratschläge aber kaum ernst nahm. Das änderte aber nichts daran, dass auch Mirabeau sich in seinem Urteil über die Königin bestätigt fand, auf die er künftig seine Hoffnungen konzentrierte. Wie sehr ihn dieses Zusammentreffen beflügelte, zeigt sich nicht zuletzt an der Fülle von Einzelheiten und Anmerkungen zu allen möglichen Problemen, die er danach niederlegte und die eine umfassende royale Gebrauchsanweisung ergeben, übervoll von Anregungen und Verhaltensregeln, die sich auf den gesamten Geschäftsbereich der Exekutive, auf innere und äußere Sicherheit, Finanzen, Diplomatie oder Institutionen beziehen.

Mirabeau träumte trotz aller Rückschläge und Enttäuschungen auch jetzt noch davon, der *Spiritus Rector* zu sein, der einen schwachen Monarchen sicher durch die Revolution lotste. Dabei fehlte es ihm gewiss nicht an klugen Einsichten und mutigen Einfällen, aber er verkannte völlig, dass die revolutionäre Dynamik die Voraussetzungen, damit auch erfolgreich zu sein, gründlich verändert hatte. Mirabeau lebte und webte noch immer in der Vorstellung, es genüge wie im Vorfeld der Revolution und vor Konstituierung der Nationalversammlung eine von ihm inspirierte «conspiration d'honnêtes gens», die den Gang der Ereignisse in seinem Sinne lenkte. Das war ein schwer verständlicher Irrtum, denn längst musste, wer einen solchen Einfluss erfolgreich ausüben wollte, sich zuvor die Zustimmung einer Mehrheit verschafft haben. Die große Popularität Mirabeaus in der Nationalversammlung war dafür viel zu unspezifisch, wie ihm jede parlamentarische Niederlage zeigte. Die Ursache von Mirabeaus Blindheit war sein unbändiger Ehrgeiz, der durch die Begegnung mit der Königin noch einmal neu entfacht wurde. Vielleicht sah er sich jetzt in der Rolle des Ritters, der die Königin aus den Krallen des bösen Drachen der Revolution befreien würde. Seiner Situation weitaus angemessener ist jedoch das Bild des Frosches, der in den Milchtopf gefallen ist und durch verzweifeltes Strampeln die Milch in Butter zu verwandeln sucht, um sich dann durch einen Sprung aus dem Gefängnis zu retten.

Solchem verzweifelten Strampeln glichen jedenfalls die geheimen Denkschriften, mit denen Mirabeau den Hof überschwemmte. Sei es, weil es dem Königspaar an Einsicht mangelte, Misstrauen gegenüber dem Ratgeber es verblendete oder schlicht auch der Mut und die Mittel fehlten – sie wurden allesamt nicht beherzigt. Ohnehin ist fraglich, ob die weitere Geschichte der Revolution einen anderen Verlauf genommen hätte, wenn die Monarchen und Mirabeau nicht einen Dialog von Taubstummen geführt hätten. Wie begrenzt seine Möglichkeiten waren, auf das Geschehen Einfluss zu nehmen, wurde Mirabeau bereits gut eine Woche nach dieser für ihn so schicksalhaften Unterredung im Schlosspark von St.-Cloud aufgezeigt. La Fayette war nicht verborgen geblieben, dass Mirabeau gegen ihn beim König intrigierte. Auch hatte er wohl Wind von dem geheimen Zusammentreffen bekommen und sich seinen Reim darauf gemacht, weshalb er seine Anhänger in der Nationalversammlung dazu veranlasste, ihre Stimmen bei der Wahl zur alle vierzehn Tage fälligen Neubestimmung des Präsidenten der Nationalversammlung Mirabeau zu verweigern. Wegen der großen Aufmerksamkeit, die dieses Ehrenamt seinem Inhaber bei dem Föderationsfest verschaffen würde, das am 14. Juli auf dem Pariser Marsfeld stattfand, hatte Mirabeau keinen Hehl aus seinem Interesse gemacht, bei der Wahl am 5. Juli der Sitzungspräsident in den kommenden zwei Wochen zu werden. Seine Aussichten waren vielversprechend, denn bei der Wahl am 19. Juni war er einer der vier Kandidaten mit den meisten Stimmen gewesen.[8] Umso mehr muss es ihn erschüttert haben, dass sein Name auf der Liste jener vier Kandidaten, die sich für den zweiten Wahlgang am 5. Juli qualifiziert hatten, gar nicht mehr auftauchte.[9] Der zweite Platz nach dem König, der dem Präsidenten der Nationalversammlung laut Protokoll beim Föderationsfest zufiel, wurde nicht von ihm, sondern von dem gemäßigten Abgeordneten Charles-François de Bonnay eingenommen.

Dass La Fayette bei diesem Scheitern Mirabeaus die Hand im Spiel hatte, verrät seine prahlerische Bemerkung gegenüber Nicolas Frochot, dem späteren Testamentsvollstrecker Mirabeaus: «Ich habe den König von England in seiner Macht [i. e. eine Anspielung auf seine bekannte Rolle im amerikanischen Unabhängigkeitskrieg, deretwegen La Fayette als «Held zweier Welten» gerühmt wurde], den König von Frankreich in seiner Autorität und das Volk in seiner Wut besiegt; ich werde vor M. de Mirabeau gewiss nicht weichen.»[10] Mirabeau musste sich damit bescheiden, dem König mit seiner 9. Note vom 7. Juli 1790 einschlägige Ratschläge zu erteilen.[11] Aber Louis XVI hielt sich beim Föderationsfest nicht an die Regie, die ihm Mirabeau angesonnen hatte. Hoch zu Ross, so hatte es sich Mirabeau vorgestellt, sollte der König seinem versammelten Volk eine Ansprache halten, für die er einen Entwurf dem Hof übermittelte.[12] Der schüchterne König beschied sich stattdessen damit, seinen Eid auf die noch unfertige Verfassung abzulegen, während La Fayette im Sattel eines überirdisch weißen Pferdes vor einem Wald von Fahnen, den Trikoloren der 83 Départements, die Szenerie beherrschte. Höhepunkt dieser Inszenierung, die ganz auf seine Apotheose abzielte, war der Moment, als La Fayette mit blankem Degen an den Altar des Vaterlands trat, um der Nation, dem Gesetz und dem König die Treue zu schwören. Dieses Schauspiel überwältigte einige Zuschauer derart, dass sie herbeistürzten und sich vor La Fayette auf den Boden warfen, um seine Hände oder Stiefel zu küssen.

Mirabeau war von dem ganzen Spektakel, dem er als Abgeordneter beiwohnte, zutiefst angewidert. Bei einem Essen am Abend dieses 14. Juli, an dem der *abbé* Sieyès und Stanislas Girardin teilnahmen, bemerkte er beiläufig: «Sollte ich bei einem solchen Volk zum Minister berufen werden, dann erdolcht mich, denn binnen eines Jahres hätte ich Euch zu Sklaven gemacht.»[13] Das waren wohlfeile Rodomontaden. Ehrlicher waren Zorn und Enttäuschung, die Mirabeau in der 12. Note vom 17. Juli 1790 anklingen ließ, als er beklagte, dass «man den König zum Nachteil seiner Autorität kompromittiert» habe und «dem gefährlichen Mann [i. e. La Fayette]» nur von Nutzen gewesen sei, «indem man ihn zum Repräsentanten der Föderation, zum einzigen Manne, zum Idol der Provinzen erhoben» habe, während es «bei der monarchischen Begeisterung des Volkes ein Leichtes gewesen wäre, dem König seinen wahren Platz in der öffentlichen Meinung zuzuweisen». Das habe er alles vorausgesagt, aber seine Warnungen seien umsonst gewesen. «Diese fürchterliche Situation, in der alle Gefühle, alle Vorhaben, alle Überlegungen vor je individuellen Ängsten zurückweichen, wo man keinen verständigen Mann um Rat und Hilfe angehen mag, noch sich zum wenigsten von den Verrätern entfernen kann oder eine Sprache zu gebrauchen wagt, die eine gewisse Würde, vielleicht auch Einfluss und Nutzen hätte, wo man schließlich auch nicht den Mut aufbringt, die Regierung zu ersetzen, und das heißt, den einzigen Weg der Rettung einzuschlagen, der dem König und dem öffentlichen Frieden noch offen steht, ebendiese fürchterliche Situation bewirkt, dass alles misslingt. Das gilt es zu ändern, weshalb man wenigstens nach Fontainebleau gehen muss.»[14]

Solange der König und der gesamte Hof in Paris wie Gefangene lebten und sich in ihrer Entschluss- und Bewegungsfreiheit eingeschränkt fühlten, war an keine Änderung zu denken. Seit Monaten schon hatte Mirabeau deshalb Pläne entwickelt, das Königspaar an einen Ort weit außerhalb von Paris zu verbringen, stets aber davor gewarnt, diesen Ortswechsel als Flucht aussehen zu lassen, was er freilich in jedem Fall sein würde. Jetzt hatte er den Einfall, Louis XVI solle sich aus gesundheitlichen Rücksichten wie auch um dort seiner Jagdleidenschaft zu frönen, mit dem Hof für einige Wochen nach Schloss Fontainebleau begeben. Von dort könne der König, wann immer sein Erscheinen erforderlich sei, unverzüglich nach Paris kommen. Diese Absicht solle der Nationalversammlung in einer Botschaft mitgeteilt werden, die geeignet sei, deren Vertrauen für das Vorhaben zu gewinnen. Auch den Argwohn La Fayettes gelte es einzuschläfern, indem man ihn dazu verpflichtete, sich für das Gelingen dieser Reise zu verbürgen. Größte Aufmerksamkeit widmet er deshalb dem militärischen Schutz des Monarchen. Dieses Interesse verrät seine eigentliche Absicht, denn nach und nach sollten die Nationalgarden, die zum Schutz des Hofes in Fontainebleau aufgeboten wurden, durch Linientruppen ersetzt werden, deren verlässliche Einheiten und Offiziere Mirabeau genau spezifizierte.

Mirabeaus Plan war reichlich naiv: Fontainebleau sollte dem Monarchen die ruhige Insel im aufgewühlten Meer der Revolution sein, ihm angeleitet von Mirabeau die Willenskraft und Entschlossenheit verschaffen, um die Revolution zu züchtigen, damit diese sich zu einer Verfassung entschied, in der die Freiheiten und Rechte des Volkes mit den Ansprüchen der Monarchie harmonierten. Doch weder hatte Louis XVI die Statur, eine solche Rolle zu spielen, noch waren die Parteien oder La Fayette so einfältig, dieses Spiel nicht zu durchschauen. Auch diese Vorschläge Mirabeaus wurden vom Hof ignoriert, schon deshalb, weil der Plan in letzter Konsequenz die Entfesselung eines Bürgerkriegs einkalkulierte, den Mirabeau als *Ultima Ratio* bereits in der 8. Note vom 3. Juli angesprochen hatte: «Der Bürgerkrieg indes, der für gewöhnlich ein fürchterlicher Behelf ist, beließe der öffentlichen Freiheit, der Verfassung und der königlichen Autorität noch immer viel Spielraum. Entscheidend wäre in diesem Falle jedoch, dass der König sich den Provinzen anvertraute und nicht diese sich ihm überantworteten. Von besonderer Wichtigkeit wäre zum Weiteren, die öffentliche Macht nur für die Nation und nicht für Individuen zu entfalten und zwischen den Aufrührern und den Unzufriedenen eine genaue Mitte zu achten, so dass die nationale Partei eben die des Königs ist. Bald schon würde die Einsicht einiger Provinzen, die sich untereinander verständigten und mit ihrer Abtrennung vom übrigen Königreich drohten, den Wahnsinn der anderen mäßigen. Der sich dann einstellende Zwang, in Friedensverhandlungen einzutreten, könnte nur eine bessere Verfassung zum Ergebnis haben.»[15]

Das waren verwegene und hochbrisante Projektionen, die ein ängstliches Gemüt wie Louis XVI nur noch tiefer in das Mauseloch seiner habituellen Verzagtheit scheuchen mussten. Mirabeau geriet darüber zunehmend in Verzweiflung, die er de La Marck im September eingestand, dem gegenüber er Klage über «das seltsame Betragen des Hofes» gegen sich führte. «Nie beherzigt er einen meiner Ratschläge und ist andererseits davon überzeugt, dass ich nichts liefere. Täglich mästet er seinen Feind, gibt mir aber kein wirksames Mittel, keine ordentliche

Anweisung, tut aber dennoch so, als könne ich diesen Feind zur Strecke bringen!»[16]

Nicht nur das machte Mirabeau zu schaffen, denn er argwöhnte auch, dass das Königspaar außer ihm auch noch andere vertraute Ratgeber habe, deren Hinweisen gegenüber es sich aufgeschlossener zeige. Die fortgesetzte Weigerung, seinen Rat zu befolgen, hätte eigentlich seinen Stolz provozieren und ihn dazu veranlassen müssen, seine offensichtlich sinnlose Beratertätigkeit einzustellen. Das war ihm aber unmöglich, denn die dafür reichlich fließenden Gelder hatten ihm ebenjene materielle Unabhängigkeit und Freiheit verschafft, die er sein ganzes bisheriges Leben bitter entbehren musste. Auch war für Mirabeau nichts mehr zu gewinnen, wenn er seine geheime Beratertätigkeit für den Hof jetzt beendete, denn längst war die Kunde davon durchgesickert.[17] Wann immer er von Abgeordneten, die er in seine Wohnung in der Chaussée d'Antin zum Essen eingeladen hatte, auf die Gerüchte seiner Käuflichkeit angesprochen wurde, widersprach er mit keinem Wort. So das Zeugnis des später als «Anacréon de la guillotine» apostrophierten Bertrand Barère.[18] Stets habe Mirabeau dann «ein Gelächter angeschlagen und sich über die lustig gemacht, die ihn bestächen. Er glich damit jenen Frauen, für die man immer bezahlt, die aber niemals käuflich sind. Die hochgestellten Intriganten konnten ihn gut und gerne mit Gold überschütten, aber er, Mirabeau, lief nicht zu ihnen über. Auf der Rednerbühne vertrat er nur seine eigene unabhängige Meinung und überließ die Klage und die Schande den Leuten, die sich getäuscht hatten, als sie glaubten, seine Ansichten gekauft zu haben.»[19]

Solange nur Verdächtigungen laut wurden, aber überzeugende Beweise für seine Käuflichkeite fehlten, konnte Mirabeau sich durchlavieren. Das änderte aber nichts daran, dass diese Gerüchte seiner Integrität abträglich waren, und selbst ihm wohlgesinnte Abgeordnete zunehmend darauf achteten, Distanz zu ihm zu halten. Mirabeau suchte diese Verluste hektisch dadurch zu kompensieren, dass er Beweise für seine Popularität einsammelte, indem er im «Club de 1789», einer gemäßigten Konkurrenz zu den Jakobinern, Reden hielt oder Abgeordnete aus der Provinz mit seiner großzügigen Gastlichkeit beeindruckte. Alle diese Anstrengungen verpufften wirkungslos, denn Mirabeau drohte Ungemach, das sich im Sommer 1790 zu entladen drohte.

Im November 1789 war von der Stadt Paris der Sturm auf das Versailler Schloss am Morgen des 6. Oktober zur Anzeige gebracht worden, was eine Beweisaufnahme des Tribunal du Châtelet zur Folge hatte. Für dieses Gericht, noch ganz vom Justizverständnis des *Ancien Régime* geprägt, war das eine willkommene Gelegenheit, die Untersuchungen nicht nur auf das Geschehen dieses Tages zu beschränken, sondern auch deren Genese im Zusammenhang mit der revolutionären Entwicklung zu erforschen. Diese Ausweitung des Ermittlungsauftrags wurde insbesondere von den Häuptern der parlamentarischen Rechten und wohl auch von La Fayette unter der Hand gefördert. Damit sollten Mirabeau und der Duc d'Orléans politisch vernichtet werden, indem durch das Verfahren der Nachweis erbracht wurde, sie hätten mittels der Oktoberunruhen Louis XVI durch einen anderen Herrscher ersetzen wollen. Entsprechende Denunziationen und Zeugenaussagen waren leicht zu beschaffen. Als der Châtelet das umfangreiche Dossier seiner Untersuchungen dem *Comité des Rapports* der Nationalversammlung, der über Anträge auf Aufhebung der Immunität entschied, mit dem Hinweis übergab, die von ihm ermittelten zwei Hauptverdächtigen seien Abgeordnete, die vom *Journal de Paris* am 8. August 1790 als der Duc d'Orléans und Mirabeau namhaft gemacht wurden,[20] war die Katze aus dem Sack. Um den jetzt wild wuchernden Gerüchten und Verdächtigungen den Boden zu entziehen, forderte Mirabeau den *Comité des Rapports* am 23. August auf, den Bericht über das Untersuchungsergebnis zügig fertig zu stellen.[21] Dafür sah er sich von der Linken mit einem wahren Beifallssturm überschüttet, ein Erlebnis, das ihm seit gut einem Jahr nicht mehr widerfahren war.

Acht Tage später ließ der *Comité des Rapports* wissen, dass er seine Prüfung abgeschlossen habe. An den Abgeordneten sei es nun zu entscheiden, ob die Untersuchungsakten durch mündlichen Vortrag oder, wofür man plädiere, gedruckt vorgestellt werden sollten. Dafür trat Mirabeau ein, forderte aber zugleich, dass der *Comité des Rapports* unabhängig davon seinen Bericht schnellstmöglich veröffentliche. Als Begründung führte er aus, dass der Druck derart umfangreicher Akten sehr viel Zeit verschlinge, die in Rede stehende Affäre aber binnen kürzester Zeit aufgeklärt werden müsse, da man die namentlich bereits bekannten Betroffenen nicht noch länger gehässigen Verdächtigungen aussetzen dürfe. «Mir ist», so fügte er hinzu, «im Übrigen alles gleich, weil so oder so alles an den Tag kommen wird. Ich sagte, mir ist alles egal, denn ich bin nicht bescheiden genug, um mir nicht gewiss zu sein, dass ich in dem Prozess, den man der Revolution zu machen gewillt ist, einen Platz einnehmen werde.»[22] Für diese stolzen Worte erhielt Mirabeau erneut den rauschenden Beifall der linken Abgeordneten, was ihn in seiner Zuversicht bestärkte, der Untersuchungsbericht könne seine Reputation als Revolutionär nicht beschädigen.

Als am 11. September die Versammlung von der Verhaftung eines Mannes erfuhr, der wegen einiger bei ihm gefundener Schriftstücke, von denen eines von der Hand Mirabeaus stammte, als Verschwörer verdächtigt wurde, erkannte er sofort den Vorteil, der sich ihm damit bot. In einer kurzen Rede bestritt Mirabeau keineswegs, diesen Mann namens Riolles zu kennen. Er schilderte ihn als einen, der in Versailles oder Paris schon mit so gut wie jedem Abgeordneten in Kontakt getreten sei und den ein geradezu närrisches Verlangen plage, sich mittels von ihm verfasster Denkschriften in die öffentlichen Belange einzumischen. Ihm sei er deshalb auch wiederholt unaufgefordert nahegetreten. Ohne sich auf den Mann und die ihm selbst geltenden Verdächtigungen weiter einzulassen, erinnerte Mirabeau daran, dass er immer für die Freiheit eingetreten sei und deshalb manches Leid erfahren habe. «Vom Donjon in Vincennes und den anderen festen Plätzen im Königreich, in denen ich nicht aus freien Stücken wohnte, sondern aus unterschiedlichen Gründen eingesperrt war, dürfte es schwerfallen, auch nur eine einzige Tat, eine schriftliche Äußerung oder eine Aussage von mir beizubringen, die nicht meine große und unerschütterliche Liebe für die Freiheit dokumentiert.» Seine Familie habe 54 *Lettres de cachet* erhalten, von denen allein 17 auf ihn entfallen seien. Das zeige, welche Leiden er wegen seiner Freiheitsliebe habe durchstehen müssen. «Ich befinde mich in einer sonderbaren Lage. Kommende Woche wird der *Comité des Rapports*, wie man mich hoffen lässt, Bericht über eine Angelegenheit erstatten, bei der ich die Rolle eines enragierten Aufrührers spiele. Heute jedoch beschuldigt man mich, ein gegenrevolutionärer Verschwörer zu sein. Erlauben Sie mir, dass ich auf einer Unterscheidung bestehe. Verschwörung gegen Verschwörung, Prozess gegen Prozess und, wenn es sein muss, Urteilsvollstreckung gegen Urteilsvollstreckung, aber dann gestehen Sie mir wenigstens zu, ein Märtyrer der Revolution zu sein.»[23] Erneut wurde Mirabeau lang anhaltend von einem Teil der Versammlung wie auch vom Publikum auf den Besuchergalerien applaudiert.

Um von jeglichem Verdacht gereinigt zu sein, musste sich Mirabeau aber noch bis zum 1. Oktober gedulden, an dem die Verlesung des Untersuchungsberichts erfolgen sollte. Die sehr detaillierte Stellungnahme, die der Abgeordnete Jean-Baptiste Chabroud namens des *Comité des Rapports* vortrug, hätte für Mirabeau kaum günstiger ausfallen können: Allen gegen ihn erhobenen Vorwürfen wurde die Substanz genommen, und Chabrouds langatmige Ausführungen gipfelten in der Beschlussvorlage, einer Anklageerhebung gegen Mirabeau und den Duc d'Orléans nicht stattzugeben.[24] Das war ein Erfolg, mit dem Mirabeau einen Sieg über seine politischen Gegner erzielte. Damit allein konnte er sich aber nicht zufrieden geben, denn die Untersuchungen hatten, wie das wohlwollende Referat Chabrouds zeigte, eine Fülle von Indizien zutage gefördert, die Mirabeaus Ansehen abträglich sein mussten. Das Verhalten, mit dem Mirabeau auf die Ereignisse der Oktobertage reagiert hatte, war zumindest ambivalent. Seine Haltung gegenüber dem Umsturz wirkte höchst opportunistisch, zumal Mirabeau offensichtlich von der Möglichkeit seines Gelingens überzeugt gewesen war. Das bestimmte sein Verhalten, das unschwer die Absicht verriet, sich den Weg nach oben nicht zu verbauen, egal welchen Ausgang das Geschehen nehmen würde. Diesem Befund, der Zweifel an seiner monarchischen Loyalität und politischen Integrität wecken musste, widersprach lediglich, dass sich für seine aktive Beteiligung an der gemutmaßten Verschwörung keinerlei Beweise beibringen ließen.

Mirabeau musste sehr daran gelegen sein, den Eindruck der Ambivalenz nach Kräften zu korrigieren. Am 2. Oktober ergriff er deshalb in eigener Sache das Wort, um in einer langen und leidenschaftlichen Rede nachzuweisen, dass sich die gegen ihn erhobenen Anschuldigungen ausnahmslos auf falsche Zeugnisse stützten. Diese Ausführungen waren aber nur eine lange, mit großer Schärfe orchestrierte Ouvertüre. Aus der Rolle des Angeklagten heraustretend, der das Gespinst der gegen ihn erhobenen Anschuldigungen zerriss, schlüpfte er danach in die eines Anklägers, der zunächst die erwiesene Inkompetenz und offensichtliche Voreingenommenheit jenes Gerichts brandmarkte, das ihn 1774 auf Antrag seiner Familie, woran er klugerweise natürlich nicht erinnerte, entmündigt hatte. Was sei, so stellte er mit Donnerstimme die Frage, von einem Verfahren zu halten, das die ärgsten Feinde der Revolution nicht besser hätten leiten können, das nur darauf abzielte, den verderblichen Parteigeist in dieser Versammlung wie im ganzen Land zu schüren, das die Absichten der Hauptstadt gegenüber den Provinzen verleumdete, das gegenüber Europa einen in seinem Handeln freien König mit den falschen Farben eines gefangenen und verfolgten Monarchen malte, wie überhaupt man sich darum bemühte, diese erlauchte Versammlung als eine Zusammenrottung von untereinander zerstrittenen Parteiungen darzustellen?

«Ja, das Geheimnis dieser teuflischen Untersuchung», so schloss er seine Rede, «ist jetzt aufgedeckt; es ist zur Gänze dort zu finden» – Mirabeau wies auf die Rechte –, «es erhellt sich aus dem Interesse jener, aus deren Zeugnissen und Verleumdungen jenes Gewebe geschaffen wurde; es ist in den Quellen zu finden, aus denen die Feinde der Revolution schöpfen; es ist im Wesen dieses Gerichts, wie es bald von der Geschichte mit gerechter und unnachsichtiger Rache eingraviert wird.»[25]

Diese Rede wurde für Mirabeau zu einem riesigen Triumph. Mit einem Schlag war er aller Verdächtigungen ledig, die ihn als Drahtzieher mit den Ereignissen vom Oktober 1789 in Zusammenhang gebracht hatten. Auch die hartnäckig sich behauptenden Gerüchte, er stünde im Solde des Hofes, verstummten, denn das schien ausgeschlossen zu sein bei einem Mann, um den sich die Jakobiner, die ihn zuvor noch angefeindet hatten, jetzt begeistert scharten. Das zeigt die Reaktion von Camille Desmoulins, einem Revolutionär der ersten Stunde, der auf Distanz zu Mirabeau gegangen war und ihn jetzt in dem von ihm redigierten Blatt *Révolutions de France et de Brabant* in den Himmel hob: «Und Dich, o Heiliger Mirabeau, denn heilig bist Du wieder geworden, nachdem Du ein großer Sünder geworden warst, nehme ich beim Wort, dieses Châtelet zu züchtigen, das ebenso infam ist wie seine falschen Zeugen, und lasse es, wie Du gesagt hast, bis Du ins Grab gesunken bist, nicht mehr los, will sagen, bis Du im Himmel den Platz neben Magdalena und dem Heiligen Augustinus einnimmst.»[26] Die Akklamation der Linken in der Nationalversammlung verschaffte Mirabeau dort wieder Gewicht, dessen Belastbarkeit sich aber erst noch erweisen musste.

Um das in Erfahrung zu bringen, bot sich schon bald eine Gelegenheit. Am 27. August hatte sich Mirabeau in einer langen Rede vor der Nationalversammlung für die Ausgabe einer zweiten Tranche von Assignaten ausgesprochen, mit der das nach wie vor riesige Loch gestopft werden sollte, das in den Kassen des Staates klaffte.[27] Damit trat er in völligen Widerspruch zu der Haltung, die er bislang in dieser Frage eingenommen hatte. Der Grund für den jähen Sinneswandel war, dass sich Necker, der ein entschiedener Gegner der Assignaten war, mit der Absicht trug, eine neue Anleihe aufzulegen. Mirabeaus Eintreten für die

Ausgabe einer neuen Tranche von Assignaten war ein Vorwand, den ihm verhassten Finanzminister in die Klemme zu bringen und zum Rücktritt zu nötigen. Dieses Kalkül ging auf, denn bereits am 4. September demissionierte Necker, nachdem auch die Linke sich für eine Neuausgabe von Papiergeld ausgesprochen hatte. Obwohl sich die anderen Minister noch an ihre Posten klammerten, wurde mit Neckers Abgang die Bildung einer neuen Regierung entschieden wahrscheinlicher. Mirabeau bot sich damit die Chance, erneut zu versuchen, seinen alten Plan einer parlamentarischen Regierung zu verwirklichen, mit dem er im November 1789 gescheitert war. Voraussetzung dafür war jedoch, dass es gelang, die Nationalversammlung zu einer Änderung ihres damaligen Beschlusses, der diese Lösung verboten hatte, zu bewegen. Das sollte Louis XVI bewerkstelligen, dem Mirabeau eine entsprechende Initiative vorschlug.

In der 26. Note an den Hof, die vom 12. September 1790 datiert ist, suchte Mirabeau den König für seine Absicht mit dem Argument zu gewinnen, dass die Nationalversammlung den Zenit ihrer Popularität überschritten habe. Solange sich die Versammlung damit befasst habe, Privilegien zu beseitigen, das Feudalsystem zu zerstören, drückende Abgaben abzuschaffen, Klerus und Adel ihrer Sonderrechte zu berauben und der königlichen Gewalt Schranken zu setzen, sei ihr die wachsende und ungeteilte Zustimmung der öffentlichen Meinung sicher gewesen. In dem Maße, in dem es jetzt aber vorrangig darum ginge, eine neue Rechts- und Gesellschaftsordnung im Detail auszubuchstabieren, an den Staatsausgaben zu sparen, die Armee zu verkleinern und zu reorganisieren, während die Masse des Volkes weiterhin unter einer drückenden Steuerlast ächze, sei es nicht nur um das Wohlwollen der Öffentlichkeit geschehen, sondern es würde auch immer häufiger Kritik und Unmut laut, die sich unvermeidlich binnen kurzem in Aufständen und kollektiven Gewalttaten entladen würden. Wie die Nationalversammlung darauf reagieren werde, sei leicht vorherzusehen, denn so viele Aufstände ihr zusetzten, so viele besondere Dekrete werde sie erlassen. Gleichzeitig werde ihr Misstrauen gegen die Minister rapide zunehmen, weil sie diese für die Übel verantwortlich mache, die allein ihr Werk seien. In der Folge werde die Nationalversammlung sich immer mehr in die Exekutive hineinfressen und einen Zweig der Verwaltung nach dem anderen einverleiben. Sollte diese Übergriffigkeit Schule machen, dann wäre die monarchische Regierung in Frankreich bald nur noch ein blasser Schatten.

Als Gegenmaßnahme empfahl Mirabeau dringend die Schaffung einer parlamentarischen Regierung. Nur wenn die Minister in der gesetzgebenden Versammlung zugegen seien, erhielten die Verwaltungsentscheidungen der Versammlung den Anschein von Maßregeln der Exekutive. Davon hätten alle nur Vorteile: Die Exekutive gewänne an Handlungseinheit, die Nationalversammlung profitiere an wahrer Stärke, und der König bliebe im unangefochtenen Besitz seiner Herrschaftsrechte. «Jetzt also gilt es zu handeln, denn der Augenblick ist da, wo das Dekret, das es verbietet, ein Ministerium aus dem Schoß der Nationalversammlung zu bilden, offen vom König wie von all denen angegriffen werden muss, die sowohl die königliche Regierung wie das Königreich retten wollen.»[28]

Wie nicht anders zu erwarten, stießen auch diese Überlegungen auf taube Ohren, weshalb Mirabeau in der 29. Note vom 6. Oktober 1790 einen weiteren Versuch unternahm, dem König die Situation begreiflich zu machen, indem er ihn mit der Möglichkeit eines Scheiterns der Verfassung konfrontierte, die noch immer ihrer Vollendung harrte. Die bereits ausgeführte Neuorganisation der Gemeinde-, Départemental- und Gerichtsordnung, deren Mitarbeiter ausnahmslos gut besoldet werden müssten, wenn man Wert auf deren Befähigung lege, koste viel Geld. Das warf die Frage der Steuern auf, die Mirabeau zur Illustration seiner Überlegungen heranzog: «Man hat dem Volk mehr versprochen, als man halten konnte; man hat ihm Hoffnungen gemacht, die sich unmöglich erfüllen lassen; vor allem jedoch hat man ihm erlaubt, ein Joch abzuwerfen, unter das man es nie wieder wird zwingen können. Man kann sich einschränken und sparen so viel wie man will, die Ausgaben der neuen Ordnung werden weit höher sein als die der alten, aber das Volk wird letzten Endes die Revolution nur nach der einzigen Tatsache beurteilen: Wird man ihm mehr oder weniger Geld aus der Tasche ziehen? Haben sich seine Lebensumstände verbessert? Hat es mehr Arbeit? Und wird diese Arbeit besser bezahlt? – In dieser Hinsicht wird sich die Nationalversammlung mit einer grausamen Alternative konfrontiert sehen. Soll sie sich weigern, die Gehälter der Beamten und Richter zu erhöhen? Dann wird ihr für die wichtigsten Ämter nur jene Gattung von Menschen zur Verfügung stehen, für die jede Anstellung ein Glück ist: Allein in einem aufgeklärten Jahrhundert wird die Hefe der Gesellschaft nicht lange die Geschäfte leiten. Soll sie also die Gehälter erhöhen? Dann werden die Ausgaben in unerträgliche Höhen steigen, und das Elend des Volkes wird bald nach anderen Gesetzen schreien. (...) Alles bisher Gesagte ist lediglich Theorie; dies sind aber die Folgen: Wollte man nur die Verfassung sich selber abschaffen lassen, so brauchte man kaum etwas zu tun, denn es ist so gut wie ausgeschlossen, dass sie sich nicht selbst zerstört. Allein, man muss alles von ihr zu erhalten suchen, was der Nation und dem Monarchen von Nutzen ist. (...) Durch Tatenlosigkeit würde man im Übrigen nur die Anarchie verewigen, setzte man sich der Gefahr von Tausenden von Krämpfen wie der Gefahr eines Bürgerkriegs aus. (...) Also gilt es zu handeln, aber nicht, um die öffentliche Meinung gegen schlechte Gesetze aufzubringen, (...) sondern um diese Meinung auf einen nützlichen Zweck hinzulenken, auf eine gesetzliche und geordnete Reform aller Mängel der Verfassung.»[29]

Auch in seiner nächsten, der 30. Note vom 14. Oktober, kam Mirabeau erneut auf das fatale Dekret zu sprechen. Diesmal stützte er sein Ansinnen auf eine neue, geradezu machiavellistisch anmutende Begründung: «Wenn das Dekret aufgehoben wird, so hat man die Freiheit, die Minister unter den Jakobinern oder jeder anderen Sekte auszuwählen. Jakobiner als Minister wären keine jakobinischen Minister. Für jeden Menschen bedeutet ein großer Aufstieg eine Krise, von der die Übel geheilt werden, die er hat und die ihm neue anschafft, die er noch nicht hat. Mit der Leitung der Geschäfte befasst, erkennt selbst der ärgste Demagoge, sobald er die Leiden des Königreichs aus der Nähe gewahrt, die Unzulänglichkeit der monarchischen Gewalt. Je mehr es ihm schmeicheln würde, sein Werk zu stabilisieren, desto größere Sorgfalt wird er an dessen Verbesserung wenden. Bald würde auch seine Partei, um ihm treu zu bleiben, in ihren Grundsätzen weniger streng sein; sie würde sich in ihren Ansichten für unerschütterlich halten und dennoch, ohne es zu wollen, ohne es zu bemerken, sich plötzlich neutralisiert finden und damit nicht mehr dieselbe sein.»[30]

Welche Bedeutung Mirabeau diesem Vorschlag beimaß, der den Hof in tiefste Verwirrung stürzen musste, weil er allen Ernstes dazu riet, die republikanischen Böcke zu royalistischen Gärtnern zu machen, zeigte sich daran, dass er in seiner nächsten Note, die vom 15. Oktober datiert ist, erneut mit großem Nachdruck darauf zu sprechen kam. Sein Drängen erklärt sich daraus, dass Mirabeau Mitglied in zwei Ausschüssen der Nationalversammlung war, des Ausschusses für Auswärtige wie des für Koloniale Angelegenheiten. Beide Ausschüsse waren gemeinsam mit denen, die für Armee und Marine zuständig waren, seit Ende September mit Unruhen befasst, die bei dem in Brest stationierten Geschwader um sich griffen und bei denen die Stadtverwaltung von Brest gewagt hatte, offen für die Aufrührer Partei zu ergreifen. In einem Dekret, das von den Vereinigten Ausschüssen vorbereitet wurde, sollten alle Beteiligten unter Hinweis auf die Verfassung auf ihre Befugnisse verwiesen werden, die auf einer strikten Trennung von zivilen und militärischen Gewalten basierten. Zur Durchsetzung dieser Regelung sollten außerdem zwei königliche Kommissare nach Brest entsandt werden. Die Vereinigten Ausschüsse sahen in den Unruhen aber auch einen willkommenen Anlass, der Regierung ihr Misstrauen auszusprechen. Das war eine Absicht, an deren Durchsetzung Mirabeau als Mitglied zweier Ausschüsse maßgeblich beteiligt war und in deren Licht deshalb die beiden Noten an den Hof vom 14. und 15. Oktober zu lesen sind. Mit anderen Worten: Ihm war der Wortlaut jenes Berichts bereits geläufig, den der Baron de Menou, der Berichterstatter der Vereinigten Ausschüsse, am 19. Oktober 1790 in der Nationalversammlung vortragen würde und der auf die Beantragung eines Dekrets hinauslief, das dem Ministerium das Misstrauen aussprach.[31] Mirabeau war zum Weiteren aber auch bereits bekannt, dass Menou in seinem Bericht auf der Geltung des Dekrets vom 7. November 1789 bestehen würde.[32]

Umso diabolischer nimmt sich im Wissen darum der Ratschlag aus, den er Louis XVI in der 31. Note vom 15. Oktober gab: «Die Vereinigten Komitees haben beschlossen, der Versammlung vorzuschlagen, den König darum zu bitten, eine neue Regierung zu berufen, die imstande ist, die Dekrete der Nationalversammlung durchzusetzen. Das ist eine ebenso große wie schöne Maßnahme, die, wenn man sie zu handhaben versteht, den Thron rettet und La Fayette die Diktatur entwindet. Dem will ich nur ein Wort hinzufügen: Würde ich nur an mich denken, dann wäre ich überzeugt davon, dass mir mit der Anarchie besser gedient wäre, weil sie mich notwendiger machte als die Ernennung irgendeiner ordentlichen Regierung. Noch gestern hat die Partei von La Fayette mit aller Wut dagegen gekämpft, wurde aber in dieser Frage zu Boden geworfen; alle Parteien sind heute in intriganten Aktivitäten entflammt; spätestens am Montag wird der Streich geführt. – Mir scheint, der König müsste gleich am Tag darauf den Anstoß zur Aufhebung des Dekrets geben, und sein Schreiben, das ich mich anbiete, ihm deshalb aufzusetzen, würde die Versammlung in die größte Verlegenheit stürzen, während es ihm im ganzen Königreich den schönsten Anhaltspunkt verhieße. Das Dekret wird aufgehoben oder nicht. – Ich glaube an das Zweite. Wird es aufgehoben, gibt es kein Zaudern mehr; dann gilt es die Häupter der Jakobiner zu Ministern zu ernennen: *Alle! Alle!* (Das flößt Schrecken ein, aber es ist gleichzeitig auch von tiefer Klugheit.) Man muss sie ernennen, denn halten sie sich, desto besser; sie werden gezwungen sein, sich zu mäßigen; und wenn sie sich nicht behaupten können, sind sie und ihre Partei verloren.»[33]

Keiner dieser Ratschläge Mirabeaus wurde von Louis XVI beherzigt. Noch nicht einmal der, den er ihm in der 32. Note vom 16. Oktober machte: «Ein sehr einfaches Mittel, das Dekret zu verhindern, besteht darin, ihm zuvorzukommen, den Ministern ihren Rücktritt abzufordern und damit die Versammlung das Nachsehen haben zu lassen. Das ist aber auch das einzige Mittel. Der König behält damit völlig ungeschmälert seine gesamte Prärogative, und das ist, wie man sieht, sehr wichtig. Um damit Erfolg zu haben, muss die Entlassung spätestens morgen Mittag ausgesprochen, akzeptiert und bekannt gemacht worden sein.»[34]

Auch wenn er seine geheime Beratertätigkeit für den Hof bis zuletzt fortsetzte, war Mirabeau die Zuversicht, mit der er diese Tätigkeit aufgenommen hatte, unter den Erfahrungen, die er im Oktober 1790 machen musste, abhandengekommen. Wie groß seine Enttäuschung darüber gewesen sein muss, dass der Hof der politischen Klugheit seiner Ratschläge nicht folgte, zeigt die Erwartung, die er zunächst mit seiner Rolle verknüpft hatte. Aufschlussreich dafür, wie zuversichtlich er gewesen war, wenigstens eine Revision des Gesetzes vom 7. November 1789 erreichen zu können, ist die Ausarbeitung einer langen Rede in seinem Nachlass, die er, sollte ein entsprechender Antrag anhängig sein, in der Nationalversammlung halten wollte.[35]

Als ihm diese Hoffnung durch die Feststellung des Baron de Menou endgültig genommen wurde, der die Geltung des Dekrets bekräftigte und es als ein «Palladium der Freiheit» bezeichnete, schrieb er in seinem letzten Brief an den Freund Mauvillon in Braunschweig: «Ich schließe mit einem Wort über unsere augenblickliche Lage. Vier wegen der Affäre von Brest vereinigte Ausschüsse haben der Versammlung vorgeschlagen, dem König zu erklären, dass seine Regierung nicht mehr das Vertrauen der Nation besitze. Diese Maßnahme wird im einen wie im anderen Sinn die unvermeidliche Wirkung haben, das ganze Vieh zu entlassen. Allein, die Versammlung, die noch immer mit allem Nachdruck auf dem unsinnigen Dekret beharrt, das es jedem Mitglied der Legislative verbietet, ein Amt in der Staatsverwaltung anzutreten, macht allein dadurch dem König jegliche gute Wahl unmöglich und vereitelt damit auch eine Einheit von Arm und Willen. Da haben Sie die augenblickliche Krise, die der Krieg nicht noch schwärzer machen möge.»[36]

Sechstes Kapitel

«Die politische Apotheke»

Ich muss Rat spenden, selbst wenn ich die Gewissheit habe, dass man ihn nicht befolgt, denn der Diensteifer, auch wenn er nichts nutzt, ist ein Gesetz, der Erfolg aber nie eine Pflicht.»[1] Mit diesem Satz, der die Enttäuschung über sein jüngstes Scheitern ausspricht, eröffnete Mirabeau die 34. Note an den Hof vom 23. Oktober 1790. In einem Begleitschreiben an de La Marck legte er sich weniger Zurückhaltung auf: «Ich gestehe Ihnen, mein lieber Comte, ich weiß nicht, warum ich noch weiterhin Noten schicke. Auf gut Glück jedoch lasse ich noch eine abgehen. Im Vergleich mit den Meisterwerken eines Bergasse und vielleicht auch eines Barnave und anderer bedeutender Männer mehr, an deren Haaren (...) zweifelsohne das Heil des Thrones und des Reichs hängt, sind diese Elaborate immer eine Art von Studie, die nicht mehr langweilt als das Gefängnis und die wesentlich nützlicher ist als ein Märchen.»[2]

Bei der parlamentarischen Befassung mit den Unruhen von Brest war Mirabeaus Argwohn bestätigt worden, dass der Hof außer ihm noch weitere Ratgeber unter den Abgeordneten in der Nationalversammlung beschäftigte. Einer davon war der Abgeordnete Nicolas Bergasse, von dem ihm ein Schriftstück in die Hände geraten war, der Entwurf eines Schreibens, das der König der Nationalversammlung im Zusammenhang mit dem Dekret senden sollte, das die Vereinigten Ausschüsse zur Abstimmung vorbereiteten. Seiner Empörung über diese Entdeckung verlieh Mirabeau sehr deutlich Ausdruck im Schreiben vom 18. Oktober an de La Marck, dem er auch eine Kopie von Bergasses Entwurf beifügte, den er mit den Worten kommentierte: «Dieses, politisch gesprochen, wahrhaft extravagante Schriftstück ist derart unberaten, dass auch der Kühnste unter allen Sterblichen, wenn er denn noch seinen Verstand beisammen hätte, ihn an Stelle des Königs nicht schriebe.» Er habe jedoch davon abgesehen, sich mit dem Entwurf von Bergasse detailliert auseinanderzusetzen, um dem Hof seine Kenntnis zu verschweigen, was er damit begründete, dass er nicht so dumm sein werde, «wie das königliche Vieh» (le royal bétail) zu handeln.[3]

Die Qualifikation des Königspaars als «royal bétail» verrät Mirabeaus Empörung darüber, dass der Hof sich zwar von allen Seiten Ratschläge einholte, die den seinen diametral widersprachen, aber dennoch in völliger Unentschlossenheit und Untätigkeit verharrte. Die schmerzhafte Wunde, die seinem Selbstgefühl auf diese Weise geschlagen wurde, galt es mit einem wirksamen Heilmittel zu kurieren, das sich Mirabeau schon drei Tage später anbot. Das vom Baron de Menou am 21. Oktober vorgeschlagene Dekret enthielt auch einen Passus, der vorsah, die auf Schiffen der französischen Marine bislang noch immer gebräuchliche weiße Flagge der alten königlichen Flotte durch die Trikolore zu ersetzen. Gegen diese Änderung empörte sich die Rechte. Der Abgeordnete François-Henri Comte de Virieu etwa wies darauf hin, dass alle guten Bürger ob des Flaggenwechsels entrüstet seien: «Es ist diese weiße Flagge, die Amerika befreit hat; deren Abschaffung liefe darauf hinaus, die Erinnerung an unsere Siege und Tugenden auszulöschen.» Als Kompromiss regte er an, der weißen Flagge noch einen Wimpel mit der Trikolore hinzuzufügen.[4] Nach dessen Ablehnung entwickelte sich rasch eine lebhafte Kontroverse, an der sich auch einer der scharfzüngigsten Debattenredner der Rechten, der Abgeordnete Louis Marquis de Foucauld de Lardimalie, beteiligte, der seine Kollegen höhnisch aufforderte, die Frage mit aller Unparteilichkeit zu entscheiden, derer sie fähig seien. «Allerdings möchte ich auch wissen, welche Départements, welche Militärs Ihnen den Vorschlag gemacht haben, auf diese Weise den Ruhm und die Ehre der französischen Flagge zu profanieren. Da haben Sie die wahre Ursache für die Unruhen, die im Geschwader von Brest ausgebrochen sind. Lassen Sie doch den Kindern dieses neue Spielzeug mit den drei Farben.» Als Charles de Lameth darauf mit der Forderung reagierte, man möge den Redner zur Ordnung rufen, weil dieser die nationalen Farben beleidigt habe, versetzte dieser: «Die Vorurteile sind zu respektieren; man muss sie mit Vorsicht behandeln. Aber lassen wir uns nicht mehr mit Frivolitäten amüsieren, mit dieser Vorliebe für Moden...»[5] Diese Worte lösten einen Sturm der Entrüstung auf der Linken aus, den sich Mirabeau umgehend zunutze machte, um in diesem symbolpolitischen Streit Stellung zu beziehen:

«Schon bei den ersten Worten, die in dieser seltsamen Debatte geäußert wurden, empfand ich wie der größte Teil dieser Versammlung, ich gestehe es, die Aufwallungen des patriotischen Furors, die sich zur heftigsten Wut steigerten. (Auf der Rechten war lautes Stimmengewirr und Gelächter zu vernehmen. Dorthin sich wendend, fuhr der Redner fort:) Meine Herren, schenken Sie mir nur wenige Augenblicke Ihrer Aufmerksamkeit; ich schwöre Ihnen, dass Ihnen, sobald ich geendet habe, nicht mehr zum Lachen zumute sein wird...» Das bewahrheitete sich nur zu schnell, denn Mirabeaus weitere Ausführungen quittierte die Rechte bald mit wütenden Protesten. «Nun gut, da ich nicht weiß, welche betrügerische Taktik in der gestrigen Sitzung [i. e. in der der Misstrauensantrag der Vereinigten Ausschüsse gegen die Regierung von einer sehr großen Mehrheit abgelehnt wurde, weil außer der Rechten, die annähernd vollzählig anwesend war, die meisten anderen Abgeordneten den Saal verlassen hatten, um eine Mahlzeit einzunehmen] die gegenrevolutionären Herzen binnen vierundzwanzig Stunden, in einer Nacht, derart hat anschwellen lassen, dass alle Ideen so gründlich umgestürzt, alle Grundsätze so völlig entstellt wurden, man den *esprit public* vollends verkennt, dass man es wagt, sich selbst und dem Volk gegenüber, das uns zuhört, einzugestehen, dass es antike Vorurteile gibt, die man respektieren muss, als wenn Ihr Ruhm und der des Volkes nicht eben genau darin seine Ursache hätte, diese Vorurteile vernichtet zu haben, deren Achtung man jetzt einfordert! Dass es mit der Würde der Versammlung nicht zu vereinbaren sei, sich mit solchen Bagatellen aufzuhalten, als wenn die Sprache der Zeichen nicht überall die mächtigste Triebfeder für die Menschen, die wichtigste treibende Kraft der Patrioten oder der Verschwörer für den Erfolg ihres Zusammenschlusses oder ihrer Komplotte ist! Man wagt es, um es mit einem Wort zu sagen, vor Ihnen kaltschnäuzig eine Sprache zu führen, die, wenn man sie genau untersucht, nichts anderes besagt als: Wir halten uns für so stark, um weiß zu flaggen, das heißt, die Farbe der Gegenrevolution statt die verhassten Farben der Freiheit zu hissen.»

Diese Worte lösten einen Tumult aus, in dem das Protestgeschrei, das auf der Rechten angestimmt wurde, den Beifall übertönte, der auf der Linken aufbrandete. In diesem Lärm war der Zwischenruf zu vernehmen, Mirabeau bediene sich der Sprache eines Aufwieglers, den dieser gekonnt annahm, um seine gegen die Rechte gerichteten Angriffe mit noch größerer Schärfe fortzusetzen: «Nein, meine Herren, abermals nein; Ihre dumme Mutmaßung wird enttäuscht: Ihre finsteren Vorhersagen, Ihr blasphemisches Lärmen werden vergebens sein. Die nationalen Farben werden über die Meere fahren, sie werden in allen Gegenden mit Respekt gewahrt werden, und zwar nicht als Zeichen für Kämpfe und für den Sieg, sondern als solche der heiligen Bruderschaft aller Freunde der Freiheit auf der ganzen Welt und des Schreckens der Verschwörer und Tyrannen.»[6]

Mirabeaus Stellungnahme im Flaggenstreit war ein flammendes Bekenntnis zur Revolution. So fasste es die Linke auf, die ihm deshalb zujubelte und ihn erneut als ihr großes Idol akklamierte; nicht anders wurde diese Rede aber auch bei Hofe verstanden, wo man sich erneut in seinen Befürchtungen bestätigt sah, Mirabeau sei nichts anderes als ein tief in der Wolle gefärbter Revolutionär. Auch de La Marck, der sich bereits an Mirabeaus Bezeichnung des königlichen Paars als «royal bétail» gestoßen haben dürfte, zeigte sich deshalb tief verunsichert und stellte den Freund zur Rede. Offenkundig machte er ihm den Vorwurf, sich in einer Weise öffentlich geäußert zu haben, die seine gegenüber dem König eingegangenen Verpflichtungen verletze. Darin klang unüberhörbar der Vorwurf an, er habe Louis XVI getäuscht und seine Ratschläge für ein perfides Spiel genutzt. Darauf reagierte Mirabeau, indem er solche Verdächtigungen als haltlos zurückwies. Tatsächlich hatte er nie einen Hehl daraus gemacht, dass er sowohl für die Monarchie wie die Revolution einstehe. In seinen geheimen Noten hatte er den Hof stets vor gegenrevolutionären Machenschaften gewarnt, und auch in der Rede, die man ihm jetzt übel nahm, blieb er sich treu, indem er die Verfassung, das geltende Gesetz und die Trikolore als Symbol der Nation verteidigte. Das alles lag so klar zutage, dass er im Schreiben an de La Marck darauf gar nicht einging, sondern sich darauf beschränkte, das Temperament seines Vortrags zu erläutern: «Gestern war ich keineswegs ein Demagoge, sondern ein großer Bürger und vielleicht befähigter Redner. Was! Diese dummen Tröpfe, von einem lediglich zufälligen Erfolg berauscht, bieten uns geradezu die Gegenrevolution an, und dann glaubt man, dass ich sie nicht zermalme! Wahrlich, mein Freund, ich habe keinerlei Verlangen danach, irgendjemandem meine Ehre und dem Hof meinen Kopf preiszugeben. Wäre ich nur ein Politiker, so hätte ich gesagt: *Ich muss darauf bedacht sein, dass diese Leute mich fürchten.* Wäre ich aber ihr Mann, so hätte ich geäußert: *Diese Leute haben es nötig, mich zu fürchten.* Ich bin jedoch ein guter Bürger, der den Ruhm, die Ehre und die Freiheit über alles liebt, weshalb gewisse Herren, die sich dem Rückschritt verschrieben haben, mich stets bereit finden werden, sie zu zermalmen. (...) Mit einem Wort, ich bin der Mann, der eintritt für die Wiederherstellung der Ordnung, und nicht der, der sich für eine Restauration der alten Ordnung einsetzt.»[7]

Die Verve, mit der sich Mirabeau für die Trikolore einsetzte, verriet aber nicht nur seinen revolutionären Patriotismus, sondern auch taktisches Kalkül. Die geheime Beratertätigkeit für Louis XVI hatte ihn zwar von seiner Schuldenlast befreit und ihm ein vorzügliches Auskommen verschafft, aber seinen Zielen keinen Schritt näher gebracht. Diese rückten vielmehr in immer größere Ferne, wie ihm die obstinate Untätigkeit des Königs zeigte, der keinen einzigen seiner Ratschläge beherzigte. Die Weigerung des Hofes, irgendwie aktiv zu werden, wenigstens einen Entschluss zu fassen und diesen zu verwirklichen, stand in einem immer größeren Kontrast zum dynamischen Fortschreiten der Revolution. Die dadurch immer größer werdende Kluft zwischen altem und neuem Regime, zwischen Monarchie und Revolution, mutete Mirabeau, der für beide eintrat, einen Spagat zu, der selbst ihn zu überfordern begann. Die Reaktion des Hofes auf seinen leidenschaftlichen Auftritt im Flaggenstreit zeigte ihm das unmissverständlich. Der Tadel der Krone brachte gewissermaßen das Maß seiner Frustrationen zum Überlaufen. Mirabeau sah sich jedenfalls zu einer Sanktion genötigt, die ihm umso leichter fiel, als ihn Applaus und Akklamation dafür entschädigten, dass sein Ehrgeiz unbefriedigt blieb. Die begeisterte Zustimmung, auf die seine Einlassung in der Flaggendebatte auf Seiten der Linken gestoßen war, wies ihm einen Ausweg aus der Sackgasse, in die er sich mit seiner ebenso geheimen wie nutzlosen Beratertätigkeit für das Königshaus begeben hatte.

Den Comte de La Marck, der mit dem Wesen Mirabeaus besser vertraut war als andere, überfiel damals eine Ahnung. Im Schreiben an den österreichischen Botschafter und Vertrauten der Königin Graf Mercy-Argenteau vom 28. Oktober 1790 ließ er diesen wissen: «Sobald die Königin den Entschluss gefasst hat, ihn [i. e. Mirabeau] zu sehen, werde ich genaue Anweisungen geben, ihn zu behandeln, ihn zu binden, seinem Tun mehr Schwung zu geben und, sofern dies möglich ist, seinem Wankelmut Zügel anzulegen; denn dieser Mann ist manchmal sehr groß und sehr klein, bisweilen sehr nützlich und auch sehr schädlich, mit einem Wort, er steht oft weit höher, zuweilen aber auch tief unter anderen Menschen.»[8]

Diese Charakterisierung Mirabeaus war so falsch nicht, zumal dieser jetzt entschlossen war, sich wieder stärker der Linken zuzuwenden. Da diese die Meinungshoheit in der Nationalversammlung hatte und damit den weiteren Gang der Revolution in ihrem Sinne beeinflusste, während das Königshaus ungerührt im Nichtstun verharrte, entschied sich Mirabeau zu einem Strategiewechsel mit dem Etappenziel, sich die Jakobiner zu erobern. Das war sehr plausibel, denn mit ihren weit über eintausend Mitgliedern allein in Paris und den über 150 Gesellschaften im ganzen Land, die in enger Verbindung zum Pariser Mutterhaus standen, besaßen die Jakobiner «das Monopol des Patriotismus» und gaben für die der Revolution zugeneigte öffentliche Meinung den Ton an.[9] Am Abend des Tages, an dem der Misstrauensantrag gegen die Regierung in der Nationalversammlung von einer Zufallsmehrheit der Rechten zu Fall gebracht worden war, erschien Mirabeau zum ersten Mal seit langer Zeit wieder im Jakobinerclub. Das war ein Aufsehen erregendes Ereignis, von dem nicht nur ein deutscher «Revolutionstourist», Gerhard Anton von Halem, im Schreiben vom 26. Oktober berichtete,[10] sondern zu dem sich auch Mirabeau gegenüber dem Hof offen bekannte.

Vermutlich hätte es dessen nicht bedurft, damit die Monarchen von diesem Besuch erfuhren. Mirabeau benutzte sein Eingeständnis jedoch dazu, um La Fayette anzuschwärzen und sich selbst die lautersten Absichten zu bescheinigen: «Drei Redner, die vor mir gesprochen hatten, rieten zu den gewalttätigsten Maßnahmen. Sie schlugen nichts Geringeres vor, als jeden Minister einzeln anzugreifen, gegen sie in den Sektionen von Paris Stimmung zu machen und die Départements zu Petitionen zu veranlassen. Jetzt ergriff ich das Wort. *Ihr sucht*, sagte ich, *Unterstützer gegen die Minister, braucht es jedoch solche Gehilfen außer ihnen selbst? Pfeift auf die Verwaltung, lasst sie nur weiterregieren wie bisher; bald schon werden wegen ihrer Unfähigkeit, die stetig neu sich zeigen wird, ihren schwachen Händen die Zügel entgleiten, die sie verweigern sich entreißen zu lassen*. Mit diesen Worten gelang es mir, die brandstifterischen Anträge zu Fall zu bringen, aber nun höre man die Minister: Sollte man ihnen Glauben schenken, dann zeigte ich mich als deren fürchterlichster Feind.

Am darauffolgenden Tag entfachte die Debatte über die Wahl der Flagge neue Stürme, bei denen die Feinde der Revolution die unverhohlenste und von größtem Ungeschick zeugende Wut offenbarten. Ich wusste darum, dass nichts geeigneter sei, als jene nationalen Farben, deren Wahl durch den König selbst geheiligt wurde, um das Geschwader von Brest zu beruhigen. Ich hatte im Übrigen nicht den geringsten Anlass, mich in Schweigen zu hüllen und meine Rede, die wegen eines heftigen Angriffs sehr lebhaft ausfiel, will sagen, der sie sehr rednerisch, sehr effektvoll machte, lief insgesamt auf das Lob des Monarchen hinaus. Das ist mein Betragen; darüber urteile man!»[11]

In dem Maße, wie Louis XVI in entschlussloser Untätigkeit verharrte, sich gleichzeitig aber die revolutionäre Dynamik stetig beschleunigte, wurde Mirabeaus Plan immer fragwürdiger, die Belange der Krone mit den Maßgaben der Revolution zum Vorteil einer ruhigen Fortentwicklung des ganzen Landes zu vereinbaren. Zwar erkannte er jetzt die unentrinnbare Tragik, in die ihn das politische Wollen stürzte, das sein Tun und Lassen von Anfang an bestimmte und sich im Verlauf der Revolution mehr und mehr als Schimäre entpuppte, aber bis zuletzt verweigerte er standhaft, daraus für sich die Konsequenzen zu ziehen. In seinen Memoiren hat ihn Bertrand Barère deshalb zutreffend als den «Herkules der Revolution» charakterisiert, dem beides nicht gelang, «weder das Volk noch den Hof zu zähmen».[12]

Wenn sich Mirabeau von nun an wieder verstärkt den Linken und den Jakobinern zuwandte, deren Versammlungen er mit großer Regelmäßigkeit besuchte und die ihm sein Engagement damit vergalten, dass sie ihn am 30. November für vier Wochen zum Präsidenten des Pariser Jakobiner-Clubs wählten, so war dies nur eine opportunistische Therapie, um sein durch eklatante Erfolglosigkeit verwundetes Selbstgefühl zu heilen. Mit dieser Selbsttherapie hatte er insofern Erfolg, als es ihm als Einzigem gelang, wie Barère erkannte, mit seinem Tod «das lebhafte Bedauern des Hofs wie des Volks zu erregen: Il mourut à temps pour sa gloire.»[13] Den Preis, der dafür zu entrichten war, das neu entflammte Misstrauen des Hofs, konnte er leicht verschmerzen, denn die Monarchie ließ es nicht zum Bruch mit ihm kommen, sondern setzte ihre Zahlungen fort. Dafür lieferte er wie zuvor seine geheimen Noten, allerdings weniger oft und, mit einer großen Ausnahme, auch weit weniger umfangreich und detailliert.

Mirabeaus Hinwendung zur Linken und zu den Jakobinern fand ihren Höhepunkt bei den in der Nationalversammlung geführten Debatten, die der Verabschiedung des Dekrets über die Zivilverfassung des Klerus vorausgingen. Ausgangspunkt der Kontroverse war der Ende Mai 1790 vom Kirchenausschuss eingebrachte Entwurf, der darauf abzielte, die Kirche in die von der Revolution geschaffene neue zivilgesellschaftliche

Ordnung zu integrieren. Damit sollten viele Fehlentwicklungen einer Institution, die seit mehr als 200 Jahren autonom geschaltet und gewaltet hatte, beseitigt werden, ohne dass man jedoch die Absicht hatte, an den spirituellen Auftrag der Kirche oder deren Dogmen zu rühren. Auf der Grundlage jenes Entwurfs wurde am 12. Juli 1790 mit großer Mehrheit die *Constitution civile du clergé* verabschiedet, die u. a. bestimmte, dass die Diözesen deckungsgleich mit den Départements sein müssten, was deren Zahl von 135 auf 83 reduzierte. Auch sollten Bischöfe und Priester künftig vom Staat besoldet werden, eine Regelung, die durch die Vergesellschaftung des Kirchenbesitzes erzwungen wurde. Die bedeutendste Änderung brachten jedoch die neuen Regelungen für die Besetzung von Bischofssitzen und Pfarreien, deren Inhaber jeweils durch die Wahlversammlungen auf der Ebene der Départements oder der Distrikte eingesetzt werden sollten.

Die Nationalversammlung hatte das Gesetz ohne die in Kirchenfragen gebotene Rücksprache mit dem Papst in Rom verabschiedet. Allerdings stand es der Exekutive frei, mit Papst Pius VI. nachträglich zu einer Verständigung zu kommen, um die reibungslose Umsetzung des Gesetzes zu gewährleisten. Für die Sanktionierung des Gesetzes setzten sich der König, der päpstliche Nuntius und zahlreiche Bischöfe ein. Der Papst, der dem König seine prinzipielle Ablehnung des Gesetzes bereits am 9. Juli 1790 signalisiert hatte, unterstrich diese Haltung hingegen in einer Reihe von Schreiben, die er während der Sommermonate an einzelne Bischöfe sandte. Das blieb nicht ohne Wirkung auf manche jener Bischöfe, die ein Abgeordnetenmandat ausübten, von denen sich dreißig der «Exposition des principes sur la Constitution civile du clergé» anschlossen, die der Erzbischof von Aix-en-Provence, Jean de Dieu-Raymond Boisgelin de Cucé, ausgearbeitet hatte. Diesem Beispiel folgten über 80 weitere Bischöfe sowie fast 100 Abgeordnete, die Kleriker waren. Boisgelins kirchenrechtliche Würdigung der ganzen Angelegenheit lief auf eine Verurteilung des Handelns der staatlichen Gewalt hinaus, die sich ohne Abstimmung mit der Kirche in strikt religiöse Belange eingemischt habe. Damit widerspreche sie allen Grundsätzen und zerstöre auch alle Möglichkeiten, dass sich die Kirche damit einverstanden erklären könne.

Für die Nationalversammlung war dieses Gutachten ein Fehdehandschuh der Kirche. Die «Exposition du clergé» löste einen wahren Sturm der Entrüstung aus, der den Anstoß zu einem weiteren Gesetz gab, mit dem alle Kleriker den Bestimmungen der Zivilgewalt unterworfen werden sollten. Ein entsprechender Gesetzesentwurf, der sie zu einem eidlichen Treuegelöbnis für die Nation, das Gesetz und den König sowie zur Respektierung der von der Nationalversammlung verabschiedeten Verfassung verpflichtete, wurde am 26. November 1790 eingebracht. Alle, die diesen Eid nicht ablegten, sollten ihrer geistlichen Ämter und Funktionen verlustig gehen; diejenigen, die dem zuwiderhandelten, sollten als Störer der öffentlichen Ordnung zur Rechenschaft gezogen werden. Der Entwurf löste eine heftige Debatte aus, an der sich Mirabeau beteiligte, der zwar bislang zu kirchlichen Belangen keine Stellung genommen hatte, darin aber eine Chance erkannte, sein wiedergewonnenes Ansehen bei den Jakobinern zu festigen und womöglich noch zu steigern. Kaum weniger wichtig für seine Haltung in dieser Frage war der Antiklerikalismus, zu dem sich Mirabeau wie viele andere Abgeordnete bekannte. Diese Gegnerschaft war insofern nur zu plausibel, als die Kirche, obwohl man ihr das riesige Vermögen genommen hatte, nach wie vor dank ihrer Herrschaft über die Gläubigen eine Macht darstellte, die sich gegen die Revolution wenden konnte. Das legte zwangsläufig bei vielen Abgeordneten den Verdacht nahe, die Priester würden die Schafherde ihrer Gläubigen unter den Fahnen der Gegenrevolution versammeln. Aus dieser Perspektive war es ein logisches Erfordernis, auch den Klerus in die neue Ordnung zu integrieren und ihn den gleichen Grundsätzen zu unterwerfen, die für die zivile Ordnung galten, mit der die Revolution den *Ancien Régime* auf allen Ebenen ersetzt hatte.

Dieses doppelte Motiv erklärt die große Heftigkeit, mit der Mirabeau in einer langen Rede die «Exposition des principes» attackierte, die Bischöfe beschuldigte, die Verfassung zu Fall bringen zu wollen und zum Hass gegen die Begründer der Freiheit aufzurufen, die man mit den geschworenen Feinden des Christentums gleichsetze, Hoffnungen auf einen Bürgerkrieg zu wecken, um dem Despotismus wieder zur Herrschaft zu verhelfen und schließlich mittels eines Glaubensschismas die Gegenrevolution triumphieren zu lassen. Die Rede, die von Entstellungen und Übertreibungen nur so strotzte, wurde mit wahren Beifallsstürmen quittiert, und eine große Mehrheit sprach sich für ihre Veröffentlichung aus.[14] In den *Révolutions de France et de Brabant* befand Camille Desmoulins: «Noch nie wurde Mirabeau so heftig applaudiert, (...) Bedenkt nur, wie er die Schwarzen [i. e. die Abgeordneten der Rechten] zermalmt hat; dieses Mal hat er sich selber übertroffen.»[15]

Dem rauschenden Beifall, mit dem die Linke seine kirchenfeindlichen Ausfälle quittierte, entsprach das Entsetzen, das de La Marck und den Hof befallen musste. Mirabeau hatte seine Rede in eine mildere Version des Dekrets auslaufen lassen, das eine Bestrafung der den Eid verweigernden Priester vorsah.[16] An de La Marck schrieb er, «dass die mehr oder minder entschiedenen Ausführungen nicht die Wahrnehmung des Dekrets beeinträchtigen dürfen, denn nur dieses ist entscheidend, und allein darauf kommt es an. Nur wenn man sich an eine gewisse Tonart hält, kann man inmitten des Tumults dieser Versammlung das Recht behaupten, vernünftig zu sein. Alle, die das nicht wissen, beherrschen noch nicht das ABC der parlamentarischen Taktik. Im Übrigen ist die Gelegenheit zu verlockend und die Sache zu wichtig, als dass man zögern dürfte.»[17] Die Ausrede verfing umso weniger, als nicht die von Mirabeau vorgeschlagene Fassung des Dekrets gebilligt wurde, sondern die schärfere Version, die der Abgeordnete Jean-Georges-Charles Voidel namens der vier mit Fragen des Glaubens befassten Ausschüsse vorgestellt hatte. Was die wahren Motive Mirabeaus anbelangt, dürfte hingegen zutreffend sein, was sein Mitarbeiter Etienne Dumont vermutete: «weil er nicht wagte, gegen die Meinung der Revolutionäre anzukämpfen, auch wenn er diese nicht mit der in Frankreich vorherrschenden Anschauung verwechselte.»[18]

Mirabeau dürfte die ganze Frage von Herzen gleichgültig gewesen sein, aber sie kam ihm gelegen, um seine neuerliche Popularität bei der Linken dazu zu nutzen, den Einfluss der Barnave, Lameth, Duport und auch Robespierres zu beschneiden und die Meinung in der Versammlung im Sinne seiner Absichten zu beeinflussen. Dass ihm dies gelingen könne, erwies sich aber als Irrtum. Am 6. Dezember 1790 hatte die Nationalversammlung ein Dekret über das Militärwesen verabschiedet, das es künftig den nach den geltenden Zensusbestimmungen nicht wahlberechtigten Bürgern untersagte, Mitglieder der Nationalgarden zu sein. Noch am selben Abend hielt Robespierre im Jakobiner-Club eine Rede, in der er mit großer Schärfe diesen Beschluss kritisierte. Mirabeau, der sich zwar auch gegen die Unterscheidung zwischen «aktiven» und «passiven» Bürgern ausgesprochen hatte, sah sich dennoch als Präsident des Clubs, der offiziell als «Gesellschaft der Freunde der Verfassung» firmierte, genötigt, Robespierres Ausführungen mit Hinweis auf die Clubsatzungen zu unterbrechen, die eine nachträgliche Kritik der von der Nationalversammlung gebilligten Gesetzen untersagte. Das löste nach dem Bericht von Camille Desmoulins einen mehr als einstündigen Tumult aus. Als Mirabeau dessen nicht mehr mit seiner Glocke Herr werden konnte, stieg er auf seinen Stuhl und rief mit lauter Stimme dazu auf, dass alle seine Anhänger sich schützend um ihn versammeln sollten. Dem folgten vielleicht dreißig Clubmitglieder, die Mirabeau umringten, während sich alle anderen, die Desmoulins als die «wahren Jakobiner, als republikanische Seelen und die gesamte Elite des Patriotismus» apostrophierte, um Robespierre scharten. Die Ruhe im Saal kehrte erst wieder ein, als Charles Lameth auf die Rednerbühne trat und Robespierre, den er als seinen geschätzten Freund bezeichnete, ein Lob für seine Liebe zum Volk aussprach.[19]

Der Vorfall führte Mirabeau deutlich vor Augen, dass seine neu gewonnene Popularität keineswegs seinen Einfluss auf die Linken so steigerte, dass er ihm eine unangefochten führende Rolle in der Nationalversammlung verschafft hätte. Angesichts dieser Enttäuschung musste es ihm sehr gelegen kommen, dass Außenminister Montmorin den Kontakt mit ihm suchte. Mirabeau hatte mit Montmorin in der Vergangenheit zwar keine sehr ermutigenden Erfahrungen gemacht, aber gleichwohl war der Außenminister seit der Neubildung der Regierung im November der Einzige im Kabinett, von dem sich vermuten ließ, der König würde ihm vertrauen. Zudem war Montmorin auch der einzige Minister, den Mirabeau recht gut kannte und mit dessen Stärken und Schwächen er einigermaßen vertraut war. Damit bot sich ihm endlich die Möglichkeit, mit einem Mitglied der Regierung ins Gespräch zu kommen. Wie sehr ihn diese Aussicht beflügelte, verrät Mirabeaus 45. Note vom 4. Dezember, die er dramaturgisch geschickt mit einer düsteren Feststellung eröffnete: «Der Zustand unserer Übel kompliziert sich von Tag zu Tag so sehr, dass es bald unmöglich sein wird, irgendein Heilmittel zur Hand zu haben. In Zukunft lässt sich nur Hilfe erwarten von einem systematischen, sehr geschickt ausgedachten Plan, denn es handelt sich nicht bloß darum, die Monarchie, sondern auch den Staat und das Königreich zu retten. (...) Habe ich Unrecht gehabt zu sagen, dass angesichts dieser Gefahren und einer so unheilvollen Zukunft die Tatenlosigkeit des Hofes sein größter Feind war? – Hatte ich Unrecht, einen Plan zur systematischen Verteidigung vorzuschlagen und um die Mittel, ihn umzusetzen zu bitten? – Man hat auf meinen Eifer zählen dürfen, aber nicht auf eine Allmacht, die ich nicht besitze; und musste es mich nicht auch entmutigen, als ich mich noch nicht einmal damit durchsetzen konnte, dass in die neue Regierung wenigstens ein Mann entsandt wurde, auf den man Vertrauen hätte setzen können und der sich als Kontaktperson zwischen der rechtmäßigen Gewalt und denen eignete, die wie ich sich dafür verzehrten, sie zu verteidigen?»

Nach diesen Klagen deutet Mirabeau seine Bereitschaft an, einen neuen Versuch zu wagen. «Ich habe mich für den Fall, dass die Königin davon noch nicht unterrichtet sein sollte, mit den mir gemachten Vorschlägen keineswegs rundheraus einverstanden erklärt. Zum anderen habe ich aber auch nicht ablehnen dürfen, um nicht einen Faden zu kappen, der zu etwas führen könnte. (...) Man wird sich nie rückhaltlos auf M. de Montmorin verlassen können, um ihn völlig unbeobachtet zu lassen. Es wäre deshalb nur zu verständlich, darauf zu beharren, M. Blondel als Minister zu berufen. Seine Rechtschaffenheit wie seine Freundschaft mir gegenüber verschafften mir eine persönliche Bürgschaft. Durch ihn erführen wir, was im Ministerrat insgeheim vorgeht, und wir wären nicht mehr abhängig von der Auskunftsbereitschaft eines einzigen Mannes.»[20]

Das Misstrauen, das Mirabeau gegenüber Montmorin hegte, mutet reichlich übertrieben an. Allein der Umstand, dass er sich mit seinem Ansinnen an Mirabeau wandte, als dieser wieder zum Idol der Linken geworden und gleichzeitig deshalb bei Hofe in größten Misskredit geraten war, zeigt, dass der Außenminister ein politisch denkender Kopf war. Kein anderer als Mirabeau, so musste er sich sagen, eignete sich so, das Volk wieder mit der Monarchie zu versöhnen. Ganz ähnlich dürfte auch die Überlegung Mirabeaus gewesen sein, musste ihm doch bewusst sein, dass er mit seiner scharfen Wendung nach Links den letzten Rest von Wohlwollen verspielt hatte, den er bei Hofe allenfalls noch besaß. Das war für Mirabeau umso misslicher, als er in der Illusion schwelgen konnte, dank seiner neu gewonnenen Popularität auf der Linken sein politisches Konzept einer Kombination von Revolution und Monarchie voranbringen zu können. Voraussetzung dafür jedoch war, dass der Hof sein Handeln als zielführend begriff.[21] Als Überbringer und Vermittler dieser Botschaft kam ihm der Außenminister gerade recht. Das verraten die Worte, mit denen er jene 45. Note schloss: «Mit Freuden benutze ich die Gelegenheit, eine Korrespondenz wieder aufzunehmen, die ich gerne nützlicher gestaltet hätte; allein in der Entmutigung, die mich seit mehreren Tagen anfiel, geriet ich in die Versuchung, mein Haupt zu verhüllen, um mich dem Schauspiel des Unglücks zu entziehen, das zu bannen all mein Streben nicht ausreichte und dem vorzubeugen auch bald nicht mehr in meiner Macht stehen dürfte.»[22]

Diese Vermutung wird bei Lektüre der 46. Note vom 6. Dezember, die Mirabeau an die Königin sandte, zur Gewissheit. Darin berichtet er ausführlich über das mehrere Stunden dauernde Gespräch, zu dem er mit Montmorin am Vorabend zusammengetroffen war. «Die erste Erklärung, die ich Ihnen schulde», so beginnt Mirabeau seine vermeintlich wortwörtliche Wiedergabe des langen Monologs, mit dem der Minister das Gespräch eröffnete, «ist, dass La Fayette an all dem keinerlei Anteil hat. Ich will mich aber nicht darauf beschränken, Sie das bloß wissen zu lassen, ich will es Ihnen beweisen und brauche dazu nur, Ihnen meine Sicht der wahren Stellung La Fayettes darzulegen.» Es folgt dann eine Verurteilung von La Fayettes Ehrgeiz und fatalem Einfluss, die ebenso wie die damit verknüpfte Empfehlung, ihn von allen Regierungsgeschäften fernzuhalten, ganz Mirabeaus Sicht und Urteil des Mannes entspricht. Nach diesem ersten Eingeständnis folgt ein zweites, das gleichfalls wie ein Echo Mirabeaus klingt, wenn er über das mangelnde Vertrauen seitens der Königin und des Königs Klage führt. Das gilt auch für die sich anschließenden Feststellung: «Jetzt ist alles ganz anders geworden. Zum ersten Mal habe ich eine Stellung, die mir unabhängig und auch dazu geeignet zu sein scheint, dem Staat und dem König nützlich sein zu können. (...) Weder der Versammlung noch den diversen Parteien oder der öffentlichen Meinung bin ich verdächtig. Auf das Vertrauen des Hofes besitze ich einige Ansprüche. Ich könnte zwischen der Nation und dem König ein vorzüglicher Vermittler sein, und da ich nie jemanden hintergangen habe, kann man sich auf mich verlassen.»

Nach diesen Präliminarien kommt Montmorin, der gleichsam Mirabeaus Bauchredner ist, reichlich unvermittelt zur Sache: «Es ist evident, dass wir untergehen, wir, die Monarchie, die Staatsgewalt, die gesamte Nation. Die herrschende Unzufriedenheit, wenngleich allgemein verbreitet, ist nicht imstande, die Ordnung wiederherzustellen; die Nationalversammlung tötet sich und uns, aber dennoch, wie wichtig es auch schiene, sie aufzulösen, darf man dabei nicht zu schnell handeln. Vorsicht ist unverzichtbar, eine zu übereilte Bewegung würde nur einen weiteren Wutausbruch provozieren. Bemühte sich der König um größere Popularität, gäbe uns allein das zahlreiche Mittel an die Hand, und das eröffnete ohne Zweifel den kürzesten Weg, um die Versammlung zu ruinieren. Seine persönlichen Eigenschaften sind dazu aber ungeeignet, und die Unbeliebtheit der Königin ist noch immer zu groß, um der Popularität des Königs nicht zu schaden. Was also tun? – Zuwarten, aber regieren; eine günstige Brise abwarten, aber die Segel vorbereitet haben und das Steuerruder nicht einen Augenblick aus den Händen lassen. Mein Ziel ist, die königliche Gewalt wieder zu errichten, und diesem Zweck will ich alle meine Kräfte widmen.»

So weit die Skizze des Programms, das zu verwirklichen vor allem einer die Kraft und die Herrlichkeit hat: «Was Sie anbelangt [es ist immer noch der Minister, der spricht], setze ich Sie zu keiner anderen Person in Vergleich. Nicht, dass es in dieser Versammlung nicht Männer von einiger Stärke gibt, aber sie sind beschädigt. Sie allein haben es verstanden, durch Ihren Mut Ihre Popularität aufs Spiel zu setzen und durch Klugheit wieder beliebt zu werden; Sie allein haben in den großen Fragen der Monarchie nie geschwankt.» Nach dieser *Captatio benevolentiae* seines Gesprächspartners und weiteren Abschweifungen sei Montmorin schließlich mit seinem Anliegen herausgerückt: «Ich verlange von Ihnen, mir zu helfen: 1. einen Plan zu entwickeln, der die Versammlung ohne Erschütterung zu Ende bringt; 2. die öffentliche Meinung in den Départements zu beeinflussen, ein wachsames Auge auf den Gang der Wahlen zu haben und die Beliebtheit der Königin zu heben; 3. mir das Vertrauen der Königin zu verschaffen.»

Diese hübsche wörtliche Wiedergabe des angeblichen Monologs von Montmorin, den Mirabeau absichtlich nicht unterbrochen haben will, «damit er sich vollständig aussprechen konnte», war vermutlich nichts anderes als ein dramaturgisch geschickt aufgebautes Selbstgespräch, das der Absicht diente, ihm das Vertrauen der Königin zu verschaffen. Das verraten die kommentierenden Schlussbemerkungen: «Nachdem ich über diese Unterredung reiflich nachgedacht habe, gestehe ich, keinerlei Grund zu haben, daran zu zweifeln, dass M. de Montmorin der Königin dienen will. Ich halte es deshalb für angezeigt, ihm mehr Vertrauen entgegenzubringen, wenn er, wie ich es ihm geraten habe, sich daran hält, es sich zu verdienen. Was mich anbelangt, werde ich alle Hinweise pünktlich befolgen, die man mir geben wird. Ich werde M. de Montmorin nichts schriftlich mitteilen, das die Königin nicht vorher gesehen hat; aber ich bitte sie, selbst vor dem König das Geheimnis zu wahren, aus Furcht vor einer Indiskretion, die das Vertrauen des Ministers zerstören könnte (…). Bis jetzt sind die Projekte von M. de Montmorin beinahe so gut wie nichts wert, und auch seine Helfer taugen nicht viel. Die Schwierigkeit ist also nach wie vor ganz dieselbe. Sie besteht vor allem darin, einen erfolgversprechenden Plan zu entwickeln, und das ist gerade das, was er von mir erwartet, aber er kann einige nützliche Dinge zu seiner Ausführung beisteuern.»[23]

Dieses bemerkenswerte Dokument übermittelte de La Marck am Vormittag des 6. Dezember der Königin mit einem Begleitschreiben: «Der Comte de Mirabeau übersandte mir heute Morgen den Bericht, den ich ihn gebeten hatte über sein Treffen anzufertigen. Er wird morgen Abend eine zweite Zusammenkunft mit M. de Montmorin um 10.00 Uhr haben. (...) Meiner Meinung nach ließen sich aus der Disposition von M. de Montmorin große Vorteile ziehen; ich kann die Königin nur inständig darum ersuchen, dieser Sache viel Aufmerksamkeit und Nachdruck zu geben.»[24]

Am gleichen Tag informierte de La Marck auch den Vertrauten der Königin, den österreichischen Botschafter Mercy-Argenteau, über diese sich anbahnende Intrige: «Was wird dabei herauskommen? – Noch weiß ich es nicht. Es ist ein neugeborenes Kind, dem man Zeit lassen muss zu wachsen. Doch bin ich geneigt zu vermuten, dass M. de Montmorin weiter und schneller gehen will als Mirabeau, und man wird ihn deshalb eher zurückhalten als anspornen müssen. M. de Mirabeau hingegen wird vor allem die Chancen genau kalkulieren, wird darauf bedacht sein, eine gewisse Mitte zu halten, die ihm immer die Nähe zur siegreichen Partei verheißt, und er wird sich niemals allzu sehr exponieren, um so nützlich zu sein, dass es nur von ihm abhinge, wenn er auf seine Talente und seinen Mut allen, auf seine offensichtliche Beliebtheit aber nur sehr geringen Wert legt. Ich habe keine Zweifel, dass seine Noten und Pläne immer sehr monarchisch ausfallen werden; aber welche Sprache wird er auf der Rednerbühne führen? Wird er es wagen, der öffentlichen Meinung vorauszueilen und für die guten und großen Grundsätze zu fechten?»[25]

Mirabeau enttäuschte die Erwartungen de La Marcks nicht. Der Beleg dafür ist der «Aperçu de la Situation de la France et des Moyens de concilier la Liberté Publique avec l'Autorité Royale», der große Plan zur Rettung der Monarchie, den er am 23. Dezember als 47. und mit Abstand umfangreichste Note der Königin übermittelte. Dieses Dokument ist eine Zusammenfassung und systematische Gliederung der politischen Konfession Mirabeaus, von der er in Bruchstücken bereits Zeugnis in seinen dem Hof übermittelten Ratschlägen gegeben hatte. Darauf weist er in den einleitenden Sätzen des «Aperçu» hin: «Das Vorhaben, die Autorität des Königs wiederherzustellen und den Staat zu retten, entspricht so sehr meinen Grundsätzen, dass ich auch ohne Helfer den Versuch dazu unternommen hätte, wäre mir nicht die Einsicht gekommen, dass nur ein systematischer Plan erfolgreich sein kann, dass es ein großes Aufgebot an Mitteln braucht, um eine so große Maschine in anhaltende Bewegung zu setzen, und dass insbesondere bloß simple theoretische Überlegungen nicht mehr genügen, sondern diese auch umgesetzt werden müssen.»[26]

Zunächst zählt Mirabeau einen ganzen Katalog von Gründen auf, die einer Wiederherstellung der königlichen Autorität im Wege stehen. Als Erstes nennt er die Unentschlossenheit des Königs. Sie wirke sich auf die Regierung aus, weshalb sich die Nationalversammlung immer mehr Kompetenzen der Exekutive aneigne, ein Prozess, der die Gewaltenteilung verwische mit der Folge, dass sich «die Völker zuletzt an eine andere Regierungsform gewöhnen, und das Königtum, ohne jeglichen Belang, immer mehr herabgewürdigt und dennoch sehr kostspielig, erschiene bald nur noch als ein Phantom, auf das man gut und gerne verzichten könne.» Das Zaudern des Monarchen ließe sich durch den Einfluss der Königin wie auch der Minister überwinden, die sich dazu aufraffen müssten, «mit den Mitteln, die der Exekutive noch geblieben sind, zu regieren, ihre Anknüpfungspunkte im ganzen Königreich zu vermehren, überall die Gegenwart und die Notwendigkeit der Autorität spüren zu lassen».[27] Die gegenüber der Königin virulenten Vorurteile seien weniger ein unmittelbares Hindernis als eine Angriffswaffe, derer man sich gegen den Hof und die Regierung bedient. Um die Unbeliebtheit der Königin abzustellen, reiche allein deren Verstellungskunst nicht aus. «Sie muss vielmehr durch ihre Absichten gewinnen, ihr öffentliches Betragen muss sich grundlegend ändern, gut überlegte Wohltaten müssen sie der Menge ebenso genehm machen, wie sie mit ihrem liebreichen Wesen ihre Umgebung für sich gewonnen hat, und auch die Minister müssen in gewisser Weise dazu beitragen, indem sie im Sinne der Revolution tätig sind und sie mit ihrer daraus erwachsenden Popularität abschirmen.»[28] Das Königspaar sollte sich also einem radikalen Imagewechsel unterziehen, um sein schlechtes Ansehen in der Öffentlichkeit gründlich zu verbessern.

Die frenetische Demagogie, die in Paris herrsche, sei ein weiteres großes Hindernis, das es zu beseitigen gelte. «Ebendieses ist derart unüberwindlich, dass man, anstatt die Temperatur von Paris ändern zu wollen, was nie gelingen dürfte, sich diese im Gegenteil zunutze machen muss, um die Provinzen von der Hauptstadt abzusondern. (…) Diese Stadt weiß um ihre ganze Stärke; sie hat sie nacheinander über die Armee, den König, die Minister und die Versammlung zur Geltung gebracht; sie übt sie über jeden einzelnen Abgeordneten aus; den einen raubt sie die Kraft zum Handeln, den anderen den Mut, Entscheidungen zu revidieren, und eine Fülle von Dekreten sind nur die Frucht ihres Einflusses.» Deshalb gelte es, «die Dominanz dieser Stadt über die Provinzen zu zerstören, vor ihren Absichten Furcht und Schrecken zu erwecken, die Ausgaben aller Art, die sie verschlingt, offenzulegen und den Wunsch zu wecken, dass eine zweite Nationalversammlung in eine Stadt verlegt wird, die für die Unabhängigkeit und Freiheit des Königs größere Gewähr bietet.»[29]

Wegen ihrer «Reizbarkeit» bereite die Nationalversammlung die größten Schwierigkeiten. «Ich verstehe darunter jene Anfälle von Demagogie, die man mit Sicherheit immer dann provoziert, wenn man sich ihr widersetzt, und die sich sofort im ganzen Königreich ausbreiten.» Diese Reizbarkeit sei aber danach zu nuancieren, ob sie vom Adel, Klerus oder den Gegenrevolutionären erregt werde. Deshalb müsse man es vermeiden, ihre Kraft durch gegenrevolutionäre Machenschaften zu verdoppeln. Das sicherste Mittel, die Versammlung zu schwächen, «ist, sie einfach gehen zu lassen, nur darauf zu achten, dass sie ihre Aufmerksamkeit an unnütze Angelegenheiten oder unpopuläre Fragen wendet; sie einfach, ohne Bedenken vorzutragen oder ihr zu widersprechen, alle die Dekrete verabschieden zu lassen, von denen die Zahl der Unzufriedenen vergrößert wird; (…) sie ihr Steuersystem vollenden zu lassen, das sich nicht ohne Geschick, das ihr aber abgeht, einerseits mit den Bedürfnissen des Staates, andererseits aber nicht mit jenem blinden Instinkt vermitteln lässt, der das Volk glauben macht, das Wesen der Revolution bestehe für es darin, nichts zahlen zu müssen; kurz, es gilt, alle geeigneten Maßnahmen zu ergreifen, die Versammlung mit einer Kette von Schwierigkeiten zu lähmen oder ihr die Popularität zu rauben, während man gleichzeitig mit Hilfe anderer Mittel nichts versäumte, die Popularität des Königs zu fördern.»[30]

Das Ziel dieser Anstrengungen muss sein, dass die auf die Konstituante nachfolgende Legislative die Kompetenz erhält, die Verfassung zu revidieren. Dazu genügt es, die Unzufriedenen zu sammeln. Gewonnen werden müssen jene, «die zugleich die Freiheit und die monarchische Regierung wollen, die gleichermaßen die Anarchie und den Despotismus fürchten, die die Versammlung dafür loben, dass sie eine Fülle von Missbräuchen beseitigt und sie tadeln, weil sie das ganze Reich in Unordnung gestürzt, alle Gewalten an sich gezogen und die königliche Autorität vernichtet hat. Diese Unzufriedenen können dem Thron von Nutzen sein, wenn man sie davon überzeugt, dass man alle von der Nationalversammlung geschaffenen nützlichen Grundlagen beibehält, man ihr Werk nur verbessern, aber nicht zerstören will.» Diese «nützlichen» Unzufriedenen gilt es aber strikt von der Masse der anderen zu unterscheiden, «den Angehörigen des Klerus, der Parlamente, den Lehensbesitzern und einem großen Teil des Adels. Alle diese, die in einem Bürgerkrieg eine Rolle spielen könnten, sind für eine weise und gemäßigte Gegenverfassung beinahe ebenso gefährlich wie die radikalsten Demagogen.»[31] Also kommt alles darauf an, die Augen der Franzosen entsprechend zu öffnen, die öffentliche Meinung in den Provinzen durch eine Beimischung von Patriotismus zu beeinflussen, «indem man die Aufmerksamkeit des Volkes vor allem auf jene Dekrete lenkt, die dem Wohl aller offensichtlich zuwiderlaufen.» Dabei müsse aber mit großer Umsicht und Behutsamkeit zu Werke gegangen werden. «Man darf die Versammlung nicht derart ruinieren, dass der Überdruss des Volkes, seine Unruhe und die daraus resultierende Anarchie sich zu einem wilden Strom vereinigen, den kein Damm mehr zu bändigen vermag. Große Menschenmassen entwickeln eine Hebelkraft, die sich nur schwer beherrschen lässt und deren Kraft meist immer die Hand täuscht, die sich ihrer bedient. Um den König zu retten, muss man vor allem das Königreich retten. Die eine Gewalt muss deshalb unmerklich die Stelle der anderen einnehmen, und der Einfluss des Königs muss in demselben Maße wachsen, in dem der Einfluss der Versammlung abnimmt.»[32]

Nach dem detaillierten Überblick über alle Schwierigkeiten, mit denen man sich auseinandersetzen musste, wendet sich Mirabeau den Zielen wie den Mitteln zu, wie diese zu erreichen seien. Wie stets erteilt Mirabeau auch hier allen gegenrevolutionären Absichten eine kategorische Absage. «Vielmehr gilt es, sowohl die Tatsache der Revolution wie die Verfassung in mehreren ihrer Grundsätze anzuerkennen; unterschreibt man nicht diese grundlegenden Voraussetzungen, ist eine Verständigung mit dem Volk, mit seinen Führern oder mit der Klasse der Unzufriedenen, die einigen Einfluss haben können, von vorneherein unmöglich. Nach einer besseren Verfassung zu streben, das ist also das alleinige Ziel, das die Klugheit, die Ehre wie das wahre Interesse des Königs, das sich in nichts von dem der Nation unterscheidet, vorschreiben.»[33]

Eine bessere Verfassung in diesem Sinne entwirft für Mirabeau eine Ordnung, die alle Regelungen umfasst, von denen ebensowohl die königliche Exekutive wie die Kompetenz der Legislative definiert werden, während gleichzeitig alles zu vermeiden sei, was geeignet erscheint, die Exekutive zu behindern, das Königreich durch die Konkurrenz der beiden Gewalten zu beschädigen oder eine Rückkehr zum überwundenen Despotismus zu ermöglichen. Hinsichtlich der revolutionären Errungenschaften müsse jedoch rückhaltlos anerkannt werden, «dass diese fast ausnahmslos der Nation ebenso nützlich sind als dem Monarchen, weshalb die Revolution, deren Werk sie sind, von der Verfassung anerkannt wird». Alles, was seit dem 14. Juli 1789 an Veränderungen in gesellschaftlicher, rechtlicher und steuerlicher Hinsicht veranlasst wurde, also «die Wohltaten der Revolution und die Grundlagen der Verfassung», sei zu akzeptieren und müsse vom König wie von den Ministern verinnerlicht werden, denn «das hier vorgestellte Ziel ist das einzig mögliche, das einzig nützliche und auch das einzige, das eine große Freiheit in der Wahl der Mittel gestattet, die Versammlung ohne Gefahr für die *chose publique* anzugreifen».[34]

Das große Ziel einer umfassenden Verfassungsrevision, die der Exekutive wieder die Handlungsfreiheit verschaffe, die augenblicklich nur von der Legislative ausgeübt werde, ließe sich, wie Mirabeau detailliert ausführt, mit der amtierenden Nationalversammlung nur sehr schwer erreichen, da man diese davon überzeugen müsste, ihr eigenes Werk zu korrigieren. Dagegen werde sie sich mit allen Kräften zur Wehr setzen. Ihr Widerstand werde sich nur dadurch überwinden lassen, dass es gelinge, die Versammlung in den Augen der Öffentlichkeit zu diskreditieren, indem man ihr alle möglichen Köder hinwerfe, die, wenn sie nach ihnen schnappe, ihr das Image verschafften, «sich alle Macht aneignen zu wollen, was die Furcht weckt, dass sie die Tyrannei anstrebt». Das werde die öffentliche Meinung gegen sie mobilisieren und schließlich die Versammlung zum Abtreten nötigen. In dieser Perspektive erschiene die sofortige Neuwahl einer Legislative mit verfassunggebenden Vollmachten als ein willkommener Ausweg. Es wäre dann die Aufgabe der Regierung, die öffentliche Meinung entsprechend zu beeinflussen und dafür Sorge zu tragen, dass sich geeignete Männer zur Wahl stellen, denen eine einschlägige Verfassungsänderung zuzutrauen sei.

Diese zu bewerkstelligen, darauf insistiert Mirabeau mit Nachdruck, sei allein die Aufgabe der Legislative. Der König solle sich unbedingt davor hüten, selbst als Verfassungsgeber tätig zu werden. Allein der Versuch würde ihm in der Öffentlichkeit schweren Schaden zufügen, denn er dürfe sich nur darauf beschränken, hinsichtlich seiner Popularität mit der Versammlung zu konkurrieren, nicht aber diese zu ersetzen. Absolute Priorität müsse es sein, das Gleichgewicht der Gewalten, das jetzt zugunsten der Legislative verschoben war, wiederherzustellen. «Um eine gute Regierung zu konstituieren, braucht es nur auf dreifache Weise den nationalen Willen, die öffentliche Gewalt und die allgemeine Kontrolle zu etablieren. Soll ein Gesetz gemacht werden, so gehört diese Äußerung des öffentlichen Willens der legislativen Gewalt, seine Überwachung aber dem Monarchen. Handelt es sich stattdessen um seine Ausführung, so steht diese allein einem Einzigen, dem König, zu, während die Überwachung in die Kompetenz der Legislative fällt.»[35]

Die Trennung der Gewalten machte es erforderlich, eine ganze Reihe von Gesetzen zu ändern, die der Legislative rein administrative Kompetenzen überantworteten und damit die Exekutive in einer Weise schwächten, dass deren Autorität und Verantwortlichkeit weitgehend beseitigt wurden. Zu dieser notwendigen Revision ließe sich die gegenwärtige Versammlung aber nicht gebrauchen, weil sie sich der Zumutung verweigerte, das eigene Werk in Teilen wieder zu zerstören. Versuchte man es dennoch, könnte es nur mit Hilfe einer Mehrheit gelingen, auf die sich der König aber unter keinen Umständen stützen dürfe, denn deren Meinungshoheit werde dann von der gegenrevolutionären Rechten beherrscht, die Ziele verfolge, die das Ergebnis, das mit dem Plan erreicht werden sollte, durchkreuzten. Als eine Lösung böte sich folglich nur an, die öffentliche Meinung umsichtig auf einen Wandel vorzubereiten und zugleich die augenblickliche Versammlung listenreich dazu zu veranlassen, gewisse Voraussetzungen vorzunehmen, die diese Änderungen begünstigten, indem man sie einige nützliche Dekrete verabschieden ließe. Das Wichtigste davon sei sicherlich ohne größere Mühen zu erreichen, denn eine Mehrheit der Deputierten wisse darum, dass sie keinerlei Chancen hätten, erneut gewählt zu werden. Um dieses wenig schmeichelhafte Faktum zu verbergen, fänden sich diese sicherlich dazu bereit, ein Gesetz zu verabschieden, das eine Wiederwahl der Mitglieder

der ersten Nationalversammlung verbiete: «Für den Fall, dass diese erste Maßnahme sich nicht durchsetzen ließe, erfüllte eine andere Regelung beinahe denselben Zweck, wenngleich weniger zuverlässig; sie bestünde in dem Beschluss, dass kein Abgeordneter der kommenden Legislative außerhalb des Départements gewählt werden dürfe, in dem er seinen Wohnsitz hat. (...) Wenn man diese Vorsichtsmaßregel nicht ergreift, gibt es keinen Pariser Demagogen, keinen Zeitungsschmieranten, keinen Aufrührer, der sich nicht Hoffnung darauf machen könnte, in irgendeiner Ecke des Königreichs gewählt zu werden. Dann wird man sehen, wie ein Desmoulins, ein Marat, ein Linguet oder ein Danton den ehrbarsten Bürgern den Rang abläuft. (...) Schließlich, wenn die Jakobiner sich dazu entschließen, ihre furchtbaren Ableger zu mobilisieren, wird es ihnen leichtfallen, durch die Unwägbarkeiten, die sie damit jedem Kandidaten bereiten können, die Wahlen im ganzen Königreich in ihrem Sinne zu beeinflussen.»[36]

Die Realisierung dieses anspruchsvollen Plans erforderte den Aufbau eines das ganze Land umspannenden Netzwerks von Kollaborateuren, die nur entsprechend ihrer Aufgaben unterrichtet werden und keinesfalls in das gesamte Vorhaben eingeweiht sein sollten. Um die Nationalversammlung zu beeinflussen, genügte es nach den Vorstellungen Mirabeaus, nur einige wenige Abgeordnete zu gewinnen, die sich auf der Rechten wie der Linken als Meinungsführer ausgewiesen hatten. Jeder von ihnen sollte unmittelbar mit Außenminister Montmorin in Beziehung stehen, aber davon, dass auch andere Kollegen sich der Umsetzung des Plans verschrieben hätten, nichts wissen. Auf diese Weise, so die Zuversicht Mirabeaus, ließe sich die Versammlung vorzüglich lenken. Um Paris zu überwachen und zu beeinflussen, sollten Omer Talon und Huguet de Sémonville ein *Atelier de police* aufziehen, dessen Agenten die Nationalgarden, städtischen Behörden, die Sektionen und die öffentliche Meinung insgesamt beeinflussten. Für die Bearbeitung der Provinz waren ein *Atelier de correspondances*, von dem reisende Agitatoren in die Départements ausgesandt wurden, und ein *Atelier d'ouvrages* vorgesehen, das mit allerlei Handreichungen wie Flugschriften, Reden, Zeitungsartikeln, Denkschriften oder Traktaten die öffentliche Meinung bearbeitete. Der Überblick über alle diese Aktivitäten wie deren Regie läge allein in den Händen von Mirabeau und Montmorin, die auch die beiden Einzigen seien, die den Plan, den man verfolge, in allen Einzelheiten übersahen.

Den «Aperçu de la Situation de la France et des Moyens de concilier la Liberté Publique avec l'Autorité Royale» ließ Mirabeau in einer düsteren Prognose für den Fall auslaufen, dass die darin beschriebenen Handlungsanweisungen nicht strikt beherzigt würden: «Wenn dieser Plan befolgt wird, kann man alles erhoffen; wird er es aber nicht, wenn diese letzte rettende Planke unseren Händen entgleitet, gibt es kein Unglück, von der Ermordung Einzelner bis zur Plünderung, vom Umsturz des Thrones bis zur Auflösung des Reichs, auf das man sich nicht gefasst machen muss.»[37] So ist es gekommen, denn im weiteren Verlauf der Revolution hat sich diese Prophezeiung erfüllt. Wie sehr er sich dessen gewiss war, unterstrich Mirabeau erneut in der 48. Note, die er am 27. Dezember der Königin zuleitete: «Die Gefahr wird mit jedem Tag größer und die Mittel, ihr zu steuern, werden dürftiger. Rettung verheißt nur ein Plan, der die äußeren Angelegenheiten und das Innere des Palasts, die von den Staatsmännern angestellten Überlegungen mit den Möglichkeiten der Intrige, den Mut der aufrechten Bürger und die Verwegenheit der Verbrecher miteinander verknüpft. Was wir brauchen, ist eine Art von politischer Apotheke, die nur einen Chef hat, der aus heilsamen und giftigen Pflanzen unter der Anleitung seines Genies und vom rückhaltlosen Vertrauen des Kranken unterstützt seine Rezepte mischt. Ich werfe mich zu Füßen der Königin mit der inständigen Bitte, nicht das letzte Instrument der Rettung zu zerbrechen, das wir in Händen haben.»[38]

Die Vorstellung einer «politischen Apotheke» mit Mirabeau als Apotheker ist ein bezeichnendes Bild, mit dem er seinen Ehrgeiz, der Richelieu der Revolution zu sein, in den von ihm vorgelegten Plan zur Rettung der Monarchie und Frankreichs einbrachte. Das legt die Vermutung nahe, dass er selber diese systematische Zusammenfassung und umfassende Konfession als sein politisches Testament verstand. Der «Aperçu» ist eine politische Gebrauchsanweisung, die darauf abzielt, den fatalen Geburtsfehler der Revolution zu beheben, den die unversöhnliche Gegnerschaft ihrer vermeintlichen Verlierer und Gewinner darstellte. Die Verlierer, die sich in der Rechten der Nationalversammlung organisierten, und die Gewinner, die sich auf der Linken zusammenfanden, zerstörten den Kompromiss, von dem sie gleichermaßen ihren Gewinn hätten haben können: die revolutionäre Transformation der absolutistischen in eine konstitutionelle Monarchie, deren Ergebnis ein stabiles Gleichgewicht zwischen der Exekutive und der Legislative, dem König und der Nationalversammlung gewesen wäre. Diese Chance wurde schon früh verspielt. Die Hauptschuld daran trug die Indolenz des Hofes, die der Rechten ein willkommener Vorwand war, sich in der Ablehnung der ihr verhassten, weil den eigenen Besitzstand bedrohenden Revolution zu verschanzen und deshalb die Verfassung als unerträgliche Zumutung abzulehnen. Das spielte der Linken in die Karten, die den Erfolg der Revolution nur in einer Verfassung erkennen konnte, die dem König allenfalls die Bedeutung eines bloß nominellen und dekorativen Staatsoberhaupts beließ, dem jeder Einfluss auf das politische Geschäft genommen wurde.

Es bleibt die Frage, ob die Befolgung von Mirabeaus Plan den Verlauf der Revolution hätte ändern können. Das ist eine müßige Spekulation, die mit vielen Unwägbarkeiten hantieren müsste. Die Vermutung drängt sich aber auf, dass ein zentraler Aspekt des Plans, die Nationalversammlung in der Wahrnehmung der Öffentlichkeit durch Fehler und Widersprüche zu diskreditieren, nicht allein hoch riskant, sondern auch zum Scheitern verurteilt gewesen wäre. Um damit erfolgreich zu sein, hätte das politische Bewusstsein der Aktivbürger in der Provinz bereits in einer Weise entwickelt gewesen sein müssen, wie es dies auch in einer späteren Phase der Revolution nicht der Fall war. Das zeigt das Scheitern der *Girondins* im Machtkampf mit den von Robespierre geführten *Montagnards*.[39] Für einen seinen Intentionen zuwiderlaufenden Erfolg steht jedoch der Gesetzesantrag, der ausgerechnet von Robespierre am 16. Mai 1791 eingebracht wurde, der ganz im Sinne von Mirabeaus Vorschlag eine Wiederwahl der Mitglieder der Verfassunggebenden Versammlung für die Gesetzgebende Versammlung ausschloss.[40] Gegen den erbitterten Widerstand des Triumvirats von Duport, Lameth und Barnave, die damals die Meinungshoheit in der Nationalversammlung ausübten, stimmte eine große Mehrheit dem Antrag zu: Die Abgeordneten der Rechten versuchten damit das herrschende Chaos zu vergrößern, während die um Robespierre gescharte Linke die Chance erkannte, mit einer völlig neu zusammengesetzten Legislative die Verfassung endgültig zu beseitigen, die ihnen noch zu royalistisch ausgelegt war. Das ist nicht ohne Ironie, denn die Rechte wie die Linke konnte sich bei ihrem zustimmenden Votum auf Überlegungen Mirabeaus berufen, der damit jedoch ganz gegenteilige Absichten verfolgt hatte.

In der Debatte, die über Robespierres Gesetzesvorschlag entbrannte, übernahm Adrien Duport die Rolle Mirabeaus, als er sich mit luziden

Argumenten dagegen aussprach, die von diesem selbst hätten sein können: «Schritt für Schritt, meine Herren, veranlasst man Sie zu einer wahrhaftigen und umfassenden Auflösung der Gesellschaft (...). Das, was man die Revolution nennt, ist bereits gemacht. Die Menschen wollen nicht mehr den alten Despoten gehorchen. Wenn man nicht aufpasst, werden sie imstande sein, sich neue Herrscher zu erschaffen, deren viel jüngere und populärere Macht unendlich gefährlicher sein wird. (Unruhen) Solange der *esprit public* nicht gefestigt ist, wird das Volk mit nichts anderem befasst sein, als seinen Herrn auszuwechseln. (...) Fallen Sie nicht dem Irrtum zum Opfer, dass die Ideen von Freiheit und Gleichheit jemals wieder verschwinden könnten. Das Gegenteil wird der Fall sein, denn sie werden sich mehr und mehr ausbreiten. (...) Es gilt, sie mit einer legitimen und stabilen Regierung zu verbinden. Ohne diese verlässliche Gewähr werden sie sich weiter verbreiten, werden sie alles einebnen und alles auflösen bis hin zu einer Aufteilung jeglichen Besitzes.»[41]

Siebtes Kapitel

Die letzte Illusion

Mit der Zivilverfassung der Kirche, die am 27. November 1790 mit der Verpflichtung für alle Kleriker verknüpft wurde, auf diese einen Eid abzulegen, hatte die Nationalversammlung eine Entscheidung gefällt, die deren religiöses Gewissen wie die Loyalität zum Papst ins Mark traf. Auch wenn der König sehr widerwillig dieses Gesetz sanktioniert hatte, wurde es vom Klerus fast einhellig ignoriert. Am 4. Januar 1791 stellte deshalb der Abgeordnete Barnave den Antrag, dass alle Kleriker unter den Abgeordneten diesen Eid sofort leisten sollten.[1] Diesem Ansinnen verweigerten sich außer vier Bischöfen, zu denen Talleyrand, der Bischof von Autun, gehörte, auch eine Mehrheit der Pfarrer. Damit kündigte sich eine Spaltung der Kirche an, die sich zwangsläufig auf die Gläubigen auswirken musste. Unruhen waren zu befürchten, wenn nicht gar der Ausbruch eines religiös überformten Bürgerkriegs. Das war eine Perspektive, die der Nationalversammlung einen tiefen Schrecken einjagte, die deshalb den *Comité ecclésiastique* damit beauftragte, eine «Adresse au pays» über die Zivilverfassung der Kirche auszuarbeiten, die in allen Départements verbreitet die Öffentlichkeit aufklären sollte. Damit wollte man der Behauptung entgegentreten, man maße es sich an, an die katholische Doktrin zu rühren. Diese Aufgabe wurde von Mirabeau übernommen, der einen Entwurf der geplanten Botschaft vorlegte, der nach eingehender Diskussion und einigen Änderungen vom Kirchenausschuss gebilligt wurde. Diese «Adresse au pays» legte Mirabeau am 14. Januar der Nationalversammlung zur Zustimmung vor.

Mit Geschick suchte er darin die Bedenken, die sowohl die Kleriker als auch die mit ihnen verbündeten Rechten gegen die Zivilverfassung erhoben hatten, mit dem Argument zu neutralisieren, dass man die religiösen Belange, die den Einreden des Gesetzgebers entzogen seien, von denen des Kultus unterscheiden müsse, die sehr wohl den geltenden Gesetzen unterlägen. Demzufolge war die weltliche Autorität befugt, den territorialen Zuschnitt der Diözesen festzulegen, denn das sei kein Eingriff in die Domäne der Spiritualität, die allein in die Kompetenz der Kirche falle, während das Prinzip einer demokratischen Wahl der Pfarrer und Bischöfe mit den einstigen apostolischen Gebräuchen der Kirche übereinstimme. Überdies gewährleiste diese Regelung, all jene Missbräuche zu vermeiden, die zuvor insbesondere bei der Besetzung von Posten in der Kirchenhierarchie gang und gäbe gewesen seien. Mirabeaus Ausführungen gipfelten in einem Vergleich der früheren Zustände in der Kirche mit den jetzt bestehenden: «Betrachten Sie den Unterschied zwischen dem, was war und dem, was sein wird. Was war Frankreich vor einigen Monaten noch? Die Weisen jammerten nach der Freiheit, aber die Freiheit war taub für die Klagen der Weisen; die aufgeklärten Christen fragten sich, wohin sich die ehrwürdige Religion ihrer Vorfahren geflüchtet habe, und die wahre Religion des Evangeliums war nirgendwo zu finden. (Stimmengemurmel auf der Rechten, Applaus auf der Linken) Wir waren eine Nation ohne Vaterland, ein Volk ohne Regierung und eine Kirche ohne Charakter und ohne Ordnung.» Zwischenruf des Abgeordneten Armand-Gaston Camus: «Das kann man nicht länger anhören; ich verlange die Vertagung, die Rückverweisung an den Kirchenausschuss und das Ende der Sitzung!» Angesichts der daraufhin ausbrechenden Tumulte brach Mirabeau seine Ausführungen ab.[2]

Mit dem Versuch, die Fronten zu versöhnen, war Mirabeau gescheitert. Die von ihm vorgeschlagene Vermittlung wurde verweigert. Der Klerus, unterstützt von der Rechten, zeigte sich zum Widerstand entschlossen und wollte als Opfer, als Märtyrer dastehen. Diese Wende, die er vornehmlich mit seinen letzten Ausführungen provoziert hatte, entsprach durchaus dem Kalkül Mirabeaus, denn in seiner Note an den Hof vom 21. Januar 1791 schrieb er: «Man konnte keine bessere Gelegenheit finden, eine große Zahl von Unzufriedenen, von Missvergnügten der gefährlichsten Art zu versammeln und die Popularität des Königs auf Kosten der Beliebtheit der Versammlung zu vergrößern.» Dazu sei es nur erforderlich, dass man «1. die größtmögliche Zahl Geistlicher, die ein Amt innehaben, dazu veranlasst, den Eid zu verweigern; 2. die Aktivbürger [i. e. die nach den Zensusbestimmungen wahlberechtigten Bürger] in den einzelnen Pfarreien, die ihren Hirten anhängen, zu provozieren, Neuwahlen [i. e. die automatisch fällig werden, um einen

Priester, der den Eid abgelegt hat, einzusetzen] abzulehnen; (…) 4. verhindern, dass die Versammlung irgendeine Art von Versöhnung versucht, die es ihr erlaubte, auf unmerkliche Weise von ihren Beschlüssen Abstand zu nehmen und damit ihre Popularität zu wahren; 5. gleichzeitig alle sich mit Religionsfragen befassenden Dekretsvorschläge einzubringen, (…) die Heirat von Priestern und die Ehescheidung zu veranlassen, damit das Feuer nicht aus Mangel an Brennmaterial erlischt …»[3]

Die Rezeptur, die der Chef in der politischen Apotheke hergestellt hatte, zeitigte also Wirkung, denn es war nicht nur der von dem Dekret unmittelbar betroffene Klerus, der sich empörte, sondern mit ihm auch die gesamte Rechte in der Nationalversammlung, die sich gegen ein vom König sanktioniertes Gesetz auflehnte und sich damit, wenn auch implizit, offen gegen die Revolution stellte. Das bot die willkommene Chance, jenes politische Segment zu isolieren und zu neutralisieren. Es ist jedoch fraglich, ob das vom politisch unbedarften König auch so erkannt wurde, denn den irritierte vor allem der stürmische Beifall, der Mirabeau dafür seitens der Linken gespendet wurde. Zum anderen barg dieses Mittel aus der politischen Apotheke auch Risiken und Nebenwirkungen, die deren Chef nicht bedacht hatte. Sie begannen Mirabeau spätestens am 26. Januar 1791 zu dämmern, als der Abgeordnete Charles-Antoine Chasset namens des Kirchenausschusses ein Dekret vorlegte, das eine unverzügliche Ersetzung der Kleriker vorsah, die den Eid verweigerten. Als in der sich daran anschließenden Debatte der Abgeordnete Jacques-Antoine-Marie de Cazalès den Antrag stellte, dieses Dekret zu verwerfen, aber ihm der *abbé* Jean-Siffrein Maury, eines der führenden Häupter der Rechten, zurief: «Lassen Sie uns dieses Dekret beschließen! Wir brauchen derlei; noch zwei oder drei wie dieses, und alles wird ein Ende nehmen! Verlassen Sie die Rednerbühne!», sah sich Mirabeau zu einer Intervention genötigt. «Ein Mitglied dieses Hauses hat soeben gesagt: *Lassen Sie uns dieses Dekret beschließen, wir brauchen es.* Das Wort ist von tiefer Bedeutung, vielleicht ist es aber auch nur indiskret; möglicherweise jedoch ist diese Indiskretion ein Teil des Eifers, der uns von zwei Seiten zusetzt und der unsere Debatten beherrscht. Die einen stellen uns sehr düstere Prognosen vor, und vielleicht verwechseln sie ihre Worte mit Hoffnungen …»[4] Stürmischer Applaus und ein Zwischenruf von Cazalès, der gegen diese Unterstellung protestierte, die Mirabeau gar nicht weiter ausführen musste, um verstanden zu werden.

Auch wenn der große Plan Mirabeaus von den Eingeweihten, von de La Marck und Mercy-Argenteau, für gut, ja vorzüglich befunden worden war, irritierte sie zunehmend das Betragen seines Urhebers. Ihnen ging das Verständnis dafür ab, dass dessen Gelingen auch davon abhing, dass Mirabeau sich weiterhin jener Popularität auf Seiten der Linken erfreute, die für deren Erfolg unverzichtbar war. Aufschlussreich dafür ist das Schreiben, das de La Marck am 26. Januar 1791 an Mercy-Argenteau sandte: «Mirabeau möchte gerne den Anschein, tätig zu sein, mit Tatenlosigkeit verknüpfen, die anderen vorwärtstreiben, sich selber aber bedeckt halten, das Verdienst des Erfolgs einstreichen, aber dabei nicht seine Popularität allzu sehr riskieren. Man täusche sich nicht: Dieser Mann findet in seinem Geist, in seinem Argwohn, selbst in seinen Fehlern raffinierte Ausflüchte, mit denen er oft der genauesten Beobachtung entwischt. (...) M. de Mirabeau wurde zum Bataillonschef der Nationalgarde gewählt und, drei Tage später, zum Mitglied in der Verwaltung des Département. Er hat beide Stellen angenommen, allerdings unter dem Vorbehalt, auf die erste wieder zu verzichten. Jetzt bemüht er sich darum, zum Syndikus des Département gewählt zu werden. Seine Popularität hat seit einiger Zeit erheblich zugenommen, was mich beunruhigt, denn verzweifelt er jemals an der Regierung und sucht seinen Ruhm nur in dieser Popularität, dann wird er unersättlich sein. Sie wie ich, M. le Comte, wissen darum, was Popularität in revolutionären Zeiten zu bedeuten hat.»[5]

Tatsächlich war Mirabeau am 18. Januar 1791 zum Chef des Bataillons der Pariser Nationalgarde im Distrikt von La Grange-Batalière, wo er seinen Wohnsitz in der chaussée d'Antin hatte, gewählt worden. Das verstand er zunächst als Beweis seiner wachsenden Popularität, weshalb er diese neue Würde mit Stolz zur Schau stellte.[6] So erschien er etwa am Abend des 20. Januar in der Uniform eines Bataillonschefs im Jakobiner-Club. Von diesem Auftritt hat Louis-Philippe-Joseph de Bourbon Duc d'Orléans, genannt Philippe Egalité, in einem Brief eine hübsche Schilderung gegeben: «Stellen Sie sich Riquetti vor, der den Saal betrat, eingeschnürt in eine blaue Uniform mit zwei riesigen Epauletten, einem metallischen Ringkragen und dem ganzen Klimbim des Generalstabs (...) Riquetti, als Bataillonschef kostümiert, wollte sich in dieser Aufmachung feiern lassen. Zunächst wurde das für ein Karnevalskostüm gehalten, aber bald hatte man die Gewissheit, dass Riquetti Mitglied des Generalstabs und in dieser Eigenschaft der Kollege, der Untergeordnete des Generals [i. e. La Fayettes] geworden war.»[7]

Lächerlichkeit tötet, wie auch Mirabeau schnell erkennen musste. Es war allerdings weniger sein grotesker Aufzug, der Glanz und Glitter einer Paradeuniform, als vielmehr das, was diese signalisierte: Sie wies ihn, wie nicht nur der Duc d'Orléans bemerkt haben dürfte, als einen Untergebenen von La Fayette aus. Das war zu viel. Bereits am nächsten Tag legte Mirabeau die Uniform ab und trat von seinem Posten zurück. Eine Kompensation für diesen Verzicht war seine Wahl – gemeinsam mit Talleyrand, Danton, Sieyès und Alexandre de Lameth – zu einem der 36 Administratoren in der Verwaltung des *Département de Paris* am selben Tag, in dessen Direktorium er zusammen mit Sieyès Ende Februar aufstieg. Damit war er maßgeblich mit der Abwicklung der täglich anfallenden Geschäfte in Paris befasst. Das verschaffte ihm erhebliche Einflussmöglichkeiten, demagogischen Umtrieben und drohenden Gewaltausbrüchen vorzubeugen. Allerdings scheiterte er Mitte Februar mit dem Versuch, zum *Procureur-général-syndic* des Département gewählt zu werden, eine Position, die ihn in der Verwaltungshierarchie in etwa auf gleiche Höhe mit dem Befehlshaber der Nationalgarde La Fayette gehoben hätte. Seine Popularität war groß, vermochte aber nicht alle Widerstände zu überwinden, die gegen seine Person nach wie vor virulent waren.

Am 29. Januar 1791 erreichte er endlich auch das schon seit Beginn der Nationalversammlung von ihm erstrebte Ziel, für vierzehn Tage zu deren Präsidenten gewählt zu werden und die Sitzungen zu leiten. Je länger ihm diese Ehre verweigert wurde – den Posten hatten vor ihm schon 42 andere Mitglieder der Versammlung eingenommen, von denen einige mehrfach gewählt worden waren –, desto peinigender musste er diese Zurücksetzung erleben, zumal keineswegs alle seine Vorgänger herausgehobene rednerische Talente besaßen oder bedeutende parlamentarische Figuren waren. Bei den Wahlen vom 3. Januar etwa unterlag er ganz knapp dem Abgeordneten Jean-Louis-Claude Emmery, einem der 53 Hauptredner der Versammlung, während beim nächsten Wahlgang am 18. Januar der *abbé* Baptiste-Henri Gregoire vermutlich deshalb mit dem Präsidentenstuhl belohnt wurde, weil er als einer der ersten Kleriker den Eid auf die Zivilverfassung abgelegt hatte. Mirabeaus Wahl am 29. Januar war also überfällig, auch wenn diese späte Mehrheit für ihn einen bitteren Beigeschmack haben musste, denn sie verdankte sich nicht nur seiner großen Popularität bei der Linken, sondern auch dem Umstand, dass eine ganze Reihe seiner Neider und Geg-

Honoré Gabriel Victor de Riquetti, Comte de Mirabeau

ner für ihn stimmten, um ihm für die Zeit seiner Präsidentschaft eine Beteiligung an den Debatten zu verwehren.

Mit der Wahl zum Präsidenten der Nationalversammlung hatte Mirabeau den Zenit seiner Popularität erreicht. Sein früherer enger Mitarbeiter Etienne Dumont, der Ende des Jahres 1790 von London für einige Wochen nach Paris gereist war, berichtet in seinen Erinnerungen davon, dass Mirabeau nicht nur in ganz Frankreich, sondern auch in Europa in aller Munde war. «Er war die beherrschende Persönlichkeit in der Nationalversammlung, die ihrerseits alles dominierte. Er war es, den Fremde zunächst unter allen seinen Kollegen mit den Augen auszumachen suchten, die sich entzückten, wenn sie Gelegenheit hatten, ihn reden zu hören, und viele seiner ihm geläufigen Wendungen wurden zu

Sinnsprüchen. Selbst unter den Postillons entdeckten wir einen besonderen Ausdruck, mit dem diese ihm ihre Wertschätzung bekundeten. *Sie haben ziemlich elende Gäule*, bemerkten wir gegenüber dem Angestellten einer Poststation auf dem Weg zwischen Calais und Amiens. – *Ja*, versetzte der, *meine zwei Zugpferde sind miserabel, aber mein Mirabeau ist ausgezeichnet*. Das Packpferd, das in der Mitte geht, wurde allgemein als Mirabeau bezeichnet, weil es wie der, dessen Namen es trägt, die Hauptlast der Arbeit bewältigt.»[8]

Über die Tätigkeit Mirabeaus als Präsident der Nationalversammlung weiß Dumont zu berichten: «Niemals ist der Präsidentenstuhl besser besetzt gewesen. Mirabeau zeigte hier ganz neue Talente. Er brachte eine Ordnung und eine Regel in die Debatten, von der man bis dahin keine Ahnung gehabt hatte; er verbat sich alle Weitschweifigkeiten, klärte mit einem Wort die Sachlage auf oder beschwichtigte einen aufbrechenden Tumult. (…) Seine Tätigkeit, Unparteilichkeit und Geistesgegenwart erhöhten seinen Ruhm und seinen Eklat in einer Stellung, die für die meisten seiner Vorgänger eine Klippe gewesen war. Er gebot über die Kunst, als der Erste zu erscheinen und die allgemeine Aufmerksamkeit auf sich zu ziehen, auch wenn er nicht mehr von der Rednerbühne herab sprechen konnte und deshalb um seine schönsten Rechte gebracht zu sein schien. Einige seiner Gegner und Neider, die ihm ihre Stimme gegeben hatten, um ihn zum Verstummen zu bringen, mussten voller Kummer bemerken, dass sie damit seinem Ruhm nur einen weiteren Kranz geflochten hatten.»[9]

Die uneingeschränkte Anerkennung, die Dumont der Präsidentschaft Mirabeaus zollte, dem er sonst durchaus kritisch gegenüberstand, bestätigt ein Blick in die Protokolle der Versammlung. Am 31. Januar 1791 beispielsweise nahm er einen Streit unter den Abgeordneten zum Anlass für die Ermahnung: «Das wichtigste Gebot einer beratenden Versammlung ist die Freiheit zu widersprechen.»[10] Als am folgenden Tag die Rede des Abgeordneten François-Denis Tronchet, der mit 64 Jahren eines der ältesten Mitglieder der Versammlung war, wegen des andauernden Stimmengewirrs im Saal kaum zu Wort kam, ließ er sich mit dem Aufruf vernehmen: «Ich bitte um Ruhe; die Stimme Herrn Tronchets ist nicht so stark wie sein Geist.»[11] Den Abgeordneten Pierre-Marie-Athanase Babey, der am späten Nachmittag des 3. Februar in der Versammlung lärmte und wie ein Betrunkener wild gestikulierend von seinem Sitz aufgesprungen war, rief Mirabeau mit den Worten zur Ordnung: «Im Namen der Versammlung befehle ich Ihnen, sich zu setzen und den Mund zu halten; man muss am Abend so vernünftig sein wie am Morgen und am Morgen ebenso wie am Abend.»[12]

Der Witz und die Verve, die Mirabeau während seiner Präsidentschaft bewies, verschafften ihm endgültig die ungeteilte Bewunderung der Zeitgenossen. Davon zeugt nicht zuletzt der Scherz, den sich Camille Desmoulins einfallen ließ: «Eines fernen Tages, wenn der Präsidentenstuhl als ein Schatz in S. Denis [i. e. die Kathedrale von Saint-Denis im Norden von Paris mit den Gräbern der französischen Könige] aufgestellt ist, wird der Benediktiner, der den Auftrag hat, ihn den künftigen Besuchern zu zeigen, nicht mit der Erklärung aufwarten: *Das war der Sessel der Nationalversammlung*, sondern er wird sagen: *Das war der Sessel von Mirabeau.*»[13]

Am 14. Februar 1791, dem letzten Tag seiner Präsidentschaft, sah sich Mirabeau mit einer Frage konfrontiert, die seine Haltung zu Monarchie und Revolution auf die härteste Probe stellen sollte. Seit Ende Januar war gerüchteweise bekannt geworden, dass die beiden älteren Tanten des Königs, Madame Adelaïde und Madame Victoire, Frankreich verlassen und ihrer devoten Frömmigkeit gemäß in Rom in unmittelbarer Nähe des Papsts leben wollten. Die Absicht wurde von der Öffentlichkeit natürlich als eine Demonstration gegen die Zivilverfassung der Kirche wie die den Klerikern abverlangte Eidleistung verstanden und sorgte für eine entsprechende Erregung. Das konnte Mirabeau unschwer vorhersehen, wie seine an die Königin gerichtete Denkschrift vom 3. Februar 1791 zeigt, in der er vor den Folgen warnte: Die Abreise der königlichen Tanten verstünden viele als Ankündigung des baldigen Verschwindens des Königs, eine Vermutung, die nur neue Unruhen zur Folge haben könne. In jedem Fall werde das Volk von Paris nicht gleichgültig einer Reise zusehen, die der Wirtschaft der Hauptstadt wenigstens Renten in Höhe von einer Million entziehen werde. Am liebsten wäre es ihm gewesen, wenn der König den beiden Betschwestern diese Absicht energisch ausgeredet hätte. «Im Rat des Königs würde ich ganz gewiss dafür gestimmt haben, dass der König, soweit es in seiner Macht stand, den Tanten die Abreise untersagt. Hätten Seine Majestät auch nur das Interesse des Volkes dafür vorgeschützt, der Hauptstadt ihre großen Konsumenten zu erhalten, so würde Sie sich dadurch allein eine immense Popularität erworben haben, und diese Anweisung wäre sofort in allen Zeitungen veröffentlicht worden.»

Da man das Problem auf diese Weise nicht aus der Welt geschafft habe, sei der drohende Schaden nur zu begrenzen, indem der König gegenüber der Versammlung erkläre, dass er zu seinem Bedauern die Abreise der Tanten ohne Überschreitung seiner Befugnisse als Familienoberhaupt nicht habe verhindern können. Deshalb solle er ein Dekret verlangen, das detailliert regele, welche Rechte er über die Mitglieder seiner Familie besitze. Allein schon diese Forderung zu stellen, verschaffe eine ganze Reihe von Vorteilen. Verweigerte sich die Versammlung diesem Ansinnen, so wüsste man dennoch, dass der König keinerlei Anteil an der Abreise der Schwestern genommen habe. Entschiede die Versammlung aber, auch die Mitglieder der königlichen Familie unterlägen den allgemein gültigen gesetzlichen Bestimmungen, dann hätte der Hof den Vorteil davon, nicht mehr für das Treiben der ins Ausland emigrierten Prinzen verantwortlich gemacht werden zu können. Erließe man schließlich aber ein Dekret, das dem König das Recht zusprach, über den Aufenthalt der Familienmitglieder zu entscheiden, dann dürfte er umgehend den Emigrierten befehlen, nach Frankreich und an den Hof zurückzukehren.[14]

Der Rat war einleuchtend und hätte unverzüglich befolgt werden müssen, allein der «royal bétail» verharrte in seiner wesenseigentümlichen Tatenlosigkeit. So braute sich zusammen, was Mirabeau vorhergesehen hatte. Am letzten Tag seiner Präsidentschaft, am 14. Februar 1791, erschien in der Abendsitzung der Versammlung eine Abordnung von 32 der 48 Sektionen von Paris, um ihr Unverständnis über die Reisepläne der Tanten zu bekunden, die damit nur die Emigranten ermunterten und überdies dem Pariser Handel und Gewerbe erheblichen Schaden zufügten. Möglicherweise sei mit deren Abreise aber auch nur eine Provokation beabsichtigt, um den Unmut des Volkes aufzustacheln …[15] Für Mirabeau als Präsidenten war das Ansinnen dieser Delegation eine sehr delikate Herausforderung, denn er konnte dem Votum der Versammlung in seiner Antwort nicht vorgreifen, sondern musste sich damit bescheiden, die Gemüter zu beruhigen, so gut das in diesem Stadium noch möglich war. «Sollten die Mitglieder der königlichen Familie es wagen, sich gegen das Gesetz zu stellen, so würde sie ihr Oberhaupt ohne Mühe im Zaume halten. (…) Wie immer die, die um ihn sind, sich betragen mögen: Der Monarch, der die Fehler der früheren Könige sühnt, kann nie vereinsamt sein. Ein großes Volk ist seine Familie geworden; sein Name, mit den Begriffen Nation und Gesetz verknüpft, wird in allen unseren Schwüren genannt, und eine dauerhafte Ordnung wird gleichermaßen sein Glück und seine Macht sichern.»[16]

König und Volk in einen Handlungszusammenhang zu stellen, war ein verzweifelter Versuch, den absehbaren Schaden den beiden königlichen Tanten allein anzulasten. Das musste scheitern. Dazu trug Louis XVI das Seine noch bei, indem er der Nationalversammlung am 20. Februar einen Brief sandte, bei dessen Abfassung er die klugen Ratschläge Mirabeaus vollständig ignorierte: «Meine Herren, nachdem ich davon Kenntnis erhalten habe, dass die Nationalversammlung den Verfassungsausschuss beauftragt hat, eine Frage zu erörtern, die durch die Reise meiner Tanten aufgeworfen wurde, halte ich es für angezeigt, die Versammlung darüber in Kenntnis zu setzen, dass ich heute Morgen erfahren habe, dass sie gestern Abend gegen 10.00 Uhr aufgebrochen sind. Da ich der Überzeugung bin, dass sie nicht der Freiheit, die jedermann zusteht, beraubt werden können, zu gehen, wohin sie wollen, sah ich mich außerstande, ihre Abreise zu verhindern, wiewohl ich ihre Trennung von mir mit Bedauern sehe.»[17]

Der vom Abgeordneten Camus daraufhin spontan gestellte Antrag, die Zivilliste um den darin enthaltenen Anteil für die Finanzierung des Lebensunterhalts der beiden Tanten zu kürzen, erwies sich zwar als folgenlose Bosheit, aber am nächsten Tag forderte Barnave vom Verfassungsausschuss, in kürzester Zeit den Entwurf eines Gesetzes vorzulegen, das die Pflichten der königlichen Familie regelte. Barnave deutete auch an, dass ihm in diesem Zusammenhang die beiden alten Tanten eher gleichgültig seien, er vielmehr an andere Personen denke.[18] Barnave bezog sich dabei auf seit Wochen umlaufende Gerüchte, die sich um Fluchtpläne von Angehörigen des Hofs und der königlichen Familie rankten. Deren vermeintliche Substanz wurde durch die Rede Barnaves bestätigt, weshalb sich am 22. Februar eine erregte Menge vor dem Palais du Luxembourg, dem Wohnsitz von *Monsieur*, einfand, dem man das Versprechen abnötigte, Paris und den König nicht zu verlassen. Um diese Worte zu bekräftigen, eilte er sofort in die Tuilerien, wohin sich die Menge nun ihrerseits wandte und durch die Gitter bis in den inneren Hof des Palais vordrang, aus dem sie von den Nationalgarden nur mit einiger Mühe wieder vertrieben wurde.

Das Geschehen bewies die Richtigkeit all dessen, was Mirabeau der Königin am 3. Februar vorhergesagt hatte. Als aber am 24. Februar die Nationalversammlung ein Schreiben der Stadtverwaltung von Arnay-le-

Duc in Burgund erhielt, man habe die beiden Tanten wegen Zweifeln an der Gültigkeit ihrer Pässe daran gehindert, ihre Reise fortzusetzen, sorgte dies dafür, dass die Empörung der Abgeordneten in neuer Heftigkeit entflammte. Noch einmal gelang es Mirabeau, die große Sprengkraft dieses Zwischenfalls zu entschärfen, indem er die Regelung der Angelegenheit der Exekutive mit der Begründung zuwies, dass es kein Gesetz gebe, das eine solche Reise prinzipiell untersage.[19] Dem ließ sich nicht widersprechen, was aber nicht verhinderte, dass eine lebhafte Debatte begann, die sich an dem Vorschlag des Abgeordneten Camus entzündete, man möge den König bitten, jedem Familienmitglied vorerst das Reisen zu verbieten. Diesen Debatten machte schließlich Baron Jacques-François de Menou mit seiner seither berühmten Bemerkung ein Ende: «Ich glaube, dass ganz Europa mit großem Staunen zur Kenntnis nehmen wird, dass sich die Nationalversammlung vier Stunden lang über die Abreise zweier Damen gestritten hat, die lieber die Messe in Rom als in Paris besuchen wollen.»[20]

Damit war zwar die Romreise der Tanten gesichert, aber zugleich der Ehrgeiz der Nationalversammlung aufgestachelt, die Bewegungsfreiheit des Königs und seiner Familie gesetzlich einzuschränken. Schon am folgenden Tag, dem 25. Februar, stand die Erörterung eines Dekrets auf der Tagesordnung, dessen Entwurf der Abgeordnete Le Chapelier namens des Verfassungsausschusses zuvor vorgestellt hatte. Das Gesetz sollte den Dienstsitz der Beamten regeln, zielte aber insbesondere auf den König, der darin als der «erste öffentliche Beamte» bezeichnet wurde, dem für die Dauer der Nationalversammlung eine Anwesenheitspflicht in deren Nähe angesonnen wurde. Sollte der Monarch gegen diese Bestimmung verstoßen, sei dies als Thronverzicht zu werten. Entsprechendes gelte auch für die erbberechtigten Mitglieder der königlichen Familie.[21] Allerdings hatte Le Chapelier auch bemerkt, dass sich die Verbindlichkeiten der Herrscherfamilie erst dann regeln ließen, wenn ein Regentschaftsgesetz erlassen worden sei.

Die Einschränkung konnte aber nicht vereiteln, dass die Erörterung dieses Gesetzentwurfs eine lebhafte Debatte auslöste, in der sich der Abgeordnete Augustin-Félix de La Gallissonnière darüber empörte, man wolle den König mit dieser Anwesenheitspflicht «zu einer andauernden Gefängnishaft verurteilen».[22] Während auf der Rechten die Abgeordneten Cazalès und Maury für eine Vertagung des ganzen Vorhabens plädierten, forderte Barnave, dass man ungeachtet dessen wenigstens eine provisorische Bestimmung erlasse, wonach kein Mitglied der königlichen Familie ohne die vorherige Genehmigung des *Corps législatif* das Land verlassen dürfe. Das sei notwendig, um entweder deren Emigration zu vereiteln oder um die Unruhen, die eine derartige Befürchtung auslösten, zu besänftigen.[23] Dieser Vorschlag führte zu einer erneuten heftigen Diskussion, in der die Rechte die Linke bezichtigte, den Eid auf die Verfassung gegen den Eid auf den König ausspielen zu wollen. Das lieferte Mirabeau den Anlass, ein politisches Glaubensbekenntnis abzulegen, das die erregten Gemüter beruhigte: «Aber, meine Herren, was außer Frage steht, das ist, dass es die Nationalversammlung ins Unrecht setzte und sie große Schuld auf sich lüde, wenn sie gewissermaßen den Eid, den wir abgelegt haben, aufspaltete und für die einzelnen Teile, aus denen er sich zusammensetzt, die Nation, der König und das Gesetz, jeweils eine getrennte Geltung einfordert. Unser auf den König abgelegter Treueschwur ist Bestandteil der Verfassung, ist verfassungsgemäß. (...) Entsprechend dieser unmissverständlichen Deklaration werde ich den Kampf mit der ganzen Welt aufnehmen, entschlossen, mich allen Parteiungen entgegenzustellen, die sich anschicken, die monarchischen Prinzipien in Frage zu stellen, in welchem Zusammenhang, in welchem Teil des Königreichs und auf welchem Posten auch immer.»[24]

Die Linke, die seine damit verknüpften Absichten nicht durchschauen konnte, bejubelte Mirabeaus Erklärung und ebnete damit ungewollt den Weg für die Lösung, die ihm die genehmste war. Die Vorlage des Verfassungsausschusses stand dazu ebenso im Widerspruch wie das von Barnave geäußerte Ansinnen einer bloß provisorischen Regelung, die beide die Bewegungsfreiheit des Königs eingeschränkt hätten. Auch eine Vertagung der Beratung der von Le Chapelier vorgetragenen Gesetzesvorlage auf die nächste Sitzung konnte nicht in Mirabeaus Sinne sein, denn das Gelingen seines großen Plans hing entscheidend davon ab, dass man die Zeit bekam, den König an einen sicheren Ort weit entfernt von Paris zu bringen. Deshalb beharrte er darauf, eine Erörterung dieses Gesetzesvorschlags so lange zu vertagen, bis die geplante Regelung über die Regentschaft vorliege.[25] Damit konnte er sich durchsetzen und hatte überdies die Genugtuung, dass sich die Versammlung mit Barnaves Vorschlag nicht befasste. Dieser Erfolg hatte aber, wie er bald erfahren musste, einen hohen Preis. Er sollte am 28. Februar fällig werden, denn dieses Datum war der «kommende Montag», an dem auf seinen Vorschlag hin die Versammlung das allgemeine Gesetz über die Emigranten beraten und beschließen sollte.[26]

Das Idol, das die Linke seit seinem entschiedenen Eintreten für die Trikolore und die Zivilverfassung des Klerus sowie seiner glänzenden Ausübung der Präsidentschaft in Mirabeau verehrte, hatte jedoch längst Risse und hässliche Flecken bekommen. Manche Ursache dafür ging auf das Konto seines frivolen Leichtsinns. So hatte Mirabeau, als er nach drei Tagen von seinem Posten als Kommandeur eines Bataillons der Nationalgarde zurücktrat, dies zum Anlass genommen, den Gardisten ein rauschendes Fest zu geben. Das kreideten ihm die *Révolutions de Paris* mit einem ätzenden Kommentar an: «M. Mirabeau hat dem Bataillon, das er noch immer befehligt, ein Essen für 10 000 *livres* gegeben; die Teilnehmer, von denen für einen jeden 6 *francs* ohne alles Drumherum fällig waren, versammelten sich im Salon Ruggieri [i. e. ein Etablissement im Palais-Royal]. Es gab einen Ball und ein Feuerwerk. Diese Orgie kann man kaum als patriotisch qualifizieren; ganz im Gegenteil führt sie vielmehr in diesem Augenblick ein sehr schlechtes Beispiel vor, das auf einen unserer berühmten Gesetzgeber zurückfällt. Das ist ein Skandal. Kann man nicht zu geringeren Kosten beisammensitzen und sich zuprosten? Was soll man von einer solchen Verschwendung halten? Sie rechtfertigt alle Verdächtigungen, die in bunter Reihe Verleumdung und üble Nachrede hinsichtlich der Natur und der Quelle des Vermögens des Abgeordneten aus der Provence laut werden ließen.»[27]

Dieses Gebaren war höchst unklug, denn es trug dazu bei, sein sonstiges Verhalten genauer und kritischer zu betrachten, für das er selbst dann den Beifall der Linken erhielt, wenn er sich mit Beschlüssen durchsetzte, die kaum deren Vorstellungen oder Empfindungen entsprachen. Auch wenn sein Eintreten für die Reisefreiheit der königlichen Tanten im Einklang mit den gesetzlichen Grundlagen stand, so musste auffallen, dass sich Mirabeau jedes Wort des Bedauerns oder der Kritik versagte. Das hat ihm sein einstiger Bewunderer und journalistischer Rhapsode Camille Desmoulins sehr übelgenommen: «Ich weiß, dass das Wohl des Volkes nicht davon abhängt, dass es die Tanten wie seine Augäpfel behütet. Aber daraus kann man deshalb nicht den Schluss ziehen, dass das Gesetz des *salus populi* in diesem Fall keinerlei Geltung habe. Auch wenn diese Tanten nicht unsere einzigen Geißeln, die einzigen Pfänder für das öffentliche Wohl sind, heißt das dann, dass man sie einfach ziehen lassen darf? Vermögen sie es, irgendeinen stichhaltigen Grund für diese Reise anzuführen, da es hier keineswegs an Priestern mangelt, die den Eid verweigerten und die ihnen in Bellevue dieselbe Messe wie in Rom lesen könnten? Ihre Absicht ist also keine andere, als die Nation zu strafen, indem sie deren Gold mit sich führen. Soll die Nation also deswegen leiden, dass diese Bettlerinnen sie dadurch bestrafen wollen, die ihnen gespendeten Almosen wegzuschaffen! O heiliger Mirabeau, sobald ich alle diese Überlegungen anstelle, spüre ich sofort *die Wallungen meines patriotischen Zorns*, die sich über dein Haupt ergießen wollen, du unwürdiger Jakobiner.»[28]

Das waren alles Anzeichen dafür, dass sich ein Sturm gegen Mirabeau zusammenbraute. Dieses verheerende Unwetter, das auch seine «politische Apotheke» zerstörte, brach über ihn am 28. Februar 1791 herein. Erneut fiel es Le Chapelier zu, als Berichterstatter des Verfassungsausschusses den Entwurf eines Gesetzes, mit dem das Recht auf Emigration geregelt werden sollte, vorzutragen. Le Chapelier überraschte die Versammlung nun mit dem Eingeständnis, dass dieser Entwurf, der den Handelsinteressen dienen solle, die Prinzipien der Verfassung und der Menschenrechte verletze. Vergebens habe er sich darum bemüht, diesen fundamentalen Widerspruch zu beseitigen, was sich nur mit einer Fülle von Ausnahmeregelungen halbwegs erreichen ließe. Deshalb sei er zu der Überzeugung gelangt, dass dieses Gesetz, das nur durch die schiere Macht der Umstände erzwungen werde, dem Staat keinerlei Gewinn verspreche. Also bitte er in Übereinstimmung mit den Mitgliedern des Ausschusses darum, von dessen Vortrag entbunden zu werden.[29]

Auf diese höchst ungewöhnliche Ankündigung reagierte die Rechte sofort mit dem Vorschlag, die Befassung mit diesem Gesetz auszusetzen, um die übrige Tagesordnung abzuarbeiten. Dagegen verwahrte sich die Linke. Schließlich einigte man sich darauf, Mirabeau zu befragen, zumal die Angelegenheit an Grundsätze rühre, für die er schon seit langem eintrete. Dem genügte Mirabeau einfach dadurch, dass er die Passage aus einer an Friedrich Wilhelm II. gerichteten Denkschrift verlas, in der er für die uneingeschränkte Freiheit zur Auswanderung aus den preußischen Staaten eingetreten war. Die Verlesung dieses Abschnitts diente ihm nun zur Begründung seines Antrags auf Nichtbefassung mit dem vom Verfassungsausschuss vorgelegten Gesetzentwurf,[30] der eine neue Debatte auslöste. Nach einem heftigen Hin und Her verständigte man sich darauf, Le Chapelier um die Verlesung des Gesetzesentwurfs zu bitten.

Die Vorlage, die Le Chapelier jetzt vortrug, umfasste drei Artikel. Der erste spezifizierte, dass es sich bei diesem Gesetz nur um eine befristete Ausnahmeregelung handele, die nur in «temps de trouble», also bei Unruhen, und auch nur nach vorheriger Ankündigung Geltung haben solle. Noch problematischer war der zweite Artikel, der bestimmte, dass die Nationalversammlung eine dreiköpfige Kommission einzusetzen habe, die mit diktatorischen Vollmachten ausgestattet allein entscheiden solle über das Recht, das Königreich zu verlassen, wie auch über die Pflicht zur Rückkehr. Artikel drei bestimmte als Strafe für Verstöße gegen dieses Gesetz den Verlust der Bürgerrechte, den Vermögenseinzug sowie den fortdauernden Ausschluss von allen öffentlichen Ämtern. Der Gesetzentwurf rechtfertigte in der Tat alle von Le Chapelier geäußerten Bedenken. Jetzt, da er bekannt war, war eine Vertagung aber höchst problematisch geworden. Darauf wies der Abgeordnete Antoine-Balthazar-Joseph d'André mit dem einsichtigen Argument hin, wenn man die Öffentlichkeit im Ungewissen darüber lasse, welche konkreten Maßnahmen man ergreifen wolle, dann bewirke man damit nur, dass augenblicklich alle Franzosen aus dem Königreich fliehen würden.[31]

Dieser Einwand nötigte Mirabeau zu einer Stellungnahme, in der er den Gesetzentwurf als geradezu barbarisch apostrophierte. Im weiteren Teil seiner Ausführungen entwickelte er dann eine höchst zweifelhafte Differenzierung zwischen rein polizeilichen Maßgaben und Gesetzen. Polizeimaßnahmen seien, so Mirabeau, unabdingbar notwendig, selbst wenn sie im Widerspruch zu den Prinzipien, ja selbst den Gesetzen stünden (!), denn sie gehorchten der «dictature de la nécessité», der gebieterischen Not der Umstände. Außer Frage stehe jedoch, dass solche polizeilichen Anordnungen nicht ebenso heilig und verpflichtend seien wie Gesetze. Ein Gesetz, das die Frage der Emigration regele, verbiete sich schon einfach deshalb, weil seine Durchsetzung sich als unmöglich herausstelle. Die historische Erfahrung aller Zeiten und Völker zeige, dass selbst eine tyrannische Herrschaft nicht dazu in der Lage sei, die Beachtung eines solchen Gesetzes zu erzwingen. Im Übrigen stelle sich auch die Frage nach Sinn und Zweck einer entsprechenden polizeilichen Regelung, die man zwar immer veranlassen könne, auch wenn es völlig zureichen müsste, die Franzosen allein durch den von ihnen erlebten Nutzen der Gesetze und die Wohltaten der Freiheit davon abzuhalten, das Land zu verlassen. Er würde jenes Gesetz kategorisch ablehnen und, falls es dennoch verabschiedet werde, sein Treuegelöbnis gegenüber denen aufkündigen, die sich diese Infamie einer «inquisition dictatoriale» zuschulden kommen ließen. Dieses Bekenntnis verknüpfte er mit einer persönlichen Erklärung: «Gewiss, die Popularität, nach der ich gestrebt habe und der ich die Ehre habe, mich wie jeder andere zu erfreuen, ist kein schwaches Schilfrohr, sie ist vielmehr eine Eiche, deren Wurzeln ich tief in die Erde versenken will, nämlich in die unerschütterliche Grundlage der Prinzipien von Vernunft und Gerechtigkeit. Ich würde mich selbst entehren, wenn ich in irgendeinem Augenblick meines Lebens davon absähe, das angemaßte Recht zu bekämpfen, ich sage nicht, eine Polizeimaßregel zu treffen, aber ein Gesetz dieser Art gegen die Auswanderung und gegen die Emigranten zu beschließen. Einem solchen Gesetz, das schwöre ich, würde ich niemals gehorchen.»[32]

Gegen diesen Vorschlag auf Nichtbefassung mit dem geplanten Gesetz wandte sich der Abgeordnete Théodore Vernier, der lediglich den Antrag auf Vertagung der Debatte stellte, bis der Verfassungsausschuss einen neuen Gesetzentwurf zur Emigrantenfrage vorgelegt habe. Als der Sitzungspräsident sogleich darüber abstimmen lassen wollte, erhob sich wütender Protest, mit dem darauf hingewiesen wurde, dass Verniers Ansinnen ein wesentlich anderes sei als das zuvor von Mirabeau vorgetragene, über das folglich als Erstes abgestimmt werden müsse. Verniers Antrag auf Vertagung wurde schließlich gebilligt, und als die Gesetzesvorlage am 7. und 9. Juli 1791 wieder zur Vorlage kam, waren die Umstände ganz andere.

Seit dem frühen Morgen waren unterdessen die Einwohner des *Faubourg* St. Antoine in Bewegung, die von Marat und anderen Journalisten mit Meldungen über vermeintliche Rachepläne des Hofes und der Aristokratie aufgehetzt worden waren. Auf das Gerücht hin, harmlose Renovierungsarbeiten am Schloss von Vincennes hätten nur den Zweck, das Schloss in eine uneinnehmbare Fluchtburg für den König zu verwandeln, wälzte sich eine empörte Menschenmenge dorthin, drang in das Gemäuer ein und begann sofort damit, es zu zerstören. Schließlich erschien La Fayette mit den Nationalgarden auf der Szene und setzte dem Treiben ein Ende. Auf dem Rückweg musste er aber in der Vorstadt noch einige Straßenkämpfe bestehen, die ihn aufhielten, zum anderen Brennpunkt des Tages, den Tuilerien, zu gelangen, in die einige hundert Adelige, die um das Leben des Königspaars fürchteten, eingedrungen waren und sich mit den hier postierten Nationalgarden rauften.

In der Nationalversammlung hatte Mirabeau seine Verurteilung des Emigrantengesetzes mit einer Schärfe vertreten, die der Linken höchst unangenehm aufgefallen war. Das wirre Geschehen, das sich während dieser Debatten in Vincennes und an den Tuilerien abspielte, konnte nur dazu beitragen, diesen negativen Eindruck zu verstärken. Die Gleichzeitigkeit dieser höchst unterschiedlichen, aber gleichermaßen verstörenden Erlebnisse ballte sich in den Gemütern zu einer dunklen Wolke des Verdachts, die sich über Mirabeaus Haupt sammelte. Seine große Popularität, die er derart ostentativ als Waffe im Meinungskampf zu handhaben verstand, dass ihn Zwischenrufer auf der Linken wiederholt als «Diktator» verunglimpften, prädestinierte ihn geradezu als Blitzableiter, auf den sich diffuse Neidgefühle, Ängste und Verdächtigungen wie ein Gewitter mit Donner und Blitz entladen würden. Dazu kam es am späten Abend dieses 28. Februar im Versammlungssaal der Jakobiner. Mirabeau war sich wohl bewusst, dass es hier zur entscheidenden Auseinandersetzung zwischen ihm und den Führern der Linken, Duport, Lameth und anderen kommen würde, die ihm seinen Auftritt in der Nationalversammlung verübeln mussten. Dieses Duell, davon war Mirabeau überzeugt, würde er für sich entscheiden können. Ihm würde es gelingen, seine Widersacher von der Masse der Jakobiner, die zu ihm hielten, zu isolieren. Das Erlebnis vom 6. Dezember 1790, als er bei den Jakobinern mit ebendiesem Versuch gescheitert war, würde sich nicht wiederholen, denn seither hatte sich sein Ansehen auf der Linken wesentlich verbessert. Er vertraute fest auf seine Popularität.

Darüber, was sich an diesem Abend in der Sitzung der Jakobiner zutrug, gibt es kein Protokoll. Zwar exaltierte sich Camille Desmoulins gleich zu Beginn der No. 67 seines Journals *Révolutions de France et de Brabant*: «Ach, wie schön, wie großartig, wie unsterblich war jene Sitzung der Jakobiner am 28. Februar! Welche Schmach hat die Nationalversammlung dem französischen Volk an diesem Tag angetan, und welche Ehre verschafften ihm die Jakobiner am nämlichen Tag! Diese Sitzung ist Teil der Geschichte, aber es bräuchte einen Tacitus, um sie angemessen zu schildern, aber Tacitus war kein Zeitungsschreiber.»[33] Was auf diese Ankündigung folgt, ist zunächst eine ausführliche Schilderung der Ereignisse des Tages, ehe Desmoulins auf Seite 61 mit der Schilderung der Sitzung bei den Jakobinern beginnt, die den beiden Rednern, die Mirabeau an diesem Abend den Prozess machten, Adrien

Duport und Alexandre Lameth, sehr großen Raum gibt, während die Repliken, mit denen Mirabeau auf den einen wie den anderen antwortete, nur sehr knapp und mit abschätzigen Bemerkungen wiedergegeben werden. Das kann bei Desmoulins nicht überraschen, der an diesem Abend im Saal der Jakobiner offenbar auch gar nicht zugegen war, denn ganz am Ende seines Berichts überrascht er mit dem Eingeständnis: «Kein Journalist hat über diese Sitzung der Jakobiner geschrieben. Es gibt für uns Sünden der *Unterlassung*; und das war eine der schwersten, derer sich ein Patriot schuldig macht.»[34]

Augen- und Ohrenzeuge des Geschehens war hingegen ein junger Deutscher, Konrad Engelbert Oelsner, der im Herbst 1790 auf einer Bildungsreise nach Paris gekommen war, wo ihm die Beobachtung der Revolution, über die er ausführlich in Briefen berichtete, gewissermaßen zum Beruf wurde. Seine aus eigenem Erleben gewonnene Kenntnis von Ereignissen und Personen verschafft seiner lebhaften Schilderung eine besondere Qualität. «Duport bestieg die Bühne und fuhr mit der äußersten Heftigkeit über Mirabeau und La Fayette, seinen ehemaligen Busenfreund, her, schilderte und nannte sie als Verräter, als die ärgsten Feinde des Vaterlandes, klagte La Fayetten an, durch beständiges Aufgebot den Nationalgarden den Dienst zu verleiden, Mirabeau, durch Bestreitung des Emigrationsgesetzes das über die Residenz hintertreiben zu wollen, beide, die Entführung des Königs und die Gegenrevolution zu begünstigen. Die Beschuldigungen waren grausam, was aber noch mehr, war der stürmische Beifall, womit, der großen Verdienste Mirabeaus uneingedenk, die bittersten boshaftesten Züge aufgenommen wurden. – Duport verließ die Bühne. Mirabeau hatte während des ganzen Angriffs gegenüber gesessen, er erhob sich, wollte antworten und, was ihm hier noch nicht begegnet war, alles tobte wider ihn, der Unwille stieg in vielen zur Wut, und der größte Teil der Versammlung glich Gruppen von Rasenden. Am Ende jedoch wussten sich sein Geist und seine Stimme Platz zu machen. Nachdem er einmal nur zu Worte gekommen war, so entrückte er La Fayetten, (…) schüttelte von sich die Wurfspieße seines ihm wenig gewachsenen Gegners und bedeckte ihn mit Felsklüften. Allein es war ihm noch ein zweiter weit heftigerer Sturm bereitet. Alexandre Lameth konnte seinen Waffenbruder nicht ungerochen fallen sehn (…) Keine Blöße seines Gegners blieb verschont, weder die, so Jugendstreiche und einige spätere Fehler ihm wirklich gegeben, noch die, welche Verleumdung und unverständiger Argwohn ihm angedichtet haben. Er bemühte sich, ihn beides, verhasst und lächerlich, zu machen, und es gelang ihm nur gar zu wohl, beißend bald und bald pathetisch zu sein, je mehr ihn der Beifall seiner wütenden Zuhörer umjauchzte, desto hämischer und meuchelmörderischer wurden die Hiebe seiner Beredsamkeit. (...)

Ich hatte die ganze Feindseligkeit seiner Absichten durchschaut, (...) und bei dem neuen Unwillen, der mich ergriff, da aus allen Gegenden des Saales Beschimpfungen auf Mirabeau stürmten und der Präsident ihn mit einer unwürdigen Parteilichkeit von der Bühne zu entfernen und die Sitzung zu heben suchte, verzweifelte ich, dass Mirabeau seiner mächtig bleiben, dass er imstande sein würde zu antworten, wie es seine Lage und seine beleidigte Würde erforderten. Der Weg zum Ruhme, dachte ich, ist doch mit fürchterlichen Dornen bestreut, in Despotien musst du kriechen, in Freistaaten dich herumschlagen, und wenn du den Dank aller verdient hast, treibt dich der Ostrazismus ins Exil. Mirabeau stand auf dem Punkte, dieses zu erfahren, oder erfuhr es: jeder andre hätte unterlegen, nur seine starke Seele nicht; wie unrecht hatte ich, mir für sie bange sein zu lassen, für sie, die just in Ungewittern am größten ist. Er hatte nicht nur mit kaltem Blute den langen Angriff ausgehalten, sondern Besonnenheit genug besessen, aus den Lanzen seines Feindes Verteidigungswaffen zu bereiten. Es gab einen heftigen Kampf, er brauchte alle Ressourcen seines Genies, den jungen gewandten Widersacher zu bezwingen; allein er packte ihn und seinen Genossen mit einer eisernen, glühenden Hand, riss ihnen die falschen Rüstungen herunter und schlug unheilbare Wunden. Siedender Zorn sprudelte über alles, was gegen ihn gewütet hatte, ungehörte Wahrheiten wurden der Gesellschaft vorgedonnert, seine Kühnheit, sein erhabener Gang brachten staunendes Erstarren hervor, so bändigte er die Rasenden und entriss, wem es auch sein mochte, wenn nicht Beifall, laute Bewunderung. Mirabeau hat in der Nationalversammlung keinen allmächtigern Augenblick gehabt.»[35]

Konrad Engelbert Oelsner gehörte, wie diese Schilderung verrät, zu den Bewunderern Mirabeaus. Deshalb musste er ihn erhobenen Hauptes als Sieger von der Bühne abgehen lassen. Mirabeau hatte aber allenfalls einen Pyrrhussieg errungen. Die Jakobiner hatten über ihn ein Scherbengericht gehalten, aber er schleuderte ihnen nach der Schilderung von Desmoulins beim Verlassen der Rednerbühne das stolze Wort entgegen: «Ich werde bei Euch bleiben bis zum Ostrazismus.»[36] Seine

Zugehörigkeit zur Verwaltung des *Département de Paris* bot ihm Gelegenheit zum Gegenangriff. Schon am Tag nach dieser stürmischen Sitzung bei den Jakobinern, am 1. März, erschien er an der Spitze einer Abordnung des Département in der Nationalversammlung und verlas dieser eine von ihm redigierte Adresse, die mit den Worten schloss: «Aus allen Resten der alten Institutionen und Missbräuche hat sich eine faulige Hefe, ein verderblicher Gärungsstoff gebildet, den verbrecherische Menschen nicht müde werden umzurühren, um Gift daraus herzustellen. Es sind dies die *factieux* [i. e. die Rädelsführer der Jakobiner], die, um die Verfassung zu stürzen, das Volk davon überzeugen wollen, selbst handeln zu müssen, ganz so, als gäbe es keine Gesetze und keine Beamten. Wir werden diese schuldigen Feinde seiner Ruhe entlarven und das Volk darüber belehren, dass ebenso, wie es unsere wichtigste Aufgabe ist, über seine Sicherheit zu wachen, es die seine ist, in der Arbeit, die vom Frieden befruchtet wird, im tätigen Gewerbefleiß und in den häuslichen wie sozialen Tugenden fortzufahren.»[37] Wesentlich ausführlicher und in noch deutlicheren Worten warnte eine Proklamation des Département, die ebenfalls von Mirabeau verfasst worden war und am 4. März überall in Paris angeschlagen wurde, die Bürger davor, sich zu Unruhen anstiften zu lassen.[38]

Das waren alles aber nur noch Reflexe – nicht die eines Geschlagenen, sondern die eines Sterbenden. Die Präsidentschaft der Nationalversammlung und die sich unmittelbar daran bis Ende Februar 1791 anschließenden parlamentarischen Schlachten forderten selbst Mirabeau allzu viel ab. Seine von den langen Jahren in der Haft und seinem ausschweifenden Leben danach angeschlagene Gesundheit machte sich ihm immer öfter bemerkbar. Schmerzhafte Augenentzündungen wechselten ab mit nicht minder schmerzhaften Koliken, die in immer kürzeren Abständen folgten, ihn aber nicht dazu bewogen, sein Arbeitspensum zu verringern. Mirabeau lebte noch immer nach der Devise, die er zehn Jahr zuvor dem Freund Vitry geschrieben hatte, dass es ihm gleichgültig sei, wenn die Kerze an beiden Enden zugleich brenne. So hielt er es selbst dann noch, als er die Schatten des nahenden Todes gewahrte. Als er von einem Besuch bei seiner Schwester aufbrach und beim Abschied deren in frischer Schönheit erblühte Töchter umarmte, bemerkte er zur Jüngsten: «Das ist der Tod, der den Frühling umarmt.»[39]

Düstere Vorahnungen äußerte Mirabeau auch, als sich Anfang Februar Etienne Dumont von ihm verabschiedete, um nach London zurückzukehren: «Als wir voneinander schieden, umarmte er mich mit einer Gefühlsregung, die ich bei ihm noch nie bemerkt hatte. Ich werde bald sterben, mein lieber Freund, sagte er mir, wir werden uns vielleicht nicht mehr wiedersehen. Wenn ich nicht mehr sein werde, wird man bemerken, was ich wert war. Das Unglück, das ich aufgehalten habe, wird von allen Seiten über Frankreich hereinbrechen. Diese verbrecherische Faktion, die vor mir zittert, hemmt jetzt keine Bremse mehr. Vor meinen Augen sehe ich nur Prophezeiungen des Unglücks. Ach, mein Freund, wie recht hatten wir, als wir schon ganz zu Anfang bestrebt waren, die *communes* [i. e. die Abgeordneten des Dritten Stands] daran zu hindern, sich als Nationalversammlung zu proklamieren; da liegt der Ursprung allen Übels: Seitdem sie diesen Sieg errangen, haben sie nie aufgehört, sich seiner unwürdig zu erweisen... Sie fassten den Vorsatz, den König zu lenken, anstatt die Regierung ihm zu überlassen; bald jedoch werden es weder sie noch er sein, die herrschen werden: Eine bösartige Faktion wird sie alle dominieren und ganz Frankreich unter Schrecken begraben.»[40]

Am 27. März schleppte sich Mirabeau zum letzten Mal in die Nationalversammlung, um hier mit Erfolg für die Interessen jener zu streiten, die, wie sein Freund de La Marck, Kohle- oder Erzvorkommen unter ihren Ländereien hatten, auf deren Ausbeutung der Staat Anspruch erhob. Nach der Sitzung ließ sich der völlig Erschöpfte zu de La Marck fahren, dem gegenüber er bemerkte, als er auf ein Kanapee sank: «Ihre Sache ist gewonnen, aber ich sterbe.»[41] Zwei Tage nach diesem letzten Aufbäumen, am 29. März 1791, machten sich die Vorboten der nahenden Agonie bemerkbar. Als Mirabeau am 30. März jenen Kanonenschuss hörte, der in den Gärten des Palais-Royal täglich zur Mittagsstunde ausgelöst wurde, bemerkte er zu Frochot, der nicht von seinem Lager wich: «Sind das bereits die Bestattungszeremonien des Achilles?»[42] Ob dieses wie auch viele andere Worte, die der Sterbende in den kurzen Phasen, in denen er wieder bei Bewusstsein war, nach dem Zeugnis von Dienern, Ärzten oder Freunden geäußert haben soll, authentisch ist, vermag niemand zu sagen, denn schon in den letzten Stunden seines Lebens begann die Legende Mirabeaus Leben zu überwuchern, der am 2. April 1791 gegen halb neun Uhr den letzten Atemzug tat.

Mirabeau wurde auf Anregung von Claude-Emmanuel de Pastoret und des *Département de Paris* als Erster in der soeben fertiggestellten

Kirche der Heiligen Genoveva beigesetzt, die von nun an, wie es ein Dekret der Nationalversammlung bestimmte, als Ruhestätte der großen Männer Frankreichs genutzt werden sollte. Camille Desmoulins widmete ihm eine ganze Ausgabe der *Révolutions de France et de Brabant*, in der er Mirabeau u. a. bescheinigte, er habe der Nationalversammlung durch seinen Tod «eines ihrer schönsten Dekrete» verschafft. «Die Nationen sind in tausend Sekten zersplittert; und was in ein und derselben Nation für den einen das Heiligtum aller Heiligtümer ist, gilt einem anderen als ein Ort der Blasphemie und des Ekels. Aber unter den Menschen gibt es keinen Streit hinsichtlich der Heiligkeit dieses Tempels und seiner Reliquien. Diese Basilika versammelt sie alle zu ihrem Kult und ihrer Religion.»[43]

Das sollte sich jedoch rasch als Irrtum erweisen, denn nach dem Sturz der Monarchie im August 1792 und der Entdeckung des Tresors in den Tuilerien, der die privaten Papiere Louis' XVI enthielt, am 20. November, wurden auch Beweise dafür gefunden, dass Mirabeau vom Hof bezahlt wurde. Am 5. Dezember 1792 erstattete der Abgeordnete Philippe Rühl dem Konvent den Untersuchungsbericht über diese Papiere. Ein nicht genannter Abgeordneter, der Mirabeau als «Verräter» deklarierte, verband damit die Forderung, dessen Büste aus dem Versammlungssaal zu entfernen. Außerdem müssten Mirabeaus sterbliche Überreste aus dem Pantheon geschafft werden. Dem widersprach der Abgeordnete Pierre-Louis Manuel, der Herausgeber der vierbändigen Ausgabe der *Lettres originales de Mirabeau écrites du Donjon de Vincenne*, möglicherweise aus Sorge um den weiteren buchhändlerischen Erfolg der 1792 publizierten Edition. Manuel machte darauf aufmerksam, dass der Bericht noch keine Verurteilung darstelle, und verknüpfte dies mit der Ermahnung: «In einem Augenblick, da wir uns beeilen, die Könige abzuschaffen, sollten wir uns nicht damit überstürzen, auch die Statuen jener zu zerstören, die wie Mirabeau einen derart großen Beitrag zu unserer Revolution geleistet haben. (...) Stellen Sie also, wenn Sie dies wollen, die Erinnerung an ihn unter Arrest, aber verurteilen Sie ihn nicht ohne Prozess. Ich beantrage deshalb, dass ein Ausschuss eigens damit beauftragt wird, sein Leben einer Prüfung zu unterziehen, den Antrag des Vorredners zurückzuweisen und mit dem ganzen Vorgang den Erziehungsausschuss zu befassen.»[44] Diesem Antrag wurde stattgegeben, was Robespierre nicht daran hinderte, am Abend dieses 5. Dezember im Jakobinerclub eine wüste Tirade gegen Mirabeau anzustimmen. Zuvor hatte auch Robespierres Vermieter, der Schreiner Maurice Duplay, verlangt, die Büste Mirabeaus aus dem Sitzungssaal zu entfernen. Dem schloss sich Robespierre an: «Ich fordere also, dass die Büste dieses politischen Scharlatans aus dem Tempel der Freiheit entfernt wird. (...) Mirabeau muss verschwinden, Helvétius ebenso.» Diesen Worten folgten Taten: Leitern wurden gebracht, die beiden Büsten heruntergeholt und in tausend Stücke zerbrochen. «... man stürzte sich auf die Bruchstücke, und ein jeder der Anwesenden wollte Anteil an dem Ruhm haben, mit seinen Füßen auf ihnen herumzutrampeln.»[45]

Im Dezember 1792 war noch nicht die große «Schreckenszeit» angebrochen, weshalb es sich Louis Marie Prudhomme in den von ihm redigierten *Révolutions de Paris* noch erlauben konnte, aus diesem Anlass verhaltene Kritik an Robespierre zu äußern: «Robespierre rief dazu auf, die Büste Mirabeaus auf der Stelle zu zerschlagen, was prompt geschah. Dazu muss man eine Bemerkung machen; es geschah seinerzeit auf Antrag von Robespierre, dass Mirabeau die Ehren des Pantheon zuteilwurden; jetzt kann man hinsichtlich dieses Antragstellers eine wenig schmeichelhafte Folgerung ziehen.»[46] So eilig wie Robespierre hatte es aber bezeichnenderweise sonst niemand, die *damnatio memoriae* Mirabeaus zu vollstrecken. Der mit einer Prüfung der Vorwürfe und einer darauf basierenden Beschlussvorlage beauftragte Erziehungsausschuss brauchte dafür elf Monate, ehe sein Obmann, der Dramatiker Marie-Joseph de Chenier, der jüngere Bruder des bekannten Dichters André Chenier, am 27. November 1793 dem Konvent den Antrag unterbreitete, Mirabeau aus dem Pantheon zu entfernen. Der Konvent stimmte zu und verfügte darüber hinaus, dass am gleichen Tag der Leichnam des am 13. Juli 1793 ermordeten Jean-Paul Marat ins Pantheon überführt werden sollte.[47]

Es verging fast wieder ein Jahr, bis der Jakobinerclub am 7. September 1794 erneut die Initiative ergriff und vom Konvent die Ausführung seines Beschlusses vom 27. November 1793 forderte.[48] Am Nachmittag des 21. September 1794 wurde daraufhin der Sarg Mirabeaus aus dem Pantheon geschafft und während der Nacht auf dem Friedhof Sainte-Catherine im *Faubourg* Saint-Marcel am Rande der Umfassungsmauer verscharrt, ohne dass die Grabstelle bezeichnet wurde. Als während des Direktoriums im Sommer 1797 dessen Kammern, der *Conseil des Anciens* und der *Conseil des Cinq-Cents*, den Beschluss des Konvent einstimmig revidierten und die feierliche Rückführung der sterblichen Überreste Mirabeaus in das Pantheon anordneten, waren diese nicht mehr aufzufinden.[49]

Anhang

Anmerkungen

PROLOG

1 *Correspondance entre le Comte de Mirabeau et le Comte de La Marck pendant les années 1789, 1790 et 1791*, (ed.) Ad. de Bacourt, Paris 1851, II, 197

ERSTES BUCH
ERSTES KAPITEL – FAMILIENBANDE

1 *Lettres originales de Mirabeau écrites du donjon de Vincennes pendant les années 1777, 78, 79 et 80*, (ed.) P. Manuel, Paris 1792, II, 129

2 Als Beweis für diese Behauptung diente zunächst nur der zitierte Passus im Schreiben Mirabeaus an Louis XVI. 1834 veröffentlichte dessen Adoptivsohn Lucas de Montigny eine angeblich von Mirabeau verfasste Familiengeschichte, in der geschildert wurde, dass die Arrighettis der Partei der Ghibellinen angehörten, 1268 aus Florenz vertrieben wurden und sich in der Provence niederließen. *Mémoires biographiques, littéraires et politiques de Mirabeau, écrits par lui-même, par son père, son oncle et son fils adoptif*, Paris 1834, I, 8–9; Verfasser dieses *mémoire*, der von Mirabeau mit geringfügigen Veränderungen lediglich kopiert wurde, war dessen Vater Victor Riquetti, Marquis de Mirabeau, wie Louis de Loménie nachwies. Louis de Loménie, *Les Mirabeau. Nouvelles études sur la société française au XVIIIe siècle*, Paris 1889, I, 20–27

3 Der Name Riquetti ist auch nicht italienischen Ursprungs, sondern entspricht einer in Frankreich gebräuchlichen Latinisierung der Filiation: Riquetti heißt soviel wie Sohn des Riquet, der eine Abkürzung von d'Henriquet ist, die von d'Henri abgeleitet wurde. Alexandre Mouttet, *La galerie du Château de Mirabeau*, Aix- en-Provence 1894, 27 Anm.

4 Loménie, *Les Mirabeau*, I, 28–42

5 Jean Riquetti hätte für den Erwerb von Mirabeau die Steuer des *franc-fief* entrichten müssen, die von Nichtadeligen bei Erwerb von Adelsbesitz eingefordert wurde. Diese Steuer konnte er jedoch vermeiden, weil im deshalb gegen die Krone angestrengten Prozess eine Reihe von Zeugen ihm bescheinigten, die Riquettis seien von Adel. Loménie, *Les Mirabeau*, I, 35–38

6 *Mémoires de Mirabeau*, I, 25–52; Loménie, *Les Mirabeau*, I, 43–46

7 Loménie, *Les Mirabeau*, I, 53
8 *Mémoires de Mirabeau*, I, 52–189
9 Vauvenargues, *Oeuvres posthumes et oeuvres inédites de Vauvenargues*, (ed.) D.-L-Gilbert, Paris 1857, 101
10 Jean-François Marmontel, *Mémoires d'un père pour servir à l'instruction de ses enfans*, Paris 1804, I, 236–264
11 Loménie, *Les Mirabeau*, I, 133–137
12 Loménie, *Les Mirabeau*, I, 138–143
13 *Mémoires de Mirabeau*, I, 198–205
14 Fred Morrow Fling, *Mirabeau and the French Revolution*, New York u. London 1908, I, 51–52
15 Dieser Briefwechsel wurde von Lucas de Montigny für die *Mémoires de Mirabeau* wie vor allem von Louis de Loménie für die Biographie *Les Mirabeau* ausführlich ausgewertet.
16 Vauvenargues, *Oeuvres posthumes*, 198
17 «Journal de la Jeunesse du Marquis de Mirabeau», *Revue rétrospective ou Bibliothèque historique contenant des mémoires et documens authentiques, inédits et originaux*, Paris 1834, IV, 366
18 *Journal de la Jeunesse*, 367
19 *Journal de la Jeunesse*, 373
20 *Journal de Jeunesse*, 374
21 *Journal de Jeunesse*, 381
22 *Journal de Jeunesse*, 382
23 *Journal de Jeunesse*, 389–390
24 Vauvenargues, *Oeuvres posthumes*, 138
25 Vauvenargues, *Oeuvres posthumes*, 91–92
26 Vauvenargues, *Oeuvres posthumes*, 124
27 Vauvenargues, *Oeuvres posthumes*, 97 (Brief vom 19. April 1738)
28 Vauvernagues, *Oeuvres posthumes*, 98
29 Vauvernagues, *Oeuvres posthumes*, 153
30 Vauvernagues, *Oeuvres posthumes*, 220
31 Vauvenargues ließ er in einem aus Paris vom Februar 1740 datierten Schreiben lediglich wissen: «Quand je reprendrais mon métier, ce serait, en verité, sans goût.» Vauvenargues, *Oeuvres posthumes*, 174 u. Anm.
32 zit. *Mémoires de Mirabeau*, I, 213
33 Vauvenargues, *Oeuvres posthumes*, 185 (Schreiben vom 13. März 1740)
34 Vauvenargues, *Oeuvres posthumes*, 153
35 Vauvenargues, *Oeuvres posthumes*, 156
36 Vauvenargues, *Oeuvres posthumes*, 181–182
37 Loménie, *Les Mirabeau*, I, 439 u. 446
38 Loménie, *Les Mirabeau*, I, 446–447
39 Loménie, *Les Mirabeau*, I, 421–431
40 zit. Loménie, *Les Mirabeau*, I, 432–433

41 Loménie, *Les Mirabeau*, I, 477–478

42 Zum Steuerwesen des *Ancien Régime* vgl. Johannes Willms, *Tugend und Terror. Geschichte der Französischen Revolution*, München 2014, 40–59

43 *Mémoires et journal inédit du Marquis d'Argenson*, (ed.) Le Marquis d'Argenson, Paris 1857, III, 339–340

44 Für eine ausführliche Würdigung seiner Thesen vgl. Henri Ripert, *Le Marquis de Mirabeau (L'ami des hommes). Ses théories politiques et économiques*, Paris 1901

45 Loménie, *Les Mirabeau*, II, 169

46 *J.-J. Rousseau. Ses amis et ses ennemis. Correspondance*, (ed.) M. G. Streckeisen-Moultou, Paris 1865, II, 358–371

47 *Rousseau. Ses amis*, II, 361

48 Felix Rocquain, *L'Esprit révolutionnaire avant la Révolution 1715–1789*, Paris 1878, 219–226

49 *Lettres originales de Mirabeau*, I, 183

50 Gabriel Honoré Riquetti-Mirabeau, *Essai sur le Despotisme. Corrigée de la main de l'Auteur sur l'exemplaire de la seconde édition acheté à sa vente*, Paris 1792, xvii

ZWEITES KAPITEL – EIN UNGELIEBTER STAMMHALTER

1 *Lettres originales de Mirabeau*, II, 95

2 zit. *Mémoires de Mirabeau*, I, 241

3 zit. Loménie, *Les Mirabeau*, III, 3

4 Fling, *Mirabeau*, 129–139

5 *Denkwürdigkeiten des Barons Carl Heinrich von Gleichen. Eine Reihe aus seiner Federgeflossener Aufsätze über Personen und Verhältnisse aus der zweiten Hälfte des achtzehnten Jahrhunderts*, Leipzig 1847, 90

6 *Lettres originales de Mirabeau*, I, 295

7 zit. Loménie, *Les Mirabeau*, III, 30

8 Dieses Motiv wird durch einen Brief Mirabeaus aus der Haft in Vincennes vom 29. September 1777 bestätigt: «Je le [i. e. den Vater] somme hautement de déclarer pourquoi j'ai été détenu à l'isle de Rhé. Qu'il allègue autre chose, s'il le peut, qu'une intrigue de femme qui lui fit craindre une union mal assortie.» *Lettres originales de Mirabeau*, I, 189

9 Loménie, *Les Mirabeau*, III, 35; *Mémoires de Mirabeau*, I, 300

10 Loménie, *Les Mirabeau*, III, 36, Anm.

11 *Mémoires de Mirabeau*, I, 329–330

12 Vgl. sein Schreiben aus Vincennes an Sophie de Monnier. *Lettres originales de Mirabeau*, III, 21

13 Mirabeau, *Essai sur le despotisme*, Paris 1792 (Dritte Ausgabe), xxi–xxii

14 zit. Loménie, *Les Mirabeau*, III, 41 (*Correspondance générale*, VI, 325–326)

15 Loménie, *Les Mirabeau*, III, 44 (*Correspondance générale*, VI, 330–331; 21. Mai 1770

16 *Correspondance générale*, VI, 381

17 *Correspondance générale*, VI, 388 (8. September 1770)

18 Vgl. zu diesen mysteriösen «Beweisen», die in keinem der Prozesse, die er mit seiner Frau führte, vom Marquis vorgelegt wurden, auch *Lettres originales de Mirabeau*, I, 38

19 Wortlaut dieses Briefs in extenso bei Loménie, *Les Mirabeau*, II, 467–470

20 zit. Loménie, *Les Mirabeau*, III, 56–57

21 *Correspondance générale*, VI, 412

22 *Correspondance générale*, VI, 475

23 *Mémoires de Mirabeau*, I, 374–375

24 *Correspondance générale*, VI, 491

25 Willms, *Tugend und Terror*, 23–25

26 Die erste Ausgabe dieses Essais erschien 1776; die dritte nach dem Tod Mirabeaus 1792.

27 Mirabeau, *Essai sur le despotisme*, Paris 1792, xxxi

28 *Lettres originales de Mirabeau*, I, 297–298

29 Loménie, *Les Mirabeau*, III, 70–80

30 *Lettres originales de Mirabeau*, I, 301

31 ebda.

32 *Lettres originales de Mirabeau*, I, 302

33 Loménie, *Les Mirabeau*, III, 81

34 Etienne Dumont, *Souvenirs sur Mirabeau et sur les deux premières Assemblées législatives*, (ed.) J. Bénétruy, Paris 1951, 153

35 *Lettres originales de Mirabeau*, I, 304–306

36 Loménie, *Les Mirabeau*, III, 88

37 *Lettres originales de Mirabeau*, I, 303

38 *Lettres originales de Mirabeau*, I, 310–312

39 *Lettres originales de Mirabeau*, I, 314–315

40 Loménie, *Les Mirabeau*, II, 482–483

DRITTES KAPITEL – KLEINE UND GROSSE FLUCHTEN

1 *Lettres originales de Mirabeau*, I, 321

2 *Lettres originales de Mirabeau*, I, 321–322

3 Loménie, *Les Mirabeau*, III, 100

4 *Lettres originales de Mirabeau*, I, 319–320

5 Loménie, *Les Mirabeau*, III, 95

6 zit. Loménie, *Les Mirabeau*, III, 97–98

7 Georges Guibal, *Mirabeau et la Provence*, Paris 1901, I, 106

8 Loménie, *Les Mirabeau*, II, 478–486

9 Vgl. *Revue Rétrospective*, (juillet-décembre) 1888, 250–251
10 *Revue Rétrospective*, (juillet-décembre) 1888, 243–244
11 *Lettres originales de Mirabeau*, I, 323
12 *Lettres originales de Mirabeau*, I, 310
13 *Revue Rétrospective*, (juillet-décembre) 1888, 246–248
14 Loménie, *Les Mirabeau*, III, 106–107
15 Loménie, *Les Mirabeau*, III, 109–111
16 Der Wortlaut dieses in Anbetracht der späteren zahlreichen Affären Mirabeaus höchst kuriosen Schreibens ist in extenso dokumentiert in Loménie, *Les Mirabeau*, III, 112–114
17 Die Darstellung dieser Eskapade, die Mirabeau später im *Mémoire* von Vincennes dem Vater gibt, in der er sich u. a. berühmt, «J'eus la gloire d'humilier le vice par le seul ascendant de l'honnêteté», ist ihrerseits höchst fragwürdig. *Lettres originales de Mirabeau*, I, 340
18 *Lettres originales de Mirabeau*, III, 298–299
19 Für entsprechende Mutmaßungen vgl. Jacques Peuchet, *Mémoires sur Mirabeau, et son époque, sa vie littéraire et privée, sa conduite politique à l'Assemblée Nationale, et ses relations avec les principaux personnages de son temps*, Paris 1824, I, 116–117 u. 141–142; einen vermeintlichen Beleg für eine inzestuöse Beziehung zu seiner Schwester Louise liefern auch die reichlich exaltierten Anspielungen, die Mirabeau in einem Brief vom 20. Juli 1776 an seine damalige Geliebte Sophie de Monnier machte und der in die Hände ihrer Familie fiel, die ihn wegen der Entführung der Tochter zur Anklage brachte. Dauphin Meunier, *Louise de Mirabeau Marquise de Cabris 1752–1807*, Paris 1914, 125–132
20 Daran, dass diese Begegnung so zufällig war, wie es den Anschein hat, weckte Mirabeau jedoch selber Zweifel, denn im *Mémoire* für den Vater schrieb er Jahre später: «La rencontre de monsieur de Villeneuve fut une vraie rencontre où il n'entra aucune préméditation, quoiqu'il fut bien dans mes projets de lui faire une visite....» *Lettres originales de Mirabeau*, I, 340
21 Loménie, *Les Mirabeau*, III, 131–135
22 Diese Anzeige führte zu einer Anklage und einem Prozess, der mehr als zwei Jahre beim Gericht von Grasse anhängig war. Für eine detaillierte Schilderung dieses Verfahrens vgl. Aristide Joly, *Les Procès de Mirabeau en Provence d'après des documents inédits*, Paris 1863, 61–83
23 Schreiben des Marquis de Mirabeau an den Duc de La Vrillière vom 2. September 1774, Archives Nationales, K. 164
24 Loménie, *Les Mirabeau*, III, 150–154
25 zit. Louis Barthou, *Mirabeau*, Paris 1913, 42
26 *Mémoires de Mirabeau*, II, 39–40
27 Loménie, *Les Mirabeau*, III, 157–158
28 *Mémoires de Mirabeau*, II, 53
29 zit. Loménie, *Les Mirabeau*, III, 159
30 *Mémoires de Mirabeau*, II, 50

31 *Lettres originales de Mirabeau*, I, 352–354
32 *Mémoires de Mirabeau*, II, 56
33 Eine detaillierte Schilderung von Mirabeaus Leben und Treiben während der 12 Monate, die er in Joux und Pontarlier verbrachte, gibt Georges Leloir, *Mirabeau à Pontarlier. Etude biographique contenant plusieurs documents inédits*, Pontarlier 1886
34 *Lettres originales de Mirabeau*, I, 361
35 Voltaire, *Correspondance*, (ed.) Theodore Besterman, Paris 1986, X, 777. Der 1702 geborene Marquis de Monnier war also 69 Jahre alt.
36 Peuchet, *Mémoires sur Mirabeau*, I, 243–246
37 *Lettres originales de Mirabeau*, I, 357–358
38 *Lettres originales de Mirabeau*, I, 369
39 Louis Fauche-Borel, der als Verleger ebenfalls sehr erfolgreiche Sohn von Samuel Fauche, erwähnt in seinen höchst lesenswerten vierbändigen Memoiren, dass Mirabeau mit seinem Vater damals die Veröffentlichung seines Buchs *Des Lettres de Cachet* verabredet habe … Hier trog den Memoirenschreiber jedoch die Erinnerung, denn die *Lettres de cachet et des prisons d'état* mit dem Zusatz *ouvrage posthume, composé en 1778* erschienen in zwei Oktavbänden erstmals 1782 in Hamburg, wohin Samuel Fauche im Jahr zuvor umgezogen war. Louis Fauche-Borel, *Mémoires*, Paris 1829, I, 25
40 Zit. Jean-Paul Desprat, *Mirabeau. L'excès et le retrait*, Paris 2008, 126
41 *Mémoires de Mirabeau*, II, 159
42 *Lettres originales de Mirabeau*, II, 444–445; ähnlich urteilte er schon in einem zuvor Sophie geschriebenen Brief, in dem er den Essai als «fruit trop haté de la jeunesse» qualifizierte, «où il y a des idées et des principes, mais rien de rangé ni de complet.» Ebda., II, 107
43 Mirabeau, *Essai sur le Despotisme*, Londres (Neufchâtel) 1776, 83
44 Mirabeau, *Essai sur le Despotisme*, 41–42
45 Mirabeau, *Essai sur le Despotisme*, 48–49
46 Mirabeau, *Essai sur le Despotisme*, 158
47 Loménie, *Les Mirabeau*, II, 583–584
48 Loménie, *Les Mirabeau*, II, 591
49 Loménie, *Les Mirabeau*, II, 591–592; III, 280–283
50 Berühmt ist diese Schmähschrift, die sich auf den Prozess bezog, den der Marquis damals mit seiner Frau führte, vor allem durch den Absatz: «Il est de notoriété publique, graces à ce procès, que l'*Ami des Hommes* ne fut celui ni de sa femme ni de ses enfans; qu'il prêcha la vertu, la bienfaisance, l'ORDRE & les moeurs; tandis qu'il étoit à la fois le plus mauvais des maris, le plus dur & le plus dissipateur des pères.» Gabriel-Honoré Riquetti-Mirabeau, *Essai sur le Despotisme. Troisième Edition*, Paris 1792, xvii
51 Vgl. das aufschlussreiche Schreiben des Marquis an seinen Bruder, den Bailli, vom 25. November 1776. Loménie, *Les Mirabeau*, II, 587–588; vgl. auch III, 278–279

52 Loménie, *Les Mirabeau*, II, 593
53 Loménie, *Les Mirabeau*, II, 593
54 Loménie, *Les Mirabeau*, III, 288

VIERTES KAPITEL – DIE SCHULE DER EINSAMKEIT

1 Loménie, *Les Mirabeau*, III, 305
2 Loménie, *Les Mirabeau*, III, 330
3 *Lettres originales de Mirabeau*, II, 27–29
4 «Lettres inédites», *La Renaissance latine*, 1904, 52
5 *Lettres originales de Mirabeau*, II, 129–142
6 Dem «bon ange» Gabriel Boucher vertraute Mirabeau im Juni 1778 auch ein ganzes Paket versiegelter Briefe an, die dieser im Falle seines Todes öffnen und den einzelnen Adressaten, Sophie de Monnier, seiner Mutter, dem Vater, Bruder, M. Lenoir sowie ihm selbst, Gabriel Boucher, zustellen sollte. *Lettres originales de Mirabeau*, IV, 299–326
7 Vgl. das Post-scriptum zur Vorrede der Originalausgabe von 1792. *Lettres originales de Mirabeau*, I, 43
8 Von der Originalausgabe in Oktav wurden rund 50 000 Exemplare in so kurzer Zeit abgesetzt, dass sofort noch eine zweite Ausgabe in Kleinoktav im nämlichen Jahr nachgeschoben wurde; ein besonderes Ärgernis ist die willkürliche Datierung, die Manuel bei einer Reihe von Briefen an Sophie vorgenommen hat. Die über Lenoir laufende Korrespondenz wurde Mirabeau erst rund drei Monate nach seinem Haftantritt im August 1777 gestattet.
9 Für die Briefe Mirabeaus an den «bon ange» vgl. Fußnoten 4 und 6; die Bruchstücke der «geheimen Korrespondenz», die rund 300 Schreiben umfasste, von denen Lucas de Montigny, der Adoptivsohn Mirabeaus, die meisten vernichtete, der mit seinem achtbändigen, aus den Quellen geschöpften Werk *Mémoires de Mirabeau* dem Andenken des Ziehvaters ein möglichst makelloses Denkmal setzen wollte, wurden veröffentlicht von Paul Cottin, *Sophie de Monnier et Mirabeau. D'après leur correspondance secrète inédite (1775–1789)*, Paris 1903
10 Dumont, *Souvenirs sur Mirabeau*, 155
11 *Lettres originales de Mirabeau*, I, 81
12 Mirabeau, *Elégies de Tibulle*, Paris an VI – 1798, 2 Bde; die weit weniger aufwendig geschmückte und Sophie Ruffey gewidmete Originalausgabe dieser Übersetzung erschien bereits 1795.
13 Guillaume Apollinaire, *L'Oeuvre du Comte de Mirabeau*, Paris 1910, 26
14 Diese Kupfer finden sich ausführlich beschrieben in den *Mémoires secrets pour servir à l'histoire de la République des lettres de France*, London 1786, XXVIII, 15–16
15 Apollinaire, *L'Oeuvre*, 12

16 *Lettres originales de Mirabeau*, IV, 298

17 D. Augustin Calmet, *Commentaire litteral sur tous les livres de l'Ancien et du Nouveau Testament*, Paris 1707–1726

18 *Des Lettres de cachet et des prisons d'Etat*, Hambourg [i. e. Neuchâtel] 1782, 162 ff.

19 *Des Lettres de cachet*, 190 ff.

20 *Des Lettres de cachet*, 74–75

21 *Des Lettres de cachet*, 167

22 *Des Lettres de cachet*, 208

23 Loménie, *Les Mirabeau*, III, 374

24 Georges Schelle, *Du Pont de Nemours et l'école physiocratique*, Paris 1888, 204–210

25 Vgl. das Schreiben Du Ponts an Mirabeau zit. Loménie, *Les Mirabeau*, III, 336–337

26 Dieses Schreiben an den Vater vom 28. Mai 1779 ist dokumentiert in den *Mémoires de Mirabeau*, II, 307–310

27 Von all dem ist in dem Schreiben, das nach Jahren den ersten Kontakt zwischen beiden darstellte, nicht die Rede, sondern er sinnt ihr lediglich an, sich gegenüber seinem Vater für seine Freilassung zu verwenden, eine Bitte, die er in reichlich kühlem Ton ausspricht, der verrät, wie viel Überwindung ihn dieses Schreiben gekostet haben muss. Mit diesem Brief an Emilie, den er abschriftlich an Sophie am 9. Mai 1779 übersandte, verband Mirabeau auch die Absicht, deren Argwohn zu zerstreuen, er wolle sie für eine Versöhnung mit seiner Frau opfern, von der er sich seine Freiheit versprach. *Lettres originales de Mirabeau*, III, 202–204

28 Loménie, *Les Mirabeau*, III, 345–347

29 *Lettres originales de Mirabeau*, III, 232–259

30 zit. Loménie, *Les Mirabeau*, III, 349

31 Cottin, *Sophie de Monnier*, CCVII–CCXV

32 Cottin, *Sophie de Monnier*, CCII–CCVI

33 *Lettres originales de Mirabeau*, III, 343

34 *Lettres originales de Mirabeau*, IV, 194–200

35 ebda., 196

36 zit. Loménie, *Les Mirabeau*, III, 360

37 Loménie, *Les Mirabeau*, III, 370

38 Alfred Stern, *Das Leben Mirabeaus*, Berlin 1889, I, 310 (Anhang V)

ZWEITES BUCH

ERSTES KAPITEL – LICHT UND SCHATTEN DER FREIHEIT

1 Loménie, *Les Mirabeau*, II, 631–632
2 Loménie, *Les Mirabeau*, II, 636
3 Loménie, *Les Mirabeau*, II, 637
4 *Mémoires de Mirabeau*, III, 158
5 Cottin, *Sophie de Monnier*, CCXVI
6 Cottin, *Sophie de Monnier*, CCXXV–CCXXVI u. 224–225
7 Cottin, *Sophie de Monnier*, CCXXXII–CCXXXIII
8 Cottin, *Sophie de Monnier*, 276–277
9 *Mémoires de Mirabeau*, III, 169–170
10 *Lettres inédites de Mirabeau. Mémoires et extraits de mémoires écrits en 1781, 1782 et 1783, dans le cours de ses procès de Pontarlier (en réhabiltation), et de Provence (en séparation) avec sa femme*, (ed.) J. F. Vitry, Paris 1808, 32–33
11 *Lettres inédites de Mirabeau*, 27–28
12 Dauphin Meunier, *La Comtesse de Mirabeau (1752–1800)*, Paris 1908, 236–237
13 zit. Meunier, *La Comtesse de Mirabeau*, 237
14 Vgl. auch Peuchet, *Mémoires sur Mirabeau*, II, 25
15 Vgl. auch *Lettres inédites de Mirabeau*, 57
16 Dieser Aimé Legrain, der bis zum Tod Mirabeaus dessen treu ergebener Diener war, hat auf Bitten von Lucas de Montigny seine Erinnerungen an diese Zeit aufgeschrieben. Zumal während der Zeit des Prozesses von Pontarlier war er ein wichtiger Konfident Mirabeaus, der ihm so mancherlei anvertraute. Aimé Legrain, «Souvenirs», *Nouvelle Revue rétrospective*, 1901–1902
17 *Lettres inédites de Mirabeau*, 63
18 Diese *Mémoires* erregten den Zorn des *Ami des hommes* wie auch den seines Bruders, des Bailli, der den Marquis am 10. Juni 1782 wissen ließ: «Je ne dissimulerai pas que s'il [i. e. Mirabeau] avait affaire à moi, je ne le tirerais de là, si cela m'était possible, que pour qu'il rentrât à Vincennes, pour n'en jamais sortir; car, quand l'âge et les divers châtiments qu'il a essuyés ne font pas changer de ton, il n'a a plus lieu d'en rien espérer.» *Mémoires de Mirabeau*, III, 266
19 Vgl. *Mémoires de Mirabeau*, III, 244
20 Eine detaillierte Darstellung dieses Prozesses gibt: Georges Leloir, *Mirabeau à Pontarlier*, Pontarlier 1886, 44–79
21 Loménie, *Les Mirabeau*, III, 437–438
22 *Mémoires de Mirabeau*, III, 275–276
23 *Lettres inédits de Mirabeau*, 253
24 zit. Stern, *Das Leben Mirabeaus*, I, 155
25 Stern, *Das Leben Mirabeaus*, I, 315 (Anhang VII)

26 Mirabeau unterließ es leichtsinnigerweise, vor der Drucklegung von *Des Lettres de cachet* eine Passage zu tilgen, die den Vater schmähte, was dieser erkennen musste, ohne dass sein Name genannt wurde. *Des Lettres de cachet,* Kapitel XI, 247–249
27 Stern, *Das Leben Mirabeaus*, I, 156–157
28 *Lettres inédits de Mirabeau*, 281
29 Diese Denkschrift ist dokumentiert in: *Mémoires de Mirabeau*, IV, 114–139
30 *Lettres inédits de Mirabeau*, 260–261
31 *Lettres inédits de Mirabeau*, 262–263
32 *Lettres inédits de Mirabeau*, 263–264
33 *Lettres inédits de Mirabeau*, 265
34 *Lettres inédits de Mirabeau*, 266
35 Eine solche Lösung hatte der *Ami des hommes* allen Ernstes zweimal in Briefen an seinen Bruder, den Bailli, ins Spiel gebracht. Vgl. Georges Guibal, *Mirabeau et la Provence*, Paris 1901, I, 190, Anm. 1
36 *Lettres inédits de Mirabeau*, 285
37 Vgl. die detaillierte Schilderung der Vorbereitungen, die beide Seiten unternahmen, in: Guibal, *Mirabeau et la Provence*, I, 177–186
38 Guibal, *Mirabeau et la Provence*, I, 197
39 Guibal, *Mirabeau et la Provence*, I, 198
40 Guibal, *Mirabeau et la Provence*, I, 199
41 Guibal, *Mirabeau et la Provence*, I, 199–202
42 *Observations sur un libelle diffamatoire, intitulé: Mémoire à consulter et consultation pour Madame la Comtesse de Mirabeau*, Aix-en-Provence u. Avignon 1783
43 Der Wortlaut dieses Plädoyers ist dokumentiert: Loménie, *Les Mirabeau*, III, 685–731
44 Peuchet, *Mémoires sur Mirabeau*, II, 239
45 Peuchet, *Mémoires sur Mirabeau*, II, 249–251

ZWEITES KAPITEL – KRITIK UND KRISE

1 Loménie, *Les Mirabeau*, III, 581–584
2 Loménie, *Les Mirabeau*, II, 646–648
3 Peuchet, *Mémoires sur Mirabeau*, II, 256. Zu entsprechenden Überlegungen hatte schon Mirabeaus Absicht, Revision einzulegen, den Anstoß gegeben, wie der Brief zeigt, den der *Procureur-général* am *Parlement* von Aix Leblanc de Castillon am 20. Oktober 1783 an den *Lieutenant-général de police* von Paris Lenoir schrieb und in dem es u. a. hieß, dass es die Interessen der beiden Prozessparteien ebenso wie die einiger Familien der Provinz und auch das wohlverstandene eigene Interesse des Comte de Mirabeau erheischten, diesen mit besonderer Aufmerksamkeit zu überwachen…
4 *Mémoire du Comte de Mirabeau, supprimé au moment même de sa publication par*

ordre particulier de Monsieur le Garde-des-Sceaux, et réimprimé par respect pour le Roi et la Justice, avec une conversation de Monsieur le Garde-des-Sceaux et du Comte de Mirabeau à ce sujet, 1784, vi–vii; dieser Zusatz zum *Mémoire de recours*, der mit der Überschrift A *mes concitoyens* überschrieben war, erschien auch als Separatdruck mit dem Titel *Conversation du Comte de Mirabeau avec Monsieur le Garde-des-Sceaux de France, au sujet de son procès avec Madame son epouse*, Paris 1784

5 *Mémoire du Comte de Mirabeau*, xv

6 Peuchet, *Mémoires sur Mirabeau*, II, 276; vgl. auch Mirabeau, *Lettres à Yet-Lie*, (ed.) Dauphin-Meunier, Paris 1929, 14–15

7 Peuchet, *Mémoires sur Mirabeau*, II, 277–278

8 Vgl. das ausführliche Porträt von Madame de Nehra in: Louis de Loménie, *Esquisses historiques et littéraires*, Paris 1879, 1–38

9 Mirabeau, *Lettres à Yet-Lie*, 12–13

10 Mirabeau, *Lettres à Yet-Lie*, 36

11 Herbert Lüthy, *La Banque Protestante en France de la Révocation de l'Edit de Nantes à la Révolution*, Paris 1959, 701–703

12 Johannes Willms, *Talleyrand. Virtuose der Macht 1754–1838*, München 2011, 29

13 Wie wenig zimperlich Mirabeau dabei vorging, das hat sein späterer Sekretär und Chef der «Schreibstube», in der zahlreiche Mitarbeiter für den Volkstribun unter der Fuchtel von Etienne Dumont schufteten, anschaulich geschildert: *Souvenirs sur Mirabeau*, 49

14 *Mémoires de Brissot*, 140–141

15 *Mémoirers de Mirabeau*, IV, 159

16 Dumont, *Souvenirs sur Mirabeau*, 257, Anm. 1

17 Vgl. Mirabeaus Brief an Chamfort vom 30. Dezember 1784. Mirabeau, *Lettres à Chamfort*, Paris an V (1796)

18 Mirabeau, *Considérations sur l'ordre de Cincinnatus ou imitation d'un pamphlet anglo-américain*, London 1785, 19

19 Mirabeau, *Considérations*, 89

20 Vgl. Mirabeaus Schreiben an einen nicht genannten Adressaten in: Peuchet, *Mémoires sur Mirabeau*, II, 317

21 Mirabeau, *Lettres à Chamfort*, 62

22 Mirabeau, *Lettres à Chamfort*, 74–75

23 Dumont, *Souvenirs sur Mirabeau*, 48

24 Zu diesem Konflikt vgl. Derek Beales, *Joseph II. Against the World, 1780–1790*, Cambridge 2009, II, 390–393

25 Mirabeau, *Doutes sur la liberté de l'Escaut réclamée par l'Empereur*, London s. d. (1795), 19–21

26 Mirabeau, *Doutes sur la liberté*, 154–168

27 Mirabeau, *Lettres à Chamfort*, 68–69

28 Mirabeau, *Lettres à Chamfort*, 63

29 Peuchet, *Mémoires sur Mirabeau*, II, 315–316 (Schreiben des Comte de Breteuil an Lenoir vom 24. März 1785)

30 René Stourm, *Les Finances de l'Ancien Régime et de la Révolution. Origines du système financier actuel*, Paris 1885, II, 230

31 Die drei Pamphlete sind in der Reihenfolge ihres Erscheinens: *De la Banque d'Espagne, dite de Saint-Charles*, (Juni) 1785; *De la Caisse d'escompte* (Juli) 1785 und *Sur les Actions de la Compagnie des eaux*, (Oktober) 1785

32 *Lettre à Monsieur Le Coulteux de La Noraye sur la Banque d'Espagne et la Caisse d'escompte*, Bruxelles 1785 und *Réponse du Comte de Mirabeau à l'écrivain des Administrateurs de la Compagnie des eaux*, Bruxelles 1786

33 *Mémoires de Mirabeau*, IV, 189

34 Diese erste Version von Mirabeaus Schreiben an Calonne ist ausschnittsweise dokumentiert in: *Mémoires de Mirabeau*, IV, 192–251 u. 253–269

35 *Mémoires de Mirabeau*, IV, 192–193

36 *Compte rendu de la Banque de St. Charles à la quatrième assemblée générale de ses actionnaires, le 29 décembre 1785, traduit de l'espagnol avec un préface du traducteur, pour servir de réfutation à l'ouvrage de M. le comte de Mirabeau sur cette banque*, Amsterdam 1786

37 Gemeint ist damit Mirabeaus Denkschrift «Sur la situation actuelle de l'Europe», die vom 2. Juni 1786 datiert ist und die dokumentiert wird in: Henri Welschinger, *La Mission secrète de Mirabeau à Berlin (1786–1787)*, Paris 1900, 25–29

38 *Mémoires de Mirabeau*, IV, 340–342

39 Welschinger, *La Mission secrète de Mirabeau*, 35

40 Schelle, *Du Pont de Nemours*, 258–280

DRITTES KAPITEL – IN DIPLOMATISCHER MISSION

1 *Correspondance de Frédéric II Roi de Prusse*, (ed.) J.-D.-E. Preuss, Berlin 1854, X, 323

2 *Correspondance de Frédéric II*, X, 323–324

3 *Correspondance de Frédéric II*, X, 324

4 *Correspondance de Frédéric II*, X, xvi–xvii

5 *Correspondance de Frédéric II*, X, 324–325

6 Mirabeau, *Sur Moses Mendelssohn, sur la reforme politique des juifs: et en particulier sur la révolution tenté en leur faveur en 1753 dans la Grande Bretagne*, London 1787

7 *Lettre du Comte de Mirabeau à *** sur Messieurs Cagliostro et Lavater*, Berlin 1786, 24–25

8 Mirabeau, *Lettres à Yet-Lie*, 56

9 Mirabeau, *Lettre remise à Frédéric-Guillaume II, Roi regnant de Prusse, le jour de son Avénement au Trône*, Berlin 1787, 31–32

10 *Lettres du Comte de Mirabeau à un de ses amis en Allemagne. Ecrites durant les années 1786, 1787, 1788, 1789 et 1790*, s. l. 1792, 6–9

11 *Lettres du Comte de Mirabeau*, 23–25

12 Mirabeau, *Sur Moses Mendelssohn*, 126–129

13 Mirabeau, *Sur Moses Mendelssohn*, gegen Ende der nicht paginierten Vorrede.

14 Zur Genese dieser Denkschrift vgl. das Schreiben, das von Du Pont an den *Journal de Paris* gesandt wurde und das diese Zeitung am 2. Juli 1787 veröffentlichte. Schelle, *Du Pont de Nemours*, 193–196

15 J.–P. Brissot, *Correspondance et papiers*, (ed.) Claude Perroud, Paris 1911, 94–95

16 Tatsächlich verfuhr Brissot bei der von ihm veranlassten Veröffentlichung der Denkschrift sehr geschickt. Diese erschien unter dem Titel *Des Administrations provinciales. Mémoire présenté au Roi, par feu M. Turgot* zusammen mit einem *Lettre adressée à M. le Comte de M*** [Mirabeau], par M. [Brissot] sur le plan de M. Turgot* sowie den von Brissot verfassten *Observations d'un Républicain sur les différens systemes d'Administrations provinciales, particulièrement sur ceux de MM. Turgot & Necker, & sur le bien qu'on peut en espérer dans les Gouvernements monarchiques*, Lausanne 1787

17 Brissot, *Correspondance*, 96–99

18 Den Text dieser im August/September 1775 entstandenen Denkschrift, deren Urheberschaft Mirabeau so hartnäckig für sich beanspruchte, hatte Du Pont bereits am 19. Juni 1779 an Markgraf Carl Friedrich von Baden, mit dem sowohl er wie Mirabeaus Vater in regem Briefverkehr standen, übersandt. Carl Friedrich von Baden, *Brieflicher Verkehr mit Mirabeau und Du Pont*, (ed. Carl Knies), Heidelberg 1892, I, 198–199 u. der Text dieses *Mémoire sur les Municipalites*, ebda., 244–283

19 Schelle, *Du Pont de Nemours*, 200

20 *Histoire secrète de la Cour de Berlin ou Correspondance d'un voyageur françois, depuis le 5 juillet 1776 jusqu'au 19 janvier 1787. Ouvrage Posthume*, Alençon 1789, 2 Bände; dieser ersten Ausgabe, die nach ihrem Erscheinen sofort verboten wurde, folgten im nämlichen Jahr in rascher Folge vier Neuausgaben.

21 Welschinger, *La Mission secrète de Mirabeau*, 148

22 Welschinger, *La Mission secrète de Mirabeau*, 185–186

23 Mirabeau, *Lettre remise*

24 Mirabeau, *Lettre remise*, 3

25 Mirabeau, *Lettre remise*, 9–10

26 Mirabeau, *Lettre remise*, 10–11

27 Welschinger, *La Mission secrète de Mirabeau*, 186

28 Welschinger, *La Mission secrète de Mirabeau*, 198

29 Welschinger, *La Mission secrète de Mirabeau*, 202

30 Welschinger, *La Mission secrète de Mirabeau*, 357–358

31 Welschinger, *La Mission secrète de Mirabeau*, 437

32 Welschinger, *La Mission secrète de Mirabeau*, 446

33 Welschinger, *La Mission secrète de Mirabeau*, 448–449
34 Welschinger, *La Mission secrète de Mirabeau*, 479–480

VIERTES KAPITEL – «ICH, ALS BÜRGER, ZITTERE UM DIE KÖNIGLICHE GEWALT»

1 *Lettres du Comte de Mirabeau*, 181.
2 *Lettres du Comte de Mirabeau*, 183
3 *Lettres du Comte de Mirabeau*, 184
4 *Lettres du Comte de Mirabeau*, 189
5 *Lettres du Comte de Mirabeau*, 192–194; mit denselben Worten äußerte sich Mirabeau auch in einem gleichfalls undatierten Schreiben an Mme. de Nehra. Mirabeau, *Lettres à Yet-Lie*, 98–99
6 Zu Calonnes Reformprogramm, das den Notabeln zur Zustimmung unterbreitet wurde, vgl. Willms, *Tugend und Terror*, 69–81
7 Das Rachemotiv verrät sehr deutlich das einem Vers Voltaires entlehnte Motto, das Mirabeau aufs Titelblatt setzte:
Pensois-tu qu'un instant ma vertu démentie
Mettroit dans la balance un homme & la Patrie?
Mit anderen Worten: Auch als ein Verfasser von Pamphleten, für die Calonne bezahlte, gab er seine patriotischen Überzeugungen nicht preis.
8 Mirabeau, *Dénonciation de l'agiotage, au Roi et à l'Assemblée des Notables*, s. l. 1787, III
9 Mirabeau, *Dénonciation*, 80
10 *Plan des opérations de l'abbé d'Espagnac, pour soutenir & continuer le monopole des actions de la nouvelle Compagnie des Indes*
11 Mirabeau, *Dénonciation*, 75–77
12 *Lettres du Comte de Mirabeau*, 198–202
13 *Lettres du Comte de Mirabeau*, 210–211
14 *Lettres du Comte de Mirabeau*, 235–236
15 *Lettres du Comte de Mirabeau*, 242–244
16 *Lettres du Comte de Mirabeau sur l'administration de M. Necker*, s. l. 1787, 52
17 Im Schreiben vom 24. März 1787 sah sich Mauvillon durch Mirabeau ausdrücklich versichert, der ihm außerdem noch versprach, sollte ihm unter dem vorteilhaften Eindruck, den das Preußen-Werk machen müsse, eine Stelle angeboten werden, er darauf bestehen würde, dass auch dem Freund ein entsprechendes Angebot gemacht werde. *Lettres du Comte de Mirabeau*, 207–208; Mauvillon hat ihm das aber keineswegs verübelt, wie er in der Vorrede des von ihm veröffentlichten Briefwechsels ausführlich darlegt, in dem er seinen Anteil an dem Werk als den einer Mutter charakterisiert, während Mirabeau die Rolle des Vaters spielte: «Telle est l'histoire de la Monarchie Prussienne. Le germe en est né uniquement dans la tête du Comte; il est le fruit tout pur

de son génie. Il le jetta dans l'ame de son ami, qui sans cela n'auroit jamais songé, ni même dans le fond jamais été capable de produire un pareil ouvrage.» *Lettres du Comte de Mirabeau*, xvi

18 Das Verschweigen der Mitautoren war eine damals durchaus übliche Praxis. So figuriert bei einem der bekanntesten Werke der Aufklärung, der *Histoire philosophique et politique des établissemens et du commerce des Européens dans les deux Indes*, nur der *abbé* Raynal als Autor, während der Baron d'Holbach oder Denis Diderot, die beide für den Ruhm dieses Werks ganz entscheidende Beiträge lieferten, nicht genannt wurden. Auch in anderer Hinsicht scheint dieses Werk für Mirabeau beispielgebend gewesen zu sein, denn dessen 1780 in Genf publizierte definitive Ausgabe umfasste wie *De la Monarchie prussienne sous Frédéric le Grand* vier Quartbände sowie einen Atlasband in-folio. Ursprünglich wollte Mirabeau, auch hierin dem Beispiel Raynals folgend, dem ersten Band sein Portrait als Frontispiz voranstellen, verzichtete dann aber darauf zugunsten eines Portraits von Friedrich II., das angesichts des Titels seines Werks auch die angemessene Illustration war.

19 Lettres du Comte de Mirabeau, 398

20 Mirabeau, *De la Monarchie prussienne sous Frédéric le Grand, avec un appendice contenant des recherches sur la situation actuelle des principales contrées de l'Allemagne*, Londres [i. e. Paris] 1788, I, nicht paginiertes Vorwort

21 *Lettres du Comte de Mirabeau*, 274

22 Mirabeau, *Lettres à Yet-Lie*, 143–144

23 *Mémoires de Mirabeau*, IV, 457–459

24 *Mémoires de Mirabeau*, IV, 469–474

25 *Lettres du Comte de Mirabeau*, 295

26 zit. *Briefwechsel zwischen dem Grafen Mirabeau und dem Fürsten A. von Arenberg, Grafen von der Mark während der Jahre 1789, 1790 und 1791 enthaltend die Geschichte der geheimen Verbindung Mirabeau's mit dem französischen Hofe nebst allen sich darauf beziehenden Aktenstücken. Nach der französischen Ausgabe des Herrn Ad. von Bacourt, deutsch bearbeitet von J. Ph. Städtler*, Brüssel und Leipzig 1851, I, 320–321

27 *Mémoires de Mirabeau*, IV, 479–482; aus diesem Brief hat Mirabeau wichtige Gedanken in sein ebenfalls im April 1788 publiziertes Pamphlet *Suite de la Dénonciation de l'agiotage*, s. l. 1788 übernommen, aktualisiert und zugespitzt. Vgl. insbesondere SS. 71–80

28 *Réponse aux alarmes des bons citoyens*, s. l. 1788, 28–31

29 *Réponse aux alarmes*, 44–47

30 Vgl. diesen Brief in: Loménie, *Les Mirabeau*, IV, 119–121

31 *Lettres du Comte de Mirabeau*, 374

32 *Lettres du Comte de Mirabeau*, 372

33 *Lettres du Comte de Mirabeau*, 396–397

34 Zit. Emanuel-Louis-Henri-Alexandre de Launai, Comte d'Antraigues, *Adresse à l'Ordre de la Noblesse de France*, Paris 1792, 44 Anm.

35 *Correspondance Mirabeau – de La Marck*, I, 340–341

36 Zit. Johann Friedrich Reichardt, *Vertraute Briefe über Frankreich. Auf einer Reise im Jahr 1792 geschrieben*, Berlin 1792, I, 153–158. Dieses Schreiben ist ein für die politische Einstellung Mirabeaus exemplarisches Dokument, das immer wieder zitiert wird. So in Loménie, *Les Mirabeau*, IV, 130–131. Dass es bereits von Reichardt 1792 auf Französisch und Deutsch in extenso dokumentiert wurde, zeigt, dass auch schon die Zeitgenossen diese Bedeutung erkannten.

37 Mirabeau, *Adresse aux Bataves sur le Stathoudérat*, s. l. 1788, 116–138

38 *Lettres du Comte de Mirabeau*, 421

FÜNFTES KAPITEL – «IMMER ZWISCHEN MISTHAUFEN UND PALAST»

1 *Mémoires de Mirabeau*, V, 199

2 *Mémoires de Mirabeau*, V, 199–200

3 Beispiele dafür sind die sehr detaillierte und mit 75 Druckseiten sehr umfassende Handreichung, die der in den Diensten des Duc d'Orléans stehende Choderlos de Laclos verfasste, dem in ganz Frankreich riesige Ländereien in 21 *bailliages* gehörten: *Instruction pour les personnes chargées de ma procuration aux Assemblées de Bailliages relatives aux Etats Généraux*, s. l. 1789 oder die vom *abbé* Sieyès redigierten *Délibérations à prendre pour les Assemblées de Bailliages*, s. l. 1789

4 zit. Loménie, *Les Mirabeau*, IV, 144–145

5 *Lettres du Comte de Mirabeau*, 425–426

6 Lomenie, *Les Mirabeau*, IV, 157

7 zit. Loménie, *Les Mirabeau*, IV, 166–167

8 *Résultat du Conseil d'Etat du Roi, tenu à Versailles le 27 décembre 1788*, Paris 1788

9 Barentin, *Mémoire autographe de M. de Barentin, Chancelier et Garde des Sceaux, sur les derniers Conseils du Roi Louis XVI*, (ed.) Maurice Champion, Paris 1844, 72

10 *Rapport fait au Roi dans son Conseil, par le Ministre de ses Finances*, Paris 1788, 8–10

11 *Rapport fait au Roi*, 17–18

12 *Rapport fait au Roi*, 12–13

13 *Correspondance entre M. C***. et le Comte de Mirabeau, sur le Rapport de M. Necker, et sur l'Arret du Conseil du 29 Décembre, qui continue pour six mois, force de monnoie au Papier de la Caisse d'escompte*, s. l. 1789

14 *Correspondance entre M. C****, 5–6

15 *Correspondance entre M. C****, 47–48

16 *Mémoires,correspondance et manuscrits du général La Fayette*, Paris 1837, II, 249

17 *Histoire secrète de la Cour de Berlin, ou Correspondance d'un voyageur françois, depuis le 5 Juillet 1776* (sic! recte 1786) *jusqu'au 19 Janvier 1787*. Ouvrage posthume, s. l. 1789; der erste Satz des «Avis de l'Editeur» behauptet: «Les lettres qui composent ce Recueil étoient éparses au milieu des papiers de tout genre d'un voyageur mort l'année passée, au fond de l'Allemagne, dans un village ignoré.»

18 *Mémoires de Mirabeau*, V, 259. Für den buchhändlerischen Erfolg der *Histoire secrète* spricht auch, dass eine Sammlung von zwölf weiteren Briefen erschien, die den Eindruck erwecken sollten, sie seien integraler Bestandteil von Mirabeaus Berliner Korrespondenz. Ob Mirabeau bei dieser Veröffentlichung seine Hand im Spiel hatte, die unter dem Titel *Correspondance pour servir de suite à l'Histoire secrette de la Cour de Berlin* und mit dem in jeder Hinsicht falschen Druckort «Postdam» (sic) 1789 erschien, scheint jedoch zweifelhaft.

19 Dumont, *Souvenirs sur Mirabeau*, 58

20 Wenigstens drei Pamphlete setzten sich mit der *Histoire secrète* auseinander: *Correspondance entre le Diable et M. le Comte de Mirabeau*, s. l. 1789; *Du Comte de Mirabeau, de ses ouvrages, & entr'autres des correspondances contre la Cour de Berlin, & contre M. Necker, sur le Résultat du Conseil, suivi de la lettre de M. Cérutti, aux Auteurs du journal de Paris*, à Aix en Provence; et se trouve, à Paris, chez Madame Nhérat [sic], rue de Richelieu, grand Hôtel de la Chine meublé 1789 sowie Ernst Ludwig Posselt, *Über Mirabeau's Histoire secrète de la Cour de Berlin. Aus authentischen Quellen*, Carlsruhe 1789

21 Stern, *Das Leben Mirabeaus*, I, 286, Anm. 1

22 zit. Loménie, *Les Mirabeau*, IV, 174

23 *Journal de Paris*, No. 53, dimanche 22 février 1789, 240

24 *Lettres du Comte de Mirabeau*, 453–454

25 *Lettres du Comte de Mirabeau*, 447

26 Diesen *procureurs du pays* oblag in den langen Sitzungspausen der *assemblée des communautés* die Verwaltung der Provinz.

27 *Mémoires de Mirabeau*, V, 236–237

28 Guibal, *Mirabeau et la Provence*, I, 240–248

29 *Mémoires de Mirabeau*, V, 246–247

30 *Sur la Répresentation illégale de la Nation provençale dans ses états actuels, et sur la nécessité de convoquer une assemblée générale des trois ordres*, Aix 1789

31 Guibal, *Mirabeau et la Provence*, I, 249–253

32 Mirabeau, *Réponse aux protestations faîtes au nom des prélats, et des possedans fiefs de l'assemblée des Etats actuels de Provence, contre le discours du comte de Mirabeau, sur la répresentation de la nation provençale, dans les Eatats actuels, et sur la nécessité de convoquer unse assemblée générale des trois ordres; et contre-protestation*, Aix 1789, 14–15

33 *Mémoires de Mirabeau*, V, 261–262

34 *A la Nation provençale*, Aix 1789, 3

35 *Archives parlementaires*, (ed.) M. J. Mavidal u. E. Laurent, première série (1787 à 1799), Paris 1868, I, 544–550

36 *Archives parlementaires*, I, 667–668; die Präambel dieses *règlement*, der dem Verlangen des Dritten Stands der Provence nach politischer Gleichberechtigung bei den Wahlen entschieden entgegenkam, schloss mit den Worten: «Sa Majesté n'a pu, cette première fois, concilier tous les voeux, ni atteindre la perfection complète; mais elle ne doute pas que ses sujets, essentiellement interéssés au bien général qui doit être le résultat de la prochaine tenue des d'Etats, ne suspendent leurs prétentions pour s'occuper uniquement du grand objet qui doit fixer en ce moment leur principale attention.» Sich ohne weiteren Widerspruch dieser Regelung zu unterwerfen war auch der Rat, den Mirabeau in der am 13. März 1789 publizierten Schrift gab: *Opinion du comte de Mirabeau sur le règlement donné par le Roi pour l'exécution de ses lettres de convocation aux prochains Etats généraux de son comté de Provence*, Aix 1789

37 *Mémoires de Mirabeau*, V, 269

38 *Mémoires de Mirabeau*, V, 272

39 *Lettres du Comte de Mirabeau*, 448–449

40 Vgl. den ausführlichen Bericht über diesen Empfang in: *Mémoires de Mirabeau*, V, 274–279

41 Am 21. März, dem Tag seiner Abreise von Marseille, schilderte Mirabeau in einem Brief an den Comte de Caraman, den Militärbefehlshaber der Provence, seine Eindrücke davon, *Mémoires de Mirabeau*, V, 279–280

42 *Mémoires de Mirabeau*, V, 286

43 *Mémoires de Mirabeau*, V, 288–289

44 *Mémoires de Mirabeau*, V, 291

45 Vgl. Mirabeaus Bericht im Schreiben an den Comte de Caraman vom 24. März 1789 in: *Mémoires de Mirabeau*, V, 292–298; Monique Cubells, «Marseille au printemps de 1789: une ville en dissidence», *Annales du Midi*, IIC, 1986, 67–94

46 *Avis de Mirabeau au peuple de Marseille*, in: *Mémoires de Mirabeau*, V, 411–417

47 *Mémoires de Mirabeau*, V, 300–301

48 *Lettres du Comte de Mirabeau*, 456–457

DRITTES BUCH

ERSTES KAPITEL – DIE MÜHEN DER EBENE

1 Hippolyte Taine, *Les Origines de la France contemporaine. La Révolution*, Paris 1878, I, 23–29

2 Georges Lefebvre, *La Grande Peur de 1789*, Paris 1932

3 *Considérations sur les principaux événemens de la Révolution Françoise* (sic). *Ouvrage posthume de Madame la Baronne de Staël*, (eds.) Le Duc de Broglie et le Baron de Staël, Paris 1818, I, 186

4 Vgl. auch *Correspondance littéraire, philosophique et critique, adressée à un souverain d'Allemagne, pendant une partie des années 1775–1775, et pendant les années 1782 à 1790 inclusivement. Par le Baron de Grimm et par Diderot. Troi-*

sième et dernière partie, Paris 1813, V, 126; einen ähnlichen Bericht gibt auch Dumont, *Souvenirs sur Mirabeau*, 58

5 Das Manuskript dieser Rede gelangte in den Besitz von Mirabeaus Vertrauten Nicolas Frochot, aus dessen Nachlass sie Louis Passy veröffentlichte. Louis Passy, *Frochot. Préfet de la Seine*, Paris 1867, 9–11

6 Dumont, *Souvenirs sur Mirabeau*, 58–59

7 *Etats-Généraux*, No. 1, de Versailles, le 2 Mai 1789, 3–4

8 *Etats-Généraux*, No. 2, de Versailles, le 5 Mai 1789, 5–8

9 Gegen diesen Beschluss legte die Versammlung des *Tiers Etat* von Paris am 8. Mai 1789 Beschwerde ein. *Mémoires pour servir à l'histoire de l'année 1789*, Paris 1790, II, 42–44

10 Guy Chaussinand-Nogaret, *La Noblesse au XVIIIe siècle. De la Féodalité aux Lumières*, Paris 1976, 187–192

11 Marquis de Ferrières, *Correspondance inédite (1789, 1790, 1791)*, (ed.) Henri Carré, Paris 1932, 76

12 *Lettres du Comte de Mirabeau à ses comettans. Pendant la tenue de la première Législature*, Paris 1791, (Nachdruck der Originalausgabe), 2. Brief, 25

13 *Lettres … à ses comettans*, 36

14 zit. Olga Ilovaïsky, *Recueil de documents relatifs aux séances des Etats généraux. Mai–Juin 1789. Les Séances de la noblesse*, Paris 1974, II, 488

15 *Archives parlementaires*, VIII, 28 u. 30

16 *Journal d'Adrien Duquesnoy, Député du Tiers Etat de Bar-le-Duc sur l'Assemblée Constituante*, (ed.) Robert de Crèvecoeur, Paris 1894, I, 9

17 *Lettres du Comte de Mirabeau*, 464

18 *Archives parlementaires*, VIII, 36

19 *Archives parlementaires*, VIII, 42

20 *Archives parlementaires*, VIII, 50–51

21 *Archives parlementaires*, VIII, 58–59

22 *Archives parlementaires*, VIII, 84–85

23 *Archives parlementaires*, VIII, 113

24 *Archives parlementaires*, VIII, 110

25 *Archives parlementaires*, VIII, 110–111

26 Dumont, *Souvenirs sur Mirabeau*, 73

27 *Archives parlementaires*, VIII, 113

28 *Lettres du Comte de Mirabeau*, 469

29 Mirabeau, *Discours*, (ed.) François Furet, Paris 1973, 55

30 *Journal d'Adrien Duquesnoy*, 100–101

31 *Lettres du Comte de Mirabeau*, 472

32 Mirabeau, *Discours*, 50–51

33 Mirabeau, *Discours*, 53

34 *Considérations sur les principaux événemens*, I, 203

35 *Lettres du Comte de Mirabeau*, 471

36 *Considérations sur les principaux événemens*, I, 204; im Bericht vom 18. Juni

1789 schrieb der englische Botschafter am Hof von Versailles, der Duke of Dorset, seiner Regierung: «Matters are every day growing exceedingly critical yet the King's Authority is still paramount, but if His Majesty once gives His decided approbation of the proceedings, such as they have hitherto been, of the Tiers-Etat, it will be little short of laying His Crown at their feet.» *Despatches from Paris*, (ed.) Oscar Browning, London 1910, II, 217

37 *Archives parlementaires*, VIII, 499

38 Dumont, *Souvenirs sur Mirabeau*, 73

39 *Mémoires de Malouet*, (ed.) le Baron Malouet, Paris 1874, I, 284

40 *Lettres … à ses commettans*, 295

41 Zit. Joseph Droz, *Histoire du Règne de Louis XVI pendant les années où lon pouvait prévenir ou diriger la Révolution Française*, Paris 1839, II, 221–222

42 Jacques-Antoine Creuzé-Latouche, *Journal des Etats Généraux et du début de l'Assemblée Nationale 18 mai – 29 juillet 1789*, (ed.) Jean Marchand, Paris 1946, 132–133

43 Mirabeau hat die Deklaration des Königs im 13. Brief an seine Wähler in extenso dokumentiert und kommentiert. *Lettres … à ses commettans*, 297–302

44 Zit. nach der von Mirabeau inserierten Fassung des Wortlauts in *Lettres … à ses commettans*, 302–303

45 Dumont, *Souvenirs sur Mirabeau*, 79

ZWEITES KAPITEL – DER ANCIEN RÉGIME IMPLODIERT

1 Arthur Young, *Travels in France during the years 1787, 1788 & 1789*, (ed.) Constantia Maxwell, Cambridge 1929, 154

2 Nicolas Ruault, *Gazette d'un Parisien sous la Révolution. Lettres à son frère. 1783–1796*, (Eds.) Anne Vassal u. Christiane Rimbaud, Paris 1976, 142

3 Auguste-Marie-Raymond Comte de La Marck, Prince d'Arenberg war eigentlich ein österreichischer Untertan, der aber wegen des Besitzes, den er im Hainaut in der *Bailliage* Quesnoy hatte, als Abgeordneter des Adels auf die Generalstände entsandt wurde.

4 *Correspondance Mirabeau – de La Marck*, I, 85

5 *Correspondance Mirabeau – de La Marck*, I, 91–92

6 *Correspondance Mirabeau – de La Marck*, I, 93

7 *Correspondance Mirabeau – de La Marck*, I, 92

8 *Correspondance Mirabeau – de La Marck*, I, 94

9 Young, *Travels in France*, 159–160

10 Mirabeau, *Discours*, 67–72

11 Mirabeau, *Discours*, 75–77

12 Mirabeau, *Discours*, 78–80

13 *Archives parlementaires*, VIII, 220

14 *Archives parlementaires*, VIII, 236
15 ebda.
16 ebda.
17 Mirabeau, *Discours*, 83–84
18 Dumont, *Souvenirs sur Mirabeau*, 86
19 *Lettres … à ses commettans*, 511–514
20 *Correspondance Mirabeau – de La Marck*, I, 99
21 *Lettres … à ses commettans*, 467
22 *Le Courrier de Provence*, No. XXVIII, 1–2
23 Mirabeau, *Discours*, 92–93
24 Mirabeau, *Discours*, 98
25 Mirabeau, *Discours*, 101
26 Mirabeau, *Discours*, 102–104
27 Sein Eifer steht in einem gewissen Widerspruch zu der Erklärung, die Mirabeau gelegentlich der Verteidigung des von ihm vorgelegten Entwurfs am 18. August abgab: «De toutes les choses humaines, je n'en connais qu'une où le despotisme soit non seulement bon, mais nécessaire; c'est la rédaction: et ces mots *comité* et *rédaction* hurlent d'effroi de se voir accouplés.» Mirabeau, *Discours*, 100
28 Mirabeau hatte an diesem «Theatercoup» (Alphonse Aulard) keinerlei unmittelbaren Anteil gehabt. Zu dem Geschehen in diesen Tagen vgl. Willms, *Tugend und Terror*, 171–175
29 Rabaut de Saint-Etienne, *Oeuvres*. *Précis de l'histoire de la Révolution Française*, (ed.) Collin de Plancy, Paris 1826, I, 334
30 Alexandre de Caseaux, *Simplicité de l'idée d'une constitution, et de quelques autres qui s'y rapportent, application et consequence*, Paris 1789
31 Mirabeau, *Discours*, 105–118
32 Dumont, *Souvenirs sur Mirabeau*, 104
33 Der Marquis de Ferrières äußerte in seinen Memoiren die Vermutung, dass Le Chapelier diese Bittschrift selbst aufgesetzt und zur Unterschrift in die Bretagne gesandt habe… *Mémoires du Marquis de Ferrières*, (eds.) Berville u. Barrière, Paris 1821, I, 234–235
34 *Archives parlementaires*, VIII, 606
35 Ebda.
36 *Correspondance Mirabeau – de La Marck*, II, 513–514
37 *Archives parlementaires*, VIII, 609–610
38 *Mémoires du Marquis de Ferrières*, I, 235–236; *Archives parlementaires*, VIII, 612
39 Mirabeau, *Discours*, 109
40 Mirabeau, *Discours*, 118
41 Dumont, *Souvenirs sur Mirabeau*, 104; Dumont bezichtigt Mirabeau deswegen der Feigheit, denn er habe damit nur vermeiden wollen, dass sein Name nicht auch auf den Proskriptionslisten erschiene, die im Palais-Royal zirkulierten und auf denen diejenigen verzeichnet waren, die für das Veto gestimmt hatten.
42 *Lettres du Comte de Mirabeau*, 476

DRITTES KAPITEL – DER GROSSE ANLAUF

1 *Archives parlementaires*, VIII, 362
2 *Archives parlementaires*, VIII, 364
3 *Archives parlementaires*, VIII, 369
4 *Archives parlementaires*, VIII, 376
5 *Archives parlementaires*, VIII, 460
6 *Archives parlementaires*, VIII, 493–497
7 *Archives parlementaires*, VIII, 497
8 *Archives parlementaires*, VIII, 498
9 Ebda.
10 *Archives parlementaires*, IX, 44–45 u. 47 Anm.
11 *Archives parlementaires*, IX, 46
12 *Archives parlementaires*, IX, 139–141
13 *Archives parlementaires*, IX, 146–168
14 *Archives parlementaires*, IX, 187–191
15 *Archives parlementaires*, IX, 192
16 *Archives parlementaires*, IX, 193
17 *Archives parlementaires*, IX, 193–194
18 *Archives parlementaires*, IX, 194
19 *Archives parlementaires*, IX, 195–196
20 *Mémoires du Marquis de Ferrières*, Paris 1821, I, 262–263
21 de Staël, *Considérations*, I, 313
22 *Journal d'Adrien Duquesnoy*, I, 375
23 *Correspondance diplomatique du Baron de Staël-Holstein, Ambassadeur de Suède en France, et de son successeur comme chargé d'affaires le Baron Brinkman. Documents inédits sur la Révolution (1783–1799)*, (ed.) L. Leouzon le Duc, Paris 1881, 126
24 *Correspondance Mirabeau – de La Marck*, I, 112
25 George Rudé, *The Crowd in the French Revolution*, Oxford 1959, 73
26 *Correspondance Mirabeau – de La Marck*, I, 111–112
27 *Journal d'Adrien Duquesnoy*, I, 424–425
28 *Archives parlementaires*, IX, 388–389
29 Armand Brette, *Recueil des documents relatifs à la convocation des Etats Généraux de 1789*, Paris 1896, II, 561–563
30 *Correspondance diplomatique du Baron de Staël-Holstein*, 135
31 *Correspondance Mirabeau – de La Marck*, I, 126
32 *Correspondance Mirabeau – de La Marck*, I, 119
33 *Correspondance Mirabeau – de La Marck*, I, 107
34 *Correspondance Mirabeau – de La Marck*, I, 364–382
35 *Correspondance Mirabeau – de La Marck*, I, 125
36 Georges Michon, *Essai sur l'Histoire du Parti Feuillant. Adrien Duport*, Paris 1924, 68–69
37 Alexandre Lameth, *Histoire de l'Assemblée Constituante*, Paris 1828, I, 181–182

38 Lameth, *Histoire*, I, 184

39 Germaine de Staël-Holstein, *Du Caractère de M. Necker et de sa vie privée*, Genève 1804, 27; der amerikanische Botschafter in Paris, Gouverneur Morris, der ein guter Menschenkenner war, charakterisierte Mme. de Staël treffend: «I think that in my Life I never saw such exuberant Vanity as that of Madame de Stahl upon the Subject of her Father.» Gouverneur Morris, *A Diary of the French Revolution 1789–93*, (ed.) Beatrix Cary Davenport, London 1939, I, 286

40 *Correspondance Mirabeau – de La Marck*, I, 389–390

41 *Correspondance Mirabeau – de La Marck*, I, 411

42 J. Bénétruy, *L'Atelier de Mirabeau. Quatre proscrits genèvois dans la tourmente révolutionnaire*, Genève 1962

43 *Correspondance Mirabeau – de La Marck*, I, 395

44 *Correspondance Mirabeau – de La Marck*, I, 396

45 *Correspondance Mirabeau – de La Marck*, I, 397

46 *Correspondance Mirabeau – de La Marck*, I, 408

47 *Correspondance Mirabeau – de La Marck*, I, 398

48 *Correspondance Mirabeau – de La Marck*, I, 409

49 *Correspondance Mirabeau – de La Marck*, I, 410

50 *Archives parlementaires*, IX, 469

51 *Archives parlementaires*, IX, 475

52 *Archives parlementaires*, IX, 696–697

53 *Correspondance Mirabeau – de La Marck*, I, 418–419

54 *Archives parlementaires*, IX, 710–711

55 *Archives parlementaires*, IX, 716

56 *Archives parlementaires*, IX, 716–718

57 *Journal d'Adrien Duquesnoy*, II, 22–23

58 *Journal d'Adrien Duquesnoy*, II, 24–25

59 *Lettres du Comte de Mirabeau*, 488

VIERTES KAPITEL – IM SOLD DES KÖNIGS

1 *Correspondance Mirabeau – de La Marck*, I, 429

2 zit. Louis Blanc, *Histoire de la Révolution Française*, Paris 1864, III, 155

3 Droz, *Histoire du Règne de Louis XVI*, III, 85–86

4 zit. Droz, *Histoire du Règne*, III, 87

5 Morris, *A Diary*, I, 347

6 zit. Droz, *Histoire du Règne*, III, 95

7 *Correspondance Mirabeau – de La Marck*, I, 439–440

8 *Correspondance Mirabeau – de La Marck*, I, 460

9 *Archives parlementaires*, XI, 429–435

10 *Correspondance Mirabeau – de La Marck*, I, 464

11 *Correspondance diplomatique du Baron de Staël-Holstein*, 156
12 *Correspondance Mirabeau – de La Marck*, I, 465
13 *Archives parlementaires*, XI, 670–671
14 *Archives parlementaires*, XI, 679–680
15 Über die genauen Umstände, unter denen sich die Annäherung zwischen Hof und Mirabeau vollzog, hat der Comte de La Marck in der Einleitung zu dem Briefwechsel einen ausführlichen Bericht gegeben. *Correspondance Mirabeau – de La Marck*, I, 136–143
16 *Correspondance Mirabeau – de La Marck*, I, 149
17 *Correspondance Mirabeau – de La Marck*, II, 10
18 *Correspondance Mirabeau – de La Marck*, I, 146
19 *Correspondance Mirabeau – de La Marck*, I, 148
20 *Correspondance Mirabeau – de La Marck*, II, 1–4
21 *Correspondance Mirabeau – de La Marck*, II, 15–16 u. 19–22
22 *Correspondance Mirabeau – de La Marck*, II, 11–13
23 *Correspondance Mirabeau – de La Marck*, I, 159–160
24 *Correspondance Mirabeau – de La Marck*, I, 163–168
25 *Correspondance Mirabeau – de La Marck*, I, 170–171
26 *Archives parlementaires*, XV, 510
27 Mirabeau, *Discours*, 211–212; in den *Archives parlementaires*, XV, 618–624 wird diese Rede in der bearbeiteten Fassung zitiert, wie sie von Mirabeau den Départements zugesandt wurde.
28 Mirabeau, *Discours*, 221–222
29 *Mémoires du Marquis de Ferrières*, II, 33–34
30 Lameth, *Histoire de l'Assemblée Constituante*, II, 321
31 Mirabeau, *Discours*, 228–229
32 Mirabeau, *Discours*, 234–238
33 *Lettres du Comte de Mirabeau*, 510

FÜNFTES KAPITEL – ALS FROSCH IM MILCHTOPF

1 *Correspondance Mirabeau – de La Marck*, II, 25–26
2 *Correspondance Mirabeau – de La Marck*, II, 21–22
3 *Correspondance Mirabeau – de La Marck*, II, 26–28
4 *Correspondance Mirabeau – de La Marck*, II, 39
5 *Correspondance Mirabeau – de La Marck*, II, 41–42
6 *Correspondance Mirabeau – de La Marck*, II, 43–44
7 Der Wortlaut dieses Schreibens, das nach Erstürmung der Tuilerien im August 1792 im Tresor Louis' XVI gefunden wurde, ist dokumentiert in: *Mémoires, correspondance et manuscrits du général La Fayette, publiés par sa famille*, Paris u. London 1837, II, 496
8 *Archives parlementaires*, XVI, 379

9 *Archives parlementaires*, XVI, 700
10 zit. *Correspondance Mirabeau – de La Marck*, I, 154
11 *Correspondance Mirabeau – de La Marck*, II, 84–85
12 *Correspondance Mirabeau – de La Marck*, II, 120
13 *Journal et souvenirs, discours et opinions de S. Girardin*, Paris 1828, III, 95
14 *Correspondance Mirabeau – de La Marck*, II, 103–104
15 *Correspondance Mirabeau – de La Marck*, II, 78
16 *Correspondance Mirabeau – de La Marck*, II, 198
17 *Correspondance diplomatique du Baron de Staël-Holstein*, 170
18 Dumont, *Souvenirs sur Mirabeau*, 143
19 *Mémoires de B. Barère*, (ed.) Hippolyte Carnot u. David (d'Angers), Paris 1844, IV, 345–346
20 *Archives parlementaires*, XVII, 669
21 *Archives parlementaires*, XVIII, 238
22 *Archives parlementaires*, XVIII, 436–437
23 *Archives parlementaires*, XVIII, 717
24 *Archives parlementaires*, XIX, 338–367
25 Mirabeau, *Discours*, 287–288
26 *Révolutions de France et de Brabant*, 1790, No. 45, 275
27 Mirabeau, *Discours*, 256–275
28 *Correspondance Mirabeau – de La Marck*, II, 176–179
29 *Correspondance Mirabeau – de La Marck*, II, 213–219
30 *Correspondance Mirabeau – de La Marck*, II, 228–229
31 *Archives parlementaires*, XIX, 715
32 *Archives parlementaires*, XIX, 714
33 *Correspondance Mirabeau – de La Marck*, II, 231–232
34 *Correspondance Mirabeau – de La Marck*, II, 235–236
35 *Mémoires de Mirabeau*, VIII, 126–149
36 *Lettres du Comte de Mirabeau*, 528

SECHSTES KAPITEL – «DIE POLITISCHE APOTHEKE»

1 *Correspondance Mirabeau – de La Marck*, II, 253
2 *Correspondance Mirabeau – de La Marck*, II, 256
3 *Correspondance Mirabeau – de La Marck*, II, 237; der Entwurf des königlichen Schreibens von Nicolas Bergasse ist ebda., 238–242 dokumentiert.
4 *Archives parlementaires*, XIX, 744
5 *Archives parlementaires*, XIX, 745
6 Mirabeau, *Discours*, 289–292
7 *Correspondance Mirabeau – de La Marck*, II, 268
8 *Correspondance Mirabeau – de La Marck*, II, 282
9 Gérard Walter, *Histoire des Jacobins*, Paris 1946

10 Gerhard Anton von Halem, *Blicke auf einen Teil Deutschlands, der Schweiz und Frankreichs bei einer Reise vom Jahre 1790*, in: *Die Französische Revolution. Berichte und Deutungen deutscher Schriftsteller und Historiker*, (ed.) Horst Günther, Frankfurt am Main 1985, 125
11 *Correspondance Mirabeau – de La Marck*, II, 265–266
12 Barère, *Mémoires*, IV, 344
13 Barère, *Mémoires*, ebda.
14 Mirabeau, *Discours*, 300–317
15 *Révolutions de France et de Brabant*, 1790, No. 54, 70
16 vgl. *Correspondance Mirabeau – de La Marck*, II, 357–359
17 *Correspondance Mirabeau – de La Marck*, II, 361
18 Dumont, *Souvenirs sur Mirabeau*, 150
19 *Révolutions de France et de Brabant*, 1790, No. 55, 111–113
20 *Correspondance Mirabeau – de La Marck*, II, 381–385
21 Wie groß die am Hof herrschende Verstimmung über Mirabeau war, zeigt das Schreiben de La Marcks an Botschafter Mercy-Argenteau, den Vertrauten der Königin, *Correspondance Mirabeau – de La Marck*, II, 397
22 *Correspondance Mirabeau – de La Marck*, II, 385
23 *Correspondance Mirabeau – de La Marck*, II, 386–395
24 *Correspondance Mirabeau – de La Marck*, II, 395
25 *Correspondance Mirabeau – de La Marck*, II, 401–402
26 *Correspondance Mirabeau – de La Marck*, II, 414
27 *Correspondance Mirabeau – de La Marck*, II, 415–416
28 *Correspondance Mirabeau – de La Marck*, II, 416–417
29 *Correspondance Mirabeau – de La Marck*, II, 417–418
30 *Correspondance Mirabeau – de La Marck*, II, 419–421
31 *Correspondance Mirabeau – de La Marck*, II, 423–424
32 *Correspondance Mirabeau – de La Marck*, II, 425–426
33 *Correspondance Mirabeau – de La Marck*, II, 429
34 *Correspondance Mirabeau – de La Marck*, II, 431–432
35 *Correspondance Mirabeau – de La Marck*, II, 442–443
36 *Correspondance Mirabeau – de La Marck*, II, 452–453
37 *Correspondance Mirabeau – de La Marck*, II, 485
38 *Correspondance Mirabeau – de La Marck*, II, 510
39 Willms, *Tugend und Terror*, 390–420
40 *Archives parlementaires*, XXVI, 111
41 *Archives parlementaires*, XXVI, 149–151

SIEBTES KAPITEL – DIE LETZTE ILLUSION

1 *Archives parlementaires*, XXII, 15
2 Mirabeau, *Discours*, 339
3 *Correspondance Mirabeau – de La Marck*, II, 374–375
4 *Archives parlementaires*, XXII, 500–503
5 *Correspondance Mirabeau – de La Marck*, II, 27–30
6 Zu den damit verknüpften Pflichten gehörte es pikanterweise auch, die Nationalgarden zu inspizieren, die an den Tuilerien den Wachdienst versahen, eine Aufgabe, die Mirabeau einmal wahrnehmen musste, wie der englische Botschafter Earl Gower in einer Depesche vom 23. Januar 1791 berichtete. *The Despatches of Earl Gower. English Ambassador at Paris from June 1790 to August 1792*, (ed.) Oscar Browning, Cambridge 1895, 51
7 F.-A. Aulard, *La Société des Jacobins. Recueil de documents pour l'histoire du club des Jacobins de Paris*, Paris 1891, II, 27
8 Dumont, *Souvenirs sur Mirabeau*, 146
9 Dumont, *Souvenirs sur Mirabeau*, 150
10 *Archives parlementaires*, XXII, 597
11 *Archives parlementaires*, XXII, 660
12 *Archives parlementaires*, XXII, 736
13 *Révolutions de France et de Brabant*, 1791, No. 63, 505
14 *Correspondance Mirabeau – de La Marck*, III, 38–40
15 *Archives parlementaires*, XXIII, 190
16 *Archives parlementaires*, XXIII, 191
17 *Archives parlementaires*, XXIII, 374
18 *Archives parlementaires*, XXIII, 387–388
19 *Archives parlementaires*, XXIII, 496–497
20 *Archives parlementaires*, XXIII, 499
21 *Archives parlementaires*, XXIII, 435
22 *Archives parlementaires*, XXIII, 509
23 *Archives parlementaires*, XXIII, 512 u. 520
24 *Archives parlementaires*, XXIII, 518
25 *Archives parlementaires*, XXIII, 520
26 *Archives parlementaires*, XXIII, 520–521
27 *Révolutions de Paris, dédiés à la Nation et au District des Petits-Augustins*, 1791, No. 82, 183
28 *Révolutions de France et de Brabant*, 1791, No. 66, 47–48
29 *Archives parlementaires*, XXIII, 566 u. 570–571
30 *Archives parlementaires*, XXIII, 568
31 *Archives parlementaires*, XXIII, 572
32 *Archives parlementaires*, XXIII, 572–573
33 *Révolutions de France et de Brabant*, 1791, No. 67, 49
34 *Révolutions de France et de Brabant*, 1791, No. 67, 92; Mirabeau äußerte gegen-

über de La Marck sogar die Vermutung, Danton habe diesen Artikel verfasst. *Correspondance Mirabeau – de La Marck*, III, 82

35 Konrad Engelbert Oelsner, *Bruchstücke aus den Papieren eines Augenzeugen und unparteiischen Beobachters der Französischen Revolution*, s. l. 1794, 37–39

36 *Révolutions de France et de Brabant*, 1791, No. 67, 91

37 *Archives parlementaires*, XXIII, 589

38 *Tableaux de la Révolution Française. Publiés sur les papiers inédits du Département et de la Police secrète de Paris*, (ed.) Adolphe Schmidt, Leipzig 1867, I, 14–15

39 *Mémoires de Mirabeau*, VIII, 421

40 Dumont, *Souvenirs sur Mirabeau*, 151

41 *Correspondance Mirabeau – de La Marck*, III, 93

42 Passy, *Frochot*, 77

43 *Révolutions de France et de Brabant*, 1791, No. 72, 321

44 *Archives parlementaires*, LIV, 373

45 Aulard, *La Société des Jacobins*, IV, 550

46 *Révolutions de Paris, dédiées à la Nation*, 1792, No. 178, 487

47 *Mémoires de Mirabeau*, VIII, 519–520

48 Aulard, *La Société des Jacobins*, VI, 423

49 *Mémoires de Mirabeau*, VIII, 521–526

Abbildungsverzeichnis

Erstes Buch

Zweites Buch

Drittes Buch

S.207 Radierung von Christophe Guérin und Jean-Michel Moreau (1792–1795), Source gallica/Bibliothèque nationale de France, Paris

S.218 Radierung, SeM/Universal Images Group/Bridgeman Images

S.221 Kupferstich (koloriert) von Jean-Dominique-Étienne Canu nach einem Gemälde von Joseph Boze, akg-images, Berlin

S.265 Aquatinta und Radierung von Piat Joseph Sauvage nach einer Zeichnung von Jeanne Dabos (um 1790), picturedesk.com/ÖNB/Interfoto, München

S.281 Stahlstich von Bosselman (1847) nach einer Zeichnung von Denis Auguste Marie Raffet, Collection Dupondt/akg-images, Berlin

S.287 Punktierstich von Hopwood nach einer Zeichnung von Denis Auguste Marie Raffet, TT News Agency/SVT/akg-images, Berlin

S.294 Gemälde von Marie Louise Élisabeth Vigée-Lebrun (1783), akg-images, Berlin

S.339 Skizze (für das Porträt) von Joseph Boze, Erich Lessing/akg-images, Berlin

Personenregister